编委会主任：孙太平
副主任：岳向阳

编　委（按姓氏笔画顺序排列）

马建文	石佑启	邓成明	朱羿锟	邬耀广
刘　恒	刘云生	杜承铭	李步云	杨建广
张　亮	张泽涛	张春和	张永忠	张富强
陈云良	周林彬	房文翠	骆梅芬	赵龙跃
袁　泉	夏　蔚	徐忠明	黄　瑶	葛洪义
蒋悟真	程信和	谢进杰	谢石松	薛刚凌

主　编：张秋华
副主编：张岩
执行主编：卢晓珊
编　辑：江毅　杨楠瑶　王耀波　刘茜　郑隽楚

4

2022
第4辑

总第68辑

Nomocracy Forum

法治论坛

广州市法学会 / 编

中国法制出版社
CHINA LEGAL PUBLISHING HOUSE

目录 CONTENTS

大数据法治

003/ 陈 敏 孙占利
算法"黑箱"的技术与法治耦合治理

019/ 谈 萧 潘佳宁
"大数据杀熟"的消费者法规制

037/ 邓伟平 赵文宇
类案检索：数字时代司法治理的技术进路

050/ 苗运卫 程关松
算法行政中相对人程序权利的行使困境与实现规则

067/ 谷永超
人工智能时代著作权的刑法保护

076/ 梅 傲 柯晨亮
政企数据共享机制的构建、缺憾及完善

087/ 安 凯
区块链技术下打击虚拟货币洗钱犯罪的司法困境及解决路径

102/ 周鸿飞
云时代下跨境电子数据取证的模式转型与制度完善

实务研究

121/ 王桂玲 张永忠
"十四五"时期金融监管体制的改革路径

137/ 陈　喆　陈佳贝
国家安全视角下涉外法治建设的检视与完善

153/ 杨小强　孙于依然
英国资本性所得税法体系构建与基础规则对我国的借鉴

170/ 刘长兴
推进双碳目标实现的地方立法路径分析

181/ 万　毅　陈婉婷
关于认罪认罚从宽制度定性的三个思考
——法解释学视角下的分析

195/ 柯　卫　林卓立
网络社会法治化治理的模式与路径选择

209/ 潘金贵　吴庆棒
毒品犯罪案件"零口供"证明问题研究

220/ 孙洪坤　周弈慧
"双碳"目标下的气候变化信息公开立法研究

233/ 陈毅坚　邱继锋
困境与出路：网络数据犯罪的刑事合规治理

252/ 叶　青　徐　翀
侦查阶段适用认罪认罚从宽制度若干问题研究

267/ 黄　喆　沈长礼
融资性贸易合同效力判定与裁判路径研究

280/ 宿伟伟
认罪认罚"检察主导"诉讼模式效果检验
——基于试点地区裁判大数据的实证分析

案例分析

297/ 张　怡
残疾继承人必留份的适用
——钱某甲与钱某乙等继承纠纷案

302/ 王少安　余友斌
撤销缓刑案件审理模式的反思与重构
　　——苏某某不予撤销缓刑案

313/ 吴博雅　胡剑敏
域名混淆行为中"有一定影响"的认定标准
　　——广州某传媒有限公司诉康某等不正当竞争纠纷案

322/ 刘　靖
仲裁条款书面方式的认定
　　——陈某与湖北某某矿产品交易中心有限公司等金融衍生品种交易纠纷案

326/ 刘　侃
相约自杀情境下帮助自杀行为的定性量刑问题

法谈法议

337/ 邹郁卓
法官绩效考核制度的实践困境及优化对策

349/ 马洪伦
《家庭教育促进法》的立法依据刍议

357/ 王雪姗
著作权共有制度的检视与完善

大数据法治

算法"黑箱"的技术与法治耦合治理

陈 敏 孙占利[*]

【内容提要】 算法"黑箱"是由计算机技术自身的特性所决定的,但算法"黑箱"的存在也具有法律层面的原因。鉴于算法"黑箱"的负面影响,对其治理成为亟须解决的现实问题。目前的治理实践中,算法透明、算法解释与算法问责对破解算法"黑箱"产生了一定的功用,但仍然面临较大的技术限囿与法律困境。治理算法"黑箱",应以算法的技术与法治耦合为逻辑起点,构建事前算法风险预防机制,强化事中算法运行监管机制,完善事后算法侵权追责机制,协同构建以算法透明为基础、以算法可信解释为路径、以算法问责为保障的算法"黑箱"治理体系,促进实现算法公平与正义。

【关键词】 算法"黑箱" 算法透明 算法解释 算法问责

随着大数据应用与人工智能的发展,人类社会已经进入"算法社会"。[1] 算法借助对人类活动产生的海量数据进行分析,通过算法决策对人的行为作出指引,促进了人类认知能力的长足进步,便利了人们的生活与工作,也提高了公共决策的科学性与准确性。但算法的运用也引发了诸多负面问题,比如算法侵权、算法歧视、算法偏见等风险问题,导致出现大量违反公平正义的结果。其

---

[*] 陈敏——广州华商学院马克思主义学院讲师,主要研究领域:人工智能法学、经济法;孙占利——广东财经大学法学院教授暨广东财经大学智慧法治研究中心主任,主要研究领域:人工智能法学、法理学、科技法学。2020年国家社科基金一般项目"人工智能算法的法律规制研究"(项目编号:20BFX017);2019年广州华商学院校内导师制科研项目"人工智能民事侵权法律问题研究"(项目编号:2019HSDS24)。

[1] See Jack M. Balkin,"The Three Laws of Robotics in the Age of Big Data",Ohio State Law Journal,Vol. 78(2017).

中最突出的，当属算法"黑箱"问题。算法"黑箱"本是一个中性的技术现象，但客观上却成为产生算法歧视与算法偏见等问题的温床。随着"大数据杀熟"等问题的逐渐暴露，人们对算法"黑箱"的担忧日益增加，治理算法"黑箱"成为亟须解决的重要课题。追本溯源，算法"黑箱"是由算法所依赖的计算机技术自身的特性所决定的，但算法"黑箱"的存在也具有法律层面的原因。因此，技术与法治的耦合治理将是解决算法"黑箱"问题的不二法门。本文拟从技术与法治耦合的视角，厘清算法"黑箱"形成的原因并分析其影响，梳理现有算法"黑箱"之治理方式的功用与不足，探索提出治理算法"黑箱"的系统方案。

一、算法"黑箱"的成因与影响

"黑箱"原是控制论的概念，是指为人所不知的那些既不能打开又不能从外部直接观察其内部状态的系统。[2] 算法"黑箱"即指在人工智能算法系统中存在的人类未知领域——其存在于数据输入与结果输出之间，客观存在却不被人们所洞悉。[3] 之所以用算法"黑箱"的概念指称这一人类未知领域，不仅是因为其符合系统论的"黑箱"特征，更在于其带给人类的潜在风险乃至社会恐惧。

（一）算法"黑箱"的成因分析

若借用技术领域的"黑箱"概念去审度算法，可以发现算法本身就存在一个"黑箱"。算法"黑箱"的形成，实际上是多种因素共同作用的结果。

1. 技术方面的成因。从技术上看，算法是依靠计算机技术进行数据采集与训练，再按照特定的运算规则输出结果以完成目标任务的一个过程，可以被简单总结为"输入—运算—输出"三个步骤。但人们至多可以观察到算法的数据输入与决策输出，却无法完全掌握算法的内部运算或决策程序，这便形成了算法"黑箱"。算法的这一"黑箱"特征更符合控制论的"黑箱"定义——"所谓黑箱是指这样一个系统，我们只能得到它的输入值和输出值，而不知道其内部结构"。[4] 若从工作原理与运行逻辑的角度深入考察，算法的"黑箱"特征更为明显。从工作原理来看，"算法是包含一系列复杂的数学规则、能通过预先设

---

[2] 陶迎春：《技术中的知识问题——技术黑箱》，载《科协论坛》2008年第7期。

[3] 关于算法"黑箱"的定义，可参见许可：《人工智能的算法黑箱与数据正义》，载《社会科学报》2018年3月29日06版；张淑玲：《破解黑箱：智媒时代的算法权力规制与透明实现机制》，载《中国出版》2018年第7期；徐凤：《人工智能算法黑箱的法律规制——以智能投顾为例展开》，载《东方法学》2019年第6期。

[4] 王雨田著：《控制论、信息论、系统科学与哲学》，中国人民大学出版社1988年版，第93页。

定的步骤解决特定问题的计算机程序"。[5]而算法逻辑是"将人类解决问题的过程分解为若干步骤,再通过程序设计,将这一过程模拟化或公式化,借助系统化的计算机程序来求解更复杂的问题"。[6]缘于"数学规则+程序设计"的高度技术性,即使具有计算机或数学背景的非算法专业人士也无法掌握算法的决策原理,更妄论普通公众对算法的理解。可见,算法所依赖的计算机技术决定了算法"黑箱"的必然存在,易言之,算法本身就具有"黑箱"特质。

随着算法技术的不断发展,可能连算法部署者对算法都无法解释清楚,技术层面的算法"黑箱"呈现出逐步强化的趋势。尤其是在高级形态的算法"黑箱"中,[7]由于算法凭借自主学习自动抽取数据信息并输出结果且不受人为干预,算法运行不再依托固定的输入与输出模板,且其输入与输出两侧均组成了闭环的"黑箱",这种情形下所输出的算法决策结果,就连算法部署者也无法知悉其决策原理,对算法的掌控更成为空谈。更悲观的情况是,"它并不只意味着不能观察,还意味着即使计算机试图向我们解释,但我们也无法理解"。[8]

2. 法律方面的成因。算法"黑箱"的存在也具有法律层面的原因,典型的如商业秘密制度对算法"黑箱"的"保护"。一套完善的算法程序的形成并非轻而易举,不仅凝结了算法部署者的智慧,还经历了在采集海量数据基础上的刻苦训练,算法部署者为此付出了艰辛的努力,且算法程序的应用能够为部署者或运营者创造巨大的商业价值,因此算法必然被作为商业秘密而严加保护。国内外很多学者认为符合商业秘密构成要件的算法应当受到法律保护,[9]我国《专利审查指南》也将算法纳入了专利保护范围。在美国威斯康星州法院借助COMPAS软件评估鲁米斯的量刑所引发的诉讼案件中,威斯康星州最高法院选择了支持商业秘密而拒绝支持算法公开。从激励创新、促进算法发展的角度考

---

[5] 参见高学强:《人工智能时代的算法裁判及其规制》,载《陕西师范大学学报(哲学社会科学版)》2019年第3期。

[6] 参见王红梅、胡明著:《算法设计与分析(第2版)》,清华大学出版社2013年版,第6页。

[7] 在算法领域,以美国学者迪亚克·普拉斯的研究为基础,有学者提出了算法"黑箱"的三种形态:一是初级形态,所对应的是监督式机器学习技术,这种形态下算法有固定的运算模板,输入和输出的是已知信息,输入与输出间的"灰色地带"是未知的黑箱;二是中间形态,算法输入侧收集、挖掘数据等具有不透明性,对用户而言都是未知的黑箱,只有输出侧是已知的;三是算法"黑箱"的高级形态,所对应的是无监督式机器学习。See Nicholas Diakopoulos, "Algorithmic Accountability: Journalistic Investigation of Computational Power Structures", 3 Digital Journalism 398 (2105). 转引自张淑玲:《破解黑箱:智媒时代的算法权力规制与透明实现机制》,载《中国出版》2018年第7期。

[8] 许可:《人工智能的算法"黑箱"与数据正义》,载腾讯云专知频道,https://cloud.tencent.com/developer/article/1086507,最后访问于2022年9月21日。

[9] 孙清白:《人工智能算法的"公共性"应用风险及其二元规制》,载《行政法学研究》2020年第4期。

虑，商业秘密制度对算法的保护无可厚非，然而此种保护的核心对象恰是算法的"黑箱"特质，这无疑强化了算法"黑箱"的合法性。更严重的情况是，借助于商业秘密与知识产权制度的强力保护，算法部署者不仅怠于在算法可解释性相关的技术开发上采取行动，反而将算法模型不断复杂化并借助其复杂性和黑箱性获利。[10]

3. 其他方面的成因。算法的应用可以为部署者与运营者带来一定的经济利益。可观的经济利益也是促进算法技术不断革新与进步的重要原因，但经济利益的驱动也是导致算法"黑箱"被不断强化的重要因素。在经济利益的驱使下，算法部署者更乐于放任算法"黑箱"的存在或任由其发展。因为"黑箱"的存在一方面对其他人复制同类算法技术提供了技术屏障，另一方面为算法部署者或运营者扩大其与算法相对人（包含算法用户与其他利益相关者）之间的技术鸿沟提供了帮助，前者保障了部署者凭借算法技术的先进性而获取经济利益，后者则保障运营者从相对人处获取更为直接的经济利益。

（二）算法"黑箱"引致的算法风险

算法"黑箱"原本是一个技术问题，但算法的广泛应用决定了算法"黑箱"导致的算法风险却是社会问题。无论是算法的数据采集端还是决策结果输出端，"黑箱"引致的算法风险都是普遍存在的。尽管算法风险有着不同的具象表现，涉及政治、经济、文化、社会治理乃至伦理道德、思想观念等，但最终都可归结为法律问题：虚拟世界的算法侵害了现实世界中人的权利或者加剧了社会不公。

1. 算法"黑箱"加剧侵犯个人隐私。算法对数据具有天然的依赖与渴求，在其训练或运行过程中广泛搜集各类数据，但其中很多数据的搜集并未征得用户的事先同意。尽管不同的算法所需要的数据类别可能有所不同，但未经授权的数据搜集均已经侵犯了用户的个人隐私。比如，在搜索引擎场景的算法应用中，用户在搜索时所输入的关键词等数据仅是一个索引，搜索引擎输出的搜索结果（算法的决策结果）主要依据的是算法对用户的个人"画像"，但个人"画像"的形成更多的是依赖用户的浏览记录与搜索历史，甚至是个人资料与聊天记录等隐私信息。再如，在信用评级算法中，信誉等级可能是通过隐秘程序对隐秘数据进行运算得出来的，[11] 这些都已经侵犯了用户的隐私权。由于算法

---

10 Cynthia Rudin, "Stop Explaining Black Box Machine Learning Models for High Stakes Decisions and Use Interpretable models instead", Natural Machine intelligence, Vol. 1, 2019.

11 ［美］弗兰克·帕斯奎尔著：《黑箱社会：控制金钱和信息的数据法则》，赵亚男译，中信出版社 2015 年版，第 21 页。

"黑箱"导致的信息不对称和不公开，用户无法了解算法对数据的采集和利用情况，即使用户个人隐私经常被侵害也难以被发觉。

2. 算法"黑箱"导致社会不公。由于算法"黑箱"的存在，用户不仅无从得知算法的真实意图，也无从得知数据的具体使用情况，这就可能导致算法歧视的存在。算法歧视一般是指人工智能算法在收集、分类、生成和解释数据时产生的与人类相同的偏见与歧视，主要表现为年龄歧视、性别歧视、消费歧视、就业歧视、种族歧视、弱势群体歧视等现象。[12] 但算法"黑箱"为算法部署者或运营者推卸责任找到了借口，当出现结果歧视或决策失误时，"黑箱"便成为法律责任的"替罪羊"。这种借口可能导致算法部署者变本加厉，进一步通过算法歧视、算法共谋、算法偏见等方式，对算法"输入—运算—输出"进行全过程干预，以实现对某些结果的偏好而损害了部分人的权益，典型的如大数据杀熟。一言以蔽之，"算法黑箱的存在导致算法可能受部署者操纵并成为损害个人权益和社会福利的工具"。[13]

3. 算法"黑箱"造成维权困难。由于"黑箱"所依赖的高度技术性，导致其侵权具有高度隐蔽性，从而造成被侵权人的维权困境。即使从数据采集阶段就存在侵犯用户隐私等行为，但由于用户或决策相对人不了解算法的运算原理，从而导致被侵权而不自知，维权程序根本不被启动；或者算法决策相对人发现了决策结果对己不利，但却因误信算法的客观性而认为属于正常现象，从而被动接受不利结果，不会通过正当途径维护自身权利。而在算法"黑箱"掩盖下的算法歧视等产生侵权的情况下，决策相对人可能已经认识到了侵权的客观存在，但由于无法理解算法的决策原理，不能对算法进行监督或评判，更无法证明算法的过错，维权也只是主观意愿而无法付诸实际行动。总结来说，算法"黑箱"可能导致用户或决策相对人面临着不知被侵权、错误接受侵权以及明知侵权却无法证明的三重维权困境。以常见的在线消费为例，在普通消费者使用受算法控制的程序软件进行决策时，即使消费者的公平交易权、自由选择权与数据自决权均被侵害，[14] 消费者也难以真正实施维权。

4. 算法"黑箱"带来社会恐惧。算法所具有的技术特点，大大提高了算法决策的效率乃至准确度，由此导致算法权力的形成。"算法权力是一种人工智能技术平台的研发者和控制者在人工智能应用过程中，利用自身在数据处理和深度学习算法上的技术优势而生成的对政府、公民、社会组织等对象拥有的影响

---

[12] 汪怀君、汝绪华：《人工智能算法歧视及其治理》，载《科学技术哲学研究》2020年第2期。

[13] 杜小奇：《多元协作框架下算法的规制》，载《河北法学》2019年第12期。

[14] 陈兵：《法治经济下规制算法运行面临的挑战与响应》，载《学术论坛》2020年第1期。

力和控制力。"[15]算法权力的形成并非算法"黑箱"所直接导致,但算法"黑箱"的存在无疑强化了算法权力。算法"黑箱"所产生的数据处理与算法运算的隐蔽性、复杂性特点,增强了算法运营者相较于决策相对人的数字优势,使得算法决策过程缺乏合理监管,给予了算法运营者极大的自治空间,强化了算法运营者所享有的事实上的支配权,导致了"算法霸权"。算法权力本身带有凌驾的性质,其正当性本就存在争议,算法霸权的存在更是激化了关于技术伦理的思考与争论。

算法"黑箱"的更大挑战在于其降低了人类的安全系数。"算法分析的数据量是天文数字,绝非人力可及,而且它们也能找出人类找不到的模式,采取人类想不到的策略。"[16]尤其是在算法自我进化阶段,算法可以通过自主学习、自我纠错自动寻求解决问题的方案。而且,受算法的技术优势所决定,算法的进化速度远超人类能力的发展速度。算法的快速发展与更新迭代原本是对人类的积极帮助,但由于"黑箱"的存在,人机技术鸿沟只会越来越大,算法对人类越来越了解,但人类对算法的控制越来越弱。如若算法"黑箱"问题不能被解决,人类无法预料自身利益是否被算法侵犯,也无法摆脱逐渐被算法支配的境遇,算法恐将成为人类的恐惧,"在不远的将来,算法权力有可能会脱离人类的掌控并演化成人工智能对于人类的技术优势甚至是霸权"。[17]

二、算法"黑箱"的治理方式及其局限

鉴于算法"黑箱"引致的算法风险及其对未来的深远影响,对算法"黑箱"的治理引起了理论界、实务界与政府部门的关切。根据既有的理论与实践,对算法"黑箱"的治理措施主要包括算法透明、算法解释与算法问责,但这三种方式从技术实施到法治保障都面临着较多的局限与困境。

(一)算法透明破解算法"黑箱"的功用与局限

在对算法"黑箱"进行治理的探讨中,谈及最多的就是算法透明。算法透明要求算法的设计主体或者使用主体公开和披露包括源代码在内的算法要素,[18]其所要求公开的算法代码、数据和决策树等信息恰是算法"黑箱"所依赖的内

---

[15] 陈鹏:《算法的权力:应用与规制》,载《浙江社会科学》2019年第4期。

[16] [以]尤瓦尔·赫拉利著:《未来简史:从智人到智神》,林俊宏译,中信出版社2017年版,第355页。

[17] 陈鹏:《算法的权力:应用与规制》,载《浙江社会科学》2019年第4期。

[18] 沈伟伟:《算法透明原则的迷思——算法规制理论的批判》,载《环球法律评论》2019年第6期。

容，因此算法透明可以产生对抗算法"黑箱"的效果。依此逻辑，算法"黑箱"虽不可能完全避免，但算法透明可以尽量降低算法"黑箱"的负面影响，从而对算法"黑箱"产生一定的治理作用。正是基于这个原因，算法透明原则已然成为学术讨论中治理算法"黑箱"的重要原则。[19]

算法透明在技术上具有可行性，数据存储、收集、分析成本的降低提高了物理行为的数据转化效率，数字化生活将物理世界行为网络化，这为算法透明提供了一定的现实可能性和外部环境条件。[20] 从法律视角来看，算法透明对算法"黑箱"的治理是通过前后两端的作用实现的。前端作用指的是算法透明对知情权的保障，算法透明既保障用户的知情权，也有利于第三方对算法运行实施监督，倒逼算法部署者充分考虑算法设计的公平性并力避算法妨害；后端作用是指一旦发生算法决策损害用户权益的情况，便可凭借算法透明确定侵权原因与责任归属，追究相关主体的法律责任。基于算法透明的技术可行性与法律效果，算法透明已经走进立法视野，如欧盟《一般数据保护条例》（GDPR）要求处理个人信息或使用自动化决策系统应保证数据的收集、处理和使用等信息均可被数据主体访问，[21] 美国计算机学会公众政策委员会将算法透明列为算法治理的具体要求，[22] 我国《个人信息保护法》第7条也明确规定了处理个人信息应当遵循公开与透明原则。

但需要正视的是，算法透明在现实中尚未发挥理想作用，导致这种状况的原因是复杂的。首先，从技术方面考察，即使算法技术公开也未必一定取得"透明"的效果，"算法代码多为句法、表征、符号等技术语言，普通公众很难直观地对其中的逻辑进行验证。"[23] 技术壁垒也决定了算法透明不能适用于算法决策的全部场景，尤其是在算法自我学习状态下，仅靠公开数据和算法代码等信息，难以真正实现算法透明。其次，算法透明不能产生理想效果的原因还在于法律层面的困境。算法透明所要求的数据披露可能涉及对个人隐私的侵害，而算法代码与决策树等信息的公开则是披露本受商业秘密制度或知识产权制度保护的算法决策原理，"它有可能会与国家安全、社会秩序和私主体权利等法益

---

[19] 参见刘友华：《算法偏见及其规制路径研究》，载《法学杂志》2019年第6期。

[20] 王聪：《"共同善"维度下的算法规制》，载《法学》2019年第12期。

[21] See Merle Temme, Algorithms and Transparency in View of the New General Data Protection Regulation, 3 European Data Protection Law Review, 473（2017），p. 481.

[22] See U. S. Association for computational Mechanics, "Statement on Algorithmic Transparency and Accountability", https://www.acm.org/articles/bulletins/2017/January/usacm-statement-algorithmic-accountability, visited on May. 20, 2021.

[23] 参见孙庆春、贾焕银：《算法治理与治理算法》，载《重庆大学学报（社会科学版）》2020年第3期。

相冲突。"[24] 此外，算法透明产生实际效用还需要借助于算法解释，但在算法透明与算法解释中也存在着技术壁垒，算法解释并不意味着算法透明。而缺乏算法解释的算法透明，只能是有限的透明，尚不能实现对算法"黑箱"的有效治理。

（二）算法解释对算法"黑箱"的治理效用与局限

算法解释，是指算法运营者以通俗易懂的非技术性方式向算法相对人解释算法决策作出的过程与依据，其核心在于"以自然语言对算法预测所依赖的逻辑以及算法输出等进行解释。"[25] 算法解释着力于提升算法决策的透明性，其不仅是算法赢得社会信任的重要方式，也是消弭算法相对人与运营者之间数字鸿沟的有效路径，因此成为治理算法"黑箱"的有效方式。算法解释一般应算法相对人或利益相关者的要求而启动，启动的原因往往是算法决策结果产生了显著不利影响，以通过解释来消除相对人对算法决策过程与结果的质疑。算法相对人可以请求解释的权利，已然衍变成了新兴的"算法解释权"，[26] 欧盟《一般数据保护条例》（GDPR）序言第71条一般被视为对算法解释权的规定，[27] 我国《个人信息保护法》第24条也规定了算法解释权。

然而，算法解释的实际效用也面临着较多的困难，其中最大的是技术实施的障碍。这不仅因为以通俗易懂的自然语言方式表达机器逻辑本就存在较大技术困难，更因为算法具有自我进化的技术特点。在监督式机器学习技术的算法"黑箱"初级形态，通过公开算法决策原理与决策树等方式尚可以解释算法，但在无监督式机器学习技术的算法"黑箱"高级形态，则面临着解释不能的问题。自主学习的算法在一定程度上能自行实施"感知—思考—行动"逻辑运算，尤其是"深度学习"后的算法运行可能已经超出算法部署者的控制，Facebook的聊天机器人能够自创语言用于人机交流就是例证。因此，即便最初公开的算法决策原理、决策树和逻辑关系是可解释的，对于自主学习式算法"黑箱"也不再具有现实意义。甚至有观点认为，机器学习模式下根本不可能要求算法部署

---

[24] 沈伟伟：《算法透明原则的迷思——算法规制理论的批判》，载《环球法律评论》2019年第6期。

[25] 解正山：《算法决策规制——以算法"解释权"为中心》，载《现代法学》2020年第1期。

[26] 参见张恩典：《大数据时代算法解释权：背景、逻辑与构造》，载《法学论坛》2019年7月。

[27] See Sandra Wachter & Brent Mittelstadt & Chris Russell, "Counterfactual Explanations Without Opening the Black Box: Automated Decisions and the GDPR", Harvard Journal of Law & Technology (2017): p. 31.

者解释算法决策的逻辑。[28] 技术上不能实施的算法解释，将直接导致法律上的负面后果，"当算法部署者对算法失去控制权，无法再对算法继续进行预测时，此时算法解释权的设置便形同虚设。"[29]

算法解释还面临着法律层面的困境，首要的便是算法解释的标准问题。这一问题表面是对算法解释的技术要求，实质却是法律制度对算法解释标准的规定。按照解释标准的不同，算法解释可分为完全性解释与可信任解释。[30] 完全性解释要求将算法的技术细节（包括算法决策原理、决策过程与决策依据等）全部披露并作出解释。可信任解释并不要求披露全部技术细节，但至少应保证所披露的信息属于可信任的，并且要保证通过该解释能够使算法相对人充分理解该算法决策（包括算法决策的作出过程与依据）。完全性解释要求算法技术全部披露，这将侵害算法的商业秘密，因此无法获得法律制度的支持。可信任解释则可兼顾算法部署者与相对人的权利与义务，维持算法商业秘密保护与算法解释要求的衡平。但即使按照可信任解释的标准，算法解释仍面临法律层面的困境：相较于对算法相对人的解释权的保障，各国法律更倾向于鼓励算法部署者的商业机构创新、保护商业秘密、促进科技发展而避免强制要求披露算法等核心代码。[31]

（三）算法问责的法律困境与技术制约

算法问责也是治理算法"黑箱"的重要方式，有学者将算法的可问责性归为破解算法"黑箱"的责任要素。[32] 美国智库"数据创新中心"（CDI）的《算法问责框架报告》将算法可问责性定义为算法系统应采用各种控制措施来确保算法按照预期运行，并确定和纠正有害后果。[33] 借助于算法问责，要求算法部署者或运营者对算法"黑箱"造成的危害后果承担法律责任，借此迫使算法部署者尽量减少算法"黑箱"的存在空间，或采取相关措施降低算法"黑箱"的负面影响。算法问责还包括对违反算法透明义务的问责以及破坏

---

[28] 林洹民：《自动决策的法律规制——以数据活动顾问为核心的二元监管路径》，载《法律科学》2019年第3期。

[29] 孙建丽：《算法自动化决策风险的法律规制研究》，载《法治研究》2019年第4期。

[30] 参见魏远山：《算法透明的迷失与回归：功能定位与实现路径》，载《北方法学》2021年第1期。

[31] 邵国松、黄琪：《算法伤害和解释权》，载《国际新闻界》2019年第12期。

[32] 袁康：《社会监管理念下金融科技算法"黑箱"的制度因应》，载《华中科技大学学报》2020年第1期。

[33] See Binns R. Algorithmic Accountability and Public Reason. Philosophy & Technology, 2017, 31 (4).

算法解释的问责，因此可以促进算法透明与算法解释的实现，有利于协同治理算法"黑箱"。

算法问责也面临着诸多障碍，主要表现为法律制度层面的困境。其首要问题是算法"黑箱"导致的侵权能否按照传统民事侵权制度进行认定与追责。算法侵权责任的追究面临着较多的法学理论争议，表现在侵权主体、侵权行为、损害后果、因果关系、主观过错的认定等多个方面。比如，算法决策输出结果的不公平能否归结为损害后果。再如，算法侵权的责任主体是算法部署者还是算法本身也存在争议，而这与人工智能是否具有独立人格直接相关。2017年10月沙特阿拉伯授予机器人以公民身份，开启了人工智能获取法律独立人格的先河，[34]但人工智能机器人能否独立承担民事责任仍存争议。[35]这些争议将直接影响算法问责的实施效果，进而影响对算法"黑箱"的治理效果。此外，算法的商业秘密之法律属性，也成为阻碍算法追责的重要因素，"因算法被认为具有客观性且蕴含着商业秘密……这已成为增强算法问责制与透明度的主要障碍之一。"[36]

算法问责的实施也面临着技术上的困境。法律问责的前提必须包含技术问责，技术难题没有破解，法律将无法问责。[37]算法"黑箱"的技术壁垒导致无法探究算法部署者是否存在过错，这足以阻碍对算法部署者过错责任的归结，进而影响算法侵权归责原则的确定，从而无法对算法部署者进行实际追责。而即使是采用无过错责任原则，算法"黑箱"的技术壁垒也会导致司法实践中在认定损害结果与算法运行之间的因果关系时障碍重重，不仅当事人举证与论证困难，作为非计算机专业人士的裁判者也无法作出正确判断。此外，算法"黑箱"的存在使算法部署者得以"技术局限免责"为借口，从而逃避对算法侵权的追责。这导致原本为治理算法"黑箱"而设计的制度，却因囿于算法"黑箱"的技术障碍而难见成效。

三、技术与法治耦合推进算法"黑箱"的系统治理

因应算法"黑箱"的挑战与风险，应从产生算法"黑箱"的技术与法治双

---

[34] 刘洪华：《论人工智能的法律地位》，载《政治与法律》2019年第1期。

[35] 郑佳宁：《论智能投顾运营者的民事责任——以信义义务为中心的展开》，载《法学杂志》2018年第10期。

[36] Sonia K. Katyal, Private Accountability in the Age of Artificial Intelligence, 66 UCLA Law Review 54, 59 (2019).

[37] See Deven R. Desai, TRUST BUT VERIFY: A GUIDE TO ALGORITHMS AND THE LAW, 31 Harv. J. L & Tech. 1 Harvard Journal of Law & Technology, Fall, 2017.

重原因出发，遵循技术与法治耦合的治理思路，构建事前风险预防、事中运行监管与事后法律问责相协调的系统性治理机制。

（一）构建技术先导与法治引领的算法"黑箱"风险预防机制

治理算法"黑箱"引致的算法风险重在预防。发挥计算机技术的先导作用，依法建立算法风险评估体系，按照算法风险等级确立算法部署者的披露义务，并通过源代码公开、运算逻辑解释等技术措施，尽量避免算法"黑箱"产生风险。

1. 建立算法风险评估体系。我国《个人信息保护法》第55条、第56条规定了自动化决策的影响评估制度，其着眼于个人信息保护，但指向的是算法应用，可以扩张适用于各类算法应用场景。依照算法自主决策程度、影响个人与社会权益程度以及适用场景性质等因素，可将算法风险划分为低风险、中风险与高风险三个等级。低风险算法按照预定程序对数据进行处理，算法完全在用户操控之下，基本不存在算法自主决策，也不影响个人权益与社会公共利益，目前主要应用于在线翻译、游戏娱乐等场景；中风险算法采集用户信息并作出决策，帮助用户作出抉择，算法决策处于人类决策的辅助地位，但其存在侵害个人权益与社会公益的可能，也会出现"信息茧房"、算法歧视等负面问题，目前主要应用于搜索引擎、新闻推送、电子商务、司法辅助等场景；高风险算法的自主决策取代了人类决策，直接影响个人权益并损害社会信任，尤其通过"深度学习"实现完全自主决策的算法甚至威胁到人类安全，目前主要应用于金融领域、信用评分、行政决策等场景。算法风险分级为算法评估标准分级提供了基础与依据，构建分等级的算法风险评估体系有利于发现潜在的算法风险，预防算法"黑箱"对个体权益、公共利益与国家安全带来危害，并针对性地制定技术上的应对措施。

2. 合理确立算法部署者的披露义务。针对性治理算法"黑箱"，应注重算法技术的公开与透明，按照算法的风险等级对算法部署者课以相应的披露义务。对低风险算法尚不需要实施严格的备案审查制度，但对于中、高风险算法，其部署者应当事先公示算法决策的应用场景、披露算法数据采集与使用情况、解释算法决策的过程与依据，尤其是采用自动化决策的环节与比重，以保证算法相对人能够了解算法决策的过程，也有利于监管机关或第三方机构对算法运行开展监督。在法律制度设计上，算法披露义务应注重平衡算法相对人的知情权与算法部署者的知识产权，并非必然披露算法的全部技术细节，尤其是涉及商业技术秘密部分。这是因为，完全公开算法不利于技术的发展和商业秘密的保护，也容易削弱公司将资金和精力投入算法开发中的动力。[38] 而对于不涉及商业秘密的部分，算法部署者应依法主动、完整披露相关技术信息，犹如药品包装上虽不披露配方与制作工艺但需披露药品成分与可能风险。

3. 重视行业自律对算法"黑箱"风险的预防作用。算法行业自律属于"自我规制"的一种，"自我规制对相应的知识与相关的专家能够实现更加有效的调动，具有及时性、富有弹性的特征，更加适合事物本质。"[39] 由于算法"黑箱"的存在，算法运行的不可预测性会一直存在，即使是算法部署者也不可能对算法完全控制，形成某种意义的"技术无意识"。[40] 但掌握算法技术的部署者通过自律来规范算法的设计，进而预防或避免算法"黑箱"风险，比其他社会主体更具有优势。美国当前的算法风险治理主要以自律规范为主，其国内大型网络公司作为主要算法部署者被要求进行自我监管，比如设置"AI 伦理委员会"，致力于建立算法应用的伦理准则，自我纠正算法产生的不利后果。2021 年 9 月我国国家互联网信息办公室、中央宣传部等九部委出台的《关于加强互联网信息服务算法综合治理的指导意见》中也明确要求"强化行业组织自律"。通过算法行业自律，在算法初始设计中植入算法公平、算法正义、公序良俗等原则性要求，既可发挥伦理道德的约束作用，也是法治规则在算法技术领域的映射，以此促进算法的修正与改进，实现对算法"黑箱"风险的预防。

（二）强化技术驱动与法治保障的算法"黑箱"风险监管机制

算法风险预防机制并不能根除算法"黑箱"的全部风险，受算法"黑箱"技术逻辑所决定，即使是设计公正的算法，在运行过程中也可能产生算法歧视等风险。因此应以计算机技术为驱动，强化算法"黑箱"风险监管法律机制，对算法运行过程进行监管，纠正算法运行中的偏差，减少算法"黑箱"导致的损害后果。

1. 推行算法审计等自我监管制度。对算法运行过程实施监管，首先是算法部署者的义务，此即算法的自我监管。算法自我监管主要是由算法部署者采用"合规审计"等方式，[41] 监督算法运行是否合乎设计意图，审查运行中的算法是否输出了偏见和歧视，检视算法是否对用户权利、意思自治、公序良俗和社会

---

[38] Joshua New & Daniel Castro, "How Policymakers Can Foster Algorithmic Accountability", 5 Center for Data Innovation (2018): p. 21.

[39] 高秦伟：《社会自我规制与行政法的任务》，载《中国法学》2015 年第 5 期。

[40] 王聪：《"共同善"维度下的算法规制》，载《法学》2019 年第 12 期。

[41] 参见《个人信息保护法》第 54 条：个人信息处理者应当定期对其处理个人信息遵守法律、行政法规的情况进行合规审计。该条确定了个人信息处理的自我监管，对于其他场景的算法应用同样适用。

公平等产生不利影响，尤其是对个体权益产生重大风险，特别是使用个人数据的算法决策、针对弱势群体（老人或者儿童）的算法决策等。[42] 2022年3月1日施行的《互联网信息服务算法推荐管理规定》第23条规定："网信部门会同电信、公安、市场监管等有关部门建立算法分级分类安全管理制度，根据算法推荐服务的舆论属性或者社会动员能力、内容类别、用户规模、算法推荐技术处理的数据重要程度、对用户行为的干预程度等对算法推荐服务提供者实施分级分类管理。"据此规定，按照算法风险等级不同，对低风险算法的自我监管要求不高，但中、高风险算法的部署者则应被课以较高的自我监管义务，特别是在算法"深度学习"可能完全脱离设计初衷而输出歧视与偏见的情况下，加之算法"黑箱"对歧视和偏见的隐藏，这类自主决策算法更应通过强化自我监管及时发现错误并予以改正。

2. 建立算法监管体系。由于利益追逐等原因导致了算法自我监管有其局限性，因此需结合政府监管、社会监管等多种途径，依法构建算法监管体系。政府监管的公权力性质及其所具有的行政执法权，能够督促算法部署者先行自我监管以纠正算法运行中的错误。在我国，可由国家互联网信息管理部门牵头建立算法监管体系，充分发挥政府监管在监管体系中的主导作用。2017年国务院发布的《新一代人工智能发展规划》中要求政府履行相应职责，建立人工智能的监管体系。此外，根据算法监管的专业性与广泛性，除了发挥政府监管的作用，还需树立"社会监管"理念，联合政府、市场投资者、第三方专业机构及算法部署者与运营者对算法决策开展监督管理，采用多种监管方式，有效推动算法的核心要素实现，从而达到破解算法"黑箱"的目的。[43]《个人信息保护法》第11条规定"推动形成政府、企业、相关社会组织、公众共同参与个人信息保护的良好环境"，为算法监管体系的构建提供了立法示例。

3. 明确算法监管内容。为保障算法监管体系运行的有效性，应以立法的方式明确监管内容，细化监管措施，确定监管流程，以强化算法监管效果。算法运行过程中的监管应是全面监管，至少包括以下三个方面的内容：一是复核算法部署者的算法设计是否符合风险预防的要求，监督算法输出的决策结果是否产生了不良后果。当算法决策对个人权利与社会公共秩序产生显著不利影响时，监管机构应通过行政约谈等方式对算法应用进行干预，如"今日头条"和"凤

---

[42] 杜小奇：《多元协作框架下算法的规制》，载《河北法学》2019年第12期。

[43] 袁康：《社会监管理念下金融科技算法"黑箱"的制度因应》，载《华中科技大学学报》2020年第1期。

凰新闻"都有被北京网信办约谈的经历。[44] 二是对运行中的算法是否完整履行披露义务进行监管，避免算法部署者在算法风险事前评估中避实就虚，并迫使算法部署者尽可能披露算法，以进一步强化算法透明的实现效果。三是对算法解释的监管，当算法解释出现分歧时，应由监管机构进行居中评判以确定责任的承担。如果责任在于算法部署者，则监督其及时纠错或改进，以避免算法的继续运行造成更多实质损害。

（三）完善技术支撑与法治后盾的算法"黑箱"侵权追责机制

风险预防与过程监管构建了治理算法"黑箱"的两重屏障，但鉴于算法技术发展的速度尤其是自主学习可能导致的监管失灵，算法"黑箱"侵权无法完全避免。治理算法"黑箱"还应完善算法侵权追责机制，以算法技术作为支撑，以法律制度为后盾，恢复遭算法"黑箱"破坏的法律关系，维护相对人的权益，追求算法公平与正义。

1. 建立算法相对人的自我救济制度。算法相对人的自我救济具体包括两个方面：一是算法相对人有权就自身权益是否受到算法侵害要求算法部署者作出解释，二是相对人有权拒绝算法决策结果并有权要求算法纠错。我国《个人信息保护法》第 24 条第 3 款已经规定了有限制的"算法解释权"，[45] 但其保护力度明显不够，立法在保障算法相对人的自我救济方面尚需进一步完善。无论是哪一种场景适用的哪一种算法，相对人在收到算法决策后，若认为自身权益可能受到了损害或存在算法不公，都有权要求算法部署者对算法运行作出可理解的解释说明，而算法部署者不得以保护商业秘密为借口拒绝提供信息。[46] 在此基础上，若算法部署者的解释不能使相对人信服，则应赋权相对人提交监管机构居中评判，并按照"有疑义应为表意者不利益之解释"的原则作出裁决。若相对人的权益确实受到损害，则相对人有权拒绝该决策结果，并有权要求算法部署者对算法进行完善以避免算法侵害的延展与持续。当算法部署者拒绝纠正错误时，相对人有权无障碍地将个人数据作出转移或删除，禁止算法对数据的

44　参见新华网：《北京市网信办就"诋毁方志敏不良信息"约谈今日头条》，http：//www.xinhuanet.com//politics/2019 - 11/12/c_ 1125222305. htm；新华网：《北京市网信办依法约谈凤凰网》，http：//www.xinhuanet.com/politics/2018 - 09/26/c_ 1123487299. htm，最后访问于 2022 年 8 月 23 日。

45　参见《个人信息保护法》第 24 条第 3 款规定："通过自动化决策方式作出对个人权益有重大影响的决定，个人有权要求个人信息处理者予以说明，并有权拒绝个人信息处理者仅通过自动化决策的方式作出决定。"根据该规定，用户只能针对"对个人权益有重大影响的决定"而行使算法解释权，因此只能是有限制的"算法解释权"。

46　A29 WP, Guidelines on Automated Individual Decision - making and Profiling for the Purposes of Regulation 2016/679, 17/EN. WP 251rev. 01（Feb. 6，2018）.

使用，以避免更多损害结果的发生。

2. 完善以"可信解释"为标准的算法问责制度。当算法相对人确认权益受到损害且不能实现自我救济时，应为算法相对人诉诸法律提供条件，启动算法问责机制以追究算法部署者或运营者的法律责任，矫正算法"黑箱"的侵权后果。完善算法问责制度，应以侵权责任法的参照适用为原则，并契合算法"技术治理"的特点。由于"把风险分配给技术力量更为强大的算法开发者和运营者，可诱导可控制风险之人尽可能初期就降低风险避免损害发生"[47]，因此在侵权责任承担主体方面，应确立以算法运营者责任为主、部署者责任为辅的原则，对算法"黑箱"造成的实际损失先由运营者承担赔偿责任，算法部署者有过错（如未遵循技术规范、算法规则明显设计不当、违反伦理道德或者法律法规等）的承担连带责任。在算法基于自主学习形成算法模型导致侵权的情况下，免除算法部署者的责任，仅由算法运营者承担。[48] 至于承担责任的具体方式、惩罚性赔偿适用等，则可以适用侵权责任法的相关规定，并结合算法的技术特点制定专门的实施细则。

算法问责机制的完善应以算法解释为技术支撑，这是因为算法解释对算法问责的直接作用，"算法解释能够直面算法设计并破解算法黑箱，从而在法律问责过程当中发挥作用。"[49] 这也是算法"黑箱"治理中技术与法治耦合的体现。如前所述，算法解释有"完全解释"与"可信解释"之分，但算法时代（特别是自主学习形态下）完全解释是不现实的，加之算法问责并非为了挤压算法发展空间，因此判断算法部署者是否存在过错以及应否承担法律责任，应以算法"可信解释"为标准。如果算法部署者通过源代码公开、运算原理与过程解释、信息输入与反馈及校验等方式，并借助可视化分析、特征关联等技术消解了相对人的疑虑，实现了"可信解释"，则应视为其达到了免责证明标准，监管机构或司法机关就不能对算法部署者课以法律责任。易言之，"可信解释"不仅是技术标准，也是算法责任认定的证明标准。为实现"可信解释"，算法部署者还可通过在软件框架增加可解释技术接口，或提供指标评估模型等增强算法可信解释能力，这不仅有利于算法追责，也有利于算法风险预防与运行监管。

3. 构建算法"黑箱"风险分担制度。算法运营者的经济能力毕竟有限，当出现大规模算法"黑箱"侵权时，算法运营者可能遭受巨额索赔，若其无力承担，算法相对人或其他相关者的权益保障便徒具形式。同时，充分考量算法

---

[47] 张凌寒：《商业自动化决策的算法解释权研究》，载《法律科学（西北政法大学学报）》2018年第3期。

[48] 孙建丽：《算法自动化决策风险的法律规制研究》，载《法治研究》2019年第4期。

[49] 姜野：《算法的法律规制研究》，吉林大学2020年博士学位论文，第96页。

"黑箱"的技术特征，即使有侵权结果的发生，也不能完全归责于算法部署者的主观恶意。因此，完善算法追责机制亟须以"分担风险、补偿损失"为基本职能的保险制度的介入，以发挥保险"取之于面，而用之于点"的功能，既能保障算法相对人的权益，也能保持算法开发的积极性。针对算法保险制度不同于一般产品责任险等商业保险，因此不宜直接规定在《保险法》中，而应嵌入式规定于《电子商务法》等专门法律中，对保险人、被保险人、受害人、受益人的身份确认及其权利义务范围等作出规定。算法保险制度的经营模式，则应从商业化运作模式（即完全由保险公司经营，政府只确定保险费率的最高限额）转变为政府主导、企业参与的方式，在算法领域中建立一种"兼顾经济效益和社会正义"的制度均衡，实现有效率的算法正义。

结语

在人工智能时代，技术与法治的结合本就是时代发展的方向与潮流，在算法治理中也有鲜明体现，突出表现为对算法"黑箱"的治理。法律在维护主体权益、保障社会公平及维持社会秩序中发挥着积极作用，但算法"黑箱"等风险问题提出的新挑战，迫使社会治理由"法治"向"技术之治与法治并重"转变。不能因为算法技术的可能风险而因噎废食阻止算法发展，也不能以技术为借口放任算法破坏公平正义。治理算法"黑箱"，应坚持技术与法治的耦合路径，发挥技术与法治的双重功效，建立算法风险的事前预防与算法运行的事中监管机制，并完善算法风险的事后追责机制，协同构建以算法透明为基础、以算法解释为路径、以算法问责为保障的三位一体的算法"黑箱"规制体系，以技术促进法治作用发挥，以法治保障技术正当发展，共同促进实现算法的公平与正义。

"大数据杀熟"的消费者法规制

谈 萧 潘佳宁[*]

【内容提要】 "大数据杀熟"是指平台经营者采集消费者个人信息后,利用算法将采集到的大数据进行深度分析,描绘出带有消费者的性格、爱好、经济水平等特征的精准"画像",从而实现针对不同消费者量身打造一个符合其消费意愿的最高价格,达到"千人千价"的目的,在特定条件下"大数据杀熟"涉嫌侵犯消费者的合法权益,具有规制的必要性。我国目前适用消费者法规制"大数据杀熟"面临着难以保护消费者个人信息、难以约束经营者差别定价、难以保障消费者的反悔权、消费者被"杀熟"后举证难度大、消费公益诉讼适格原告范围过窄等困境。消费者法应当尽快作出调整和完善,强化对消费者个人信息的保护、拓展消费者知情权约束经营者差别定价、完善消费者反悔权制度、司法举证责任倒置、扩张消费公益诉讼适格原告的范围,以保障消费者的合法权益。

【关键词】 "大数据杀熟" 价格歧视 消费者法 规制

随着电子信息技术的发展,收集与处理数据所需付出的成本越来越低,人们使用的数据体量呈跨越式增长,面对如此庞大的数据量,算法以其擅于快速处理海量数据的特性,迅速成为人们处理大数据的最佳选择,人类由此步入算法时代。在商业领域,从个性化的商品信息推送到"千人千价"的差异化定价,大数据技术正无孔不入地渗透于消费者生活的方方面面。算法在一定程度上能够促进交易,鼓励市场竞争,提高消费者的福利,有利于市场经济的发展。但

---

[*] 谈萧——广东外语外贸大学法学院教授,主要研究领域:经济法;潘佳宁——广州粤高专利商标代理有限公司职员,主要研究方向:经济法。

与此同时,"算法权力"一旦被经营者滥用,易造成消费者与经营者处于极不平等的地位,损害消费者的合法权益。目前相关研究中,大多数学者将研究重心放在"大数据杀熟"的定性上。拘泥于对"大数据杀熟"的定性似乎意义不大,因为无论对其如何定性,它显然是侵犯消费者合法权益的行为。另外,现有的基于消费者权益保护视角下的"大数据杀熟"研究大多仅从《消费者权益保护法》《电子商务法》等某一部法律出发,而未将其他法律中涉及消费者权益保护的内容融合起来分析。本文对"大数据杀熟"展开消费者法视角的综合讨论,这里的消费者法不限于《消费者权益保护法》,还包括《价格法》《电子商务法》《个人信息保护法》等法律中与消费者权益保护相关的内容。

一、"大数据杀熟"的经济及技术分析

(一)"大数据杀熟"的经济分析

"杀熟"在日常经济生活中通常是指销售者为了谋取私利,利用熟人之间的信任,采取不正当手段损害熟人的利益,赚取其钱财的行为。随着大数据技术在商业实践中的广泛应用,"大数据杀熟"这一损害消费者合法权益的现象越来越频繁。它与传统经济中"杀熟"不同的是,平台经营者通过对消费者个人信息的采集,例如消费者收入水平、消费能力、消费偏好、在商品页面停留的时间等,利用算法将采集到的大数据进行深度分析,描绘出带有消费者性格、爱好、经济水平等特征的精准"画像",从而实现针对不同消费者量身打造一个符合其消费意愿的最高价格,达到"千人千价"的目的。通常表现为对于同一商品,老客户需要支付的价格高于新客户,也包括因消费者使用的终端设备不同而呈现不同的价格,比如使用苹果客户端的用户显示的价格要高于使用安卓客户端的用户。究其本质,"大数据杀熟"的价格差异并非源于生产成本存在差异等合理原因。当前,"大数据杀熟"广泛存在于酒店、机票、购物、外卖、电影、打车等多个领域的互联网平台上,严重损害消费者的合法权益。[1]

从经济学上看,"大数据杀熟"以一级价格歧视为理论基础,以获取的消费者大量个人信息为分析材料,经过算法处理转换成消费者的精准"画像",从而实现差异化定价。价格歧视是指销售者在销售完全相同或者仅改变商品的某一特征而核心内容不变时,向不同的消费者收取不同的价格或向同一消费者在不同的消费量时收取不同的价格。英国经济学家庇古将价格歧视分为三级,其中

---

[1] 廖建凯:《"大数据杀熟"法律规制的困境与出路——从消费者的权利保护到经营者算法权力治理》,载《西南政法大学学报》2020年第1期。

一级价格歧视是指经营者对不同消费者在同一商品上采取不同的定价，并且该定价是该消费者愿意为该商品支付的最高价格，经营者由此可获取最大利润。实现一级价格歧视需要满足以下三个条件：（1）销售者具有制定高于竞争性价格或边际成本的售价的能力；（2）销售者具有根据同一商品的不同需求，准确把握相应消费者群体，并根据不同消费者的支付能力制定不同价格的能力，并且为实现区分不同消费者所投入的成本，要低于销售者实施价格歧视所获得的额外收益；（3）消费者与消费者之间实现相互隔离，防止发生转售套利的现象。[2]

（二）"大数据杀熟"的技术路径

"大数据杀熟"以数据和算法为支撑。在数据层面，经营者通过其掌握的消费者的大量数据，在预设算法时，将大量不属于一般商品定价要素的非市场价值决定因素（如消费者的支付能力、消费习惯、对平台的依赖度等）嵌入算法之中，使其占据不应有的高权重，让消费者支付不符合市场定价规律的价格，损害消费者的利益。在算法层面，"大数据杀熟"是非常具有代表性的存在于商业领域的算法权力异化风险的体现。算法权力是以算法为基础，平台基于信息、资源、技术等优势地位，所形成的对象控制与支配。以"权力"为视角，可以很直观地看出平台商家与消费者之间的不平等关系。在传统的经济模式下，经营者很难全面把握消费者的信息，因而不可能实现对每一位消费者根据其支付意愿进行差异化定价。而当前算法和大数据强强联手，一级价格歧视从理论走向现实。

"大数据杀熟"的具体技术路径分为三步：（1）大量收集购买者的数据。由于相关法律法规不完善以及执行不到位，当前互联网平台存在着大量过度收集消费者信息的现象。一些商家还会通过数据库共享来实现不同商家、不同APP（应用程序客户端）之间的数据交换，以达到最大程度地收集消费者数据的目的。（2）算法对大数据进行深度计算分析，刻画消费者的精准"画像"。这是实施"大数据杀熟"最重要的一步，对消费者的消费习惯、支付能力、消费偏好的精准把握，是实现营销信息精准推送和"千人千价"差异化定价的关键。（3）消费者与消费者之间有效"间隔"，避免出现转售套利。在互联网平台购物的情景下，消费者与消费者之间被一道屏幕隔开且不会见面，一般不会互相比价，转售套利更加无从谈起。互联网购物的模式为商家实施"大数据杀

---

[2] 王潞：《"大数据杀熟"该如何规制？——以新制度经济学和博弈论为视角的分析》，载《暨南学报（哲学社会科学版）》2021 年第 6 期。

熟"提供了极大的便利。[3]

二、消费者法规制"大数据杀熟"的应然分析

(一) 受市场调节的价格歧视行为具有合理性

价格歧视或差异化定价、个性化定价等行为在经济生活中较为常见，例如在保险行业，由于个人的风险程度不同，人身险产品的定价也是存在差异的。国外相关研究认为，与"大数据杀熟"这一概念相似的差异化定价或个性化定价，具有提高社会福利的可能性。2015 年，美国白宫发布的报告《大数据与差异化定价》中提出，依据经济学理论，线上差异化定价行为对购买者和消费者来说都可能是有益的，由于线上市场竞争的激烈性，规制线上差异化定价行为需要十分慎重。2016 年，经济合作与发展组织（OECD）发布的报告《价格歧视》也指出，价格歧视可以促进交易，鼓励市场竞争，通常是有利于经济发展的，并且也能够使消费者受益。2018 年，经济合作与发展组织又发布报告《数字时代的个性化定价》，认为个性化定价是一种价格歧视行为，通常情况下它可以促进竞争，增加消费者的福利。但在特定情况下，也可能对消费者有害，剥削消费者，造成不公平。同年，英国发布的报告《定价算法》（Pricing Algorithms）表示，个性化定价在许多情况下都是有益的，有利于新进入者通过定向折扣参与市场竞争，以达到扩大销量的目的。但是当价格政策缺位或者实施不透明时，个性化定价也极易使消费者的合法权益受到损害。[4]

自由定价是市场经济的核心机制，从本质上讲，价格应当由供求关系决定。而价格歧视是将购买商品或服务的用户进行分类，分为需求急迫的用户与需求不急迫的用户。对于需求急迫的用户来说，他们愿意为此支付更高的价格，使需求得以满足；而对于需求不急迫的用户来说，他们可以选择其他的商品或者选择暂不消费。这一分类过程能够最大程度地实现资源优化配置，提高整个社会的福利。对普通商品而言，如果其价格完全受政府的管制而不能因市场的需求变动，那么极有可能削弱企业的生产积极性，造成商品短缺。因此，私人商品应当由市场调节价格，例如机票、酒店、旅行产品等商品因其具有易逝的特殊性，长期以来一直使用的都是动态定价机制。通过动态调节价格的方式销售

---

[3] 邹开亮、彭榕杰：《大数据"杀熟"的法律定性及其规制——基于"算法"规制与消费者权益保护的二维视角》，载《金融经济》2020 年第 7 期。

[4] 曾雄：《"大数据杀熟"的竞争法规制——以个性化定价的概念展开》，载《互联网天地》2019 年第 9 期。

机票，可以实现最大化的售票率，酒店采用的定价机制与机票类似，往往会根据所提供房间的季节相关性和位置特定性进行动态定价。机票、酒店等此类商品或服务的提供者基于多种多样的原因为不同的用户设置不同的价格，并且价格往往是随时变化的，这也就导致了这类产品成为大众广泛担忧的易被"大数据杀熟"的产品。

与上述私人商品不同的是，具有自然垄断性质的产品或具有公共商品属性的产品的价格不应完全由市场调节，而应当加以控制，如与民生息息相关的基础医疗服务，为避免供给不足，绝不能采用出价高者得的拍卖机制。对于普通商品而言，实施价格歧视往往会使支付较高价格但需求并不急迫的消费者受到损失，但如若不实施价格歧视又会使需求急迫的消费者不能够快速得到服务。要在这两者中取得平衡的核心是让商家公布定价政策，禁止商家利用信息不对称侵犯消费者的知情权和公平交易权，让消费者知情后再根据其自身情况做出选择。[5]

（二）"大数据杀熟"在消费者法上的违法性

在特定情形下个性化定价也可能有害，"大数据杀熟"的违法性主要体现在个性化定价可能会侵害消费者的合法权益，具体而言，它侵犯了消费者的个人信息权、知悉真情权、自主选择权和公平交易权。

1. 侵犯消费者的个人信息权

个人信息对于个人而言，或许价值甚微，但是，"算法时代，身份识别蕴藏无限商机。跨网站与服务器追踪用户的能力推动大量网络数据分析公司蓬勃发展，这些公司不仅孜孜不倦地收集大量个人信息，还运用专业算法分析这些数据所表示的意义"。[6]个人信息被商家最大限度采集后，通过算法加工，实现对消费者支付能力、消费习惯等的精准掌握，个人信息数据的价值得以显著提高。当个人信息被赋予价值成为资产，法律就应当对其进行调整。

在传统的实体店购物中，消费者并不需要向商家提供过多的个人信息就能够完成交易，而互联网平台购物由于远程的特性，不可避免地需要消费者提供个人姓名、电话号码、家庭住址、银行账号等信息。对于消费者而言，之所以愿意将这些个人信息提供给平台，是为了交易便利，如果商家对这些信息进行加工、整合、分析，用于对消费者实施"大数据杀熟"行为，就违背了消费者

---

[5] 梁正、曾雄：《"大数据杀熟"的政策应对：行为定性、监管困境与治理出路》，载《科技与法律（中英文）》2021年第2期。

[6] ［美］卢克·多梅尔著：《算法时代：新经济的新引擎》，胡小锐、钟毅译，中信出版社2016年版，第21页。

的个人意愿，可能涉及对消费者个人信息权的侵犯。另外，有的经营者还会过度收集消费者个人信息，所收集的信息大大超出交易所需的范围，包括职业、收入等隐私信息，甚至将收集到的大量顾客个人信息建立数据库与其他商家的数据库"对撞"、相互交换、共享，这些行为更是严重地侵犯了消费者的个人信息权。[7]

2. 侵犯消费者的知悉真情权

消费者在网络平台上购物，无法像线下购物那样直观地挑选商品，往往只能通过商家对商品的描述来获取商品信息。这导致了消费者和经营者在对商品信息的了解程度上是极其不平等的。在网络购物的情境下，经营者向消费者提供真实的商品或服务的信息，是消费者挑选符合自己心意的商品或服务进行购买的基础，此时线上的经营者应当承担比线下的经营者更多的义务以保障消费者的知悉真情权。平台实施"大数据杀熟"的行为，是在消费者不知情的情况下向不同的消费者推送不同的商品信息并进行差异化定价，严重侵害了消费者知悉真情的权利。[8]消费者拥有知悉真情权是拥有自主选择权的基石，如若消费者不能掌握商品的真实信息，那么基于这些信息做出的选择也就不是真正意义上的自主选择。

3. 侵犯消费者的自主选择权

"大数据杀熟"之所以侵犯消费者的自主选择权，是因为经营者通过大数据技术为每一位消费者量身定制了推送的内容，导致消费者无法在全面地了解所有商品或服务的信息之后再做出自主选择。尤其是对于熟客而言，大数据能够对其消费习惯进行更加精准的推送，使其自然而然地就选择了大数据为其推送的商品，自主选择权受到了更大的侵害。

4. 侵犯消费者的公平交易权

"大数据杀熟"侵犯消费者的公平交易权主要体现在新、老客户交易价格的不公平。由于老客户对平台的信任，往往在选择商品或服务时不会花费太多精力去甄别，而经营者则借此在老客户和新客户购买同一件商品或服务时，抬高对老客户的报价，以赚取更大的利润。这显然对老客户来说是极其不公平的，侵犯了他们的公平交易权。

---

[7] 刘晶：《电商经营者大数据"杀熟"行为的违法性分析及规制路径探讨》，载《私法》2020年第1期。

[8] 朱程程：《大数据杀熟的违法性分析与法律规制探究——基于消费者权益保护视角的分析》，载《南方金融》2020年第4期。

三、域外消费者法规制"大数据杀熟"的模式

（一）美国模式

美国是电子商务与大数据技术的发源地，在美国法律体系中并没有关于商家需要向消费者披露定价结构的规定，法律对差异化定价行为总体上不加禁止，但也不是完全放任不管，而是从个人数据保护和算法治理两个方面予以规制。

第一，在个人数据保护方面，美国采取的是基于消费者保护的分散立法模式，联邦一级根据不同行业的特点分别制定法律法规，并与州一级的立法相结合保护公民个人数据。美国联邦贸易委员会（Federal Trade Commission，FTC）作为美国最核心的隐私执法机构之一，最主要的任务就是保护消费者的利益，同时兼顾促进市场竞争，在数据监管中发挥作用。FTC 提出了"告知与选择"（Notice and Choice）的方法，"告知"是指线上经营者应当告知消费者在使用该平台时可能会被收集到的数据范围、数据被收集后的用途以及数据可能会被共享提供给第三方；美国法院将其视作合同，消费者在充分阅读及理解告知后进行"选择"，通过勾选"我同意"选项来表示同意，或是阅读告知后继续访问将被视作同意。FTC 创设的"告知与选择"模式使得消费者能够对个人隐私进行自我管理，可以自我衡量个人数据披露的成本及收益。目前，"告知与选择"方法已成为各州保护消费者隐私立法的核心要素，如 2018 年《加州消费者隐私法》、2008 年《伊利诺伊州生物特征信息隐私法》等均有采用。[9]

第二，在算法治理方面，美国为适应算法的不同应用场景，充分运用法律规范、道德规范、自治规范，与政府、行业、公民等多种主体的治理力量相结合，形成了基于"算法问责"的专门监管模式。2017 年 1 月，美国计算机协会下属的美国公共政策委员会（USACM）发布了《算法透明度和责任声明》，明确七项算法治理原则，为立法提供相关指引，使人们开始关注算法歧视、算法偏见等问题。同年 12 月，美国纽约市议会通过了《政府部门自动决策系统法案》，要求成立工作组对市政机构使用算法进行监督，该法案是算法治理法律框架完善的重要一步。2019 年，为更好地对用户数据进行保护，美国民主党议员提出《算法问责法案》，要求企业自我审查其使用的人工智能工具，并希望由美国联邦贸易委员会进行监督。美国就算法治理的探索，具有明显的实践导向，力图运用社

---

[9] 戴艺晗：《数据保护的社会维度——从美国、欧盟数据监管模式展开》，载《情报杂志》2021 年第 5 期。

会、政治、经济等不同领域的合力达到对算法权力的制衡。[10]

(二) 欧盟模式

欧盟认为差异化定价既有促进竞争的效应也有抑制竞争的效应，整体而言更倾向于抑制竞争的效应。为更好地保护消费者的合法权益，欧盟委员会于2001年公布了《欧盟消费者保护绿皮书》，并在4年后制定了《不公平商业行为指令》。该指令将30多种不公平商业行为列为绝对禁止行为，其中就包括即使经营者提供的"价格或价格计算方法、或某种具体的价格优势的存在"的信息是真实准确的，但是导致或可能导致消费者做出他原本可能不会做出的消费行为，也被视作不公平的。[11]

在个人数据保护和算法治理方面，欧盟也对网络平台上的经营者的差异化定价行为进行了规制。长期以来，欧盟将隐私权和个人数据保护视作基本人权，在《欧盟基本权利宪章》第7条和第8条规定了关于保护隐私权和个人数据的内容。在个人数据保护方面，欧盟将保护数据主体的人权作为首要目标。2018年欧盟颁布了《通用数据保护条例》，该条例强调数据主体既是保护对象也是权利主体，用户在线上获取服务时享有自由选择和控制自己在线活动的权利，由此欧盟构建起了以用户为中心的统一个人数据保护机制。

在算法治理方面，欧盟并未像美国一样通过专门立法的方式加以规制，而是将其融合于数据保护框架之中。2015年，欧盟委员会发布《数字单一市场战略》，对具有一定市场地位的平台通过算法分析消费者数据行为的公众担忧作出回应，提出要以透明度、平台对用户数据使用情况、平台间对用户数据进行转移的限制等三个方面进行综合评价并构建监管框架。欧盟于2017年颁布了《机器人民事责任法案》，明确大数据算法的发展毫无疑问会影响互联网用户的个人选择，法律必须对此做出回应，要求将安全保障和人工核查列入算法决策过程之中，对算法技术进行合理限制。面对互联网技术、大数据技术的蓬勃发展带来的消费者个人数据保护的巨大挑战，欧盟于2018年颁布了《通用数据保护条例》，该条例进一步聚焦算法治理，加强对数据控制者与数据处理者的监管力度，构建数据处理各个阶段的问责机制。[12]

---

[10] 孙逸啸、郑浩然：《算法治理的域外经验与中国进路》，载《信息安全研究》2021年第1期。

[11] 李小年、查拉·艾薇丝：《欧盟〈不公平商业行为指令〉对中国完善消费者权益保护机制的借鉴意义》，载《政治与法律》2009年第9期。

[12] 于浩：《我国个人数据的法律规制——域外经验及其借鉴》，载《法商研究》2020年第6期。

四、我国消费者法规制"大数据杀熟"的困境

(一) 消费者法难以保护消费者个人信息

我国《消费者权益保护法》第 29 条明确规定了经营者应当在合法、正当、必要的情况下收集和使用消费者的信息，应当以消费者的同意为前提，需要告知消费者收集、使用信息的方式和用途，对收集到的信息应当予以保密，不得提供给第三人等。我国于 2021 年 8 月颁布的《个人信息保护法》也可应用于互联网平台消费者保护领域，其中第 14 条规定了个人信息的知情决定权，要求个人信息的处理者应得到个人充分知情的情况下作出的同意，并且处理个人信息的目的、方式、信息种类一旦发生变化就应当重新获取个人同意。为限制自动化决策，该法第 24 条规定了拒绝权，特别强调了利用自动化决策方式进行商业营销的，不能仅仅提供针对个人特征的选择，否则应为个人信息权利主体提供拒绝的方式。对防止大数据技术威胁个人权利，该条规定起到了一定的积极作用。该法第 47 条还规定了个人信息的删除权，在实现处理目的不再必要、处理者停止提供商品或保存期限届满、个人撤回同意、处理者违反规定等四种情形下，权利人可以要求信息处理者删除信息。此外还设置了"法律、行政法规规定的其他情形"这一兜底条款，进一步扩大了个人信息权利主体行使删除权的范围。[13] 随着《个人信息保护法》的出台，浙江省率先作出回应，于 2021 年 9 月 30 日颁布《浙江省电子商务条例》，对"大数据杀熟"的认定标准与法律责任作出规定。该条例第 14 条规定，电子商务经营者不得利用大数据分析、算法等技术手段对交易条件相同的消费者在交易价格等方面实行不合理的差别待遇。

但是，消费者法关于消费者个人信息保护的规定，不能完全防止互联网平台上的经营者对消费者信息的过度采集与泄露。互联网具有与生俱来的数据体量大、数据传播速度快的特点，并且随着大数据技术的迅猛发展，智能应用软件不断被开发，通过互联网收集消费者的信息数据变得越来越简单和低成本。在这样的背景下，消费者法对于消费者个人信息的保护力度显得越发薄弱。主要体现在以下几个方面：

第一，消费者法对消费者个人信息权益的界限规定不明确。虽然很多法律中都有体现对消费者个人信息的保护，但是它们都只是笼统地规定了消费者个人信息权益范围，例如《个人信息保护法》第 4 条将个人信息简单定义为："以电子或者其他方式记录的与已识别或者可识别的自然人有关的各种信息"。界限

---

[13] 申卫星：《论个人信息权的构建及其体系化》，载《比较法研究》2021 年第 5 期。

模糊的定义在具体实施中可能会带来一些问题，如个人信息权与隐私权虽然具有相似性，但实质上它们存在较大差别，隐私权是指消费者不愿对外公开的私密信息，而消费者的个人信息则包括消费者的账号信息、消费信息、财产信息等。《消费者权益保护法》也是如此，缺乏具体性的规定又无法直接适用其他法律对个人信息权益进行解释。

第二，消费者法的相关规定可操作性较弱。《消费者权益保护法》仅通过几个"应当"和"不得"的规定约束经营者对消费者个人信息所采取的行为，而没有具体规定经营者在违反法律规定时，应当承担怎样的后果。消费者无法事先选择性地向经营者提供信息，也无从知晓经营者将自己的个人信息以什么样的方式用在何处，消费者在个人信息受到侵犯时也难以以信息权主体的身份要求经营者删除信息。《个人信息保护法》中设立的拒绝权的具体行使方式缺乏具体规定，也未对信息处理者的技术和程序作出要求，导致法律规定的可操作性较弱。在地方立法中，《浙江省电子商务条例》虽然在第27条规定了经营者对消费者实行不合理差别待遇的法律责任，但只是规定了依照《个人信息保护法》的规定进行处罚，并未作出更为具体详细的规定。消费者法对经营者侵犯消费者个人信息的后果规定得过于笼统，不利于对个人信息受到侵害的消费者进行救济。

第三，消费者个人信息的财产价值被忽视。加大对消费者个人信息的保护首先需要肯定个人信息的财产价值。当前，无论是消费者还是企业乃至整个社会都忽视了消费者个人信息的财产价值，大量的消费者个人信息免费成为经营者创造财富的工具，经营者从中获得了巨大的收益，而消费者却没有获得应有的福利。对消费者个人信息财产价值的低估直接导致了经营者对消费者个人信息保护工作的不重视，甚至放任信息泄露的事故发生。[14]

（二）消费者法难以约束经营者差别定价行为

消费者法对互联网平台的经营者差别定价的行为难以进行有效的约束。尽管《消费者权益保护法》第20条第3款对经营者明码标价的义务进行了规定，并在第55条第1款规定了经营者在经营活动中的欺诈行为将受到惩罚性赔偿的约束，但是将"大数据杀熟"认定为违反明码标价义务或是欺诈的行为仍存有困难。《价格法》第14条明确规定了不正当价格行为，但是"大数据杀熟"中经营者差别定价行为是否属于具有不正当性的价格行为依该条难以认定，这方

---

14 张融：《论个人信息权的私权属性——以隐私权与个人信息权的关系为视角》，载《图书馆建设》2021年第1期。

面的监管也存在难度。《禁止价格欺诈行为的规定》(2001年国家发展计划委员会令第15号)第3条规定"价格欺诈行为是指经营者利用虚假的或者使人误解的标价形式或者价格手段,欺骗、诱导消费者或者其他经营者与其进行交易的行为",据此也难以将"大数据杀熟"认定为价格欺诈行为,而不能适用该规定追究赔偿责任。总而言之,《消费者权益保护法》《价格法》等法律与《明码标价和禁止价格欺诈规定》等部门规章,对于"大数据杀熟"等差别定价行为都没有加以制止,甚至这类差别定价行为在形式上还符合法律对于明码标价的要求。《电子商务法》第18条第1款虽然对经营者根据消费者的精准画像向消费者提供针对性服务的行为进行了规制,并在第77条中规定了相应的处罚措施,但是消费者在遇到互联网平台上的经营者差别定价的行为时,基于维权投入成本大,对电子商务平台提起诉讼难度大等原因,往往只能作罢。[15]

(三) 消费者法难以保障消费者反悔权

在互联网购物环境下,消费者因无法提前预知商品真实质量状况,可能出现消费者实际收到的商品与经营者在网络上描述的状况不一致的情形,因而产生退货的需求,此时保障消费者的反悔权尤为重要。《消费者权益保护法》第25条对消费者的反悔权作出了规定,明确了经营者通过网络方式销售商品,消费者有权自收到商品之日起七日内无理由退货。消费者在被"大数据杀熟"后的反悔权虽然在形式上符合《消费者权益保护法》第25条的规定,但是在实际行使权利的过程中仍存在诸多问题。第一,由于网络购物的特性,消费者与消费者之间天然阻隔,除非消费者之间刻意比对价格,否则难以发现自己被"杀熟",或发现时已过了七天时限,导致无法行使反悔权;第二,《消费者权益保护法》第25条第1款和第2款将一些类型的商品排除在可行使反悔权的范围外,而消费者在购买这类商品时同样可能遇到被"大数据杀熟"的情况,若不扩大消费者被"杀熟"时反悔权的适用范围,消费者则无法在此类情况下行使反悔权;第三,"大数据杀熟"常常出现在电影、机票、酒店等电子商务平台上,这些消费大多具有即时性,即使消费者发现自己被"杀熟",往往此时已经享受过这些服务,商品或服务已不存在,又何谈退货、行使反悔权呢?

(四) 消费者被"杀熟"后举证难度大

消费者被"大数据杀熟"后要寻求救济途径,根据《消费者权益保护法》

---

[15] 邹开亮、刘佳明:《大数据"杀熟"的法律规制困境与出路——仅从〈消费者权益保护法〉的角度考量》,载《价格理论与实践》2018年第8期。

第 11 条、第 40 条的规定，消费者享有损害求偿权，第 44 条还专门规定了网络交易平台的消费者权益受损时请求赔偿的权利。但是在实践中，有时消费者受到的损害较小，而维权耗费的时间、精力较多，此时消费者往往会选择放弃维权。更重要的是，消费者需要自己举证维权事项，面临着举证困难：一是在网络平台消费的过程中是没有实物凭证的，证据都是以电子数据的方式存在，网络平台的经营者利用自身技术优势，很容易将证据篡改和销毁，进一步增加了消费者举证难度。二是消费者难以自证受到的损害，首先消费者需要知悉其他消费者购买同一商品或服务时支付的相对低的价格，其次即便消费者知悉了其他消费者支付的低价，也不能简单地将自己购买时支付的高价与其他消费者购买同一商品或者服务时支付的低价之间的差值视作自己的损失。三是即便消费者能够计算出自己所受到的损失，每一个消费者在每一笔交易中受到的损失数额是较小的，若要组织号召其他消费者一起举证，难度可想而知，而单单依靠一个消费者的力量寻求救济，无疑是困难且不经济的。因此，消费者被"大数据杀熟"后，举证目的难以实现，极少消费者会选择寻求赔偿，这导致商家实施"大数据杀熟"更加猖獗。

（五）消费公益诉讼适格原告范围规定过窄

由于"大数据杀熟"侵害消费者权益的案件具有分布分散、人数多、单个损失额小的特征，消费者个人提起私益诉讼较少。我国民事公益诉讼制度的建立与发展使得消费公益诉讼成为保护消费者权益的一种途径。《消费者权益保护法》早在 2014 年就确立了中国消费者协会和省、自治区、直辖市设立的消费者协会具有消费公益诉讼的主体资格。2017 年《民事诉讼法》又将检察机关列为提起民事公益诉讼的主体。自消费公益诉讼制度确立以来，无论是从消费者协会提起的公益诉讼案件数量还是从最终的胜诉率来看，消费公益诉讼都与环境公益诉讼存在较大差距。据统计，消费公益诉讼仅占整个公益诉讼量的 26.78%。[16]

虽然将消费公益诉讼适格原告的范围限定为消费者协会和检察机关，与消费者协会设立的目的、提起诉讼的能力相适应以及体现了检察机关提起消费公益诉讼的补充性，但是，适格原告范围过窄也暴露出种种问题，尤其对于"大数据杀熟"侵犯消费者权益的案件，消费公益诉讼不能给消费者足够的保护。具体而言，存在以下几个弊端：第一，消费者协会通常是挂靠在相应级别的市场监督管理部门下的，其运转资金主要是来自政府财政拨款，可以看作"半官

---

[16] 张龙、徐文瑶：《个人信息保护领域检察公益诉讼的适用》，载《河南财经政法大学学报》2021 年第 4 期。

方"组织,因此灵活性较弱,对于"大数据杀熟"这类新型侵犯消费者权益的案件往往没有足够的应对能力;第二,依据《消费者权益保护法》的规定,省级以上的消费者协会才具有提起消费公益诉讼的主体资格,因此能够提起公益诉讼的消费者协会的数量较少,而受到"大数据杀熟"侵害的消费者数量很多,当前的消费公益诉讼制度难以为消费者权益提供全面的保护;第三,检察机关提起诉讼应遵循谦抑性的原则,因此往往不能在第一时间救济消费者的权益。[17]

五、我国完善消费者法规制"大数据杀熟"的路径

(一)强化消费者法对消费者个人信息的保护

首先,应当对消费者个人信息的范围进行界定。在其他法律尚未对消费者个人信息进行准确界定的情况下,《消费者权益保护法》应当率先尝试从消费者个人信息权益保护的角度对消费者个人信息作出明确的界定。可以将消费者个人信息解释为包含账户信息、财产信息、身份信息以及与其相关的其他信息,并按照信息的形态对这些信息进行分级,依不同的级别给予不同的保护措施。可将消费者个人信息分为原始信息、交易信息和加工信息进行分级保护。原始信息是指消费者在进行交易过程中提供的所有个人信息,这些信息的所有权完全归消费者所有,任何经营者在获取和使用这些信息前应当征求消费者的同意,并且取得这些信息后不得泄露、转卖给其他经营者,这类信息量大而全面,应当对经营者的保管义务提出更高的要求。交易信息是指消费者在与经营者完成一次或多次交易后留下的交易记录,可以帮助经营者对消费者提供更有针对性的服务,对于这类信息应当要求经营者只能在内部为提升商品或服务质量而使用。加工信息是指经营者利用大数据分析技术对消费者在交易中提供的信息进行加工处理后得到的信息,对于这类信息必须进行严格的管控,尤其是信息的源头,只有经营者以合法取得的原始信息作为原料加工的信息,才可在一定程度上进行合理使用。

其次,应当加强消费者个人信息权利救济的可操作性。《消费者权益保护法》应当明确规定经营者违反保护消费者个人信息权益的义务时应承担的法律责任以及给予消费者的合理赔偿数额,并且应当规定在严重侵犯消费者个人信息权益时提高赔偿幅度,适用惩罚性赔偿。[18]《个人信息保护法》中规定的拒绝

---

17 孙晨赫:《消费民事公益诉讼的理念重塑与制度展开》,载《理论月刊》2021年第2期。

18 朱建海:《"大数据杀熟"的法律规制困境及其破解路径》,载《重庆邮电大学学报(社会科学版)》2021年第1期。

权的具体行使方式可通过司法解释进一步明确。另外，还可以在消费者协会中设立专门的消费者个人信息保护委员会，来帮助消费者在个人信息权益受到侵害时能够及时获得救济。该委员会应当具有两个职能：一是监督职能，该委员会应当监督经营者合法获取和合理使用消费者的个人信息，对于监督过程中发现的侵犯消费者个人信息权益的行为进行处理；二是帮助维权职能，该委员会应当接受消费者对侵犯个人信息的经营者的举报，为消费者提供维权咨询与相关法律帮助。

最后，消费者法应当承认消费者个人信息的财产价值并且设立法定标准对消费者的个人信息进行价值评估，客观评估其在市场中的价值，使得对消费者个人信息从传统的人格权保护方法过渡到财产权保护方法，基于公平交易机制规范经营者和消费者在使用个人信息时的权利义务关系。确认消费者个人信息的财产价值也能够为经营者敲响警钟，使其重视消费者作为个人信息财产利益拥有者的地位，保证消费者在个人信息受到侵害时能获得充分适当的赔偿。[19]

（二）拓展消费者知情权约束经营者差别定价

知情权是消费者基本权利中重要的一部分，而价格知情又是消费者知情权的核心内容。保护消费者的知情权要求经营者在利用大数据对交易中获取的消费者个人信息进行加工处理前将有关情况告知消费者。尽管通过大数据技术对消费者进行差异化定价在形式上符合明码标价的要求，但是，在传统的线下交易中，经营者对商品或服务的"明码标价"是面向所有消费者的，除议价外，所有的消费者购买同一商品或者服务所付出的代价是相同的，因此，对于消费者及社会认知"明码标价"而言，利用"大数据杀熟"实现的"千人千价"与"明码标价"的实质是相违背的。[20]

在"大数据杀熟"横行的当下，《消费者权益保护法》《价格法》《电子商务法》应当规制经营者差别定价侵犯消费者知情权的行为。首先，应当规定经营者在对交易中获取的消费者个人信息进行加工处理，形成消费者精准画像之前须以合理的方式告知消费者；其次，经营者基于大数据分析对消费者实施差异化定价的，也须以合理的方式告知消费者；[21]最后，《电子商务法》应当明确电子商务监管部门的监管职责，确保对电子商务平台"大数据杀熟"监管的对

---

[19] 姬蕾蕾：《大数据时代个人信息财产权保护研究》，载《河南社会科学》2020年第11期。

[20] 吴韬、陈俊：《论消费者信息权保护制度的构建——以现有消费者知情权重构为视角》，载《湖北经济学院学报（人文社会科学版）》2018年第1期。

[21] 刘佳明：《大数据"杀熟"的定性及其法律规制》，载《湖南农业大学学报（社会科学版）》2020年第1期。

应性和有效性。[22]

（三）完善消费者反悔权制度

反悔权是消费者知情权和选择权的衍生权利，基于"大数据杀熟"这类新型侵犯消费者权益的行为，应当适当扩大消费者反悔权的范围，将"大数据杀熟"行为列入《消费者权益保护法》第25条规制的范围中来，将该条中容易受到"大数据杀熟"的商品在特定情况下予以排除。对于能够实现退货的商品或服务应当保障消费者七日内无理由退货的权利。对于无法退货的商品或服务则需引入"消极欺诈"这一概念进行补充处理。欺诈是指故意告知对方虚假信息或者故意隐瞒真实情况以使对方基于错误的认识作出意思表示的行为，可分为积极欺诈和消极欺诈。积极欺诈是指用积极作为的方式实施欺诈行为，而消极欺诈是指行为人违反法律或者诚实信用原则规定的说明义务，故意不对事实情况予以说明，导致对方基于错误认识作出意思表示的行为。在没有法律规定的情况下，一般经营者不承担对自己的情况事无巨细告知消费者的义务，我国现行《消费者权益保护法》《价格法》也未对经营者的告知义务作出明确规定。但是在"大数据杀熟"的情形下，经营者对消费者实施差别定价，严重违背了普通消费者对明码标价的认识，经营者应当根据诚实信用原则对消费者就必要的信息予以告知，这是"大数据杀熟"横行的时代经营者告知义务的必要衍生，若经营者不遵守诚实信用原则即构成消极欺诈。消极欺诈行为应当适用《消费者权益保护法》第55条第1款进行规制，该款规定了经营者提供商品或者服务有欺诈行为的，应当根据消费者的要求增加赔偿消费者受到的损失。将消极欺诈行为纳入《消费者权益保护法》第55条的适用范围，可以弥补消费者反悔权制度的局限性。

此外，还应当完善专门性价格法来规制不遵守明码标价规定或不法促销的"大数据杀熟"行为，例如《价格法》《明码标价和禁止价格欺诈规定》等。主要应从两个方面着手：一是要明确价格欺诈行为的构成要件，二是要规范促销行为和价格欺诈行为。具体而言，《明码标价和禁止价格欺诈规定》中关于促销行为规定了"原价"为本次降价前七天内交易的最低价格，以此来认定价格欺诈行为，但是由于互联网平台取证难度大以及经营者利用大数据技术实施差别定价等原因，导致该条规定难以适用。因此，相关法律应当予以完善，规定只要经营者实施了基于"大数据杀熟"的违反明码标价和不合法促销的行为，就

22　葛江虬：《解释论视角下〈电子商务法〉定制搜索结果条款的规范目的及限制适用》，载《法律科学（西北政法大学学报）》2021年第3期。

应该直接依法予以处罚，而不应过多拘泥于价格欺诈行为的定义。

(四) 司法举证责任倒置

由于在司法实践中，无论从证据的收集还是从举证责任的分配上看，经营者均在诉讼中占有较大优势，因此消费者就"大数据杀熟"提起的诉讼很难获得胜诉。传统侵权责任举证规则要求"谁主张，谁举证"，消费者承担了举证的责任，而经营者天然地具有算法的绝对控制权，且在网络平台上交易的证据又具有不稳定、易被篡改的特性，种种原因导致消费者取证存在难度，使得实践中消费者被"大数据杀熟"后较少提起诉讼，诉讼成功案例更是少之又少。

为解决这一问题，应当引入倾斜保护原则。倾斜保护立足于保护弱势群体的利益，重视当事人之间具体的差别，以不平等对待解决实质不平等的社会关系，使不平衡的社会关系得以平衡，进而维护双方当事人中弱势一方的利益。《消费者权益保护法》引入倾斜保护原则，主要是为了解决消费者与经营者之间实质不平等的地位，应在立法、执法、司法过程中，增加经营者所负担的义务，加强对消费者权利保护条款的设立。尤其在大数据时代，经营者掌握着更多的技术与资源，消费者的地位进一步弱化，倾斜保护原则可以从实质上平衡消费者与经营者之间的关系。在举证责任方面，倾斜保护原则要求实施举证责任倒置，消费者不再负有证明自己被"大数据杀熟"的义务，而由经营者来证明自己没有实施"大数据杀熟"行为，若经营者不能提出合理的证据证明自身未实施"大数据杀熟"行为则将承担被视作实施了"大数据杀熟"行为所带来的不利后果。举证责任倒置将举证的责任交由具有天然优势的网络平台商家，经营者可以通过公开其数据、算法来证明自己没有"杀熟"，更加具有合理性，有利于司法公正，维护作为弱势一方的消费者的合法权益。[23]

(五) 扩大消费公益诉讼适格原告的范围

面对消费公益诉讼适格原告范围过窄不能很好地保护消费者权益的问题，应当扩大消费公益诉讼适格原告的范围。[24] 首先，应扩大社会组织作为消费公益诉讼适格原告的范围。一方面，赋予设区的市级消费者协会提起消费公益诉讼的权利，由于仅由中国消费者协会和省级消费者协会做适格原告难以解决现有的问题，应将提起消费公益诉讼的权利下放到市级消费者协会，以分担中国消费者协会和省级消费者协会的诉讼压力，便于及时调查取证，就地解决矛盾

---

[23] 傅楚楚：《"大数据杀熟"行为的消费者权益保护困境》，载《南方论刊》2020 年第 10 期。
[24] 黄忠顺：《惩罚性赔偿消费公益诉讼研究》，载《中国法学》2020 第 1 期。

纠纷。也可根据案件涉及人数、金额等因素，综合影响力的大小合理分工，将影响力大的案件集中交由省级以上消费者协会处理。另一方面，允许其他社会公益组织提起消费公益诉讼，对于"大数据杀熟"这类新型侵权行为，社会公益组织具有受限制少、灵活度高的优点，可以在一些影响力较小的案件中发挥作用，作为消费者协会的补充。但也不应赋予所有其他公益组织诉讼权，以防止权利滥用，应当明确被赋予公益诉讼原告资格的公益组织需达到的条件，《环境保护法》第58条中规定了社会组织提起环境公益诉讼的条件，消费公益诉讼也可参照这些条件规定具有消费公益诉讼原告资格的其他社会组织。[25]

其次，允许公民提起消费公益诉讼。从环境公益诉讼的国家政策来看，公民个人作为诉讼原告已经是大势所趋，2014年国务院《关于加强环境监管执法的通知》提出对损害公共环境权益的行为，鼓励公民提起公益诉讼和民事诉讼。2015年国务院《关于积极发挥新消费引领作用加快培育形成新供给新动力的指导意见》提出要适当扩大公益诉讼主体地位。有学者认为赋予公民提起消费公益诉讼的权利会导致公民滥用诉讼权，使得公益诉讼变得混乱无序。但是从当前司法实践中看，对于"大数据杀熟"这类损失小而维权成本高的案件，消费者往往不愿提起诉讼，赋予公民提起消费公益诉讼的权利后发生公民滥用诉讼权的可能性极小。允许公民个人提起消费公益诉讼的积极影响远远大于其消极影响，不能因为可能出现的消极影响就不赋予公民诉讼权，而应该建立配套的法律法规，规范公民个人提起消费公益诉讼的资格及流程，以保障消费者合法权益受侵害后被救济的权利。[26]

结语

科学技术的发展日新月异，同时带来了许多新的挑战，"大数据杀熟"是人类进入算法时代后科技对法律挑战的一个缩影。"大数据杀熟"不同于受市场调节、具有合理性的价格歧视行为，它是以一级价格歧视为理论基础，利用算法与大数据的强强联手对消费者进行差异化定价的违法行为，严重侵害了消费者的个人信息权、知悉真情权、自主选择权和公平交易权。放眼域外法律对"大数据杀熟"的规制经验，美国主要从个人数据保护和算法治理两个方面来对差异化定价的行为进行规制，而欧盟则构建起了以用户为中心的统一个人数据保

---

[25] 冯莉、陈明添：《困境与出路：大数据"杀熟"的法律规制》，载《海峡法学》2020年第3期。

[26] 曹奕阳：《我国消费民事公益诉讼制度的完善与优化——美国聚乙烯管道消费者集团诉讼案的启示》，载《江汉论坛》2020年第7期。

护机制，并将算法治理融入数据保护的框架之中。面对社会中出现的新兴问题，法律的滞后性难以避免，我国当前法律应对"大数据杀熟"时，在保护消费者个人信息、约束经营者差别定价、保障消费者的反悔权等多个方面存在一定的困境，消费者法作为保护消费者权益的重要武器，应当尽快作出回应。本文提出了强化对消费者个人信息的保护、拓展消费者知情权约束经营者差别定价、完善消费者反悔权制度、司法举证责任倒置、扩张消费公益诉讼适格原告的范围等建议，以求保护消费者免受"大数据杀熟"的侵害。

类案检索：数字时代司法治理的技术进路

邓伟平　赵文宇[*]

【内容提要】司法治理是我国现代化治理的重要一环，"同案同判"是民众感知司法能力的关键，也是民众感知与法律逻辑的共情点。在裁判尺度不统一的前提下，引入以大数据技术为依托的类案检索制度就成了必要的选择。但是，类案检索制度在帮助法官统一裁判尺度的同时也存在适用困境，技术属性更是使得制度容易偏离既定的目标方向，我们要认识到其局限性，同时引入叙事理论，重塑裁判文书的表达，构建统一大数据平台、统一法律术语，以便更好地适用这一制度。

【关键词】司法治理　大数据　类案检索

2020年中国社科院发布的《法治蓝皮书》指出："从司法治理的角度来讲，司法治理是国家治理体系的重要组成部分。司法治理的过程，同时也是法治社会建设的重要过程。"司法机关作为社会治理的主体，通过司法活动对社会秩序进行规范治理，社会通过对具体司法过程的反馈反作用于司法治理改进。案件的结果公正与否会引发民众对司法产生共情；民意通过舆论、行为的遵守与否进行表达，再反作用于司法治理。因此，"同案同判"是影响司法治理的重要指标，也是司法机关与民众在感性和理性上的联结点。"同案同判"与"类案同判""类案类判"等并无本质区别，虽然有学者认为"同案同判"是虚构的法治神话[1]，但也是区分"同案"和"类案"后否定前者而肯定后者，承认了可

---

[*] 邓伟平——中山大学法学院副教授，主要研究领域：法理学、比较法学、港澳基本法；赵文宇——中山大学法学院硕士研究生，主要研究方向：法理学。

[1] 参见周少华：《同案同判：一个虚构的法治神话》，载《法学》2015年第11期。

以"同判"的逻辑。类案检索制度的提出是最高人民法院在统一裁判尺度上借助数字时代科技发展的重要举措,为司法治理的改进提供了新的切入点。

一、同案同判：司法治理的共情点

(一) 何以共情：法律逻辑与民众认知的结合

"努力让人民群众在每一个司法案件中感受到公平正义"[2],这是新时期党和国家对司法工作提出的新要求。尽管"正义有着一张普罗透斯似的脸,变幻无常,随时可以呈现不同形状并具有极不相同的面貌"[3],但是人们对正义的感知存在于潜意识中,虽然未必熟悉法律条文,但是被长期奉行的社会准则与所处的利益群体所塑造。虽然不同利益立场的人们会支持不同的裁判结果,但是相对立的观点在冲突的同时也互相限制其拓展的程度,最终种种观点融合形成一种多数人都能接受的裁判结果,这正是人们朴素的正义观在个案中的体现。对于"同案"的比较存在三种立场：第一,其他"同案"得到"异判"的当事人出于对自身利益的维护而要求对自己最为有利的结果；第二,普通民众对案件的自我代入——当社会中的不特定人成为案件的当事人时,将会得到怎样的判决结果；第三,法官出于职业素养以及职业要求对于正义的不断追求。这三种立场构成了追求"同案同判"的广泛心理基础。

"同案同判"实际上是类推在案例中的适用,而类推是法官裁量中最重要的工具和手段,"类推的规则或者哲学的方法是所有方法之首,用于指导我们选择路径"。[4]类推原则最主要的特点是沿着逻辑发展的方向起作用,这意味着这种逻辑是从众多案件本身出发,探寻一种将这些案件加以统一的理性原则,并将这种理性原则投射到新的案件中,这就是先例的诞生与延续。这种原则的确立意味着法官将一件案例中短暂的、偶然的东西确立为一种近乎永久性的真理,在类案中不断延续和更新,这种智识上的肯定对法官有一种致命的诱惑。同样,这些原则由于其权威性逐渐被民众接受,并进一步塑造其司法观念,最终作用于民众对正义的感知。但是,这种法律逻辑很容易陷入一种理性主义的迷思：法律逻辑主体试图通过自我识别与确认,凭借人类所共同具有的理性和逻辑思维,将其逻辑映射于一切社会秩序。然而,这种迷思"忽视了社会主体之间多

---

[2] 《中共中央关于全面推进依法治国若干重大问题的决定》,载中国政府网,https://www.gov.cn/zhengce/2014-10/28/content_2771946.htm,最后访问于2023年8月30日。

[3] [美] E. 博登海默著：《法理学：法律哲学与法学方法》,邓正来译,中国政法大学出版社2004年版,第261页。

[4] [美] 本杰明·卡多佐著：《司法过程的性质》,苏力译,商务印书馆2009年版,第16页。

元复杂的经验差异，以先验、抽象的同一性思维看待人的社会属性，将芸芸众生视为一个个高度符号化的抽象个体"。[5] 这种思维方式往往"先验地假定'自我'代表了人类，'自我'就是人类'自我'"。[6] 但是，法官并不都是正确的，一旦法官因为这种迷思自以为是就会遭到民众的抗拒，通过民意反作用于司法逻辑的修正，打破这种迷思的存在。借此，法律逻辑实现了与民众认知的结合，两者反复作用，促使司法治理迈向公平正义。在三段论的模式下，类推原则弥合了从大前提到小前提的缝隙，在事实与法律之间通过案例间的相似点进一步增强裁判文书的说服力。

法律逻辑和民众认知统一于对公平正义的追求，"同案同判"则是感知正义的基本途径。案例指导制度的目的是提供示范性的案例帮助法官统一裁判尺度，截至2023年1月，最高人民法院累计发布民事、刑事、行政等领域指导性案例211件，而地方各级人民法院和专门人民法院仅2022年受理案件就达3370.4万件[7]，后者在涉及法律范围、案件数量上都远超前者。由于指导性案例的数量、范围有限，为进一步促进"同案同判"，借助大数据技术构建类案检索制度就显得十分必要了。

（二）何以异判：地方差异与法官个体的差异

法律是法官判案的根本依据，除了具有全国性效力的法律，《立法法》规定省级人大及其常委会"根据本行政区域的具体情况和实际需要"可制定地方性法规，并授权设区的市人大及其常委会"对城乡建设与管理、生态文明建设、历史文化保护、基层治理等方面的事项"制定地方性法规。地方性法规在不违背上位法的前提下，在制定中可以因地制宜，体现地方特色，结合当地民意达到接地气的效果。其中隐含了两个设定：其一，地方性法规的制定遵循上位法相关规定。在不违背上位法的前提下司法裁量的大方向就不会出错，在法官具备基本职业素养的前提下，地方性法规与上位法的统一使得立法本意不会被曲解。其二，各地方具体裁量结果存在差异。根据各地实际情况以及民意的反馈、法官认知的不同，具体裁量的结果也会有所不同，在裁判文书上网的前提下，当事人通过对比不同的裁判文书自然会追求对自己最有利的结果，在无法实现的情况下就会产生不满。如果仅仅停留于观念中的"法律规范"或将法律规范

---

5 陈洪杰：《从技术智慧到交往理性："智慧法院"的主体哲学反思》，载《上海师范大学学报（哲学社会科学版）》2020年第49期。

6 高鸿：《西方近代主体性哲学的形成、发展及其困境》，载《理论导刊》2007年第3期。

7 《最高人民法院工作报告——2023年3月7日在第十四届全国人民代表大会第一次会议上》，载中华人民共和国最高人民法院公报，http://gongbao.court.gov.cn，最后访问于2023年8月21日。

等同于全国人大及其常委会制定的"法律",而忽视体系更庞杂、内容更丰富、规范更具体的其他正式规范,对"同案同判"进行法理论证或实践证成就是空洞的,也是脱离司法运行的现实情形的。[8]

裁判尺度的统一是一个逐步推进的过程。法官的裁量是一个复杂的过程,除了法律和案件事实以外,法官的经历、教育程度、偏好乃至某些无法明确列举的、潜藏于潜意识中的判断都会在某个案件中的某一刻影响案件的结果。尽管法官通常试图保持判决的一致性,同类案件也可能因为法官对法条逐渐深入的理解或者法官本人经历的增多而得到不同结果。当我们将视线从法官个体脱离,放大到同一个法院、同一个地区乃至全国的法院时,就会发现在裁判书上网之前,对于类案的交流非常受限。在这种情况下,法官各持自己的观点就是可以理解的事情了。

二、双重检视:类案检索制度的梳理与实践

(一)数字时代的制度梳理

足够的案例是实行案例指导制度的前提,数字时代的到来使裁判文书上网得以实现,海量裁判文书的汇集平台搭建完成,类案检索制度出台的前提要件已经具备。《最高人民法院司法责任制实施意见(试行)》(法发〔2017〕20号)(以下简称《试行意见》)第39条要求法官在审理案件时应当依托办案平台、档案系统、中国裁判文书网、法信、智审等文书汇集平台对本院已审结或正在审理的类案和关联案件进行全面检索并制作类案与关联案件检索报告。《试行意见》同时指出检索类案与关联案件有困难的,可交由审判管理办公室协同有关审判业务庭室、研究室及信息中心共同研究提出建议。随后,《最高人民法院关于进一步全面落实司法责任制的实施意见》(法发〔2018〕23号)第9条再次明确各级人民法院为确保类案裁判标准统一、法律适用统一,应当在完善类案参考、裁判指引等工作机制基础上建立类案及关联案件强制检索机制。

基于上述文件,最高人民法院于2020年7月15日发布《关于统一法律适用加强类案检索的指导意见(试行)》(以下简称《指导意见》)明确地定义了"类案"的概念,并对适用类案检索的具体情形,诸如责任主体、范围、方法等作了更为细致的规定。根据《指导意见》,类案检索主要适用于下列情形:(1)拟提交专业(主审)法官会议或者审判委员会讨论的;(2)缺乏明确裁判

---

[8] 陈焘、刘宇:《"同案同判"的涵摄与超越——兼论区域法律统一适用与司法协同治理》,载《山东社会科学》2020年第3期。

规则或者尚未形成统一裁判规则的;(3)院长、庭长根据审判监督管理权限要求进行类案检索的;(4)其他需要进行类案检索的。

类案检索制度的构建是一个不断完善的过程,虽然当前对于如何认定和适用"类案"尚有争议,但在《最高人民法院关于完善统一法律适用标准工作机制的意见》(法发〔2020〕35号)(以下简称《意见》)中初步指出了不同等级的"类案"的不同适用方法。《意见》规定法官在进行类案检索时,检索到的类案为指导性案例的,除与新的法律、行政法规、司法解释相冲突或者为新的指导性案例所取代的外,应当参照作出裁判;检索到其他类案的,可以作为裁判的参考;检索到的类案存在法律适用标准不统一的,可以综合法院层级、裁判时间、是否经审判委员会讨论决定等因素,依照法律适用分歧解决机制予以解决。最高人民法院印发《关于建立法律适用分歧解决机制的实施办法》(法发〔2019〕23号)对法律适用分歧解决机制进行了规定。此外,《意见》还提出,为供法官办案参考,各级人民法院应当定期归纳整理类案检索情况在本院或者辖区内法院公开。

在上述文件的指导下,最高人民法院及各级法院积极推进类案检索机制构建,取得了阶段性的成果。最高人民法院于2018年1月5日正式运行"类案智能推送系统",该系统从"案件性质、案情特征、争议焦点、法律适用"等4个方面进行检索,覆盖1330个案由,类案文书推送准确率可达63.7%。[9]贵州法院以类案裁判标准数据库为基础构建类案检索机制,"通过自动检索、类案推送、裁判文书语义分析、对比分析等大数据方法避免类案非类判现象"。[10]安徽法院研发的类案指引系统不仅具备自动检索、类案推送、统计分析等功能,同时还可以"对异常案件设置自动预警提醒,亦可实现文书自动分类"。[11]重庆市渝中区、江北区法院运行信用卡纠纷案件智能审判平台,除庭审要素化整理、裁判文书自动生成功能外,"平台还会自动向法官推送相似度较高的案例,并对法官拟作出的裁判进行评析,有效统一裁判尺度,实现类案同判"。[12]

---

[9] 王雪娇:《熊群力:类案智能推送系统上线,为"智慧法院"建设保驾护航》,载北京时间网,http://www.yidianzixun.com/article/0I5Y6bvt,最后访问于2023年9月20日。

[10] 贵州省高级人民法院:《探索"类案类判"机制确保法律适用统一》,载《人民法院报》2018年1月26日04版。

[11] 李忠好、姜浩:《安徽研发类案指引项目并试用》,载《人民法院报》2016年1月6日01版。

[12] 陈小康:《重庆 类案智审平台智慧升级》,载人民法院报,http://rmfyb.chinacourt.org/paper/html/2018-03/20/content_137026.htm,最后访问于2022年8月14日。

（二）类案检索制度的实践困境

各地法院积极推进类案检索制度的适用，纷纷建立类案检索制度促进了法律裁判尺度的统一，便利的检索条件使得法官可以参考同类的案件斟酌裁判结果。但是，这一制度仍处在萌芽时期，技术有待开发，制度有待完善，在适用的过程中也产生了一些问题。目前类案检索制度面临的困境主要有：

1. 技术上的限制

第一，检索平台信息未整合。当前检索平台有三类，分别为政府设立的如中国裁判文书网、中国司法案例网等；企业运营的如北大法宝、威科先行、中国知网、维普期刊资源整合服务平台等；以及各法院内部提供或开发的司法档案、类案检索智能平台，比如天津法院的案例指导信息平台等。这三类平台的数据没有相互连通，在案例的数量和检索的分类标准上有所差异，尚未实现真正的"大数据检索"。大数据基本的运作原理是数据驱动，即先获取全面、完备且具有代表性的数据，然后用模型去契合数据。在误差允许的范围内，数据驱动的结果与精确的模型是等效的。[13] 大数据应用的基础是有足够多的样本和数据，这既是其本质特征，也是其最大优势。而这种多平台的案件检索数据互不连通，分割存在，无法进行统一整合与梳理，不仅给法官和律师的检索带来了麻烦，也违背了大数据的本意。

第二，识别存在局限。根据 2016 年 8 月 1 日起施行的《人民法院民事裁判文书制作规范》规定，裁判文书主要包括案件事实、裁判依据、裁判主文、尾部等组成部分。但是，清晰的结构并不代表可以准确识别类案，识别类案实质上比较的是案情，而非统一的结构。案情与裁判理由论述部分都是依据文本相似度进行检索罗列，文本相似度计算方法主要包括基于统计的方法和基于语义的方法。[14] 基于统计的方法主要通过统计各词语出现的频度来分析文本的相似性，由于词频中的短文本具有"内容简短，特征稀疏，语境依赖性强"[15] 等特点，文本距离计算策略[16] 等研究被运用于统计中。基于语义的方法则通过词项之间的层次结构关系，或是本体结构体系中概念之间的关系来计算文本之间的相

---

[13] 吴军著：《智能时代：大数据与智能革命重新定义未来》，中信出版社 2016 年版，第 33 页。

[14] 陈二静、姜恩波：《文本相似度计算方法研究综述》，载《数据分析与知识发现》2017 年第 1 期。

[15] 王君泽、马洪晶、张毅、杨兰蓉：《裁判文书类案推送中的案情相似度计算模型研究》，载《计算机工程与科学》2019 年第 12 期。

[16] Alhadi A C, Deraman A, Yussof W N J W, et al. An ensemble similarity model for short text retrieval [C] // Proc of International Conference on Computational Science and Its Applications, 2017: 20 – 29.

似度。[17] 不论是基于统计还是基于语义的方法，识别的最小单元都是选中不同权重的关键词。除按照案由、参照级别、审理法院、审理程序和文书类型等进行分类外，还可以按关键词进行检索。但是问题在于检索时一个关键词可以检索出成百上千个案例，在进一步限定检索范围后，仍可能存在上百个案例。在这上百个案例中，并不真的都是"类案"，"所谓的类似也仅仅是援引了同一条法条，抑或是裁判文书中出现了毫无实质意义的相同词句"[18]。法官仍然需要人工筛选，一一查阅并进一步作出排除，这需要耗费大量时间和精力。

2. 裁判文书的内容局限

第一，时间限制。上传的裁判文书多为近年的案例，受保存技术和条件所限，历史案卷难以梳理或保存不当，使得大数据缺乏时间的检验。第二，地域限制。浙江、山东、安徽、河北、陕西公开结案率超过60%，而有些省份如黑龙江、西藏要低于20%，"总体看，经济发达省份的公开文书量不仅超过经济落后省份，公开比例也相对更高"。[19] 第三，刑民不均。各地的裁判文书上网工作进度不一，上传的主要以民事裁判文书为主。

此外，法官的表述也存在局限。裁判文书的语序、用词不统一，由于缺乏争点整理与表述的规范技术，致使裁判文书中有关诉讼争点表述五花八门。类案的识别变得困难，不同的表述方式可能表达的是相同的意思，但是在检索和智能识别中会发生遗漏。这是识别技术的不足和未规范统一裁判文书表述的必然后果。很多裁判文书在事实部分描述并不相近，也存在说理不足的情况，这种论证的缺失为类案比对尺度的统一带来了困扰。

裁判文书内容存在局限，其原因主要有：第一，法官考核任务过重，在追求结案率的情况下，很难做到对于裁判文书中的每一个细节进行详细论证，而多采用"引用法条＋处理结果"的模式。第二，法官自身能力存在局限，不足以对结果进行逻辑严密的论证。这并不意味着法官的裁判结果存在问题，法官可以依靠审判经验和对法条的熟练掌握得出公正的结果，但是论证的缺失为类案的比较带来了困扰。第三，非规范化的表述不仅对统一观点的智能识别带来困难，也使得法官认为有法条依据即可，论证形式不一，详简不一。

事实上，一个考核任务轻松、写作能力高超的法官也未必能在一篇裁判文书中还原所有的案情细节，在类案中比对的只能是法官选择呈现的符合其逻辑

---

[17] 王君泽、马洪晶、张毅、杨兰蓉：《裁判文书类案推送中的案情相似度计算模型研究》，载《计算机工程与科学》2019年第12期。

[18] 魏新璋、方帅：《类案检索机制的检视与完善》，载《中国应用法学》2018年第5期。

[19] 马超、于晓虹、何海波：《大数据分析：中国司法裁判文书上网公开报告》，载《中国法律评论》2016年第4期。

的重要事实。其他事实就不重要吗？非也，法官是在衡量了种种细节后选择最为重要的因素及结果写上去，而其他同样构成影响结果但"不够重要"的细节就被筛选掉了。比如广告营销中关注的重点往往是广告语及直接获取的信息，但是广告张贴的地点、面向的受众、宣传的时间等因素同样会影响消费者的选择。三段论推理获取事实的手段是"摘取""隔离"，以期获得一种"纯粹的事实"。但是在这个过程中，众多可能起到辅助作用的，将这个案件与其他案件区分开的细节和法官推理的详细过程就被隐藏在结论之后了。这种认知模式下正是案件事实不够丰富，论证不够详细的深层原因。

三、深度剖析：类案检索制度的技术属性

类案检索制度本质上是通过大数据为法官判案提供类案参照，与之前的案例指导制度相比，类案检索制度更依赖于大数据平台的构建和检索技术的进步，具有鲜明的技术属性。

（一）工具理性对司法本意的消解

以可计算性、可预测性、可重复性和可置换性为基本要求的技术逻辑，以效率优先为原则的工具理性思维，以普遍性、非人格性为特征的形式合理性品格，以技术进步为衡量标准的价值主旨，构成了工具理性的思维方式和行为方式。[20] 类案检索制度作为一种依托于大数据技术的制度，不可避免地带有鲜明的技术属性，但是这种技术属性在带来便利的同时也会带来一些问题。

1. 法官被各项指标约束

类案检索制度作为一种以大数据技术为基础构建的制度，并不仅仅意味着类似案件的推送，实际上，被识别为类案的概率、法官识别类案的准确度、法官对类案的引用程度等都可以作为量化的数据呈现出来，法官对此类案件结果选择的概率也是可以预测的。比如，苏州法院的人工智能系统不仅能够统计类案的裁判模式与结果，还能对当下案件根据历史裁判模型模拟裁判，如果法官制作的裁判文书判决结果与之发生重大偏离，系统就会自动预警，方便院长、庭长行使审判监督管理职权。[21] 类案检索制度的运用无疑需要成为法官考核的一部分，建立类案检索问责机制意味着法官的工作结果成了系统里的一个数字，在这个数字可能与绩效考核挂钩的情况下，迎合这个数字甚至把结果控制在合适的范围就成了法官可能的选择。法官个体被约束于一个生硬的数字下，出于

---

[20] 何颖：《政治学视域下工具理性的功能》，载《政治学研究》2010 年第 4 期。

[21] 左卫民：《关于法律人工智能在中国运用前景的若干思考》，载《清华法学》2018 年第 2 期。

职业风险的考虑选择迎合案例检索的结果,这既是自由裁量权的丧失也是对公平正义的亵渎。

2. 苛求理想法官形象

《意见》要求法官:"规范司法行为,统一裁判标准,确保司法公正高效权威,努力让人民群众在每一个司法案件中感受到公平正义。"类案检索制度作为保障统一裁判标准的重要手段暗含了一个设定,即法院对于法官"最高理性人"形象的追求——法官应当公正地审判每一个案件,正确地适用法律,并且与其他法官的裁判尺度保持一致。这种形象本身没有问题,但是类案检索的大数据技术使得详细评价成为可能。有学者认为"司法办案的评价体系可以划分为办案强度、办案质量、办案效率、办案效果、办案规范5个维度;在上述维度之后,又可以划分出600多项具体指标"[22],过于细化的指标带来的是超乎想象的压力,技术的发展使得对法官的考核愈加详细,法官的个人判断被压抑于量化的数据之下。这种对于法官时刻保持"最高理性"的设定过于理想化,必须考虑法官群体的差异性,不让法官成为机械性的法律判断工具。

3. "相关性"不能取代"因果关系"

大数据有一个鲜明的特点,即以相关性而非因果关系为准,类案的结果统计反映的是同类结果占所有案件数的概率。即便这个概率高达90%也不能当然判断正在审理的案件应当遵循这一结果,还是需要用类推的方式抽象出法律原则带入本案进行判断。类案类判人工智能能够实现对个案事实与规则体系的深度模仿和形式逻辑迁移,社会情境也可以通过类型化的因素导入算法数据库,但受制于现有的技术条件,人工智能法律系统的发展还处于较为初级的阶段,还无法实现对各种法律方法(特别是基于非形式逻辑的法律方法)的完全模拟。[23]因此,技术理性下的预测结果并不能作为法官判案的依据,统计的概率也不能成为案件的结果,还是要具体案件具体分析,由法官独立作出判决。

(二) 技术是工具而非主导

技术革命在给人们的生活带来巨大进步的同时,也在改变人们的文化、法律、信仰。数字时代的到来使得原本不能直接交流的人可以通过网络了解彼此的生活,裁判文书的上网直观地显现了裁判尺度不一,数据库的连通使得类案检索制度可以实施。但是,不论其规模有多大,数据集归根结底是人类设计的

---

22 冯姣、胡铭:《智慧司法:实现司法公正的新路径及其局限》,载《浙江社会科学》2018年第6期。

23 孙跃:《法律方法视角下人工智能司法应用的法理反思》,载《北大法律信息网文粹》2018年第1期。

产物，而大数据并不能使人们摆脱曲解、隔阂和错误的成见。[24] 一方面，我们不能盲目相信技术进步，认为技术进步可以解决一切问题。识别技术的研发固然能更好地解决如何识别类案的问题，但是它并不能代替法官抽象出类案中共同的法律原则，也不能代替法官的论证，更不能代替法官作出判决。另一方面，数据可以作为参照。个案也可以适用类推的原则判断，但是个案本身具有其独有的事实，在适用同一原则的前提下如何精确地平衡其中细微的差异并体现在结果上是一种裁量的艺术。类案检索是法官用于参考的工具，而不是主导法官判案的"指挥官"。

四、治理进路：更好地识别类案

推进类案识别主要有两点困难：一是法官在裁判文书的写作中如何更好地展示案件事实、推理过程以及论证结果，二是从技术上如何更好地识别类案。前者是从内容上补充信息，丰富裁判文书的内容，方便后来的法官从中抽取裁判规则；后者是从技术上加以改进，提高类案推送的准确率，避免花费大量的人力物力，进一步排除无关案例。

（一）理念重塑：法律叙事视角的必要引入

技术会不断进步，法官的技能也可以逐步提高，系统性的规定迟早会完善出台，但是，当这些条件都满足的时候就能统一裁判尺度吗？更精准的识别案例要素能否补充裁判文书上被筛选忽略的细节？类案与类案之间的判断在裁判文书的论述中是否可以明晰？只考虑改进类案识别能力是"技"的精进，而非"术"的跃迁。当我们从个案的规范分析中转换思维，尝试进入理论的领域解决问题时，叙事理论也许能重塑司法治理中的裁判模式。

叙事作为一种表达方式就是"讲故事"，其重要性被誉为"位于一切语言艺术形式之首"[25]。"故事具有塑造我们日常经验的力量"[26]，而法律显然与经验密不可分。因此，"法庭非常需要一种叙事学"[27]。证据法领域是叙事分析的急先锋，有学者认为法庭本质上是控辩双方分别讲述不同版本的依托于证据的

---

24 徐继华等著：《智慧政府：大数据治国时代的来临》，中信出版社2014年版，第217页。

25 [美] 沃尔特·翁著：《口语文化与书面文化：语词的技术化》，何道宽译，北京大学出版社2008年版，第106页。

26 [美] 杰罗姆·布鲁纳著：《故事的形成：法律、文学、生活》，孙玫璐译，教育科学出版社2006年版，第13页。

27 [美] 彼得·布鲁克斯：《法内叙事与法叙事》，载 [美] James Phelan 等主编：《当代叙事理论指南》，申丹等译，北京大学出版社2007年版，第477页。

"故事",法官仅仅作为"这些故事充分与否的法律世界的现实核查员",审判即为"在特定的时刻判断哪一种故事版本发生的可能性更大"。[28]

法教义学遏制对案件细节的深究,因为这与三段论的推理模式不相容,"讲故事体现了个人或群体经验的具体细节,这是传统的法律推理所排除的。"[29] 三段论在展现案件事实及推理过程中有一定的局限性,其本质是抽取有用的细节和证据并提炼观点,推理的逻辑隐藏于文字之后。而叙事理论恰恰要求填充细节,勾连案情,这种场景的再现可以详尽地展示案情及其背后的推理逻辑。

类案检索制度的根本目的是统一裁判尺度,毫无疑问类推在其中起到了重要的作用。案件与案件之间存在细微差异,当这些细微的差异汇聚到一起时,从宏观的角度观察就会发现,时代的发展、技术的进步以及观念的变化影响着法律原则的演变。类推的过程正是寻求案件中所体现的统一原则并把握这种细微之处。三段论推理的特点是筛选,形成主干,细节被抹去。叙事则是场景再现一个完整的故事版本。

叙事理论未能在之前推广是有原因的,在过去的案件中,裁判文书的书写、储存、查阅都存在较大的成本,太过详尽的叙述将带给法官巨大的工作量,也不利于比较和查找。技术进步创造了大数据时代,也让叙事理论在审判中的应用成为可能。语音输入技术、打字技术等进步使得语言和思想的输出更为便捷,裁判文书上网以及储存和查阅的成本大为降低。未来,技术的发展使得生产资料富余,储存"免费"成为一种现实。按照叙事理论还原更多的细节,丰富案情和论证,就有了可能。

(二) 技术改进:统一大数据

1. 统一法律表述

裁判文书的表述不统一,给关键字查询和检索识别带来了困难。同一法律表述并非要求法官依据统一的法律术语写作,这将给法官带来繁重的写作负担,甚至导致不查询不敢下笔。智能化的写作系统可以帮助法官自动提示类似表述,同时对类似表述的识别也可以在检索中进一步提高推送类案的准确率。

---

[28] [美] 罗纳德·J. 艾伦著:《理性认知证据》,粟峥等译,法律出版社2013年版,第138页。

[29] [美] 彼得·布鲁克斯:《法内叙事与法叙事》,载 [美] James Phelan 等主编:《当代叙事理论指南》,申丹等译,北京大学出版社2007年版,第478页。

2. 建立报告重复利用机制

《指导意见》第 13 条指出,各级人民法院应当定期归纳整理类案检索情况,通过一定形式在本院或者辖区法院公开,供法官办案参考,并报上一级人民法院审判管理部门备案。类案检索报告有重复利用的必要性,但是仅仅公开类案检索情况并不足够,仍需进一步整合上传至平台。分设不同法院或者依托商业公司建立的类案检索平台对数据的分类和整合都有其不足,无法体现大数据的整合优势。统一的类案检索平台不仅方便了法官检索,还可以构建统一的类案检索报告反馈平台,通过类案检索报告的上传实现重复利用,通过类案检索报告的反馈实现案件的互动沟通,同时不同诉讼主体基于案例的持续互动会使有效规则得以"浮现"[30]。类案检索报告的重复利用也可以减轻法官的检索负担。

3. 开放检索权限

在浩如烟海的案件中穷尽类案是很困难的。首先,类案检索人力有限,不可能因为一个案件耗费巨大的精力,如果依赖智能技术就需要解决裁判文书的规范性识别问题。其次,即便检索出来,法官也没有时间和精力全部看完。因此,应当承认,现阶段的类案检索有一定的局限性。

在这种情况下,如何找到更为贴切、更具有说服力、双方当事人都信服的类案?"两个带有偏见的寻找者从田地的两端开始寻找,他们漏掉的东西要比一个公正无私的寻找者从地中间开始寻找所漏掉的东西少得多。"[31]英美法系国家和地区的传统做法是交由当事人双方检索,在双方对检索结果进行质疑和交流后,法官需要采纳哪方的案例会更明晰,说服力也更强。赋予当事人检索的权利有助于当事人意志的充分表达。如果当事人没有恰当地履行检索义务,"法院则可以因其'不知'而遵循自己选择的先例进行判决,当事人不能认为法官没有选择适用更加合适的先例而主张判决不公"[32]。

在我国,《指导意见》第 10 条已经规定案件双方当事人及诉讼代理人等可以提交指导性案例作为控(诉)辩理由,并且人民法院应当在裁判文书说理部分回应是否参照并说明理由;提交其他类案作为控(诉)辩理由的,人民法院可以通过释明等方式予以回应。但是这一规定仅仅肯定了指导性案例的地位,并且法院研发的类案检索系统也并未向当事人及其诉讼代理人开放。开放统一平台检索权限意味着三方都可以进行法律检索,三方的检索结果互相制约,共

---

[30] 顾培东:《判例自发性运用现象的生成与效应》,载《法学研究》2018 年第 2 期。

[31] 陈光中、陈海光、魏晓娜:《刑事证据制度与认识论———兼与误区论、法律真实论、相对真实论商榷》,载《中国法学》2001 年第 1 期。

[32] 叶榅平:《遵循先例原则与英国法官的审判思维和方法》,载《比较法研究》2015 年第 1 期。

同通向公平正义的方向。当然，在类案检索系统的设计中，具体的权限可以不同，比如双方当事人可以对类案及其统计进行检索，法官则可以查看其他法官的内部评价或者法院内部资料。

  公平正义是司法永恒的追求，"同案同判"并非虚构的神话，它是法官与当事人自发的追求和朴素正义观的体现。数字时代下，技术的发展使得类案检索成为可能。我们应当辩证地看待技术，一方面，肯定技术的作用，因为技术的发展我们才能通过大数据构建类案检索系统，实现高效储存、查找、推送；另一方面，类案检索制度具有鲜明的技术属性，要把握其技术性带来的对司法的异化。技术只是工具，是法官利用类案检索技术追求正义的实现，而非类案检索技术规制和引导法官判案。类案检索制度可以有效地减少裁判尺度不一的情况，推进"同案同判"，实现法律适用的统一。但是作为一个新生的制度，类案检索在实践中仍然存在识别类案准确度不高、提供裁判准则不明晰等问题，引入叙事理论可以引导法官更好地表达案件事实和推理过程，统一案例库和法律表述则可以从技术上更好地识别和推送类案。

算法行政中相对人程序权利的行使困境与实现规则

苗运卫　程关松[*]

【内容提要】 算法技术嵌入行政活动催生了算法行政方式，相对人在其中享有行政内容知情权、行政方式选择权、行政过程参与权等程序权利。但由于算法对行政程序的技术性改造，相对人行使上述程序权利时面临着不同的困境：私密化的信息收集与"黑箱化"的算法决策造成相对人对行政内容的知情不足，单方性的程序启动与高效率的行政目标导致相对人对行政方式的选择难题，封闭性的算法运行与专业性的技术内容形成相对人对行政过程的参与障碍。为了保障算法行政中相对人程序权利的实现，需要明确算法行政的程序规则，包括在算法行政过程中构建行政方式选择规则，满足相对人对行政方式的知情与选择需求；发展技术正当程序规则，将正当程序要求内化为算法透明规则和算法解释规则；完善程序权利救济规则，配置算法行政责任与对接司法审查救济方式。

【关键词】 算法行政　程序权利　正当程序　实现规则

信息技术变革推动的产业革命深刻地影响着我国政府治理与服务改革的方式与进程，从20世纪80年代政府采购与应用计算机设备开始的"办公自动化"运动，到进入21世纪随着互联网普及而兴起的"政府上网"工程，我国电子政

---

[*] 苗运卫——东南大学法学院博士研究生，主要研究方向：行政法学；程关松——华南理工大学法学院教授、研究员，主要研究领域：公法基础理论。本文系国家社科基金项目"法治中国的主体性建构研究"（项目编号：19FFB030）、教育部人文社会科学研究规划基金项目"乡镇街道行使行政处罚权的法律规则研究"（项目编号：21YJA820014）、华南理工大学"百步梯攀登计划"项目"自动化行政中的算法决策拒绝权研究"（项目编号：j2tw202202066）的阶段性成果。

务和数字政府的建设与信息技术的发展紧密地结合在一起。[1]而以人工智能、大数据为代表的新一代智能技术，悄然地在行政过程中促进行政方式的智能化转变，在算法化的时代背景下塑造出"算法行政"方式。算法行政凭借信息化的资源基础、算法化的决策基础和代码化的规则基础，依托数据传输与算法分析的技术功能，发挥广泛、精准、高效、节能等技术优势，为行政活动注入技术性的效率与公正价值，因而成为行政方式改革的关键内容与行政活动开展的重要途径。

现代行政从官僚制到民主制的范式转变过程，在行政主体和相对人之间形成了形式上平等且具有商谈性的行政法律关系。[2]行政系统的开放性和相对人的参与性要求，使得相对人享有通过知情、陈述、申辩和听证等方式参与行政活动的程序权利。然而在算法行政中，一方面，算法技术改造了行政程序的运行载体和运作过程，导致相对人在行政活动中程序权利内容发生改变；另一方面，算法技术缩减了行政程序内含的互动渠道和对话空间，引发相对人行使程序权利参与行政过程的难题。因此，本文通过明确相对人在算法行政中享有的程序权利内容，分析程序权利的行使困境及其成因，并构建与完善算法行政中程序权利的实现规则，旨在以程序视角和权利本位规范算法行政活动，保障相对人的合法权益。

一、算法行政中相对人的程序权利

算法技术对行政程序的技术性改造，引发了对于算法行政方式减损人的尊严和违背正当程序的反思：算法行政既具有背离人的目的性要求、忽视人的主体性地位和消解人的多样性发展的危险，[3]又存在难以完全遵循传统行政程序内容与缺乏新兴技术程序规范的不足。然而，算法行政的方式变革的目的在于优化行政行为的实现过程，而非重塑行政活动的法治内核，因此算法行政仍需贯彻尊重人的尊严和保障正当程序的根本性要求。在行政法治中能够体现相对人主体地位和规范行政权力运行的程序权利，仍应在算法行政中得到确认。

（一）行政内容知情权

相对人参与行政活动的前提是对行政活动的规范依据、实施主体、实施方

1　汪向东：《我国电子政务的进展、现状及发展趋势》，载《电子政务》2009年第7期。
2　程关松：《论民主制行政法治范式》，载《武汉大学学报（哲学社会科学版）》2009年第1期。
3　洪丹娜：《算法歧视的宪法价值调适：基于人的尊严》，载《政治与法律》2020年第8期。

式、行政程序等基本内容的知情，从而立足于知情基础，在行政过程中采取下一步应对措施。相对人所享有的行政内容知情权，既是其维护自身合法权益的应有诉求，也能够发挥规范行政行为的监督与控制价值。在我国当前的行政法律规范体系中，知情权的地位与作用已经获得了认可，在具体行政行为的法定程序中，相对人通过行政机关履行公开与告知义务或申请阅卷等方式，行使自己对行政内容的知情权。

数字化行政方式的技术变革创新了行政内容知情权的实现机制，优化了行政机关的公开与告知义务的履行途径：一方面，网络的发展与普及将通过政务平台进行行政公开塑造为当前信息公开的主要方式，并在《行政许可法》《政府信息公开条例》等法律法规中获得法定地位。另一方面，行政机关借助通信技术设置与应用电子化通知方式，并通过技术化过程严格规范告知内容与告知程序。然而在算法行政的发展过程中，智能技术对行政方式的程序改造，使得相对人所应知情的内容呈现两个极端化发展趋势：一是技术化程序缩短甚至省略行政程序，相对人难以在行政过程中行使知情权；二是行政方式中的技术性内容增多，相对人仅凭生活经验和常识无法加以理解。这些变化表明，算法行政中相对人的行政内容知情权面临着技术化带来的风险。

（二）行政方式选择权

算法行政将算法的运行规则引入行政活动中，算法规则的运作逻辑基于代码基础，通过收集和分析个人数据并运用算法来进行决策。算法行政方式带来效率与透明等技术优势的同时，也隐含着算法自身的技术弊端：算法歧视突破技术中立命题，将技术或人为偏见转化为挑战平等与固化差异的歧视性后果，算法黑箱营造排斥相对人参与的封闭运作空间，违背正当程序原则的基本要求。面对算法对行政法治的技术挑战，需要配置行政方式选择权以扩充相对人在算法场景下的程序权利内容，通过赋权路径保障相对人的主体地位。

在传统人工行政方式之外，算法行政创设了一种基于数字技术的完全自动化行政方式，并在行政活动中形成两种行政方式并存的局面。此时，相对人享有在行政机关提供的自动化行政方式和传统人工行政方式之间进行选择的权利。在从管理型政府向服务型政府的现代政府转型过程中，行政机关面临着降低行政成本和提高行政效率的压力，算法行政的形成旨在通过技术要素完善行政流程与增强行政能力，从而更为高效地达到行政目的。[4] 但在追求高效行政的同时，算法行政还需达到便民的行政效果，否则会在单方要求相对人接受自动化

---

4 何哲：《人工智能时代的政府适应与转型》，载《行政管理改革》2016 年第 8 期。

行政方式时产生强迫性的负面作用。因此在算法行政中，相对人享有对行政方式的选择权，行政程序的启动与进行需要以相对人的选择与确认为必要条件。

(三) 行政过程参与权

相对人在行政过程中的参与权主要表现为进行陈述和申辩的权利，即相对人能够以亲身经历和利益相关的当事人身份，就已知情况进行表达和对不利指控予以辩解。在我国行政法律体系中，相对人在行政过程中进行陈述与申辩的参与权得到了广泛的认可。作为从行政系统外部所获取的决策信息与反思资源，相对人的陈述与申辩能够限制与平衡行政主体判断法律事实、选择法律依据和决定法律结果的权力，营造行政系统开放性与行政活动参与性的行政氛围。[5]

作为相对人的法定程序权利，行政过程参与权的具体要求也需要在算法行政中得到保障与落实。即便是在数字化行政场景中，法律也规定行政机关不得限制与变相限制相对人的参与权，并且需要采取信息化手段或者其他措施为相对人的查询、陈述和申辩提供便利。[6] 因此，不能仅因为算法行政能够瞬时完成算法决策，或因为相对人对技术专业知识的认知差距，而将拒绝相对人参与行政过程加以正当化。在程序正当的行政要求和算法正义的技术发展下，更为妥当的观点与做法应当是与数字技术改造行政方式同步，通过技术方式构造与改善相对人参与行政过程的渠道，将行政活动及时通知相对人，并听取相对人的陈述内容与回应相对人的申辩意见。

二、算法行政中相对人程序权利的行使困境

(一) 行政内容知情权的行使困境

1. 私密化的信息收集过程导致相对人知情不足

在算法行政中，算法技术取代行政机关中工作人员的地位与功能，通过更为理性与客观的方式开展行政活动，并最终将行政活动的基本流程塑造为一种依托算量、算法和算力的技术化程序。其中的首要步骤是对信息进行收集，以此为算法行政提供数据化基础。在数字政府建设过程中，行政机关逐渐通过平台化的架构与样态，推进网络语境中的高效与精准治理，并在对接社会性与商

---

[5] 程关松：《宪法失序与对行政权剩余的规制——以执行权的变迁为视角》，载《法律科学 (西北政法大学学报)》2009年第4期。

[6] 参见《中华人民共和国行政处罚法》第41条。

业性场景时，获取海量的信息资源。[7] 同时，行政机关借助数字技术提升信息化能力，减少与消除存在于不同行政机关之间的信息孤岛，从而促进行政系统整体的功能互动与信息共享。在行政机关通过数字化载体收集与共享的信息资源中，个人信息是主要的信息类型，也是商业数据和政务数据等其他类型信息资源的基本来源。[8] 在对个人信息进行处理的过程中，算法行政方式完成对相对人的数据化与预测性治理，从而实现行政活动的完全自动化。

无论是通过技术终端设备直接收集个人信息或采集现实要素转化为个人信息，还是通过行政系统内部所储存的个人信息资源进行共享，算法行政的信息收集过程都呈现出私密化特征，即在相对人无接触与不知情的前提下完成。然而，当行政活动所依赖的信息并不为相对人知晓时，相对人既无法明确行政机关所收集个人信息的范围与限度，也不能判断被使用的个人信息是否存在错误与偏差，更难以从自身利益出发参与行政活动，继而在整个算法行政过程中引发连锁性的负面效果。对于行政机关收集、储存与使用个人信息，《个人信息保护法》中规定了行政机关一般情况下的告知义务。[9] 在实践中，行政机关通过技术架设的电子化通知程序完成对相对人的告知义务，并积极通过信息化手段为相对人查询提供便利。行政机关告知相对人有关个人信息的处理主体、目的、方式、程序等事项，应当在处理个人信息之前进行。然而由于算法行政中信息收集环节的私密化，行政主体以告知行政结果方式履行个人信息处理前的告知义务，实则剥夺了相对人在其个人信息收集时的知情权。同时，行政机关以向相对人提供查询方式代替直接告知方式，这是将行政机关的告知义务转变为相对人的查询权利，将行政机关告知不及时导致的相对人知情权受损的后果转嫁于相对人。[10]

2. "黑箱化"的算法决策过程导致相对人理解障碍

信息收集过程奠定了进行算法行政的信息资源基础，而实现算法行政中至关重要的自动化决策功能，还需要将算法确定为行为要素，即运用算法技术对信息资源加以分析处理。当算法技术应用于行政系统时，其不再被狭义地认为是计算机程序运行规则的构成部分，或被认为仅发挥导入数据并输出结果的计

---

[7] 张欣：《算法行政的架构原理、本质特征与法治化路径：兼论〈个人信息保护法（草案）〉》，载《经贸法律评论》2021年第1期。

[8] 苗运卫、程关松：《恶意网络爬虫行为侵害企业数据的刑法规制》，载《法治论坛》2021年第3期。

[9] 参见《个人信息保护法》第35条。

[10] 胡敏洁：《论自动化行政中的瑕疵指令及其救济》，载《北京行政学院学报》2021年第4期。

算功能，而是在算法进入公共行政领域并发生权力化演进的背景下，产生影响行政权力运行的规则属性与决策功能。[11] 在算法行政中，行政活动能够脱离人的操作与控制自动进行，关键在于将决策环节交由算法来完成，经由算法规则产生相应的决策结果。传统意义上依赖计算机程序进行的算法决策，仅是将决策结果作为人的意志与决断的投射，具有机械化和重复性的特征。而随着人工智能算法的形成与应用，算法决策过程中出现人工智能创制规则的环节，即人工智能算法运行依赖的规则系自我生成，因此算法决策结果将摆脱人的操控，建立在人工智能算法的数据预测与自主选择的基础上。[12]

在数字技术与公共行政密切结合从而引发行政法的数字化变迁之前，当代行政法在不断发展中形成了以程序控制为主导的行政法治环境。[13] 行政程序正当性的最低限度要求中包含了对行政相关事项的公开：行政机关在行使行政权力时，需要将行政活动的依据、标准、条件、过程与结果向相对人公开。[14] 在算法行政中，算法的技术标准与运行流程属于必不可少的组成部分，也是保障结果公正和相对人知情的行政公开的重要内容。算法作为取代人的功能的行为要素，在算法行政中发挥着决策作用，然而算法决策过程中的技术标准和运行逻辑却难以为相对人所知。究其原因，一方面是算法设计外包下，源于技术秘密保护需求与避免恶意篡改需要而对算法知识人为保密，另一方面则是算法设计的专业性过强，并且相对人普遍对于算法的知识体系有所欠缺。前者将阻碍相对人对于算法决策过程的形式知情，后者将影响相对人对于算法决策过程的实质理解。最终，算法决策过程呈现出"黑箱化"的样态，造成对相对人行使行政内容知情权的障碍。

（二）行政方式选择权的行使困境

1. 单方性的行政程序启动中相对人选择权欠缺依据

在以本质上表现为权力支配关系的行政活动之中，蕴含着体现行政主体地位、决定行政活动方式与保障行政行为实施的权力性要素，其中特征之一为单方性，即行政机关对于行政程序的启动与活动方式的选择具有主导或决断的权

---

[11] 蔡星月：《算法决策权的异化及其矫正》，载《政法论坛》2021年第5期。
[12] 张凌寒：《算法自动化决策与行政正当程序制度的冲突与调和》，载《东方法学》2020年第6期。
[13] 于安：《论数字行政法——比较法视角的探讨》，载《华东政法大学学报》2022年第1期。
[14] 周佑勇著：《行政法基本原则研究（第二版）》，法律出版社2019年版，第233页。

力。[15] 在行政法治中，行政并非对立法的绝对依附，在不属于法律特别保留的禁止性范围时，可以将引进与应用算法行政作为行政机关决定的行政保留事项。[16] 因此，采取通过人工进行的行政程序还是基于技术程序完成行政活动，是行政主体可以单方决定的事项。但在行政权天然具有扩张性的本质下，为避免对公民权益的侵害，需要不断检视行政活动中权力性要素的正当性来源，尤其是在具体的法律规定中寻找行政权力的行使基础。算法行政成为行政活动开展方式的正当性在于：一是具有不论何种行政方式的选择效果都将归结于相应行政机关意志的组织正当性基础；二是通过诸如《行政处罚法》第41条对规范使用电子技术监控的行为正当性补强。但在行政机关单方性的行政程序启动逐渐获得正当性的同时，反观相对人在人工行政方式和算法行政方式之间进行选择的权利，则处于欠缺规范依据的窘境之中。

2021年8月20日，《个人信息保护法》得以正式颁布，该法第24条第3款赋予了个人对算法自动化决策的拒绝权。基于该法的公法领域适用性，以及其中规制算法自动化决策时从利益保护到行为规制的转变，个人对算法自动化决策的拒绝权成为相对人应对算法行政的举措之一，并以此来保障相对人选择算法行政的自由。[17] 然而，通过相对人对于算法决策的拒绝权来满足选择行政方式的需求，至少面临着如下问题：一是拒绝权的权利内涵差异。"拒绝"的行为内涵中并不当然具有"选择"的行为内涵，相对人作出拒绝的意思表示并不构成默示选择，因此相对人在满足条件时拒绝行政机关的算法决策方式，并不等于直接表达对行政方式的选择意愿。二是拒绝权的权利功能差异。在行政机关适用算法行政后，相对人对算法决策的拒绝，仅能达到脱离算法行政的功能效果，但无法在具备提供算法行政方式的客观条件下，实现相对人通过算法行政方式完成特定目标的愿景。三是拒绝权的行权场景差异。拒绝权是在行政活动过程中，相对人对行政机关默认适用算法行政方式的反对性回应，而选择权则包含在启动行政程序时选择行政方式的行使阶段。因此，基于上述差异，相对人并不能通过拒绝权的配置达到在算法行政和人工行政之间进行方式选择的效果。《个人信息保护法》中对算法自动化决策拒绝权的规定，无法直接成为相对人行使行政方式选择权的依据。

2. 高效率的行政目标追求下相对人选择权行使困难

现代行政体制改革的基本方向与关键环节在于建设服务型政府，而推进服

---

15 ［日］原田尚彦著：《诉的利益》，石龙潭译，中国政法大学出版社2014年版，第103—105页。

16 展鹏贺：《数字化行政方式的权力正当性检视》，载《中国法学》2021年第3期。

17 袁康：《可信算法的法律规制》，载《东方法学》2021年第3期。

务型政府建设，需要充分运用数字技术提高行政效率。[18] 算法行政能够成为行政机关进行行政活动的重要方式，重要的考量因素就在于其对行政效率的提升功能，具体表现为：一是解放人力，通过算法决策方式替代人工决策方式，节约人力成本并积极应对数量急剧扩张的行政任务；二是简化程序，基于数据和算法的技术程序运行，可以优化或剔除行政流程中的冗余环节；三是加快速度，数字技术远超于人的计算能力，应用到行政过程中能够快速作出决断。然而效率导向的行政程序技术性变革，容易导致算法行政遭受价值层面的质疑。一方面，效率是公正的内化标准之一，经由理性程序进行的高效行政能够促进行政的公正性。[19] 但当通过技术手段追求高效行政目标而压缩与省略行政程序，忽视相对人选择行政方式的诉求，造成对相对人程序权利的限制时，高效行政的实现过程，因欠缺由相对人意志注入的理性要素而有违行政的公正性。另一方面，高效便民原则作为行政法的基本原则之一，[20] 其中"高效"是作为实现"便民"目标的手段。一旦仅是出于完成行政任务的单方需求而适用算法行政，架空相对人的选择权，使得实践中相对人选择行政方式困难，这仅仅满足了高效的行政目的，却违背了便民这一更为重要的行政追求。

具体而言，在对于高效率的行政目标片面追求下，相对人的行政方式选择权所面临的行使困境主要表现为以下情形：第一，为了行政过程衔接畅通，行政机关并未架设相对人选择行政方式的环节，即便在对相对人权益具有重大影响的情况下，行政机关也单方决定所要采取的行政方式；第二，相对人行使行政方式选择权，需要建立在对于行政方式的知情前提下，然而存在于算法行政中信息收集环节的知情困境，对相对人的选择权造成连锁反应，在无法对行政方式知情时，自然也无法进行选择；第三，在前一种情形的基础上，一旦因为行政机关的告知不充分，相对人欠缺对行政方式及其可能后果的充分知情，相对人在行政方式之间进行选择的能力将受到限制；第四，相对人选择行政方式应当出于自由意志，但当行政机关安排的行政方式被强制为相对人参与行政活动的前提条件，或者在人为因素影响下不同行政方式可能产生差异化结果，这将干预相对人对行政方式的选择自由。

（三）行政过程参与权的行使困境

1. 封闭性的算法运行过程压缩相对人的意见表达空间

传统官僚制行政能够完成向现代民主制行政的成功转型，核心在于公民通

---

[18] 杨解君：《政府治理体系的构建：特色、过程与角色》，载《现代法学》2020年第1期。
[19] 程关松：《司法效率的逻辑基础与实现方式》，载《江西社会科学》2015年第8期。
[20] 应松年主编：《行政法与行政诉讼法学（第二版）》，高等教育出版社2017年版，第38页。

过行政程序装置参与行政过程，自此行政过程从封闭性走向开放性，行政机关和相对人之间形成了一种互动关系，相对人获得了意见表达的机会与途径，行政权则获得了来自相对人的反思性批判资源。[21] 在数字化时代，引入数字技术创新行政运行机制对于行政过程开放性的作用具有两面性：一方面，技术降低了行政机关和相对人之间的互动难度，例如数字化平台的搭建，方便了行政机关和相对人之间进行信息传递；另一方面，技术对行政程序的改造，使得行政系统加深对技术要素的利用和信任程度，出现重新排挤相对人参与性的趋势。算法技术营造"黑箱化"的算法行政环境，不仅造成相对人知悉和理解算法技术标准和运行逻辑的知情障碍，也使得算法行政过程呈现封闭性，即以算法主导行政过程而放弃与相对人的互动性，侵犯相对人意见表达的权利，缩减甚至阻断算法行政中的反馈途径与互动空间。

行政机关在行政过程中具有收集与判断事实、选择与适用法律、决定与输出结果的权力，为保障各个环节的过程民主性与程序正当性，行政机关吸收具有利益相关性和主体性地位的相对人的意见。然而，当行政机关将行政过程交由算法技术主导而形成算法行政之际，封闭性的算法运行过程表现出数据依赖性与算法自主性特征，前者将致使相对人无法表达意见，后者则会导致无须相对人表达意见。作为大数据时代下数据应用的产物，算法行政的开展建立在行政机关收集与储存的数据资源之上，尽管这些数据资源最初来自通过数字设备对现实空间中事实要素的转化及其加工衍生，但该过程缺乏与相对人的直接接触，也并未即时吸纳相对人在获知具体行政事项时的意见。并且即便能够开放算法行政过程，建立在数据载体之上的"数据壁垒"，也将使得相对人所意欲表达的意见难以转化为算法理解的技术性语言，并对算法行政过程形成实质性的影响。而经由海量数据喂养的人工智能算法所具有的自主性，表现出自我思考和自我行为能力，进而将算法行政系统推向了自主学习、自我构建和自动决策的新高度。此时，相对人变为完成行政任务时可计算与可预测的客体。算法行政过程中并未设置意见表达的环节，相对人所表达的意见也不再成为算法行政开展的必要内容。

2. 专业性的算法技术内容限制相对人的要求说理权利

行政机关所作出的行政行为，需要有相应的事实证据和法律依据作为支撑理由，相对人在行政活动中要求行政机关说明理由，以验证行政行为的合法性与正当性，是其应有的权利。在涉及国家秘密、商业秘密或个人隐私时，法律

---

21 程关松、王国良：《对行政互动关系的法律回应》，载《华东政法大学学报》2007年第3期。

规定了行政机关对于说明理由的豁免权力,除此之外,行政机关不能无故拒绝相对人要求说理的请求。在由算法主导的行政活动中,算法的运行逻辑与技术标准成为生成行政结果的必要规则要件,无论是将其作为证明行政行为合乎标准的事实证据,[22] 还是拟作具有权利义务内容的法律规范,[23] 抑或视为行政机关判断依据的裁量基准,[24] 鉴于算法规则与行政结果的高度相关性,都应当将其纳入相对人要求行政机关予以说明理由的范围。然而,在当前通过行政委托或行政协议方式完成算法行政技术架设的"算法外包"模式中,算法的功能设计由市场主体完成,相应的技术规则也由私人制定与掌握,一旦算法规则被认定为属于企业的商业秘密,将被归类为无须说明理由的法定情形,此时保护商业秘密成为行政机关拒绝披露算法的理由。

除了上述以算法规则属于商业秘密的性质为抗辩理由来限制相对人要求说理权利之外,算法规则的运作逻辑在客观上也造成了行政机关说明理由的难题。正是由于行政系统内部技术能力不足而采取的算法外包模式,却又让行政机关回到任由算法主导行政过程而不知其运行机理的尴尬境地。在这种情况下,面对说明理由的法定义务,行政机关只能选择以技术设备符合技术标准或经过有关部门鉴定合格的方式来搪塞相对人的说理申请。[25] 但这一说理方式并未直接回应算法在某一行政活动中的运作逻辑,尤其是未能建立算法规则与行政结果之间的内在关联。事实上,算法规则通过概率统计逻辑构建了数据与结果之间的相关关系,经由海量数据训练的算法获得了对行政结果的预测功能。然而算法逻辑中的不确定因素并不满足法律规范对理由与结果之间直接因果关系的要求,即便能够进行表达,也难以满足相对人对相应行政行为要求说理的心理预期。

三、算法行政中相对人程序权利的实现规则

确认相对人的程序权利与识别程序权利所面临的困境后,需要在算法行政中构建与完善程序权利的实现规则。在私法领域中,自然人权利的行使建立在个人的意思表示基础上,纳入私人的利益空间而并不依赖于外部公共秩序。但在以支配关系和管理关系为主的公法领域,作为规范赋予的要求国家保护个人

---

22 何鹰:《强制性标准的法律地位——司法裁判中的表达》,载《政法论坛》2010年第2期。
23 宋华琳:《论技术标准的法律性质——从行政法规范体系角度的定位》,载《行政法学研究》2008年第3期。
24 王贵松:《作为风险行政审查基准的技术标准》,载《当代法学》2022年第1期。
25 谢明睿、余凌云:《技术赋能交警非现场执法对行政程序的挑战及完善》,载《法学杂志》2021年第3期。

利益的公法权利,需要通过行政程序设置加以实现。为保障相对人的程序权利与约束行政机关的失范行为,行政法治中形成了一套完整的行政程序规范:首先是行政公开程序,行政机关在行使行政职权时,需要将相关事项向相对人与社会公开;其次是听取意见程序,行政机关在作出行政行为时,需要听取相对人与利害关系人的意见;再次是说明理由程序,当行政机关意欲作出不利于相对人的决定时,需要说明作出决定的相关依据;最后是行政听证程序,在满足一定条件时,相对人有权向行政机关申请举行正式听证程序。[26] 而到了算法行政中,在法律规范并未改变对行政活动的法定程序要求的情形下,上述行政程序内容仍应得到贯彻。但在面对行政程序的技术性改造对相对人程序权利所造成的困境时,需要对行政程序规则予以革新,在算法行政中构建行政方式选择规则、发展技术正当程序规则与完善程序权利救济规则,以此保障相对人程序权利的实现。

(一)构建行政方式选择规则

算法行政的兴起,源自智能算法的技术变革及其应用到行政领域所带来的效率与公正价值。但同时算法也在塑造一种数据化与算法化的行政方式,并给行政活动带来算法"黑箱"与算法歧视等技术弊端。在算法行政方式和人工行政方式并存的领域,行政方式选择权的意义在于,在服务型政府建设和便民行政理念下,将尊重相对人的主体地位落实在选用行政方式中。在追求行政效率与便捷的目标时,相对人可以选择算法行政方式,而因为教育、年龄等导致个人存在技术应用能力差距,或出于技术不信任心理与保障个人隐私的目的,相对人仍可以适用传统的人工行政方式。[27] 但在面对相对人选择权欠缺依据和行使困难的问题以及在构建行政方式选择规则时,需要明确相对人选择权的行权依据与行权方式。

我国行政法律规范对于行政方式技术化变革的立法回应局限于电子化行政与半自动化行政阶段,并未对以算法主导行政活动的算法行政方式的适用给予明确规定。[28] 相较而言,2017年修订的德国《联邦行政程序法》将排斥具有裁量空间的完全自动化行政作为一般性条款,而将具有特别法规定适用完全自动化行政作为保留事项。在立法缺位的现状下,行政机关主动启动行政方式具有行政权的单方性权力基础,而相对人的行政方式选择权却并不具备权利特征。

---

26 应松年主编:《当代中国行政法》(第六卷),人民出版社2018年版,第2306、2422、2443页。

27 宋华琳:《电子政务背景下行政许可程序的革新》,载《当代法学》2020年第1期。

28 查云飞:《人工智能时代全自动具体行政行为研究》,载《比较法研究》2018年第5期。

因此，需要通过立法或立法解释途径赋予行政方式选择权以正当化基础。我国《个人信息保护法》赋权个人对算法自动化决策的拒绝权，为确定相对人行政方式选择权提供了一条立法解释途径，即通过对拒绝权进行体系解释与目的解释，使其发挥选择行政方式的功能。具体而言，《个人信息保护法》确立了"知情同意"的基本原则，该原则要求个人对于处理其个人信息的充分知情与实质同意，个人所享有的算法自动化决策拒绝权也应具备知情同意的功能内涵，即需要充分了解所应用的算法决策方式，并作出是否同意的意思表示。在数据驱动的算法行政过程中，相对人通过行使《个人信息保护法》中赋予的拒绝权，在对行政方式知情的基础上，通过授权同意的途径发挥主动选择的功能。因此，得到立法解释后的《个人信息保护法》将成为相对人行政方式选择权的行权依据。

相对人享有的行政方式选择权，包含对行政方式的知情、选择与脱离等内容，这些内容的实现，需要行政机关承担告知行政方式、保障选择自由与提供脱离渠道等职责。首先，对于所提供的算法行政方式与人工行政方式，行政机关应当及时与全面地予以公开或向相对人告知，并以此作为后续程序开展的必要环节。而考虑到此时处于行政活动的开展初期与算法行政方式应用之前，并且关注焦点主要在于算法行政方式，因此为了满足相对人知情的实质化要求，需要对算法行政方式的数据基础、整体运行、可能结果等关键信息予以描述，而非披露算法行政的所有技术参数与细节。[29] 其次，在行政机关适用行政方式的环节中，需要架设相对人进行选择的时空场景，相对人既有合理期限进行思考与表示，又有便捷方式向行政机关传达选择结果。在相对人对行政方式知情的基础上，一旦超出设置的选择期限，相对人的选择权就会丧失原有意义，即对行政机关提供的行政方式的主动选择权将转变为被动服从义务。最后，当相对人选择应用算法行政方式，但在算法决策过程中出现侵犯相对人权益的违法事由与技术瑕疵，则允许相对人主张脱离算法行政方式，并将行政方式由算法行政转为人工行政，通过人工介入对算法行政中的违法事项与算法风险予以纠错与补正。需要注意的是，由于此时已经是在相对人表达选择意志后的算法行政过程中，为了避免滥用选择权妨碍正常的行政活动，需要反转证明责任，由相对人提供算法行政中出现违法事实与重大风险的初步证据，以此作为脱离算法行政方式的必要条件，并触发行政机关进行审查与回复的机制。

（二）发展技术正当程序规则

正当程序原则作为行政法的基本原则，是对行政权力运行的最低限度要

---

[29] 丁晓东：《基于信任的自动化决策：算法解释权的原理反思与制度重构》，载《中国法学》2022年第1期。

求。[30] 我国行政法律体系确认了行政机关作出行政行为应当遵守法定程序，并形成在法定程序内容与正当程序原则具有差距时，以正当程序原则的要求补充相关程序的司法审查环境。[31] 在算法行政中，由于专业性与技术性算法要素的出现，传统行政程序要求难以真正实现，甚至可能即刻失去原有效用。[32] 应对行政程序技术性变革的惯常做法是缩减程序要求，比如在行政过程中省去对行政机关的说明理由与举行听证的义务，[33] 但此举以牺牲相对人的程序权利为代价，在以尊重相对人主体地位与保护相对人合法权益的行政氛围中，并不值得提倡。于是，在既不抵制数字技术的应用价值，又要规避算法决策侵害个人权益的追求下，通过审视与优化技术程序以达到正当化标准的"技术正当程序"模式被构建出来，用以重构与取代技术场景下的传统程序规则，来增强算法决策系统的透明度、问责制和准确性。[34] 实际上，发展技术正当程序，是传统正当程序在算法层面的规则延伸与形式转化，即行政公开、听取意见、说明理由等传统程序要求不仅应当在算法行政中得到遵守，还要通过技术规范法律化的方式将其内化为算法透明与算法解释的技术程序规则，以此保障相对人的程序权利。[35]

当存在于算法行政中的算法"黑箱"成为阻碍行政公开的主要因素时，分析算法"黑箱"的产生原因，并有针对性地构造算法透明规则成为回应相对人知情与参与需求的重要举措。算法之所以呈现出黑箱化的样态，无外乎是源于算法设计过程中的保密性需要、算法技术层面的专业性过强和算法应用主体的理解力不足。[36] 就算法保密性导致的算法"黑箱"而言，算法行政中的算法技术在算法外包模式中由承担设计任务的市场主体提供，市场主体会以商业秘密保护为由主张对算法内容不予公开。但在将算法行政透明与商业秘密保护中的利益进行衡量后可以得出，算法行政透明中所蕴含的程序公正与程序权益，优

---

[30] 周佑勇：《行政法的正当程序原则》，载《中国社会科学》2004年第4期。

[31] 杨登峰：《法无规定时正当程序原则之适用》，载《法律科学（西北政法大学学报）》2018年第1期。

[32] 刘东亮：《技术性正当程序：人工智能时代程序法和算法的双重变奏》，载《比较法研究》2020年第5期。

[33] ［德］哈特穆特·毛雷尔著：《行政法学总论》，高家伟译，法律出版社2000年版，第443页。

[34] Danielle K. Citron. Technological Due Process. Washington University Law Review, Vol. 85, 2007, p. 1249.

[35] 程关松、苗运卫：《相对人参与算法行政的困境与出路》，载《东南法学》2021年第2期。

[36] Jenna Burrel. How the Machine "Thinks"：Understanding Opacity in Machine Learning Algorithms, Big Data & Society, Vol. 3, No. 1, 2015, pp. 1–12.

先于商业秘密保护中的商业秩序和商业利益,因此在商业领域中的商业秘密保护理由并不契合公共行政领域中对于权力运行的公开透明要求,需要行政机关与相关企业在算法外包之初就加以约定,当算法技术设计完成并进行交接时,行政机关以经济利益补偿企业的商业秘密保护诉求,以此来完成对算法程序的"脱密"处理。对于算法专业性和算法理解力导致的算法"黑箱",两者具有因果关联性。需要说明的是,算法的公开并不意味着包含底层数据在内的算法内容的完全披露,这对并非专业技术人员的大多数人而言没有实际意义,甚至可能因公布内容过多而引起"透明度悖论"。[37] 因此,有意义的算法透明应当是以自然语言对算法行政系统中必要内容进行描述,让相对人能够形成对算法行政的整体性认知,并通过辅以行政机关或可信第三方对算法行政系统的技术审查与风险评估,帮助相对人进一步加深对算法行政系统的知情与理解。

在算法行政中,除了通过主动公开算法内容构建算法透明规则,还需要在具体决策过程中发展面向相对人的算法解释规则,在对算法进行系统性解释的基础上,通过个案化的解释赋予相对人"算法解释权",将相对人向行政机关进行意见表达和要求说理的权利延伸至涵盖算法技术内容,以此增强相对人在算法行政中的参与性。然而,个案化的算法解释规则内嵌场景化的解释思维,要求基于不同的行政场景与解释诉求对算法行政进行具体解释,[38] 这有助于将算法解释与个人诉求一一对应,生成更有意义与理解性的解释内容,但也可能陷入对算法内容的无穷追问之中。因此,需要将算法解释与正当程序关联起来,从算法解释主体和内容方面构造符合正当程序标准的算法解释规则,并形成对算法解释过程是否合乎标准的理性判断。[39] 在算法解释主体方面,有权利要求对算法予以解释的是在具体决策中具有利害关系的相对人,有职责对算法进行解释的是应用算法行政方式的行政机关,由于算法设计通过算法外包由相应企业完成,因此可以在行政协议或行政委托中要求其在算法行政中协助进行算法解释。在算法解释内容方面,将相对人可以请求和行政机关应予解释的内容根据算法行政环节的不同而作出区分,在数据输入环节中告知相对人所收集和适用数据的范围与合理性,在算法决策环节中解释算法的运行逻辑,即使用数据与预期结果的内在关联。

---

[37] Cynthia Stohl, Michael Stohl, Paul M. Leonardi. Managing Opacity: Information Visibility and the Paradox of Transparency in the Digital Age, International Journal of Communication Systems, Vol. 10, 2016, pp. 123–137.

[38] 丁晓东:《算法的法律规制》,载《中国社会科学》2020年第12期。

[39] 陈景辉:《算法的法律性质:言论、商业秘密还是正当程序?》,载《比较法研究》2020年第2期。

四、完善程序权利救济规则

算法行政中程序权利的确认，体现了相对人在算法所主导的行政活动中的主体性地位与参与必要性。通过行政程序实现相对人的程序权利，既是为相对人设置了行使程序权利的制度装置，也是在明确行政主体的程序义务，从而为相对人提供行政程序救济方式：在程序规范的指引下，相对人要求行政机关履行法定程序明确的程序义务，通过行政系统内部的程序调整，规避、制约与纠正算法行政中的违规行为。在这一过程中，违反程序规范后生成的算法行政责任，监督着行政主体所需承担义务的履行，并作为相对人通过诉讼渠道救济程序权利的前提。[40] 这也引出了在行政程序救济方式之外，保障相对人的程序权利还存在司法审查救济方式。一旦相对人在算法行政中的程序利益遭到侵害，并且存在于行政系统内部的救济方式无法奏效时，相对人可以通过行政诉讼启动对于算法行政程序的司法审查，经由司法力量实现对程序权利的救济。

算法行政在技术构造和行为过程中引入了技术主体和市场主体，使得认定算法行政责任主体出现难题，因此需要通过确定责任承担主体来配置算法行政责任。近年来，随着人工智能技术的快速发展，人工智能能否成为适格的法律主体引起了广泛关注与讨论，并且观点各异：拥趸者认为，人工智能具有独立行为能力、法律权利资格和义务承担能力，因此人工智能具有法律主体地位；[41] 而反对者则认为，人工智能并不具有理性，因此并不符合成为法律主体的事实条件；[42] 也有学者提出，即便人工智能不符合目前法律主体的事实条件而被划定为客体，也可以通过法律拟制方式将人工智能认定为法律主体，以顺应智能社会的发展。[43] 而回到算法行政场景，当前行政法律体系中并未确认人工智能算法的主体地位，因而试图让算法本体承担行政责任于法无据。即使算法在事实上主导行政活动的进行，但如同行政机关的职权由内部公务人员具体执行一般，对于相对人来说仍是由行政主体代表行政权力的行使。因此对外而言，算法行政责任始终由行政主体承担。但算法技术的外包，让市场主体处于与相对人对

---

[40] 应松年主编：《当代中国行政法（第七卷）》，人民出版社2018年版，第2669—2670页。

[41] 袁曾：《人工智能有限法律人格审视》，载《东方法学》2017年第5期；周详：《智能机器人"权利主体论"之提倡》，载《法学》2019年第10期。

[42] 龙文懋：《人工智能法律主体地位的法哲学思考》，载《法律科学（西北政法大学学报）》2018年第5期；刘洪华：《论人工智能的法律地位》，载《政治与法律》2019年第1期。

[43] 王春梅、冯源：《技术性人格：人工智能主体资格的私法构设》，载《华东政法大学学报》2021年第5期；刘云：《论人工智能的法律人格制度需求与多层应对》，载《东方法学》2021年第1期。

立而与行政主体并列的地位，此时算法所导致的责任将根据不同原因分别由市场主体和行政主体承担，其中，由于设计与维护等技术任务由企业完成，当披露算法知识等技术因素导致行政主体承担的算法行政责任，将最终传导给市场主体，转变为违反行政委托或行政协议的法律责任。

我国《行政诉讼法》中"违反法定程序"属于判决撤销行政行为情形的规定，为相对人因行政行为程序违法而寻求程序权利的司法救济提供依据。行政程序违法并不必然意味着实体结果错误，但行政程序的独立价值让程序违法行为理应被追究责任。透过对典型个案的观察，可以发现对行政行为的司法审查已经能够从程序角度独立进行，通过是否遵循正当程序原则，来判断行政行为的合法性。[44] 出于对行政活动的专业性与复杂性考量，在具有裁量空间时，司法审查尊重行政机关首次判断权，采取程序控制方式，即从程序侧面来监视行政判断的形成过程，积极致力于保护利害关系人的参与权和确保正当程序为重点的审查。[45] 在司法力量意欲介入算法行政时，需要考虑到算法是极具专业性的技术要素，因此对算法运行的程序控制尤其关键，通过对是否满足相对人知情、选择与参与的程序权利，来判断算法行政过程的合法性。一旦确认相对人程序权利受损，意味着算法行政中存在程序违法行为，相应的救济效果则在于纠正违法行为：一方面，违反法定程序的行政行为应当予以撤销，行政机关需要重启行政程序，按照正当程序标准重新作出行政行为，尤其是相对人应当获得对算法行政方式和人工行政方式的再次选择机会。另一方面，若是算法行政的程序违法仅被判定为轻微，比如在算法行政过程中对算法内容的告知不充分，应当认可行政程序的可自愈性，[46] 在作出确认违法判决的同时要求行政机关采取对该程序的事后补救措施，以达到权利救济的实质化。

结语

算法技术与公共行政的互动催生了算法行政这一新型行政方式，其在给行政活动带来效率与公正等价值的同时，也产生了诸多问题。但随着技术与社会的高度融合，算法化的生活已经无法避免，这意味着需要在不盲目抵制的前提下对算法进行正当化治理，使之更好地服务社会。[47] 本文在此基调下从相对人的程序权利视角切入探讨对算法行政的治理，明确相对人在算法行政中的程序

---

44 周佑勇：《司法判决对正当程序原则的发展》，载《中国法学》2019年第3期。
45 [日]原田尚彦著：《诉的利益》，石龙潭译，中国政法大学出版社2014年版，第236页。
46 应松年主编：《当代中国行政法》（第六卷），人民出版社2018年版，第2439页。
47 程关松、苗运卫：《相对人参与算法行政的困境与出路》，载《东南法学》2021年第2期。

权利内容，分析程序权利面临的困境与成因，并通过构建与完善程序规则来保障程序权利的实现。当然，目前对算法行政及其中程序权利的研究仍只是处于理论探讨阶段，亟须通过立法方式对算法行政予以回应，并对其中程序权利和程序规则进行规定，如此才能完成从应有的程序权利到法定的程序权利、从实现程序权利的规则到保障程序权利的制度的转变。

人工智能时代著作权的刑法保护

谷永超[*]

【内容提要】 人工智能时代的著作权违法行为，使刑法陷入密织刑事法网与刑法不加干涉两种立场难以抉择的困境，同时造成传统著作权犯罪构成要件的部分要素裂变式扩张，致使刑法陷入规制涉人工智能著作权犯罪时无法可依的困境。秉持前瞻性和人类优先的立法理念，是人工智能时代著作权刑法保护的理性态度。人工智能时代著作权刑法保护的应对路径，一方面应在著作权法中明确人工智能创作成果的属性与权利归属，为人工智能创作成果的刑法保护提供前置法根据；另一方面应在刑法中增设新的罪名和刑罚处罚方式，以破解涉人工智能著作权犯罪追责难的困境。

【关键词】 人工智能　著作权　刑法保护　人类优先

伴随着科学技术的飞速发展，人工智能已悄然进入写诗绘画、作词谱曲、创作小说这几块被视为人类智慧金字塔尖的文艺创作领域，并自主创作出许多令人赞叹的作品。与其他技术革新一样，人工智能推动了文学艺术创作的更新，但同时也给著作权的刑法保护带来了一些挑战。例如，未来的人工智能通过深度学习，能够自主地实施侵犯著作权的犯罪行为，此种情形下，刑事责任的承担者应当是人工智能本体还是人工智能的设计者抑或使用者？此外，人工智能的创作成果是否属于著作权法的保护对象？面对这些问题，本文拟对人工智能

---

[*] 谷永超——河南大学知识产权学院副教授、河南大学犯罪控制与刑事政策研究所研究员，主要研究领域：经济刑法、比较刑法。本文系河南省高校人文社会科学研究一般项目"扫黑除恶专项斗争中涉案财产处理实证研究"（项目编号：2022-ZZJH-012）、国家社会科学基金项目"我国预防刑法的法治限度研究"（项目编号：18CFX043）的阶段性成果。

时代著作权刑法保护面临的现实困境进行分析，探索人工智能时代著作权刑法保护的应然出路。

一、人工智能时代著作权刑法保护陷入的现实困境

人工智能时代著作权的刑法保护陷入双重困境，其一是在价值抉择上，刑法陷入密织刑事法网和不介入干涉两种基本立场如何抉择的困境；其二是在司法适用技术上，传统著作权犯罪构成要件的部分要素因人工智能的介入发生裂变式扩张，导致刑法规制涉人工智能著作权犯罪时陷入无法可依的困境。

（一）密织刑事法网与刑法不加干涉的抉择困境

人工智能在给人类生产、生活带来便利的同时，也蕴含着威胁人身安全、人类财产的风险。[1] 基于人工智能的双刃剑效果，理论界关于人工智能著作权的刑法保护呈现两种对立立场：密织刑事法网以防范人工智能的新风险与刑法不介入干涉以保障人工智能的快速发展。

第一，密织刑事法网。2017 年国务院颁布《新一代人工智能发展规划》，将研发人工智能上升为国家战略。可以预见，我国人工智能将进入一个飞速发展的时期。在此背景下，加强人工智能创作成果法律保护的呼声越来越高。如有学者认为，人工智能的创作成果与人类作品相比，在表现形式上并无差异，同样具有艺术价值，理应得到著作权法的保护。[2] 还有学者进一步指出，否认人工智能创作成果的"作品性"，不仅不符合著作权法鼓励创作、激励传播的立法精神，还会增加著作权纠纷的风险，最终危害到推动人工智能健康有序发展的国家战略。[3] 加强人工智能创作成果法律保护的必要性和重要性由此可见一斑。从著作权保障有效性的视角出发，当著作权法作为第一道保护网无力全面保障著作权时，作为保护著作权第二道保护网的刑法，理应介入著作权的法律保护，涉人工智能的著作权自然也不例外。

与此同时，人工智能进入文学艺术领域并自主创作作品，这在很大程度上冲击了传统著作权犯罪的立法基础，甚至会引发法律空白的问题，即一些涉人工智能的著作权纠纷问题，依据既有的法律规定无法得到有效解决。面对人工

---

[1] 吴汉东：《人工智能时代的制度安排与法律规制》，载《法律科学》2017 年第 5 期。

[2] 卢海君：《著作权法意义上的"作品"——以人工智能生成物为切入点》，载《求索》2019 年第 6 期。

[3] 李伟民：《人工智能智力成果在著作权法的正确定性——与王迁教授商榷》，载《东方法学》2018 年第 3 期。

智能给著作权领域带来的新风险和不确定性，刑法应当与时俱进，积极进行修正，严密刑事法网，这也是防控人工智能蕴含新风险的必然选择。

第二，刑法不介入干涉。与强调刑法侧重防控新风险，鼓励积极密织刑事法网立场不同，部分学者认为，为了保障人工智能的快速发展，刑法不应介入人工智能著作权的保护，以避免刑法的介入给人工智能发展带来负面冲击。该立场的理论基础是刑法的不得已原则。刑法的不得已原则主张刑法的适用应当控制在尽可能小的范围内。只要适用其他法律能够实现保护法益的目的，务必放弃刑法的适用。[4] 亦即刑法不应当过度干预人工智能的发展。基于此，刑法介入规制涉人工智能著作权犯罪时应持保守的态度。尽管人工智能的飞速发展给人类财产、身体甚至生命安全带来风险，但这并不意味着所有的新风险一定要由刑法来规制，对于这些新风险，应当首先适用著作权法等行政法规来规制，只有当个别著作权违法行为的社会危害性达到一定的严重程度，著作权法无力规制时刑法才宜介入规制。切忌为了防控新风险，降低刑法的介入门槛，扩大刑法的规制范围，这不仅无益于防控此类风险，还可能危害到人工智能的健康发展。

（二）传统著作权犯罪的犯罪构成受到冲击

现代刑法理论体系是以自然人为基准构建起来的，自然人是其预设的法律主体，人工智能使得传统著作权犯罪构成要件中的犯罪主体、犯罪对象等要素发生裂变式增长，[5] 由此给著作权的刑法保护带来以下难题。

第一，人工智能创作成果的属性不确定导致犯罪对象认定困难。从《刑法》第217条的规定可以看到，侵犯著作权罪的犯罪对象是著作权法所规定的作品。由此可知，判断以人工智能创作成果为对象的违法行为是否构成侵犯著作权罪，应当首先判断该创作成果是否属于著作权法所规定的作品。尽管人工智能涉足文学艺术创作领域已相对成熟，但理论界和实务界关于人工智能创作成果的属性尚有严重分歧。例如，有学者认为，人工智能的创作成果并非单纯人类事先设置的程序或应用算法的产物，它能反映人工智能本体独特的审美观，具有一定的独创性，应当被认定为作品。[6] 也有学者主张，人工智能的创作成果不过是设计者预先设定的算法框架推演的结果，不能彰显人工智能的独特个性，故相关的创作成果不满足著作权法对于作品的要求。[7] 实务界对人工智能创作成果能

---

4 张明楷著：《刑法学》，法律出版社2016年版，第21页。
5 庄永廉、黄京平：《人工智能与刑事法治的未来》，载《人民检察》2018年第1期。
6 陈萍：《人工智能对侵犯著作权罪的挑战及刑法因应》，载《中国出版》2018年第23期。
7 王迁：《论人工智能生成的内容在著作权法中的定性》，载《法律科学》2017年第5期。

否被认定为作品也存在严重分歧,在国内首例人工智能创作成果著作权侵权案审理中,北京互联网法院认为,尽管该人工智能创作的分析报告具有一定的独创性,但著作权法意义上的作品应由自然人创作完成,故其不能被认定为作品。[8] 深圳市南山区法院在审理涉人工智能著作权纠纷案时则认为,人工智能的创作成果已完全满足著作权法关于文字作品的规定,因此应当视为著作权法意义上的作品。[9] 由于理论界和实务界对于人工智能创作成果的属性存在截然相反的主张,且现有的著作权法律体系对此没有规定,致使人工智能创作成果的属性不确定,其能否被认定为著作权法意义上的作品也变得因人而异,由此严重制约了刑法介入涉人工智能著作权的保护。

第二,人工智能创作成果的权利主体模糊造成"未经许可"认定困难。刑法第217条明确将"未经著作权人许可"作为侵犯著作权罪成立的必备条件。从逻辑上分析,进行"未经许可"判断首先要确定人工智能创作成果的权利主体。由于人工智能创作成果的创作过程关涉主体较多,因而较之于传统著作权,人工智能创作成果的权利主体认定相对复杂。对于人工智能创作成果权利主体应当如何认定,学者们基于不同的立场提出众多方法,目前主要有设计者说、操作者说、所有者说、共有权说、类职务作品说以及类法人作品说等方法。[10] 各种方法均具有一定合理性,也都为人工智能创作成果权利主体的认定提供了有益指导,但各方法之间的显著分歧也使得人工智能创作成果权利主体的认定趋于混乱,进而导致"未经许可"的认定无所适从,这也限制了侵犯著作权罪在涉人工智能案件中的运用。

第三,人工智能法律主体资格不明确造成刑事归责困难。伴随人工智能的高度智能化,人工智能将会与人类具有同等思维、情绪,可以自主决策和独立进行活动,即人工智能作为主体自主决定实施著作权侵权行为将成为可能。某一著作权违法行为如果由自然人实施,自然人可以构成侵犯著作权罪。那么人工智能实施该行为时应当由谁来负责?具有自主决策能力的人工智能可否像自然人一样独自承担著作权犯罪的刑事责任?换言之,具有自主决策能力的人工智能是否具有犯罪主体资格,这也成为侵犯著作权罪刑事归责中的一大难题。此外,在人工智能发展到具有自主决策能力阶段之前,人工智能被视为人类制造的辅助工具。此种情形下,如果人工智能实施了侵犯著作权罪的行为,通常视为人工智能的使用者将人工智能作为犯罪工具实施犯罪行为,理应由人工智

---

8 参见北京互联网法院(2018)京0491民初239号民事判决书。
9 参见广东省深圳市南山区人民法院(2019)粤0305民初14010号民事判决书。
10 黄汇、黄杰:《人工智能生成物被视为作品保护的合理性》,载《江西社会科学》2019第2期。

能使用者承担刑事责任。遗憾的是，这种观点忽略了人工智能侵犯著作权时可能引发的刑事责任认定和分配问题，比如，人工智能的设计者在设计人工智能时，故意为人工智能设置侵犯著作权侵权的功能，那么，此时就应当由设计者承担责任，使用者不一定需要承担责任。毫无疑问，刑事责任的认定和分配也给侵犯著作权罪的责任分配带来挑战。

二、人工智能时代著作权刑法保护应秉持的理念

（一）秉持前瞻性的刑法理念

自由意志是现代刑法理论展开的基础。由于当前的人工智能尚处于初级发展阶段，人工智能只是人类处理某一类具体事务的工具，其不具有自由意志，因而无论是人工智能独自实施著作权犯罪行为，还是他人侵犯人工智能作品的著作权犯罪均未成为现实问题。但随着人工智能研发技术的发展，未来的人工智能实现了意志自由，拥有类似人类的思维、决策能力，进而脱离设计者或使用者的控制而自主决定实施著作权犯罪行为。如果无视这一即将到来的重大技术革新，盲目坚守现有刑事法律规定，抱残守缺，忽视人工智能发展可能给刑事司法带来的风险，当人工智能自主实施著作权犯罪行为变为现实时，现有刑事法律规定将因未做出前瞻性的调整和完善而无力规制该类犯罪行为，将会给著作权管理秩序带来巨大的冲击，也危害到人工智能的健康有序发展。因此，我们应当以积极、理性的态度去应对人工智能给著作权刑法保护带来的不确定性，敏锐地应对科技变化，预判人工智能可能对著作权犯罪立法产生的影响，未雨绸缪，提前规划好应对策略，加强立法的前瞻性。

需要说明的是，立法理念是一种主观意识，立法者秉持何种立法理念并不是偶然形成的，而是受制于其所处时代的社会发展状况。聚焦到涉人工智能的著作权犯罪，前瞻性的刑事立法理念是为了协调人工智能迅猛发展与刑事立法相对滞后之间的矛盾，以避免出现刑法无法惩治涉人工智能著作权违法行为的尴尬局面。由此可见，前瞻性的立法理念不能脱离人工智能的实际发展阶段去立法，而应紧密结合人工智能发展的实际水平。[11] 只有如此，才能破解涉人工智能著作权刑法保护的难题，将人工智能可能给著作权刑法保护带来的风险降至最低。当然，前瞻性的立法理念不能与盲目扩大犯罪圈混为一谈。树立前瞻性立法理念，就是立法者在立法时，一方面要立足于人工智能的发展阶段和已

---

11 刘宪权、房慧颖：《涉人工智能犯罪的前瞻性刑法思考》，载《安徽大学学报（哲学社会科学版）》2019年第1期。

经造成的风险；另一方面要能预判到人工智能未来的发展趋势及可能产生的风险，对既有刑法规定进行适度调整，并为应对未来涉人工智能著作权犯罪预留必要的空间，从而增强刑法规范应对人工智能飞速发展的能力，确保刑法的稳定性。诚然，弱人工智能时代已是现在进行时，从弱人工智能时代迈入强人工智能时代虽需要时间，但绝对是一种必然趋势。进而言之，围绕强人工智能的刑事责任主体资格、刑事责任能力及对人工智能适用刑罚的方式展开研究，不仅具有学术价值还具有实践价值，这也符合前瞻性立法理念的初衷。

（二）秉持人类优先的刑法理念

在弱人工智能时代，人工智能不具备自由意志，缺乏类人的思维、决策能力，不能脱离设计者或使用者的控制而自主实施行为。弱人工智能本质上只是人类的辅助工具，其严格按照设计者或使用者预设的指令实施行为，不会主动实施侵犯人类利益的行为。换言之，弱人工智能如果实施违法行为，归根结底就是其设计者或使用者在实施违法行为。但是，随着人工智能的迅猛发展，人工智能会像人一样拥有思维能力，能够进行自我决策，这时的人工智能已不满足于人类工具的定位，其可能就会不再严格遵循人类的预设指令实施行为，甚至会为谋取自身利益而自主决定实施与人类利益冲突的行为。因此，为了保障人工智能的健康快速发展，同时防止快速发展的人工智能给著作权保护以及人类整体利益带来冲击，涉人工智能的著作权刑法保护应当坚持人类优先理念，一方面，要坚决把违背著作权法"利益平衡"基本精神的人工智能排除在法律保护之外；另一方面，对风险不明的人工智能应持保守、审慎的态度，放慢研发的步伐，防止因技术失控可能给著作权领域带来严重的冲击。

三、人工智能时代著作权刑法保护的出路

人工智能时代的到来，直接导致侵犯著作权犯罪构成要件部分要素的大幅扩张，进而不可避免地影响侵犯著作权罪的刑事归责问题。对此，需要在前瞻性和人类优先立法理念的指引下，探索人工智能时代著作权刑法保护的应然出路。

（一）著作权法先行：明确人工智能创作成果的属性与权利归属

人工智能创作成果的属性及其权利归属不明确冲击了传统著作权犯罪的犯罪构成，由此使得人工智能时代著作权的刑法保护面临诸多难题。基于刑法保护著作权的规范与著作权法的规定之间的依附关系，即刑法需要以著作权法为依据来规定侵犯著作权罪的构成要素。因此，强化人工智能创作成果著作权的

刑法保护，应当在著作权法中明确人工智能创作成果的属性与该成果的权利归属。

根据《著作权法实施条例》规定可知，独创性是智力成果成为作品的实质要件。独创性注重创作的主观性，要求作品必须能够体现创作者的思考，然后通过独具创作者个性的表达方式和技巧而形成，不得对他人作品进行抄袭或实质模仿。基于该标准，人工智能的创作成果只要是基于人工智能自主思考完成的，就应视为著作权法意义上的作品，至于其艺术水平的优劣在所不论。以独创性为标准，我们将目光投向人工智能的创作成果，以微软"小冰"创作的《阳光失了玻璃窗》为例，"小冰"凭借超强的学习能力，用100多个小时研习519名诗人的作品10000次，通过深入学习形成知识积累，写出7万余首诗歌，从中挑选139首形成该诗集。不难看出，"小冰"创作诗歌的过程与人类非常相似，其并非对学习素材进行简单堆砌或变换表达，而是通过深度学习之后形成知识储备，积累到一定程度后创作出能够表达一定独特个性的内容。换言之，人工智能的创作成果已经完全具备作品的独创性要件，应当给予其著作权法意义上作品的地位，因此给予人工智能创作成果著作权保护在法理上具有可行性。

与人类相比，人工智能创作能力超强且不知疲惫，作品创作速度远超人类。可以预见，伴随人工智能的迅猛发展，人工智能创作的作品将海量涌现。基于人工智能这一特殊性，如果按照人类作品完成之时即产生著作权的规则，对人工智能创作成果不加区分地一律给予保护，势必导致文化市场中拥有著作权的作品数量显著增多，而一定时期内读者对作品的需求量是相对固定的。如果无视人工智能的特殊性，依旧执行现行的著作权认定规则，不仅可能打破著作权权益与知识传播之间的平衡，还可能导致一部分人类创作者在人工智能的冲击下退出创作领域。为有效应对上述问题，对人工智能创作成果著作权的认定应当采用有别于人类作品的认定规则，从而实现对人工智能创作成果著作权保护范围的合理限缩。设立著作权登记制度意味着人工智能创作成果只有经过著作权登记才能获得著作权，该制度与人类作品完成即可取得著作权具有明显区别，可以有效限缩人工智能创作成果著作权保护的范围。著作权登记制度具有多重制度优势，一方面，可以有效阻止大量艺术价值较低的作品取得著作权，给人类作品在著作权市场留下足够的生存空间，保留人类继续创作高水准作品的热情。[12] 另一方面，著作权登记制度还能够明确人工智能创作成果的权利主体，使得处于著作权价值链上的使用者或演绎者等主体在使用作品时能够知道相关作品的权利主体归属，否则，即使肯定了人工智能创作成果属于著作权法意义

12　王志刚：《论人工智能出版的版权逻辑》，载《现代传播》2018年第8期。

上的作品，但由于权利主体无法确定，使用者或演绎者因担心侵权而不敢使用，不利于知识的传播。此外，还可有效避免行为人针对人工智能创作成果实施著作权犯罪行为后，以权利主体不明确为由逃避刑事责任。

(二) 刑法为后盾：增设新的罪名和新的刑罚处罚方式

人工智能时代的严重侵犯著作权的行为主要表现为两种类型：一是行为人将人工智能作为犯罪工具侵犯他人的著作权；二是人工智能自主实施严重侵犯著作权的行为。

1. 增设新的罪名

针对第一种情形，依据"犯罪工具论"，人工智能只不过是使用者实施犯罪的工具，因此应当由人工智能的使用者承担刑事责任。这种处理方式忽略了人工智能的特殊性。显而易见，人工智能与刀枪、机器这类普通犯罪工具具有显著差别，其具有设计者、生产者赋予的智能性，而智能性恰恰可能导致侵犯著作权犯罪主体的多元化。例如，人工智能的设计者或制造者在设计、制造人工智能时，没有履行相应的注意义务，致使人工智能存在一些缺陷，使用者在使用人工智能时，故意利用该缺陷严重侵犯他人的著作权。该情形下单纯追究使用者的刑事责任显然是不合理的，设计者或制造者也应承担相应的刑事责任。对于该刑事责任应当如何追究，有学者认为，可以将人工智能的设计和制造行为解释为侵犯著作权罪的共犯行为，以使用者的帮助犯来追究刑事责任。[13] 但这种归责路径与共犯理论存在明显的冲突，因为人工智能的设计者或制造者并没有侵犯著作权罪的共同犯罪故意，只是由于自己的过失而为使用者的犯罪行为提供了帮助。针对上述情况，本文建议增设人工智能事故罪以追究相关主体的刑事责任，且该罪规制的行为对象是过失犯罪行为，即要求人工智能的设计者、制造者承担合理的安全注意义务，如其应当预见人工智能存在设计或制造缺陷而可能被使用者利用侵犯他人著作权的，因为疏忽大意没有预见，最终导致他人著作权被侵犯的，应承担人工智能事故罪的刑事责任。可以说，该罪名的增设不仅有助于促进人工智能的健康发展，也有助于涉人工智能著作权犯罪主体责任的合理划分。

2. 增设新的刑罚处罚方式

针对第二种情形，从人工智能发展规律来看，人工智能的智能程度越来越高，就意味着人类对人工智能的控制力越来越弱，在不久的将来可能会出现完

---

[13] 武良军：《人工智能时代著作权刑法保护的困境与出路》，载《出版发行研究》2019年第8期。

全脱离人类控制、具有完全自主决策能力的人工智能。此时的人工智能已具备自由的意志，可以在自己的意识和意志支配之下实施侵犯著作权的犯罪行为。不难看出，该种情形下的著作权犯罪行为与设计者、使用者或其他任何人都没有关系，人工智能应当成为刑事责任的承担主体。诚如有学者所言，人工智能自主决定实施的行为，实现的是其自己而非设计者、制造者等外部人员的意志，因此，刑法应当赋予人工智能刑事责任主体资格。[14] 在明确人工智能刑事责任主体资格之后，需要考虑对独立实施侵犯著作权罪的人工智能如何适用刑罚。审视我国现行刑法确立的刑罚体系，无论是刑罚适用的对象还是刑罚适用的方式，均是以自然人为适用对象设计的，无法直接适用于人工智能，因而需要设计新的、可以适用于人工智能的刑罚种类。基于罪刑相适应原则，建议增设删除数据、修改程序、永久销毁等刑罚，[15] 这三种刑罚方式由轻到重可以专属应对人工智能，不仅可以有针对性地给予人工智能行之有效的惩罚，而且可以与危害程度不同的犯罪行为匹配适用，从而有效地惩治人工智能独立实施的侵犯著作权的行为。

14　刘宪权：《人工智能时代的刑事风险与刑法应对》，载《法商研究》2018 年第 1 期。

15　王燕玲：《人工智能时代的刑法问题与应对思路》，载《政治与法律》2019 年第 1 期。

政企数据共享机制的构建、缺憾及完善

梅　傲　柯晨亮[*]

【内容提要】 政企数据共享机制的建立由政策推动主导，且在功能和目标层面与国家数据治理战略十分契合，但实践中其运行状况并不如预期。目前，政企数据共享机制运行最主要的缺憾是数据主体，即政府与企业之间缺少数据共享的积极性。信息安全与社会效益间的冲突、数据产权私有与数据公共资源属性间的冲突是导致该机制运行受阻的主要原因。因此，从现实角度出发，在法律层面上应明确数据共享的范围与信息安全责任、合理分配企业数据财产权益；在技术层面上应积极利用区块链等新兴技术，有助于协调政企数据共享机制运行中的价值冲突。

【关键词】 政企数据共享　数据产权　公共资源　数据安全　数字经济

近年来，由于数字科技高速发展，伴随其产生的海量数据也充盈于这个社会的各个角落。作为行政主体的政府，其享有收集重要民生相关数据的合法性。[1] 而以互联网企业为主的大量私营企业作为另一数据收集主体，其凭借智能的算法与巨大的体量，可以将收集到的无数琐碎数据进行分析与整合，进而得到多种类且高价值密度的数据资料。二者所拥有的数据具有互补的特性，若要满足国家现代化治理的需要，政府与企业的数据均得到充分的利用是必备的

---

[*] 梅傲——西南政法大学国际法学院副教授，国际私法教研室主任，主要研究领域：国际私法、国际数据治理；柯晨亮——西南政法大学争端解决国际竞争力研究中心助理研究员，主要研究领域：数据治理。本文为中国—东盟法律研究中心专项项目"澜沧江—湄公河网络安全合作机制研究"（项目编号：calc2021017）与司法部国家法治与法学理论项目"粤港澳大湾区建设中的法律冲突及解决研究"（项目编号：18SFB3045）的阶段性成果。

[1] 王利明：《数据共享与个人信息保护》，载《现代法学》2019年第1期。

基础。[2] 然而，就当下而言，政企数据共享机制的实际运行出现了部分僵局，数据在二者之间的流通受阻，进而极大影响了数据的利用效率。故本文试图从价值冲突的角度分析政企数据共享机制运行受阻的内在因素，并尝试找出协调冲突的现实路径，进而帮助实现政企数据共享机制的完善与高效运作。

一、政企数据共享机制的制度发展

政企数据共享机制可分为"政府数据开放"与"政府从企业获取数据"两个部分。实际上，政府开放的数据，其使用者并未被局限于企业这个单一主体，但就现实情况而言，囿于数据利用的难度，几乎所有政府开放数据的使用者都是企业，而民众对于政府数据的需求通常已由"政府信息公开"制度满足。故而本文只将政府与企业作为讨论对象。

"政企数据共享"概念相关政策表达最早可追溯至 2015 年 7 月国务院办公厅印发的《关于运用大数据加强对市场主体服务和监管的若干意见》，该文件中提出"要推进政府和社会信息资源开放共享""有序推进全社会信息资源开放共享"。此时虽未直接提出政企数据共享机制建立的构想，但就其具体内容而言，已经具有了政企数据共享机制的雏形与精神，并为后来的相关政策奠定了基础。随后当年 8 月国务院印发了《促进大数据发展行动纲要》，纲要中提出"大力推动政府信息系统和公共数据互联开放共享"，该文件也在一定程度上体现了政企数据共享的内涵。

随后，习近平总书记于 2017 年 12 月举行的中共中央政治局第二次集体学习中直接指出，"要加强政企合作、多方参与，加快公共服务领域数据集中和共享，推进同企业积累的社会数据进行平台对接，形成社会治理强大合力"。[3] 习近平总书记的讲话基本明确了官方对于政企数据共享机制建立的积极态度，并指明了该机制的运行目的与前进方向。

为进一步明确政企数据共享机制的运行模式，国务院于 2019 年 8 月印发《关于促进平台经济规范健康发展的指导意见》，文件以平台经济作为规制对象，指出"要加强政府部门与平台数据共享""加大全国信用信息共享平台开放力度，依法将可公开的信用信息与相关企业共享，利用平台数据补充完善现有信用体系信息"。该文件有别于前期文件中的"倡导性"建议，直接提出了具有针

---

[2] 曹惠民、邓婷婷：《政府数据治理风险及其消解机制研究》，载《电子政务》2021 年第 1 期。
[3]《习近平主持中共中央政治局第二次集体学习并讲话》，载中国政府网，https：//www. gov. cn/xinwen/2017－12/09/content_ 5245520. htm？ eqid = d93d5948000a5a7100000004645b38ab，最后访问于 2023 年 8 月 15 日。

对性、明确性的政企数据共享机制的建立指导。结合零散于其他文件中的相关论述,可以总结出政府对于政企数据共享机制,不但持积极鼓励与推动的态度,而且切实地从机制建构与运行的各个方面提供指导与支持。

二、政企数据共享机制的现实基础

由制度层面转移至现实层面,从社会治理的现实需求出发,政企数据共享机制具有深厚的现实基础,其对国家的数据治理战略具有极大的帮助。[4]

(一) 政府与企业在数据治理中的功能互补

在数据收集方面,政府在敏感、机密数据的收集上占据着绝对优势,对于事关国家安全与国计民生的人口、地理、税务等数据,通常只有政府具有数据收集的合法性。但在数据处理方面,众多互联网企业却具有先进的算法与丰富的数据处理经验。[5]一般来说,政府基于对社会监管的需求进行数据收集,但是也因此局限了其对数据的开发利用。政府对数据的处理通常专注于数据的符合性与异常性,仅满足其对社会的监管目的,并不会深挖数据背后的潜在价值。且政府对数据的处理通常局限于单一的维度,一般不会对不同种类的关联数据进行多维度分析,进而得到更具价值的多角度数据分析结果。[6]

而在数据处理中,企业采取与政府不同的模式。企业处理数据的出发点通常不仅仅是数据监管,出于商业目的的考虑,企业更需要利用数据处理的结果优化自己的管理经营模式、预测未知商业风险与未来经营方向。因此这也对数据的处理提出了更高的要求,为得到更精确的结果,企业不但需要提升自己数据收集的全面性与准确性,同时,也要不断更新优化自己的数据算法与分析模型。并且,企业在数据处理时通常不会仅局限于单一的维度,其会将多类关联数据进行综合的分析与整合,这种处理方式可以极大地提高数据背后可挖掘的价值。

综合来说,在数据收集层面,政府在敏感、机密数据的收集上占据优势,但企业在大数据的背景下,可以搜集到更多琐碎的数据,在数据收集的全面性上优于政府。在数据处理层面,企业具有极大的优势,其处理后的数据价值通

---

[4] 梁宇、郑易平:《我国政府数据协同治理的困境及应对研究》,载《情报杂志》2021年第9期。

[5] 北京大学课题组、黄璜:《平台驱动的数字政府:能力、转型与现代化》,载《电子政务》2020年第7期。

[6] 陈怀平、金栋昌:《基于大数据时代的公共信息服务政企合作路径分析》,载《图书馆工作与研究》2014年第8期。

常优于经过政府单一化处理的数据。

如果政企数据共享机制可以顺畅运行,不论是被收集数据的共享,还是数据处理方式、数据处理结果的共享,都将极大程度地弥补二者的缺陷,并最大化地发掘数据所拥有的潜在价值。因此,从该角度出发,政企数据共享机制具有极大的高效数据治理需求作为现实基础。

(二)政企数据利用最终目标的一致性

从微观角度来看,政府收集、处理数据是为满足监管的目的,而企业收集数据通常是为满足增加商业收益的目的,二者似乎并未有太多交集。但从宏观角度思考,无论是政府还是企业,在国家和社会治理中最终还是发挥着殊途同归的作用,政府利用数据强化其行政管理的效率、保障社会的稳定和秩序,进而为企业打造良好的营商环境。[7]而企业利用数据处理结果来优化其管理结构、经营策略,从这个角度出发,优质的企业不但可以促进经济的发展,也可以积极地承担其社会责任,进而给国家和社会带来更多的正外部性,同时减轻政府的行政负担。

因此,从数据治理层面思考,政府和企业进行数据利用最终目标是一致的,即保证国家与社会整体的可持续发展,并使其中所有参与主体均受益。

三、政企数据共享机制的缺憾

目前,政企数据共享机制运行最主要的缺憾是数据主体,即政府与企业之间缺少数据共享的积极性,而非数据共享的进程之中出现了显性矛盾。政企数据共享机制运行受阻的外在表现并非数据的滥用这种积极形式的冲突,而是政府与企业消极对待数据共享机制,既不愿意共享自己的数据,也不愿意使用对方提供的数据。

(一)政企数据共享机制的运行现状

就当下而言,政企数据共享机制的运行并不如预期中那么顺畅。具体而言,政府数据开放制度发展方兴未艾,近两年来虽有一定进步,但从世界维度来看,中国的表现并不突出,在由万维网基金所作的最新版《开放数据晴雨表》中,

---

[7] 马海群、江尚谦:《我国政府数据开放的共享机制研究》,载《图书情报研究》2018 年第 1 期。

中国仅得 31 分，在亚洲区域表现不及菲律宾与印度尼西亚。[8]《2021 年度中国地方政府数据开放报告》也指出我国政府数据开放建设中，在数据开放平台建设、有效数据所占比例、成果有效率等方面具有较大提升空间。[9]

而政府从企业获取数据机制的运行也不尽如人意，政府向企业调取执法类数据时，因为有着《刑事诉讼法》《统计法》等法律文件作为基础，这类数据的收集并无较大阻碍。但政府在向企业收集社会管理所需的数据时，因暂未有完整的法律文件作为政府数据收集行为的依据，同时企业也没有主动分享收集数据的动力，进而导致该数据流通渠道的受阻。

总的来说，政企数据共享机制面临着共享机制缺失、共享范围不广、共享数据不足等问题。政府开放的数据质量良莠不齐，实际利用效率也并不出色，而大型互联网企业所拥有的有关社会、民生的海量高价值数据也无法为政府所利用。[10]

（二）政企数据共享机制的冲突表现

从深层次思考，探究政企数据共享机制中缺憾产生的根源，在数据共享机制的制度设计中，政府与企业间的价值冲突可能是主要原因之一。价值是标志着主体（人）与客体（客观事物，也包括作为客体的人）关系的一个范畴，是在这种关系中客体事物及其属性对主体需要的效用或意义，以及人对其的评价。[11]政企数据共享机制对于政府与企业的意义和效用并不相同，有时甚至相抵触，从而导致了价值冲突出现于该机制的运行过程中，进而造成了政企数据共享机制的运行受阻。因此，下文将价值冲突作为研究的切入点，透过现象去发现该问题的本质，从而为政企数据共享机制的改进与优化建议提供理论基础。

1. 数据安全与社会效益间的冲突

该冲突为政企数据共享机制中最显著的价值冲突。由于在政企数据共享机制中，政府与企业均对其所拥有的数据承担防止泄露的责任，故信息的安全对于二者而言都是在数据共享时所考量的重中之重，但社会效益作为政企数据共享机制的原动力又使得其无法被忽视。

---

[8] The Open Data Barometer, at opendatabarometer, https：//opendatabarometer.org/?_year=2017&indicator=ODB, last visit on October 30, 2021.

[9] 参见《中国地方政府数据开放报告（城市）》，载复旦大学数字与移动治理实验室网站，http://www.ifopendata.cn/static/report/中国地方政府数据开放报告（城市）.pdf，最后访问于 2022 年 5 月 1 日。

[10] 郭明军、王建冬、安小米、李慧颖、张何灿：《政务数据与社会数据平台化对接的演进历程及政策启示》，载《电子政务》2020 年第 3 期。

[11] 严存生著：《法的价值问题研究》，中国政法大学出版社 2002 年版，第 281 页。

就政府数据而言，政府对数据信息安全的考量通常分为两部分。一为国家安全考量，通常政府所收集的数据包括人口普查、地理测绘、产业统计等信息，这些敏感数据事关国计民生与社会的稳定，必须也仅能由法律授权的政府取得。一旦这些政府数据被不当地公开，轻则伤害政府在民众心中的公信力，重则会危害社会稳定与国家安全。大数据分析技术无疑是一把双刃剑，该技术在帮助我们整合海量琐碎数据资料的同时，也会成为一些不怀好意者的利用工具。同样，政府开放数据完全有可能成为其监控与分析的对象，在经过分析与处理后，本意为促进社会发展的开放数据可能沦为危害我国国家安全的情报资料。[12] 二为公民隐私考量，我国多个地方政府数据开放平台，例如浙江、上海均将个人信息作为数据共享对象。虽然地方政府在《数据开放办法》中均对个人信息数据的开放作出一定限制，同时也要求禁止开放数据使用者对匿名化的数据进行反匿名处理、将数据资料重新定位个人，但是因我国政府开放数据制度实行时间较短，尚未积累足够的实践经验，有关个人信息数据开放的界限仍然是一个浮动的标准。

而对于企业来说，其收集个人数据时，通常会以"打包式"知情同意模式征求用户意见，虽然此种方法饱受诟病，但企业也会在发送给用户的数据使用协议中承诺对用户数据的保护。[13] 随着近年来公民的隐私保护意识加强，部分掌握公民个人数据的企业的一些违反数据安全协议及规定的行为被大量披露，国家也因此对企业的数据安全提出了更高的要求。在这种情况下，如果企业在向政府共享数据的过程中产生数据的泄露，无疑会让自己承担更多的法律风险与社会压力。因此，企业秉着规避风险的原则通常不愿意去主动共享其所拥有的数据资料。

然而，政府与企业对于数据安全的考量只是一种对于社会秩序的消极保护，政企数据共享机制的主旨是积极主动地提升社会治理能力、促进经济发展。在国际竞争愈趋愈烈、人类生存压力日益增长的当下，治理者不可再以无功无过的心态应对挑战。故而追求政企数据共享机制所带来的社会积极效益不是一个可选项，而是我们基于可持续发展需求所必须坚持的正确方向。

从这个价值冲突的角度思考，基于对社会效益的追求，我们必须持续推进政企数据的共享，但是在数据共享的过程中，如若出现了数据安全的问题，数据共享反而会伤害社会甚至危害国家安全。因此，无论是政府还是企业，出于对未知风险的担忧，不愿意积极地推动政企数据共享机制的运行，进而导致了

---

[12] 宋烁：《政府数据开放是升级版的政府信息公开吗？——基于制度框架的比较》，载《环球法律评论》2021年第5期。

[13] 梅傲、苏建维：《数据治理中"打包式"知情同意模式的再检视》，载《情报杂志》2021年第2期。

该制度的运行在一定程度上陷入僵局、进展缓慢。

2. 数据产权私有与数据公共资源属性的冲突

该冲突更多发生于政府从企业取得数据的过程中,因为对于政府数据开放制度中的政府主体而言,无论是将政府数据定义为国家所有还是公共资源,在实际执行之中,该争议无碍于政府开放数据机制的切实运行。且即使政府公共数据权属于国家,也并不与其公共资源属性相违背。[14]

但在企业向政府共享数据资料的过程中,数据产权问题会成为一大阻碍。对于盈亏自负的企业来说,数据的收集与进一步处理需要耗费大量的经济与精力成本,换言之,数据已经成为企业核心的生产资料。对于企业数据的产权性质与归属现行法律尚未作出明确的规定,根据《民法典》第127条"法律对数据、网络虚拟财产的保护有规定的,依照其规定"及该条款的相关解释可知,因数据缺乏创新性,其并不归属于知识产权客体,故将其与网络虚拟财产并列于一条法律中保护。但是,因为企业将收集到的数据进行大数据加工、统计、处理,才赋予了海量原始数据更高密度的信息价值。从这个角度出发,由于不同企业使用的数据处理方法与算法通常具有差异性与优劣之分,无论是海量数据的收集还是数据处理算法的研发和使用算法处理数据的过程,均蕴含企业的劳动价值,因此认为经企业处理后的数据具有价值性也是合理的。同时,企业数据也具有可控制性与可转让性的特征,将企业数据界定为无形财产是可行的。[15]有的学者曾建议,《民法典》应规定"新型财产利益如信息和数据的财产法保护模式。"[16]

在企业数据可以被界定为财产的基础上,因其主要价值来源于企业的主要劳动,将企业数据的财产权划归该企业所有也基本合理。同时,承认企业的数据财产权,也可以使得企业"获得一种有关数据开发利益的安全性市场法权基础的刺激和保障",进而激励企业更加积极地投入数据开发。[17]而在实践中,因没有相关法律进行规制,企业基本默认其收集处理的数据归其私有。

然而,由于企业获取的数据体量巨大,涵盖一个国家国计民生、地理交通、工业布局等方方面面的信息,其是否能够被恰当地利用直接影响到社会经济、公共管理的发展。如果海量的企业数据完全依照私有财产性质对待,从一方面来看,私有财产的"排他性"属性会使得这些数据无法被多个主体充分利用,

---

14 李爱君:《数据要素市场培育法律制度构建》,载《法学杂志》2021年第9期。

15 袁文全、程海玲:《企业数据财产权益规则研究》,载《社会科学》2021年第10期。

16 王涌:《财产权谱系、财产权法定主义与民法典〈财产法总则〉》,载《政法论坛》2016年第1期。

17 龙卫球:《数据新型财产权构建及其体系研究》,载《政法论坛》2017年第4期。

甚至技术力不足的企业可能采取束之高阁的方式对待数据；从另一方面来说，完全放任企业以私有财产自由处分的方式处理囊括海量民生信息的数据，无疑是对国家安全与社会安定的潜在不安因素的忽视。故而企业数据具有公共资源的属性，应是其题中应有之义。

企业数据的公共资源属性作为政府从企业取得数据的基础，在一定程度上削弱了企业对其拥有的数据财产权的支配。因此，在当前相关法律尚未明确的状态下，企业为保护自己的商业利益，认定其对企业数据享有绝对的财产权，进而对企业数据也应享有绝对的控制权。但企业数据天然具有的公共资源属性给予了国家、社会取得企业数据的权利基础，冲突也因此产生。企业不愿意让渡自己的部分数据财产权，而政企数据共享机制的良性发展需要企业的部分"牺牲"，但在当前暂未有相关规定对于该权利进行具体的分配的情况下，企业自然趋于保守地应对政府从其处获取数据的需求。

四、政企数据共享机制的完善

政企数据共享中的价值冲突是多主体参与的必然结果，但价值冲突的存在并不意味着政企数据共享机制的发展就止步于此，相反，正确地协调这些价值冲突恰好是进一步推动政企数据共享机制良性发展的动力。

在尝试协调政企数据机制中的价值冲突时，应该坚持发展中的问题在发展中解决的指导思想。首先，面对因政府与企业的价值冲突所带来的种种现实问题与困境，不能选择以静态视角去分析现有数据共享机制，并试图在当下就将所有的问题解决，之后再继续推进政企数据共享机制的建设。政企数据共享机制对于中国是一个新生事物，虽然可以将部分国外的建设经验作为参考，但是考虑到我国庞大的体量、复杂的社会文化与人口构成，我们所面临的问题相较于其他国家，往往具有极大的特殊性与差异性。同时，政企数据共享机制在我国的发展方兴未艾，随着共享机制与数字科技的进一步发展，不可避免地会出现更多新的问题与困难。如若以刻舟求剑的态度静态地处理当下的价值冲突，那么很可能在今后新的问题出现后，当下认为"完备"的解决之道反而成为未来制度运行的桎梏。其次，信息技术的发展日新月异，随着新技术的研发与革新，我们可以拥有更多的新型技术工具，或许当下所面临的问题与难题便可以因此迎刃而解。

所以，正确的路径是选择以动态的视角看待当下的问题，选择积极地继续推动政企数据共享机制的发展，敏锐地观察社会动态的变化与信息技术的发展，在这个过程中去解决制度的缺陷与漏洞，秉持辩证的大局思想，克服因选择静态处理模式可能带来的拆东墙补西墙情形。从现实角度出发，法律、技术两个层面都是协调政企数据共享机制价值冲突的恰当切入点。

(一) 法律层面价值冲突的协调

1. 明确数据共享的范围与信息安全责任

对于政企数据共享机制中信息安全与社会效益间的冲突,其最大的症结所在便是相关的法律法规的缺失与不明确。"法不可知则威不可测",如果相关法律对于数据共享的范围没有明确的规定,那么政府与企业在数据共享中的风险便被无限放大。首先,缺少明确的数据共享范围将导致相关数据工作者难以建立高效的工作流程管理模式,数据工作者既无法根据相关法律法规按图索骥,也无法参照国外已有的相关工作经验进行模仿与改进,只得事倍功半地自行摸索,承担更多的时间与金钱成本。[18] 其次,政府与企业毕竟不是严格按照程序运行的机器人,二者在数据共享的过程中必然会因其过失造成信息安全危机。如果相关的法律法规没有对数据的信息安全责任进行明确的规定,政府与企业也无法预测信息安全事故所造成的法律风险并建立相应的风险管理机制。

划分数据共享范围的相关法律的制定,应充分地让政府与企业中的数据工作者参与讨论与协商,在保证国家数据安全的前提下,尽量地满足相关从业人员对于共享数据的需求,充分"投其所好",避免在共享利用需求与利用率不高的数据上浪费资源。[19] 而对于信息安全相关法律的制定,因政企数据共享行为相较于传统数据行为具有一定的差异性,相关的法律法规制定应根据不同数据类型、不同共享行为类型,设置不同的风险梯度等级与数据安全责任。[20]

2. 合理分配企业数据财产权益

当前法律法规对于企业数据财产权利的内容与归属尚未有完整、明确的规定,收集数据的企业基于对商业利益最大化的追求与风险规避,通常不愿让渡其对企业数据的绝对控制权利。但政企数据共享机制的良好运行需要企业数据权利的合理分配,而非全部为企业主体所掌握。首先,不能简单地设定企业数据财产权的内容,并将其绝对归属于某一主体,这将严重阻碍数据的流动与利用。[21] 但是由于企业数据的类型繁杂,数据是否包含用户隐私、数据

---

18 梅傲、勾明凤:《〈中华人民共和国民法典〉背景下公共图书馆读者个人信息保护的缺失及完善》,载《图书馆理论与实践》2021年第5期。

19 王卫、王晶:《开放政府数据用户参与研究》,载《情报理论与实践》2020年第12期。

20 宋烁:《论政府数据开放中个人信息保护的制度构建》,载《行政法学研究》2021年第6期。

21 丁晓东:《数据到底属于谁?——从网络爬虫看平台数据权属与数据保护》,载《华东政法大学学报》2019年第5期。

是否已经公开，不同的数据类型的财产权利分配难以统一处理。因此对于该问题的法律制度，需要类型化处理。企业数据的交易权、所有权、使用权、收益权等权利，应从不同类型数据的差异出发，在不同主体间进行合理的分配。

从政企数据共享机制整体的制度设计出发，在不变动企业主张其对数据享有所有权的客观现实的情况下，若政府需要从企业处获得数据，其至少需要数据的交易权作为权利依据，此外，政府获得企业数据后应只享有使用权，不能擅自将企业数据向其他商业主体共享，以避免对共享数据的企业造成商业损失。[22] 对于有关敏感信息安全的企业数据，从国家安全角度考量，政府获得相关数据无须支付对价，但对于一般企业数据，政府在从企业处取得数据时，从公平角度考量，应支付一定合理对价，故而数据收益权仍应归属于企业主体。

在权利分配的过程中，应在满足以公共利益为主的数据共享需求基础上，充分保障企业对于数据权利的合理诉求、避免打击企业进行数据活动的积极性，进而达到公共利益、数据安全、企业利益三者间的平衡。考虑到数据类型和数据活动的复杂性与快速变化的特征，探究具体的分配方案应从实际案例中自下而上地总结与归纳，避免制定的法律法规与现实实践不相适应的情形发生。[23]

（二）技术层面协调价值冲突

积极探索新兴技术协调政企数据共享中价值冲突的可能性，例如利用区块链技术帮助政企数据共享。区块链技术具有数据去中心化、集体维护、不可篡改、安全稳定的特点，此外还有数据可追踪的一大优点。区块链技术所具有的特征极为契合政企数据共享机制对于数据安全以及责任溯源的要求。事实上，已有学者构想利用区块链技术进行医疗数据的共享。[24] 但是相关学者也提出，现有区块链技术并不成熟，暂不支持复杂的数据管理，且数据传输的延迟与吞吐率表现一般，暂时无法满足政企数据共享机制的客观需求。[25] 但随着技术的进步，区块链技术在政企数据共享机制中的应用仍具有期待空间。虽然应用区块链技术于政企数据共享机制的实际方案仍需深度探索，但我们不妨将其视作一个可行的尝试方向。

---

22 梅傲、侯之帅：《互联网企业跨境数据合规的困境及中国应对》，载《中国行政管理》2021年第6期。

23 周林兴、崔云萍：《智慧城市视域下政府数据开放共享机制研究》，载《现代情报》2021年第8期。

24 薛腾飞、傅群超、王枞、王新宴：《基于区块链的医疗数据共享模型研究》，载《自动化学报》2017年第9期。

25 钱卫宁、邵奇峰、朱燕超、金澈清、周傲英：《区块链与可信数据管理：问题与方法》，载《软件学报》2018年第1期。

结语

　　建设政企数据共享机制的初衷是利用数据积极地帮助社会管理和提升市场经济活力，进而满足国家的现代化治理的需求。因此对于政企数据共享机制中的价值冲突及其协调也应持更积极的态度，利用法律方法，为数据共享的准入条件、共享范围、安全标准、工作流程作出完整的制度设计，在向数据共享主体提供操作指引的同时，降低其承受未知法律风险的可能性；再者，也应对企业数据财产权的具体内容进行合理分配，在保持所有权与收益权仍归企业所有的基础上，赋予政府从企业获取数据的权利，但政府从企业获取数据后应只享有使用权。此外，还应敏锐地关注新技术，积极探讨其应用于数据共享机制的可能性。

区块链技术下打击虚拟货币洗钱犯罪的司法困境及解决路径

安 凯[*]

【内容提要】 随着区块链技术的不断发展，虚拟货币具有的"匿名性""去中心化""跨国交易性"等特点使洗钱犯罪更为隐蔽、便捷，不易被司法机关侦控，逐渐成为洗钱犯罪的利器，对打击工作提出了严峻挑战。由于虚拟货币的固有特点与洗钱犯罪高度契合，国际监管空隙为虚拟货币洗钱活动提供生存空间，传统反洗钱监管规则不能较好地适用于虚拟货币洗钱风险防控等多重原因，虚拟货币洗钱犯罪逐渐猖獗，并使侦查取证、法律适用和涉案虚拟货币控制与处置等方面陷入一系列司法困境。为了更加有效打击虚拟货币洗钱犯罪，有必要通过加强侦查取证、开展链上资金追踪、探索境外协查调证机制、建立虚拟货币控制与处置机制、完善洗钱犯罪的法律解释以及加强部门间的反洗钱合作等路径予以解决。

【关键词】 虚拟货币　洗钱　侦查取证　电子取证　法律适用

洗钱使犯罪分子占有非法资金，助长上游毒品、贪腐、金融诈骗等犯罪活动，严重危害国家社会政治经济的稳定发展。随着互联网在全世界的普及，网络洗钱已成为国际社会洗钱犯罪发展的新趋势。当前，互联网金融异军突起，以比特币、泰达币为代表的虚拟货币广泛使用，由于各国针对虚拟货币的现行法律以及配套监管制度措施的不完备，加之虚拟货币的匿名性、交易便捷性等特点使洗钱犯罪兼顾安全与效率，虚拟货币逐渐受到犯罪分子的"青睐"，成为网络洗钱犯罪的新工具，并带来一系列打击难点。

---

[*] 安凯——广州市公安局经济犯罪侦查支队四级警长，主要研究领域：经济犯罪、洗钱犯罪。

从已有研究来看，目前对于虚拟货币洗钱的研究主要集中于三方面：一是从虚拟货币特点的角度剖析其洗钱风险。冯怡认为交易快捷方便、匿名性和国际化是虚拟货币洗钱风险生成的内在天然属性，国际监管空隙也为虚拟货币洗钱提供了外部生存空间[1]。吴云等人认为虚拟货币洗钱风险主要源于区块链的去中心化安排和点对点交易方式[2]。二是从立法的角度来完善虚拟货币反洗钱法律规制。师秀霞认为我国应将虚拟货币纳入现有的反洗钱法律规制体系，建构并完善市场准入、风险内控、客户身份识别、交易记录保存、大额交易和可疑交易报告制度[3]。时延安和王熠珏对现有的规制手段进行反思，并在个人责任和平台责任方面提出若干立法建议[4]。三是从比较法的视角出发，通过借鉴国外虚拟货币反洗钱监管方面的经验做法，来推动我国监管的完善。兰立宏和庄海燕认为我国应根据金融行动特别工作组（FATF）的建议，通过明确相关主体反洗钱义务，加强国际合作等，完善反洗钱监管[5]。叶威在分析美国加密货币反洗钱监管措施的基础上，建议从监管理念、监管路径、监管客体等方面来构建我国监管体系。[6]

以上研究内容虽然对于预防和治理我国虚拟货币洗钱颇有益处，但是较少涉及司法打击层面的研究，未能对此类犯罪案件的侦办提供支持。惩治虚拟货币洗钱犯罪应采取一种循证的研究方式，即要了解利用虚拟货币洗钱犯罪的成因，明晰利用虚拟货币洗钱犯罪的手法模式，进而在总结目前司法打击困境现状的基础上为解决问题提出必要的建议方法。本文从司法层面出发，剖析虚拟货币洗钱犯罪新变化所带来的司法困境并尝试提出解决路径。

一、区块链技术及虚拟货币相关概念辨析

（一）区块链技术简概

区块链（Blockchain）是用分布式数据库识别、传播和记载信息的智能化对等网络，利用块链式数据结构来验证与存储数据，利用分布式节点共识算法来

---

[1] 冯怡：《虚拟货币洗钱风险及其控制研究》，载《金融理论与实践》2021年第8期。

[2] 吴云、薛宏蛟、朱玮、罗璠：《虚拟货币洗钱问题研究：固有风险、类型分析与监管应对》，载《金融监管研究》2021年第10期。

[3] 师秀霞：《虚拟货币洗钱风险的法律规制》，载《南方金融》2016年第6期。

[4] 时延安、王熠珏：《比特币洗钱犯罪的刑事治理》，载《国家检察官学院学报》2019年第2期。

[5] 兰立宏、庄海燕：《论虚拟货币反洗钱和反恐怖融资监管的策略》，载《南方金融》2019年第7期。

[6] 叶威：《美国加密货币反洗钱监管路径研究》，载《北方金融》2019年第12期。

生成和更新数据，利用密码学的方式保证数据传输和访问的安全，利用由自动化脚本代码组成的智能合约来编程和操作数据的一种全新的分布式基础框架与计算范式[7]。其工作原理遵循时间顺序，将数据区块以相连的方式组合成一种链式数据结构，通过公钥和私钥双重加密，保证不能篡改和伪造区块链内部信息数据，其本质上是一个去中心化的数据库，同时作为比特币、泰达币等虚拟货币的底层技术。

（二）虚拟货币相关概念厘清

自2009年比特币（Bitcoin）诞生以来，以区块链为底层技术，采用非对称加密算法的虚拟货币便逐步引起大家的广泛关注与讨论，相关的学术研究也逐渐增多并深入，出现"数字货币""电子货币""虚拟货币""加密货币"等概念。很多研究对虚拟货币的内涵和外延厘定不清，甚至将上述概念进行混用，没有给予明确的区分，普遍地将"去中心化""匿名性""跨国交易性"等特点误认为是所有虚拟货币、数字货币的特点，这种研究内容界定上的缺陷导致在此基础上构建的理论大厦相当不牢靠。因此，有必要对相关概念进行厘清，避免因概念混淆而带来认知偏差。

1. 电子货币

电子货币是指用一定金额的现金或存款从发行者处兑换并获得代表相同金额的数据或者通过银行及第三方推出的快捷支付服务，通过使用某些电子化途径将银行中的余额转移，从而能够实现交易，例如网上银行、手机银行的转账交易。它是基于电子账户实现的支付方式，其本质是一种法定货币的电子化或数字化存储、支付的形式。

2. 数字货币

数字货币（Digital Currency），顾名思义是数字形式的货币，相对应的是纸币（Banknote）和硬币（Coin）的有形实体货币，它是一种新的支付方式，是一种新的货币形态，而不仅仅是现有法定货币的数字化形式，例如央行发布的数字人民币（e-CNY）。数字货币既然作为一种新的货币，就要将其置于货币的内涵下来界定，否则可能陷入望文生义的境地。

货币（Currency）具有价值储藏、交易媒介和计价单位三大基本职能，是一种被普遍接受的支付方式。"货币"一词在长期使用中已经与"法定货币"混同，这就容易导致非法定清偿意义上的私人货币被排除在货币属性的讨论之外。历史上私人之间达成共识的交易媒介实际上一直存在，只要得到交易双方的认

---

[7] 赵刚：《区块链技术的本质与未来应用趋势》，载《人民论坛·学术前沿》2018年第12期。

可，在很大程度上便存在存续空间。比如说政府财政赤字，严重的通货膨胀，政局不稳定导致民众对法币信用表现出恐慌，这种情况下就会出现所谓民间的私人货币，其对于法定货币起到暂时的替代作用，在交易过程中履行价值储藏、交易媒介和计价单位的功能，成为事实上的货币。例如中华人民共和国成立前，农村地区的大米被普遍接受成为一般等价物进行交换，执行货币的功能[8]。基于此，货币可分为法定清偿意义上的货币（法定货币）和事实意义上的货币（私人货币）。

数字货币源于货币，同样可以分为法定数字货币和私人数字货币。法定数字货币是由国家政府发行，其发行信用来自央行，即央行数字货币（Central Bank Digital Currency）。而私人数字货币并非法定清偿意义上的货币，而是事实意义上的货币，由各网络机构自行发行（私人发行），没有统一的发行和管理规范，只能流通于网络世界，例如比特币、莱特币、Q币等虚拟货币。

3. 虚拟货币

"虚拟货币"一词最早由网络游戏引发，是指用在特定网络空间上的代币（Token），例如腾讯公司的Q币，网络游戏玩家使用法定货币充值Q币然后用于购买游戏道具装备。在这个语境下，"虚拟"二字表示的是网络虚拟空间。此类虚拟货币的使用范围仅限于兑换自身提供的网络游戏产品和服务，不得用于支付、购买实物或者兑换其他单位的产品和服务[9]。随着2008年中本聪提出比特币概念后，虚拟货币的内涵变得更加丰富，拓展到基于区块链为底层技术的去中心化虚拟货币（又称加密货币）。去中心化虚拟货币是指以区块链为底层技术，没有中央管理商发行和监管的，采用加密算法的分布式点对点（P2P）加密货币，是具有金融监管意义上的虚拟货币，如比特币、莱特币、泰达币，本文所研究的虚拟货币即为此种加密货币。此类虚拟货币可以行使货币的交易媒介、价值储藏和计价单位职能，"虚拟"二字与法定货币的"真实"实体相对应。

国际货币基金组织（IMF）将虚拟货币界定为"虚拟货币是由私人机构发行并且使用自有的记账单位，是价值的数字化表现"。欧洲中央银行（ECB）将虚拟货币定义为"一种在某些特定情况下可替代货币使用的并非由中央银行、信用机构或电子货币机构发行的数字形式价值"。反洗钱金融行动特别工作组（FATF）将虚拟货币界定为"一种可以以数字形式进行交易，具有交易媒介、

---

[8] 吴云、朱玮：《数字货币和金融监管意义上的虚拟货币：法律、金融与技术的跨学科考察》，载《上海政法学院学报（法治论丛）》2021年第6期。

[9] 冯洁语：《论私法中数字货币的规范体系》，载《政治与法律》2021年第7期。

记账单位及价值存储功能,但在任何法域内不具有法币地位的数据表现形式"。通过归纳可知,国际上对于虚拟货币的界定有三个共识:一是虚拟货币由私人发行;二是虚拟货币是价值的数字化表现;三是虚拟货币是一种新的支付方式,具有货币的功能。

二、区块链技术下虚拟货币洗钱犯罪成因及手法解构

(一)区块链技术下虚拟货币洗钱犯罪成因

1. 虚拟货币的固有特点与洗钱犯罪高度契合

虚拟货币之所以被广泛利用于洗钱犯罪,主要是因为犯罪分子借助区块链技术特性,依靠虚拟货币去中心化、匿名性和跨国交易性的固有特点,可以实现国际范围内资金的快速转移并能够躲避司法侦控,这为洗钱目的的实现提供了极大便利,正好契合犯罪分子的需求。其一,去中心化。虚拟货币通过计算机"挖矿"产生,无须中央机构集中发行,便能够在互联网中流通,通过交易双方"点对点"技术操作,资金可以不通过第三方直接流向相对人[10]。而且区块链技术通过复杂的函数运算将交易信息打包成数据区块,并通过加密算法进行加密,解决信息被记录问题,导致交易信息无法被有效追踪。其二,匿名性。区块链采用非对称加密算法来保证链上数据不可篡改,每个私人账户都是区块链上的网络节点,链中各节点之间的交换(虚拟货币交易)遵循固定程序,计算机自行判断活动是否有效,交易对象的数据交互无须公开身份即可取得信任,因此在交易中不需要知晓交易资金来源和双方的详细身份信息,非接触即可完成交易。其三,跨国交易性。虚拟货币可以在任意一台接入互联网的电脑上进行管理操作,不受地域限制,不拘泥于任何一国管辖,任何人可以在任何时间、任何地点利用任何身份创建账户并进行交易。犯罪分子把非法资金转移到境外只需要通过交易所或者场外私人币商,就能直接转账到境外的钱包地址,然后兑换成境外法定货币,全程不受任何金融管制。从已有洗钱案例来看,虚拟货币仅需几分钟即可完成跨境交易,实现犯罪收益的清洗转移,方便快捷[11]。上述虚拟货币的固有特点使洗钱犯罪兼顾安全与效率,这对于希望通过跨境转移资金实现掩藏身份、隐瞒资金的来源与性质、逃避司法机关追查的犯罪分子来

---

10 李慧、田坤:《涉虚拟货币洗钱犯罪刑事治理的实践面向》,载《人民检察》2021年第16期。

11 钱童心、徐燕燕:《5分钟规避外汇管制人民币下跌中的比特币异动》,载《第一财经日报》2016年11月17日03版。

说,属于最佳洗钱工具[12]。

2. 国际监管空隙为虚拟货币洗钱犯罪活动提供生存空间

虚拟货币作为区块链技术应用下的互联网新兴产物,世界各国对虚拟货币的内涵和外延尚未形成统一认识,对待虚拟货币的监管态度也各不相同。绝大多数国家认为虚拟货币是金融创新且使用范围有限,利用虚拟货币洗钱风险较小,采取不予监管的策略,处于监管空白的境地。而以美国、加拿大、德国、英国、日本、澳大利亚为主的发达国家则明确承认虚拟货币为资产性的金融衍生品,是合法支付方式,并通过出台一系列监管法案,采取积极的监管策略加强对虚拟货币的反洗钱监管。例如,加拿大是世界上首个制定规制虚拟货币反洗钱和反恐怖融资法律的国家,其通过出台《C-31议案》(C-31 Proposal)、修订《犯罪收益(洗钱)与恐怖融资法》[Proceeds of Crime (Money Laundering) and Terrorist Financing Act] 等方式从注册登记、识别客户身份、保持交易记录、报告可疑交易、建立并实施反洗钱内部控制机制等方面构建虚拟货币反洗钱监管框架[13]。中国、俄罗斯、巴基斯坦、柬埔寨、阿尔及利亚等国家则采取严格禁止策略,明确禁止虚拟货币的发展,禁止虚拟货币交易所提供登记、交易、清算、结算、兑换等服务,禁止使用虚拟货币购买商品及服务。例如我国就通过发布《关于防范比特币风险的通知》《关于防范代币发行融资风险的公告》《关于防范虚拟货币交易炒作风险的公告》的方式明确虚拟货币不具有货币属性,禁止虚拟货币相关业务的开展。世界各国对虚拟货币反洗钱监管态度不同,便会产生监管空隙,进而给洗钱活动留有生存空间,犯罪分子可以绕过监管严格的法域,选择在监管薄弱的司法管辖区实施犯罪,从而更加容易规避司法打击。

3. 传统反洗钱监管规则不能较好适用于虚拟货币洗钱风险防控

作为全球反洗钱、反恐怖融资标准的制定者,反洗钱金融行动特别工作组(FATF)于1990年制定反洗钱《四十项建议》(The Forty Recommendations),要求各成员国落实,后经多次修订完善,在全球范围内逐步建立起以客户身份识别、尽职调查、大额和可疑交易报告、客户身份资料及交易记录保存等措施为主的反洗钱监管规则。但由于虚拟货币去中心化的技术特点决定其没有集中的发行与管理机构,虚拟货币的交易和存储不需要借助银行等金融机构进行,造成银行等金融机构对虚拟货币无法采取上述反洗钱监管措施,履行反洗钱监

---

[12] 师秀霞:《利用虚拟货币洗钱犯罪研究》,载《中国人民公安大学学报(社会科学版)》2017年第2期。

[13] 兰立宏、师秀霞著:《国际视野下网络洗钱犯罪防控策略研究》,中国人民公安大学出版社2016年版,第149页。

测程序。虽然虚拟货币的交易转移大多依靠虚拟货币交易所进行,而且FATF于2019年6月发布《以风险为本的虚拟资产和虚拟资产服务提供商指引》(Updated Guidance for a Risk-Based Approach to Virtual Assets and Virtual Asset Service Providers)要求各国虚拟货币交易所须承担反洗钱义务,但是虚拟货币交易所数量众多,且分散在世界各地,位于不同的反洗钱监管法域,既无法实现监管对象对虚拟货币交易的集中、全面监测,也无法实现各国监管机构的统一、高效监管,故难以取得较好的监管效果[14],使得传统反洗钱监管规则不能较好地适用于虚拟货币洗钱风险防控。

(二)区块链技术下虚拟货币洗钱犯罪手法解构

学界普遍认为洗钱犯罪一般分为放置阶段(placement stage)、培植阶段(layering stage)和融合阶段(integration stage)。对应虚拟货币洗钱犯罪,同样存在上述环节,具体表现为:

在放置阶段,主要目的是将犯罪所得收益转移到可控制、不被怀疑的安全地方。在这一阶段,犯罪分子将犯罪所得收益用于购买虚拟货币,从而将非法资金注入清洗渠道中。洗钱分子往往利用网络购买的他人银行卡或者通过"钱骡"(通过网络渠道招募的跑分客)来归集资金,从源头上切断非法资金与自己的直接联系,然后利用虚假身份信息注册的虚拟货币交易账户在交易所购买虚拟货币,实现非法资金与虚拟货币的转换,从而模糊资金来源。

在培植阶段,主要目的是通过大量复杂、频繁的交易来掩饰、隐瞒非法资金的来源与性质。在这一阶段,犯罪分子将虚拟货币在不同交易所的多个虚拟货币钱包之间进行互转,以及使用"跨链"技术在不同种类虚拟货币之间变换。不仅如此,犯罪分子还会使用滚筒(tumblers)、混合器(mixers)等混合技术,将非法资金转换的虚拟货币与其他用户购买的虚拟货币进行混合,然后将这些虚拟货币分批转移至新创建的钱包地址,并采取随机方式产生新的映射关系,从而模糊原有地址与新地址的关联关系,进而更加模糊虚拟货币的来源与去向。在此环节中,部分虚拟货币交易所作为洗钱犯罪的同谋共同参与到洗钱当中,它们在反洗钱监管薄弱的法域注册成立,搭建服务器,以合法经营的名义,专门从事洗钱活动,帮助犯罪分子转移资金,赚取非法佣金。如2013年位于哥斯达黎加的在线货币转账公司自由储备银行,因帮助犯罪分子利用虚拟货币服务洗钱,非法获利近60亿美元被美国检方起诉。

在融合阶段,经过上述过程后,犯罪分子持有的虚拟货币已基本不受限

---

[14] 兰立宏:《论虚拟货币的犯罪风险及其防控策略》,载《南方金融》2018年第10期。

制并且相对安全，此时他们只需将所有被清洗过的虚拟货币整合到某一电子钱包地址上后与法定货币进行兑换提现即可完成洗钱操作，最终使非法资金合法化。

三、区块链技术下打击虚拟货币洗钱犯罪的司法困境

（一）侦查取证之困境

1. 身份落地及资金穿透困难掣肘侦查进程

虚拟货币通过随机生成的公钥和私钥来实现所有权的频繁转移，其中公钥作为虚拟货币的接收账户（钱包地址），私钥作为虚拟货币所有权转移的密码，在交易时用于数字签名认证。虚拟货币的每一次交易都会向区块链上所有节点推送，但是仅公开交易流转双方的电子钱包地址和交易数额，并不显示电子钱包地址所对应交易者的真实身份信息，而且公钥和私钥在每一次交易时都会重新随机生成一对新的密钥，通过一次一密的方式来隐匿真实身份。此外，部分虚拟货币交易所对用户注册信息审核并不严格，仅注重注册材料是否完整的形式审核，而不进行辨别身份真伪的实名实质审核。犯罪分子往往利用网络购买的虚假身份进行注册，加之平台并没有限制用户的注册数量，一人拥有多个账户的情况广泛存在。他们利用不同地址间的频繁转移以及不法虚拟货币交易所的跨链、混币、除尘等技术来模糊资金流向，加大了侦查机关对犯罪嫌疑人身份落地，对虚拟货币追踪溯源、资金穿透的难度。值得注意的是，犯罪分子为规避侦查打击，越来越多地通过场外交易的方式进行，他们加入多个炒币聊天群组，以点对点的方式寻求卖家并通过场外资金支付（不通过虚拟货币交易所）买卖虚拟货币。而且犯罪分子互相联络使用的是"电报（Telegram）""蝙蝠"（BatChat）等具有加密与毁损功能的聊天软件，此类软件最大的特点就是通信方式都是通过"端对端"加密，聊天记录不需要经过终端服务器，且支持"阅后即焚"，即用户发布过的聊天信息阅后可全部自动销毁，这更是给侦查机关梳理交易脉络、固定通联关系、深挖团伙成员等工作造成极大阻碍。

2. 服务器转移境外导致侦查机关需跨境取证

2021年9月，中国人民银行联合网信办、公检法等十部委联合发布《关于进一步防范和处置虚拟货币交易炒作风险的通知》（以下简称《通知》），不仅再次强调虚拟货币不具有与法定货币等同的法律地位，而且重点强调虚拟货币相关业务活动属于非法金融活动，对于开展虚拟货币相关业务活动构成犯罪的，依法追究刑事责任。《通知》发布后，国内众多虚拟货币交易所陆续停止中国大陆地区新用户注册、停止为中国大陆地区客户提供服务并且注销公司主体及关

联企业，纷纷将服务器迁往境外，但是大陆用户仍然可以通过 VPN 翻墙的方式在其平台进行交易。《通知》发布前，虚拟货币交易所在国内设立代理机构，侦查机关可以凭法律文书直接向平台调取虚拟货币钱包地址注册信息等后台数据供案件分析研判。但是在《通知》发布后，侦查机关想要调取后台数据便需要通过国际司法协助或者采用技术手段的方式来实现跨境取证，这在一定程度上加大了侦查取证难度，降低了侦查工作效率。如果犯罪分子借助在境外非法搭建的虚拟货币交易所洗钱，侦查机关想要获取相关数据更是难上加难。

（二）控制和处置涉案虚拟货币之困境

为有效侦查和打击虚拟货币洗钱犯罪，必须对作为犯罪工具或收益的虚拟货币进行控制和处置，这样才能顺利实现对涉案赃物的追缴。然而由于虚拟货币的财产属性争议、技术特点、国家监管政策以及法律空白等多方面原因，导致洗钱案件侦办中虚拟货币控制与处置存在诸多困境。

一是虚拟货币的财产属性争议影响其能否作为财物被司法机关追缴。我国《刑法》第 64 条规定，犯罪分子违法所得的一切财物，应当予以追缴和责令退赔。换言之，仅有"财物"才能成为刑事追缴的对象，然而我国法律并没有具体规定虚拟货币的财产属性，相关政策文件中也仅是说明虚拟货币是一种特定的虚拟商品。在此背景下，将虚拟货币作为财物予以追缴缺乏充分的法律依据。不过在实践中，部分司法机关认为虚拟货币具有价值性、稀缺性和可支配性等特点，具备财物属性，属于网络虚拟财产，应当予以追缴。[15]

二是缺乏有效的控制手段。依据我国《刑事诉讼法》以及若干办案程序规定，查封、扣押、冻结是实现涉案财物及孳息、犯罪工具刑事追缴的主要手段。虚拟货币本质是一串字符，是计算机电子数据。面对电子数据，司法机关一般通过扣押、封存手机、电脑、服务器等原始存储介质或者冻结电子数据以实现对电子数据的保全，虽然电子数据在转移过程中可能会被篡改，但是仍然能够实现司法机关的排他性控制。然而虚拟货币的技术特性决定了要实现对虚拟货币的控制必须要对存放虚拟货币钱包地址的私钥进行控制，如果单纯扣押存放私钥的实物载体，那么任何其他掌握私钥的个人仍然可以通过其他互联网设备转移钱包内的虚拟货币，从而使司法机关丧失控制权。除托管在交易所内的虚拟货币可以由其协助冻结交易账号禁止交易人提现的方式来实现控制外，对于大量通过点对点场外交易的自管虚拟货币却缺乏有效的控制手段。

三是缺少合法的保管和处置方式。如前所述，将虚拟货币以原有方式控制

15　狄克春、王光磊：《虚拟货币刑事追缴措施刍议》，载《中国刑事警察》2021 年第 3 期。

可能会丧失控制权,实践中有探索尝试将犯罪嫌疑人账户内的虚拟货币转移至公安机关创建的账户,由公安机关唯一掌握私钥,确保实现排他性控制。但是根据法律规定,公安机关不得在诉讼程序终结之前处置涉案财物,在法院对涉案财物及孳息以及犯罪工具作出处理判决之前,其所有权仍属于原来的物主。上述探索尝试在未经法院判决的情况下却将虚拟货币所有权转移到了公安机关,这有违涉案财物保管规定。不仅如此,对于涉案财物公安机关有义务进行勤勉的照顾,虽然虚拟货币不会出现物理上的损坏,但是虚拟货币在价格方面却经常暴涨暴跌,可能出现贬值的情况,因此有必要使其退出流通,采取拍卖、变卖的方式保证其现有价值,所拍价款由公安机关暂予保存。不过按照现行规定,虚拟货币交易属于违法行为,任何金融和支付机构都不得为虚拟货币提供结算服务,国内没有官方承认的交易所可以拍卖、变卖追缴的虚拟货币。而且在法院作出生效判决以后,虚拟货币的变现和上缴国库同样面临着无合法处置渠道的尴尬局面。

(三) 法律适用之困境

在实践中,上游犯罪分子大多通过地下钱庄来洗钱,而现阶段地下钱庄不再局限于非法支付结算和非法买卖外汇等非法经营活动,掩饰隐瞒犯罪所得来源与性质的行为逐渐增多,其流动资金越来越多地来源于违法犯罪活动,包括洗钱罪的七类上游犯罪、电信网络诈骗以及网络赌博犯罪等。在司法实践中基于多种原因导致当前地下钱庄的洗钱行为很难被认定为洗钱罪。

一是因为主观明知认定难度大。《刑法修正案(十一)》将洗钱罪的"明知"要件删除后,自洗钱行为入罪且洗钱罪的定罪标准降低,但在实务中为防止洗钱罪打击范围的不当扩大,有司法机关认为虽然"明知"被删除,但其仅是为将自洗钱行为入罪,仍应将"明知"作为他洗钱行为的出罪条件,这也是目前理论争议所在。在洗钱罪中认定犯罪嫌疑人明知资金的来源与性质难度非常大。一方面在于地下钱庄利用虚拟货币进行洗钱是为了获利,通常只知道洗的是"黑钱",而对具体是什么犯罪活动的非法资金并不关注,而且上游犯罪分子为降低被打击的可能,也不会将资金性质告知地下钱庄经营者。另一方面由于确定双方犯意联络的聊天记录等证据不易被查获,加之犯罪嫌疑人一般不会主动供述,造成认定"明知"的证据有限。最终仅能以掩饰隐瞒犯罪所得罪处罚其洗钱行为或者以非法经营罪处罚其非法支付结算的行为,未能以洗钱罪施以更严厉的处罚。

二是因为洗钱罪的上游犯罪种类狭窄。我国洗钱罪的上游犯罪仅包括七类犯罪,导致许多其他严重犯罪的违法所得及收益不能作为洗钱罪的对象进行评价。例如在新型虚拟货币跑分平台洗钱案件中，跑分人员先在虚拟货币交易平台注册，然后将自己的银行卡号、微信、支付宝收款码交给跑分平台整合，供赌客充值使用，再将赌资兑换成虚拟货币，最终跨境转移至开设赌博平台人员手中。在此类案件中，非法资金并不是由洗钱罪七类上游犯罪产生，但犯罪分子提供银行卡号、微信、支付宝收款码用于收取赌资，进而兑换成虚拟货币的行为却为网络赌博犯罪构建了非法资金转移的通道，此行为仅能以信息网络犯罪非法提供支付结算服务为由成立帮助信息网络犯罪活动罪，而不能以洗钱罪定罪处罚，导致罪责刑不相适应。

三是因为洗钱罪侵害的法益存在争议。有观点认为洗钱罪的客体是国家金融管理秩序或是司法机关的正常活动或二者皆有之。倘若认为洗钱罪的保护法益是国家金融管理秩序，那么构成要件就要求洗钱行为需利用金融服务手段实现违法所得的来源与性质的转化。但在虚拟货币洗钱犯罪中，虚拟货币交易所取代了传统金融机构的媒介作用，非金融色彩愈加强烈。如果掩饰、隐瞒犯罪所得及收益的行为并没有通过金融系统进行，却以洗钱罪评价，就明显不当，除非是以第五项其他方法的兜底条款进行扩张解释来评价。倘若认为洗钱罪的保护法益是司法机关的正常活动也存在不当之处。一方面，我国《刑法》将洗钱罪放置于"破坏金融管理秩序罪"一节中，这体现了立法者的本意是将洗钱罪进行单独评价，不然本可以将洗钱罪置于"妨害司法罪"一节中。另一方面，在《刑法修正案（十一）》实施后，为什么上游犯罪的本犯在缺乏期待可能性的情况下，成立自洗钱的洗钱罪，却不成立赃物犯罪。显然，如果洗钱罪的保护法益是司法机关的正常活动，同时自洗钱行为成立洗钱罪，则造成上游犯罪的本犯对赃物犯罪缺乏期待可能性，对自洗钱却不缺乏期待可能性，存在自相矛盾之嫌[16]。倘若认为洗钱罪保护的法益是国家金融管理秩序和司法机关的正常活动双重客体，为什么同样是对上游犯罪的违法所得及收益进行掩饰、隐瞒的行为，却因上游犯罪的不同而出现不同的评价结果，这说明两种上游犯罪洗钱行为侵害的法益仍存在不同之处，而这是双重客体观点难以解释的。

四、区块链技术下虚拟货币洗钱犯罪的司法困境解决路径

（一）加强电子取证，开展链上资金追踪

面对虚拟货币洗钱犯罪，公安机关应及时转变侦查理念，从依赖口供转向注重电子数据，及时提取和梳理电子数据，运用技术手段查清涉案虚拟货币的

---

16 张明楷：《洗钱罪的保护法益》，载《法学》2022年第5期。

流转和最终去向,让电子数据发挥应有的关键性作用。

一是全面收集原始存储介质。手机、电脑、U盘等作为虚拟货币交易账户的重要载体,应第一时间全面收集此类原始存储介质以及记录钱包地址相关信息的载体,全面提取上述存储介质上登录的虚拟货币交易所的账号、电子钱包地址及交易流水等,全面恢复犯罪嫌疑人隐藏、删除和对外联络的电子数据。

二是运用多种方式提取电子数据。在互联网公开网站查询涉案电子钱包地址的交易记录时,可以通过截图、录像、拍照的方式固定网页数据作为电子数据,制作《网络在线提取笔录》,提取交易双方的电子钱包地址、交易金额等证据。网络在线提取后需要进一步查明其他情形的应当通过输入在前期侦查中获取的用户名和密码的方式进行远程勘验提取境外服务器后台数据,明确平台的使用规则和方法,查清用户的注册登记信息、充币、提币等数据,并制作《远程勘验笔录》。

三是开展链上资金追踪。虽然虚拟货币的复杂交易会模糊资金流转过程,给公安机关资金穿透带来困难,但是其链上公开、不可篡改等特性又能作为数据分析和线索发掘的切入点而发挥独到作用。公安机关可以积极开展警企合作,引入区块链科技公司参与侦查,借助链上追踪技术,将区块链上所有公开的钱包地址标签化,形成大量标签数据。当各种标签数据不断汇集形成标签记录的大数据资源时,就能逐渐勾勒出钱包地址背后实体的画像,并进一步借助币流智能可视化分析系统,应用图数据库和人工智能等技术对钱包地址标签数据进行结构化处理,将各类数据分类分级,动态结合区块链上的实时交易记录,实现从具体钱包地址入手,在层层交易中筛查出最可疑、最集中的目标钱包地址[17],然后通过可视化流向图形式,把所有涉案的虚拟货币交易、拆分、归集过程都呈现出来供侦查人员分析研判。

(二)探索建立境外协查调证机制

通过链上追踪和可视化分析,公安机关能够初步掌握涉案虚拟货币流向,而此时最关键的任务在于确定链上电子钱包地址对应的注册身份信息以及最终提币变现时在虚拟货币交易所绑定的银行账户或第三方账户信息。由于目前虚拟货币交易所多设在境外且没有与公安机关建立畅通的调证渠道,即使案件线索已明确指向某个境外交易所的钱包地址时,公安机关也无法获得此钱包地址的注册信息。因此,必须依靠国际警务合作实现破局。具体来说,公安机关应

---

17 冯聪:《运用大数据资源与区块链技术办理涉数字货币犯罪的实践与构想》,载《信息网络安全》2021年第1期。

先梳理境外主流的虚拟货币交易所名单及其对应的归属地和联络方式，然后经公安部通过国际刑警组织等正规渠道，逐一联系并打通建立起协查调证渠道，建立远程协查调证系统，以信息化方式进一步整合固化联络机制，从而实现针对涉案虚拟货币的交易查询调取、资金冻结等侦查措施的快速响应。虽然有些交易所开设在非国际刑警组织缔约国内，但公安机关仍可借鉴"猎狐行动"等境外交涉经验，逐步开展相关工作以达成沟通合作协议。不仅如此，还可以借助区块链技术来提升国际警务合作的效率。传统的国际警务合作缺乏信任机制，数据能否完整、安全和规范传输成为制约合作的绊脚石，而区块链技术不仅利用非对称加密算法将数据进行加密，保证数据不被篡改，提升了数据传输的安全性，还依靠共识机制和智能合约对数据进行筛选和分类[18]，使数据更加规范，能够根据侦查协作的需求对有效信息进行存储。提供协助的外国警方可以直接将调证结果通过区块链可信数据共享的方式进行数据传输，从而解决数据完整、安全与规范的问题，提高跨境取证侦查协作的效率。

（三）探索建立涉案虚拟货币控制和处置机制

一是建立涉案虚拟货币控制机制。结合司法实践以及国外经验，目前较为安全的控制方式是通过常规交易将涉案虚拟货币转移至公安机关的账户（钱包地址）。在确定需扣押的虚拟货币数量、种类以及钱包地址后，由侦查人员填写扣押清单和呈请扣押报告书上报审批。审批成功后生成扣押决定书，由公安机关负责涉案财物保管的人员创建专门的控制账户（包括钱包地址和私钥）并将所需扣押的虚拟货币转移至此账户内作为公安机关保管财物入库登记在册。并且将扣押的虚拟货币对应私钥存储在专用离线U盘等与网络相隔离的移动硬件上，避免遭到网络攻击，方便公安机关封存保管。[19] 为保证后续证据出示以及执法监督的需要，整个操作过程应在全程录音录像下进行。考虑到虚拟货币可能出现贬值的情况，可以尝试在扣押时将其他涉案虚拟货币转换成泰达币等稳定币，因为泰达币与美元挂钩，基本与美元等值，价值波动幅度小，不过此种做法是否符合相关法律值得商榷。

二是建立涉案虚拟货币处置机制。为最大限度保证国家财产不受损失，相关部门应制定涉案虚拟货币司法处置的专门文件，对处置的方式、流程和细节、处置方的条件进行规定，做到有法可依。在处置方式上，由于虚拟货币存在价

---

18 李康震、周芮：《区块链技术在一带一路国际执法合作中的应用研究》，载《北京警察学院学报》2018年第2期。

19 狄克春、王光磊：《虚拟货币刑事追缴措施刍议》，载《中国刑事警察》2021年第3期。

格上的不同，应当采取公开招标的方式进行，设立全国性或者地域性虚拟货币司法处置平台，负责此类案件处置的招拍挂，定价以最终的竞拍为准，所拍变现资金统一上缴国库。在处置流程上，事前参与虚拟货币处置的各方（包括司法机关、犯罪嫌疑人、辩护人以及购币方）应签署书面协议，明确各方的权利与义务，以展现司法权威与担当。尤其是为遵守国内交易禁止政策，协议中要要求购币方不得在国内出售司法处置的虚拟货币。事中要及时关注虚拟货币流向去处，采取技术手段，形成虚拟货币链上追踪报告作为司法处置的验收依据来关注协议落实情况。同时建立虚拟货币司法处置数据库，包括但不限于参与方的主体资格、资金来源和虚拟货币去向等，做到有据可查。为保证处置的公开、透明、合理合法，拍卖过程中应当引入检察院、律师、人大代表、政协委员、社会媒体等进行监督，使其在阳光下运行。

（四）完善洗钱犯罪的法律解释

想要提高洗钱罪的入罪率，降低洗钱犯罪的法律适用争议，准确认定犯罪，除了通过立法的方式增、删、改法律进行应对外，还应充分发挥刑法解释的功能，通过完善解释来更好地规制洗钱犯罪。

一是要明确主观"明知"的认定标准。在虚拟货币洗钱犯罪中，犯罪更加隐蔽，犯罪分工更加明确细化，犯意联络证据更加难以固定，此种情况下如果仍然要求行为人明确知道是七类上游犯罪的犯罪所得及收益，就会加大洗钱犯罪主观方面的证明难度，导致大量洗钱犯罪不能以洗钱罪进行定罪处罚，这与目前加大惩治洗钱犯罪的刑法修订初衷不符，不利于打击虚拟货币洗钱犯罪。而且此类犯罪以职业团伙化作案为主，他们以帮助上游犯罪转移非法资金为业并从中牟取暴利，其对上游犯罪的认知程度明显高于一般主体，因此在"明知"认定上应适当降低对行为人主观要件的证明标准，要求行为人达到应当知道犯罪所得及收益是七类上游犯罪的程度即可，这样才更有利于将虚拟货币洗钱犯罪纳入洗钱罪规制范围，更加顺应国际社会大力惩处虚拟货币洗钱犯罪的发展趋势，符合现实打击新型洗钱犯罪的需要。

二是要扩充行为方式。《刑法》第191条第1款列举了4种典型的洗钱行为方式之后，又规定了第5项"以其他方法掩饰、隐瞒犯罪所得及其收益的来源和性质的"，这一规定可以视为洗钱行为方式的兜底条款。对这一兜底条款，《最高人民法院关于审理洗钱等刑事案件具体应用法律若干问题的解释》又进行了详细的列举说明。但随着社会的不断发展演进，洗钱犯罪的行为方式也在不断地演化升级，目前已超出了《刑法》和相关司法解释规定的方式范围，尤其是区块链技术下虚拟货币洗钱犯罪的行为模式。因此应结合实践中的洗钱案件，通过归纳的方式，适用第5项兜底条款进行重新列举，将虚拟货币洗钱行为纳入规制范围。

三是要扩大上游犯罪范围。为凸显洗钱罪的独立价值，进一步融入国际社会的反洗钱工作，有必要从保障国家经济安全稳定，洗钱罪上游犯罪对我国金融秩序、金融业态的冲击、履行国际公约义务、履行反洗钱监测的有效性以及对公私财产的严重损害等角度出发，综合考虑如何扩大洗钱罪上游犯罪范围。笔者认为，衡量某类犯罪能否成为洗钱罪上游犯罪，应以此类犯罪能否产生数额巨大的犯罪所得及收益为标准。结合目前人民银行反洗钱部门监测重点以及司法机关在打击地下钱庄洗钱犯罪时常常遇见的上游犯罪类型，建议将涉税犯罪、非法集资犯罪、传销犯罪、电信网络诈骗犯罪、网络赌博犯罪纳入洗钱罪上游犯罪之中，以此来大力惩治洗钱犯罪，加大洗钱罪的法律适用。

（五）加强部门间反洗钱合作

在侦办一起洗钱犯罪案件过程中，有可能会涉及禁毒、网安、经侦、刑侦、纪检监察、海关、银行、银保监会等多个部门，常常因职权不同，造成协调配合存在壁垒，降低侦查效率，延误战机。为了更好地打击洗钱犯罪，有必要围绕信息资源共享原则，通过构建部门间的"联盟链"，健全数据信息共享机制，明确有关单位的数据提供责任负责制度和使用数据的权限，鼓励各单位在整个系统中参加"联盟链"建设，以此来优化反洗钱调查程序。通过建立反洗钱批量查询、跨区域协作查询、银行内部协作查询、涉案账户快速冻结等形式，提高洗钱犯罪案件侦查取证以及涉案资金穿透分析效率，加快洗钱犯罪线索移送、核实，案件调查、起诉和审判过程，提高洗钱罪入罪率，强化反洗钱法律法规的威慑力。

云时代下跨境电子数据取证的模式转型与制度完善

周鸿飞[*]

【内容提要】 随着网络信息技术在各领域的深度应用，其在带来便利的同时亦存在引发网络犯罪的风险。与传统犯罪相比，网络犯罪将犯罪场域从物理空间转换至虚拟空间，犯罪场所的虚拟化弱化了国家边界，加剧了跨境网络犯罪的发展态势。在跨境网络犯罪场域下，跨境电子数据取证已成为侦查机关侦破跨境网络犯罪的必然程序。虽然我国跨境电子数据取证存在"协助取证"和"直接取证"两种模式，但协助取证模式程序烦琐、周期较长，无法满足电子数据取证及时性的需求。在直接取证模式下，虽然其解决了跨境电子数据取证效率问题，但仍面临着国家主权和个人信息权之双重困境。为此，我国应当恪守网络空间主权的基本理念，以数据主权为指引，明确域外电子数据执法管辖权的认定标准，厘清跨境电子数据"直接取证"模式的适用范围，并对跨境电子数据取证"告知—同意"原则的适用边界予以界定。

【关键词】 跨境数据取证　协助取证模式　直接取证模式　国家主权　个人信息权

一、问题的提出

随着网络信息技术在日常生活中的普及适用，当今世界早已进入了信息全

---

[*] 周鸿飞——吉林大学法学院博士研究生，主要研究方向：在线诉讼、刑事诉讼法研究。本文系国家社科基金一般项目"电子数据区块链存证研究"（项目编号：21BFX014）、吉林大学2022年研究生创新项目"刑事跨境电子数据取证研究"的阶段性成果。

球化时代。与传统物理空间相比，网络空间的地域边界逐渐弱化，呈现出扁平化和去中心化社会关系网络特征。[1] 虽然网络空间的去地域化为跨境交往提供了便利，但也引发了诸多跨境网络犯罪的风险。对于跨境网络犯罪而言，各国应恪守国家主权原则，即未经一国允许，不得在他国境内行使执法管辖权。侦查取证作为涉外刑事案件侦破过程中的重要环节，其理应不能突破国家主权这一基本原则。虽然传统的国家主权理念是以一国领土为识别标准，但根据2016年12月国家互联网信息办公室发布的《国家网络空间安全战略》可知，国家主权拓展延伸至网络空间，网络空间主权已成为国家主权的重要组成部分。依此，虽然跨境网络犯罪弱化了地域疆界，但作为国家主权的延伸，其亦需要恪守网络空间主权的规制。

跨境电子数据取证与刑事执法管辖权密切相关，比如：A国能否命令个人X出示由X控制但存储在B国的数据，质言之，A国能否收集存储于B国的电子数据。为了解决此问题，各国对跨境电子数据取证方式展开了如火如荼的探索。在美国，跨境电子数据取证主要包括互助条约取证和网络技术取证两种方式。互助条约取证是指侦查人员可以通过司法互助条约（Mutual Legal Assistance Treaty，MLAT）来收集证据，该条约是由美国国务院谈判并由美国司法部的国际事务办公室（Office of International Affairs，OIA）、美国司法部的外交关系办公室实施。一旦协议生效，OIA就是中心机构，负责与外国同行合作以确保条约有效实施。网络技术取证是指侦查人员使用网络调查技术获取相关数据，其无须计算机所有者或操作员的许可，直接远程访问目标计算机并提取相关数据。[2] 在我国，跨境电子数据取证主要分为两类：一类是协助取证模式，即我国向外国办案机关请求调查取证。另一类是直接取证模式，即我国侦查机关直接从域外电子数据存储的网络服务器中调取相关数据。对于协助取证模式而言，2018年10月全国人大常委会发布了《国际刑事司法协助法》，该法第25条规定，我国办案机关请求外国就域外电子数据协助调查取证的，应当制作刑事司法协助书并附相关材料，经所属主管机关审核同意后，由对外联系机关及时向外提出申请。我国有学者将此种调查流程称为"倒U型"取证流程。[3] 对于直接取证模式而言，根据2016年最高人民法院、最高人民检察院、公安部发布的《关于办理刑事案件收集提取和审查判断电子数据若干问题的规定》（下文简称《电子数据收集提取规定》）第9条、2019年公安部发布的《公安机关办理刑事案件电子数据取

---

[1] 裴炜著：《数字正当程序：网络时代的刑事诉讼》，中国法制出版社2021年版，第10页。

[2] Ghappour, Ahmed, *Searching Places Unknown: Law Enforcement Jurisdiction on the Dark Web*, Stanford Law Review, Vol. 69, No. 4, April 2017, pp. 1075–1136.

[3] 冯俊伟：《跨境电子取证制度的发展与反思》，载《法学杂志》2019年第6期。

证规则》（下文简称《电子数据取证规则》）第 23 条等规定可知，我国对于域外电子数据的收集主要通过网络在线提取、远程勘验等方式（见图1）。与直接取证模式相比，跨境电子数据的协助取证模式流程较为烦琐，取证周期长。故司法实践中侦查机关通常采用直接取证模式对域外电子数据进行取证。

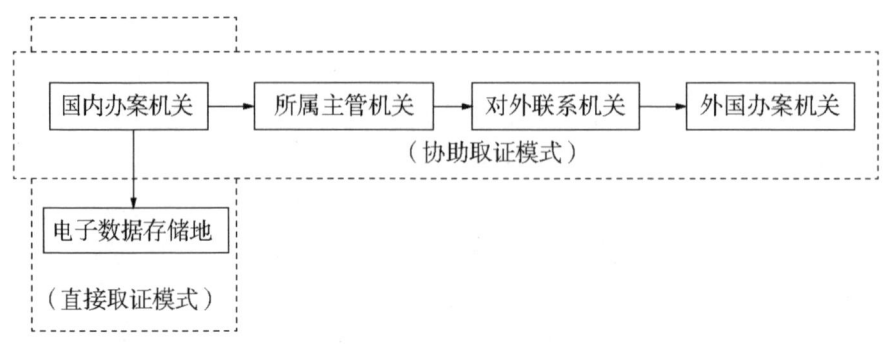

图 1　跨境电子数据取证的两种模式

从立法层面来看，我国早已通过相关立法对跨境电子数据的直接取证模式予以明确。为了提高我国域外电子数据的取证效率，完善跨境电子数据取证的相关制度，当前应审视传统协助取证模式所面临的两大困境，明确直接取证模式推行的现实需求。并在此基础上，结合直接取证模式对国家主权和个人信息权带来的挑战，提出相应的完善措施。

二、跨境电子数据的取证模式转型：由协助取证模式走向直接取证模式

网络在线提取、网络远程勘验等取证方式突破了传统跨境取证方式的烦琐流程，形成了"技术工具＋网络平台"的直接取证模式。在跨境电子数据取证的场域下，推行高效便捷的取证方式是必然趋势，但改革并非一蹴而就的，当前应合理审视传统协助取证模式所面临的困境，推动协助取证模式向直接取证模式转型。

（一）困境一：电子数据存储的"分散性"不利于数据存储地的认定

电子数据作为网络信息时代的产物，其本身具有虚拟性，该特征决定了电子数据必须依附于存储介质存在。[4] 为了解决跨境电子数据取证所引发的执法管

---

[4] 谢登科：《论域外电子数据与刑事诉讼变革：以"快播案"为视角》，载《东方法学》2018年第5期。

辖权冲突，部分国家将数据存储地作为域外电子数据执法管辖权的认定标准。虽然电子数据的存储介质不会发生变动，但其通常不是仅存储于单一存储介质中，比如：谷歌浏览器中存储的用户数据（电子邮件或电子邮件附件）并非单一的、汇集的数字文件，其通常将单一数据文件存储在多个数据"碎片"中，每个单独的碎片存储在世界各地的不同位置，甚至谷歌公司也无法确定单独的数据碎片在给定的时间内存储在何地。[5]

对于存储在虚拟空间的电子数据而言，其有两种云存储模式：第一，数据共享模式。此种模式通常将单个数据分解成组件分发到国内和国际服务器中，属于一种动态存储方式。第二，数据本地化模式。此种模式通常将数据存储在单个国家或地区的云空间中，属于一种静态存储方式，比如：亚马逊网络服务（AWS）、微软等。以微软为例，微软为欧盟和欧洲经济区的客户提供"微软云德国"，作为微软的信息保管人，德国电信（T-Systems）拥有单独控制访问网络的能力，其将客户数据仅存储于法兰克福和马格德堡的数据中心，只有德国电信拥有数据密钥，即未经德国电信许可，微软通常被禁止访问其云中空间。依此，微软在法律和技术上受德国法律（信任管理）和现有技术限制（加密密钥）访问客户数据的双重限制。[6]然而，无论何种存储模式，存储在网络云空间的电子数据都面临着如下问题：第一，虚拟的存储空间是否属于存储介质。第二，数据存储地是以虚拟服务器所在地还是以电子数据所在地为准。首先，对于虚拟存储空间是否属于存储介质而言，虚拟存储空间通常是指特定软件或"云"存储网站，若网络服务提供商利用特定软件，使用户能够查看其页面，则此种特定软件应当属于存储介质。比如，来自欧盟以外地区的小型文本软件（cookies）被远程安装在欧洲用户的硬盘驱动器上，以便对用户的特定信息进行身份验证、跟踪和维护。此时，对于任何在线运用和使用cookies的企业而言，其不仅要遵守cookies所在国家/地区的法律，还要遵守欧洲数据保护法。[7]其次，对于电子数据的存储地认定而言，相较于实物存储介质，虽然网络云空间提供了存储服务，但两种不同的云存储模式对应着不同的存储地认定。在数据共享存储模式下，网络配置将数据分发到国内和国际不同服务器中，其并无明确的地域标示。以谷歌公司为例，为优化性能和效率，谷歌公司运营着一个云

---

[5] Morris, Sabrina A, *Rethinking the Extraterritorial Scope of the United States' Access to Data Stored by a Third Party*, Fordham International Law Journal, Vol. 42, No. 1, October 2018, p. 197.

[6] Schwartz, Paul M, *Legal Access to the Global Cloud.*, Columbia Law Review, vol. 118, no. 6, October 2018, pp. 1683–1697.

[7] Maier, Bernhard, *How Has the Law Attempted to Tackle the Borderless Nature of the Internet*, International Journal of Law and Information Technology, Vol. 18, No. 2, 2010, pp. 142–175.

网络，其使用数据分片存储方法，自动将数据从谷歌网络上的一个位置移动到另一个位置。在数据本地化存储模式下，网络配置将数据存储在固定位置，从而将其排除在其他地理位置之外。数据本地化存储模式是微软—爱尔兰案的核心，在微软—爱尔兰案中，美国政府寻求由微软控制但保存在爱尔兰都柏林的数据，微软拒绝美国法院签发的搜查令，理由是搜查令仅适用于美国领土边界，由于数据位于都柏林，故不能依此调取数据。基于第二巡回法院在确定数据存储地时明确以案发时电子数据存储的位置为准，而并非数据提供者的位置，故法院主张，微软存储于爱尔兰的数据属于域外数据，若美国想要获取位于都柏林的电子数据，其必须提出外交请求。[8]

因此，从技术层面上看，虽然所有数据均可通过网络平台访问获取，但不同的云存储空间适用的存储模式存在差异，而此种分散性的存储形态不利于电子数据存储地的认定。

（二）困境二：协助取证之烦琐程序无法满足电子数据取证及时性的要求

我国《国际刑事司法协助法》中明确对协助取证模式作出了规定，即被请求国可依据国际条约或互惠原则协助请求国进行调查取证活动，主要包括传统司法协助取证和双边警务合作取证两种方式。基于电子数据具有虚拟性和易篡改性，为了避免取证活动的不正当迟延而导致取证失败，电子数据取证必须及时。[9]依此，虽然协助取证模式不会侵犯他国主权，但其烦琐的取证程序将无法满足电子数据取证及时性的要求。

首先，传统司法协助取证依托于我国加入的国际条约或与他国签订的双边/多边取证协议。根据《国际刑事司法协助法》第25条规定，我国向他国请求调查取证的，应当严格依照"制作刑事司法协助请求书—办案机关所属主管机关审核—对外联系机关—外国办案机关"流程进行。以中美刑事司法协助取证为例，我国向美国请求调取相关数据时，需要制作刑事司法协助请求书，经办案机关审核后递交对外联系机关。随后美国办案机关需要审查请求协助调查的事由是否符合美国搜查的标准，只有认为存在"相当理由"后才有可能签发令状搜查。此种刑事司法协助程序一经启动，平均需要10个月才可结束。[10]随着网络信息全球化的持续发展，司法协助请求数量也在大幅增加，比如：美国的OIA机关于2014年共处理了来自外国政府的3270项MLAT请求，其中近1200

8　Daskal, Jennifer, *Law Enforcement Access to Data across Borders: The Evolving Security and Rights Issues*, Journal of National Security Law and Policy, Vol. 8, No. 3, 2016, pp. 486–490.

9　刘品新著：《电子证据法》，中国人民大学出版社2021年版，第179页。

10　梁坤：《基于数据主权的国家刑事取证管辖模式》，载《法学研究》2019年第2期。

项请求涉及电子数据。2015年，虽然OIA机关处理的外国政府的MLAT请求数量与上一年基本一致，但电子数据请求已达到了2183项。[11] 依此，随着跨境电子数据的调取请求不断增加，传统的协助取证模式已无法满足现实需求。

其次，双边警务合作取证是在国际刑事司法协助和国际警务合作框架下形成的侦查取证模式，截至2019年，我国公安部与世界80多个国家和地区建立了直接的双边警务合作关系，与30多个国家的警务部门建立了定期警务合作机制，在27个国家派驻了49名警务联络官。[12] 就双边警务合作取证而言，根据取证的类型可以分为委托取证、单独取证和联合取证三种形式。其中单独取证和联合取证都是由具有管辖权的国家中央机关或地方警察机关派遣侦查人员到境外调查取证。[13] 虽然此种取证方式能够在一定程度上提高取证效率，但也存在不足之处：第一，适用范围的限缩。除了2020年公安部发布的《公安机关办理刑事案件程序规定》第376条规定的例外情况，无论是委托取证、单独取证还是联合取证，都需要建立在两个国家已有的合作关系之上，若两个国家并无警务合作关系，则不能依此进行取证。第二，严格的事前审批程序。根据《公安机关办理刑事案件程序规定》第380条规定，需要请求外国警方提供警务合作的，应当经省级公安机关审核后报送公安部批准，即无论是我国向外国请求警务合作还是外国向我国请求警务合作，都需要报上一级公安机关批准，并报公安部备案。第三，取证流程较为烦琐。根据《公安机关办理刑事案件程序规定》第377条第1款规定，我国收到外国的警务合作请求后，其流程至少需要经过两个阶段的审批核查，即"外国申请机关—公安部—省级公安机关/其他主管机关—地方公安机关"。

因此，无论是传统司法协助取证，还是双边警务合作取证，二者都需要经过相关机关审核批准后，方可调取域外证据。虽然层层审批机制可以保障一国主权不受侵犯，但其不利于跨境电子数据的及时收集，甚至导致部分数据因未能及时收集固定而丢失。为了满足跨境电子数据取证及时性的要求，国内外司法机关均对跨境电子数据的高效取证方式展开了积极探索，在美国，侦查机关可以通过网络服务提供商和公开网站直接取证。比如：Ebay和Facebook等网络服务提供商有专门的网站应对数据收集请求，是否允许此类取证方式由各国自

---

[11] Andrew Keane Woods, *Against Data Exceptionalism*, Stanford Law Review, Vol. 68, No. 4, April 2016, pp. 755–759.

[12] 段艳艳、章春明：《跨境赌博违法犯罪治理研究》，载《云南行政学院学报》2019年第6期。

[13] 王青、李建明：《国际侦查合作背景下的境外取证与证据的可采性》，载《江苏社会科学》2017年第4期。

行决定。[14] 我国侦查机关在实践中也逐渐采取公开网站提取、账号登录提取等高效取证方式。

三、跨境电子数据直接取证模式的双重挑战

随着传统犯罪与网络信息技术的快速融合，网络空间的弱边界化促使跨境网络犯罪日益增多，[15] 既往跨境电子数据取证方式已无法满足当下需求。目前，我国侦查机关在司法实践中积极探索适用了网络在线提取、网络远程勘验等高效取证方式。虽然此类取证方式能够解决电子数据的取证及时性问题，但也面临着侵犯国家主权、个人信息权的风险。

（一）挑战一：直接取证模式对国家主权的挑战

法国数据处理和自由委员会（CNIL）前秘书长 Louis Joinet 指出，信息具有经济价值，存储和处理数据的能力很可能使一个国家在政治和技术上优于其他国家，这反过来又通过超国家数据流动，而导致国家主权的丧失。[16] 国家主权作为涉外诉讼中应当坚守的基本原则，其通常以一国地域疆界为界限。虽然跨境网络犯罪突破了传统的地域疆界，但侦查权是国家主权的行使，任何国家的司法机关在他国行使侦查权就意味着侵犯他国主权。[17]

在美国，为了保障自身在国际网络空间的优势地位，美国主张网络空间无主权，以网络自由为重点，强调全球公域说和网络自由论，坚持网络空间的连接自由和信息流动自由。[18] 一些欧洲委员会的国家也允许在特定情况下进行跨境直接取证，包括比利时、挪威、葡萄牙、塞尔维亚和罗马尼亚。[19] 欧洲委员会发起制定的《网络犯罪公约》（Cyber-crime Convention）第 32 条 b 款规定了未经缔约方同意可直接跨境取证的情形，主要包括：第一，获取公开发布的电子

---

14 Osula, Anna – Maria, *Mutual Legal Assistance & Other Mechanisms for Accessing Extraterritorially Located Data*, Masaryk University Journal of Law and Technology, Vol. 9, No. 1, Summer 2015, pp. 53 – 55.

15 裴炜：《论网络犯罪跨境数据取证中的执法管辖权》，载《比较法研究》2021 年第 6 期。

16 Rankin, T. Murray, *Business Secrets across International Borders: One Aspect of the Transborder Data Flow Debate*, Canadian Business Law Journal, Vol. 10, No. 2, May, 1985, p. 219.

17 谢登科：《电子数据网络远程勘验规则反思与重构》，载《中国刑事法杂志》2020 年第 1 期。

18 冉从敬、何梦婷、宋凯：《美国网络主权战略体系及实施范式研究》，载《情报杂志》2021 年第 2 期。

19 Currie, Robert J, *Cross – Border Evidence Gathering in Transnational Criminal Investigation: Is the Microsoft Ireland Case the Next Frontier*, Canadian Yearbook of International Law, 54, 2016, p. 81.

数据。第二，经有权披露数据的主体自愿、合法同意后获取数据。[20] 然而，随着跨境电子数据的调取请求日益增多，为保障一国数据安全，部分国家也采取了相应措施避免本国数据跨境流出。在英国，《2014年数据保存和调查权力法》（Data Retention and Investigatory Powers Act 2014）规定，对存储在英国境外的电子数据收集时，需要向英国境外的机关提供搜查令。在美国，虽然2018年3月生效的《澄清合法使用境外数据法》（Clarify Lawful Overseas Use of Data Act）明确允许美国执法部门通过网络服务提供者获取存储于境外的电子数据，将既往的数据存储地模式转换至数据控制者模式，但其对本国数据跨境流动也作出了一定限制，主要包括：第一，主体限制。并非所有的外国政府都可直接通过网络服务提供者获取美国境内的数据，其应当满足"适格外国政府"的要求。第二，对象限制。外国请求获取的电子数据不应针对美国人或居住在美国的人。第三，程序限制。外国执法部门应通过司法审查程序向法院或其他独立职权机构提出申请，且该申请必须具备合理的正当理由。[21] 在欧洲，欧洲议会指令95/46EC对个人数据的自由流动作出限制，即将个人数据传输到欧盟以外的第三方国家时，该国必须达到"足够的数据保护水平"。在俄罗斯，2014年5月俄罗斯发布《关于信息、信息技术和信息保护法》（Federal Law on Information, Information Technologies and Protection of Information）的修正案，明确提出数据本地化储存模式，暗含了数据主权的理念。此外，加拿大、印度、德国等20多个国家都制定了数据本地化存储的政策。[22] 我国明确坚持网络空间主权理念，在立法层面，我国已通过《国家网络空间安全战略》《网络空间国际合作战略》等规范性文件明确了网络空间主权理念。根据网络空间的技术特征，网络主权可以分为网络物理层主权、网络逻辑层主权及网络数据层主权三个层面。[23] 除网络物理层主权和网络逻辑层主权外，网络数据层主权是信息全球化的产物，其应当是国家主权在网络空间的必然延伸。[24] 依此，虽然跨境网络犯罪的弱地域性突破了传统以地域疆界为主的国家主权理念，但其亦不能将网络空间作为国家主权的留白之处。

---

20 胡健生、黄志雄：《打击网络犯罪国际法机制的困境与前景——以欧洲委员会〈网络犯罪公约〉为视角》，载《国际法研究》2016年第6期。

21 梁坤：《美国〈澄清合法使用境外数据法〉背景阐释》，载《国家检察官学院学报》2018年第5期。

22 京东法律研究院著：《欧盟数据宪章：〈一般数据保护条例〉GDPR评述及实务指引》，法律出版社2018年版，第21页。

23 许可：《数据主权视野中的CLOUD法案》，载《中国信息安全》2018年第4期。

24 齐爱民、祝高峰：《论国家数据主权制度的确立与完善》，载《苏州大学学报（哲学社会科学版）》2016年第1期。

基于跨境电子数据的直接取证模式无须一国主管机关同意即可直接获取他国数据，故其将面临国家主权和取证合法性的双重困境。我国的直接取证方式主要集中于《电子数据取证规则》《电子数据收集提取规定》等规范中，主要包括网络远程勘验、网络在线提取等方式。为了寻求实践中跨境电子数据取证方式的适用情况，笔者通过聚法案例网以"境外服务器"为关键词，经过检索筛选刑事案例共 38 份，其中采用公开网站截图、录制等方式进行固定、保存相关证据的共有 23 份，采用数据持有人账号登录提取的共有 11 份，采用技术手段进入服务器后台提取域外电子数据的共有 4 份（见表1）。

表1 跨境电子数据取证方式的适用情况

罪名	取证方式	案例数
非法经营	公开网站提取	1
制作、复制、出版、贩卖、传播淫秽物品牟利罪	公开网站提取	16
	账号登录提取	4
	后台数据提取	1
开设赌场罪	公开网站提取	3
	账号登录提取	4
诈骗罪	账号登录提取	1
非法利用信息网络罪	公开网站提取	1
组织、领导传销活动罪	公开网站提取	1
	后台数据提取	1
提供侵入、非法控制计算机信息系统程序、工具罪	公开网站提取	1
	账号登录提取	2
	后台数据提取	2
合计		38

首先，对于在公开网站中提取数据而言，实践中侦查机关通常先对网站页面采取截图、录像等方式固定网页数据，之后再由侦查机关出具网络在线提取笔录。如在宾某、董某等伪造、变造、买卖国家机关公文、证件、印证案，[25] 吴某非法经营案[26] 中，侦查机关均采取拍摄、截图等方式对涉案网站中的电子

---

[25] 参见渭南市中级人民法院（2020）陕05刑终7243号刑事判决书。
[26] 参见南宁市中级人民法院（2019）桂01刑终230号刑事判决书。

数据进行提取、固定。基于此种取证方式是在公开网站中提取电子数据，故其并不必然侵犯国家主权。其次，对于登录数据主体账号提取数据而言，实践中侦查机关通常在网络平台中输入数据主体的账号、密码后对相关数据进行提取。如在杨某、胡某等诈骗一案中，[27] 扬州市公安局电子物证检验鉴定中心通过账号、密码登录数据查询网址提取相关数据。此种取证方式通常不会对他国构成数据威胁，[28] 亦不会对他国主权带来挑战，主要原因如下：第一，从取证方式来看，此种取证方式并非属于强制性或秘密性手段，而是通过登录数据主体账号进行提取的非强制性手段。第二，从权利干预的范围来看，此种取证方式通常调取的是数据主体的个人数据，若该账号、密码获得手段非法，则其也主要涉及数据主体的个人信息权问题，与国家主权无关。最后，对于侦查机关采取技术手段进入服务器后台提取数据而言，其属于侦查机关实施的技术侦查措施。如在白某林、魏某英组织、领导传销活动案中，[29] 公安机关侦查人员对涉案公司设置在境外服务器上的后台数据进行提取，并制作了电子数据存储U盘作为法庭关键证据。根据《刑事诉讼法》第150条规定，公安机关根据侦查犯罪的需要，经过严格的批准程序后，可以采取技术侦查措施。虽然跨境电子数据的直接取证模式有侵犯一国主权的风险，但不同的取证方式对国家主权的侵犯程度也有所差异，其呈现出梯度化区分，即公开网站提取＜账号登录提取＜后台数据提取。

（二）挑战二：直接取证模式对个人信息权的挑战

随着网络信息化时代的到来，侦查机关在收集、使用和传输数据时能够更加高效。然而，直接取证模式在为侦查机关收集域外电子数据带来便利的同时，也给数据主体的个人信息权带来了挑战。

个人信息权益保护的基本原则是保护个人信息免受不必要或有害使用。若从电子数据涵盖的范围出发，可将其分为网络数据和个人数据。对于网络数据而言，其涵盖范围较为宽泛。根据全国人大常委会2016年11月发布的《网络安全法》第76条第4项规定，"网络数据，是指通过网络收集、存储、传输、处理和产生的各种电子数据"。此项规定是对所有涉及网络数据使用活动的概括式规定，涵盖了电子数据的整个生命周期。相比之下，个人数据的涵盖范围较窄，其通常是以数据主体的个人信息为限。根据2021年全国人大常委会发布的

---

27 参见扬州市中级人民法院（2020）苏10刑终207号刑事判决书。

28 叶媛博：《我国跨境电子取证制度的现实考察与完善路径》，载《河北法学》2019年第11期。

29 参见三门峡市中级人民法院（2019）豫12刑终263号刑事判决书。

《个人信息保护法》第 4 条第 1 款规定，个人信息主要是指以电子或其他方式记录的与已识别或者可识别的自然人有关的各种信息。虽然跨境电子数据取证主要针对的是网络数据，但直接取证模式对数据主体的个人信息侵犯主要集中于网络数据中的个人数据。为保护数据主体的个人数据，部分国家采取了跨境电子数据的限制流动或限制披露措施，比如：以俄罗斯、澳大利亚为代表的刚性禁止流动模式，以欧盟、韩国为代表的柔性禁止流动模式，以印度、印度尼西亚为代表的本地备份流动模式等。[30] 我国不仅严格坚守网络空间主权的理念，更通过相关立法对数据主体的个人数据予以保护。《个人信息保护法》第 38 条、第 39 条对个人信息的跨境流动作出了明确限制性规定，主要包括：第一，择一性要件。对于确需向境外提供个人信息的，应当通过国家网信部门组织的安全评估、经专业机构认证、订立标准合同、按照我国缔结或参加的国际条约和协定等条件之一。第二，必要性要件。对于向境外提供个人信息的，应当向个人告知方式和程序等各类事项，并取得个人同意。[31] 2022 年 7 月国家互联网信息办公室发布的《数据出境安全评估办法》对跨境数据流动评估事项和方法予以明确。若从个人数据是否公开的角度出发，可将其分为公开数据和未公开数据，在直接取证模式之下，公开网站提取对应的是公开数据，而账号和后台登录提取对应的是未公开数据。

对于公开数据而言，虽然直接提取对其个人信息权的干预程度弱于未公开数据，但对其也并非可"一刀切"地采用直接取证模式。根据《个人信息保护法》第 27 条规定，个人信息处理者可以在合理范围内处理个人自行公开或已经合法公开的个人信息。依此规定，虽然对公开数据可采取直接取证模式，但若以当事人是否同意为区分标准，可将其分为数据主体自愿公开的数据和未经数据主体同意而公开的数据。对于数据主体自愿公开的数据而言，基于此类数据公开是建立在数据主体知情同意的基础上，故对此类数据直接获取并不必然侵犯个人信息权。需要注意的是，虽然此类数据是个人自愿公开，但数据主体仍然享有该数据的控制权。若用户在向其提供数据的网站和社交媒体平台上明确表示拒绝公开个人数据，则该平台仍应对其个人数据予以保护。对于未经数据主体同意而公开的数据而言，其主要通过政府公共网站、第三方网络平台自行发布。虽然此种公开方式因未经数据主体同意而带有侵犯个人信息自决权之嫌，但此类数据仍因"公开"而被公众搜索、查询和下载。以美国 Clear view AI 公

---

[30] 吴沈括：《数据跨境流动与数据主权研究》，载《新疆师范大学学报（哲学社会科学版）》2016 年第 5 期。

[31] 龙卫球著：《中华人民共和国个人信息保护法释义》，中国法制出版社 2021 年版，第 175—182 页。

司为例,虽然没有用户同意 Clear view AI 公司收集其个人图像,且 Google、You-Tube、Venmo 和 LinkedIn 等网站也发送请求禁止 Clear view AI 公司的抓取用户个人图像行为,但 Clear view AI 公司坚持认为其拥有访问公开信息的第一修正案权利,对 Facebook 和其他网站上公开发布的数十亿张个人图像予以抓取,并将其用于面部识别软件。[32]

对于未公开的数据而言,其可能承载着个人信息权、隐私权等重要权利。虽然对此类数据直接调取可能侵犯个人信息权,但若以数据所承载的内容进行区分,可将其分为内容数据和非内容数据。对于内容数据而言,其主要包括与个人相关的人身、财产、行踪轨迹等私密信息,与《个人信息保护法》第 28 条所规定的敏感个人信息类似,即通过此类数据可直接或间接地识别个人身份、了解个人行动轨迹等。对于非内容数据而言,其主要包括电子数据生成、存储、传递、修改时间、数据格式、版本等信息,[33]虽然非内容数据未经公开,但通过该数据并不能获取与个人相关的信息,故对其保护程度要弱于内容数据。

四、跨境电子数据直接取证模式之完善进路

随着网络信息技术的不断发展,网络空间的弱边界化为跨境网络犯罪提供了便利条件,在跨境网络犯罪场域,电子数据作为网络信息时代的"证据之王",[34]其对网络犯罪案件的侦破发挥着重要作用。通过对跨境电子数据的直接取证模式分析可以发现,其面临着国家主权和个人信息权的双重挑战,以下就结合跨境电子数据直接取证模式所面临的双重挑战,提出相应完善措施。

(一)明确跨境电子数据取证之执法管辖权的认定标准

传统的刑事执法管辖权理念是针对特定疆域的绝对控制,以明显的国家领土边界为界限。虽然网络空间并无明显边界,但其作为国家主权的自然延伸,应当包括传统基于领土的绝对权利。当前跨境电子数据取证的执法管辖权认定存在着"数据存储地"和"数据控制者"争议,在此争议之下,跨境电子数据取证的执法管辖权是以"属地管辖"还是"属人管辖"为认定标准仍值得商榷。为解决直接取证模式对国家主权的挑战,首先应对跨境电子数据取证之执法管辖权的认定标准予以明确。

---

32 Parks, Andrew M, *Unfair Collection: Reclaiming Control of Publicly Available Personal Information from Data Scrapers*. Michigan Law Review, Vol. 120, No. 5, March 2022, pp. 920 – 922.

33 刘品新著:《电子证据法》,中国人民大学出版社 2021 年版,第 6 页。

34 刘品新:《电子证据的基础理论》,载《国家检察官学院学报》2017 年第 1 期。

根据《刑法》第6条第1款、第7条第1款规定，凡在中国领域内犯罪的或中国公民在外国犯罪的，都适用本法。依此，我国对于刑事执法管辖权的确定以属地管辖、属人管辖为准。对于跨境电子数据取证之执法管辖权的认定而言，当前存在着"数据存储地"和"数据控制者"两种模式。所谓数据存储地模式，是以域外电子数据所在地为准确定执法管辖权，属于典型的属地管辖。比如：一个英国用户在谷歌网站上创建了一个电子邮件账户，他的数据存储于美国，当英国侦查机关试图调取相关数据时，他们可能会向谷歌公司请求该用户邮件登录的时间、地点、内容和与其往来的电子邮件地址等。此时，谷歌公司通常会以英国无管辖权为由拒绝提交相关数据。虽然数据存储地模式避免了他国侦查机关未经批准直接提取本国数据的不当做法，有利于保障一国主权，但也存在以下不足：第一，电子数据的分散性存储形态不利于电子数据存储地的认定，从而给跨境电子数据取证的执法管辖权认定带来困难。第二，以数据所在地确定执法管辖权，可能出现并行的属地管辖权争议，即存在是以网络服务器所在地还是以跨境电子数据实际所在地为主确定管辖的问题。数据控制者模式将跨境电子数据取证的执法管辖权认定转移至数据控制者处，摒弃了以"地域"认定执法管辖权之局限，属于典型的属人管辖。虽然数据控制者模式仅需确定网络服务提供商即可确定跨境电子数据取证的执法管辖权，解决了数据存储地认定难的困境，但此标准会导致跨境电子数据取证的执法管辖权不断扩张，而对他国主权带来挑战。比如：美国以数据控制者模式确立的"长臂管辖"，即任何在美国存在（或受其管辖）的实体都可以被命令提供其控制的任何数据，无论这些数据实际位于何处。[35] 为了解决上述困境，我国有学者主张，当前应赋予网络空间主权一定界限，对于在国内的个人应以属地管辖为原则，并在此基础上承认其他国家可根据"实际联系原则"对我国网络服务提供者行使域外管辖。[36] 需要注意的是，虽然此种做法能够实现我国数据跨境自由流动，避免我国在全球网络化时代下成为"数据孤岛"，但其与我国坚守的网络空间主权相悖，亦不符合网络数据主权理念。数据主权作为国家主权的重要组成部分，其执法管辖权的认定主要包括：第一，以网络、数据中心所在地为标准的属地管辖，即跨境电子数据取证主要针对本国网络、数据中心的数据所有权、控制和使用权。[37] 第二，以数据主体的国籍为标准的属人管辖，即跨境电子数据取

---

[35] Davis, Frederick T, *A U. S. Prosecutor's Access to Data Stored Abroad – Are There Limits*, International Lawyer, Vol. 49, No. 1, Summer 2015, p. 15.

[36] 吴琦：《网络空间中的司法管辖权冲突与解决方案》，载《西南政法大学学报》2021年第1期。

[37] 蔡翠红：《云时代数据主权概念及其运用前景》，载《现代国际关系》2013年第12期。

证主要针对本国公民，即使该公民在境外形成的数据也属于该国管辖。[38]虽然上述执法管辖权的认定有其合理之处，但若一味固守单一的属地管辖或属人管辖，将会出现"数据孤岛"或"长臂管辖"的吊诡现象。

因此，应当突破既往对跨境电子数据取证之执法管辖权认定的单一标准，以数据存储方式为基础，构建"属地+属人"的双重认定标准。首先，对于采取本地化方式存储的电子数据而言，基于电子数据存储在单个国家或地区中，其数据存储地较为明确，此时应以网络服务器所在地（属地管辖）为准确定执法管辖权。其次，对于采取共享方式存储的电子数据而言，基于电子数据分散存储于不同的国家和地区，其数据存储地并不明确，此时可以"属地管辖为主，属人管辖为辅"确定执法管辖权，具体包括三种情况：第一，若犯罪行为地或犯罪结果地为同一国家或地区，则应以该国家或地区作为电子数据的执法管辖地。第二，若犯罪行为和犯罪结果地不在同一国家或地区，基于损害补偿原则，应以犯罪结果地优先确定执法管辖权。第三，若存在多个损害国家或地区，则可以网络服务提供商（属人管辖）确定执法管辖权。

（二）厘清跨境电子数据直接取证模式的适用范围

目前，《电子数据取证规则》《电子数据收集提取规定》等规范性文件明确了网络远程勘验、网络在线提取等高效取证方式，虽然此类规范性文件为跨境电子数据直接取证提供了法律依据，但其仍面临着侵犯国家主权和个人信息权的风险。在实践中，我国侦查机关对于跨境电子数据的直接取证主要包括公开网站提取、账号登录提取和后台数据提取三种方式，其不仅要受国内电子数据取证规范的约束，更要与域外电子数据取证规范相衔接。为了规避跨境电子数据直接取证模式侵权的风险，应当对直接取证模式的适用范围合理规制。

对于公开发布的电子数据而言，根据《电子数据收集提取规定》第9条第2款、《电子数据取证规则》第23条规定，对于公开发布的电子数据可以通过网络在线提取。虽然此种规定方式明确了网络在线提取的法律效力，但从数据主体的个人信息权出发，公开发布的电子数据并不必然不包含个人隐私信息。根据我国《个人信息保护法》可知，当公开发布的数据中包含个人信息时，应当区分其属于敏感个人信息还是一般个人信息。若公开发布的数据中包含可用于识别自然人身份的信息，则对此类数据收集时不仅需要依照电子数据收集提取的相关规定，还应严格遵守《个人信息保护法》的相关要求。在美国，当第三方请求数据主体的数据信息时，网络服务提供商通常会通知数据主体以遵循其

---

[38] 杜雁芸：《大数据时代国家数据主权问题研究》，载《国际观察》2016年第3期。

主观意愿。以谷歌公司的"Google Apps for Business Online"协议为例，对于第三方访问私人信息的请求，谷歌公司将在法律和第三方请求条款允许的范围内：（1）立即通知客户收到第三方请求；（2）遵守客户关于其努力反对第三方请求的合理请求；（3）向客户提供客户响应第三方请求所需的信息或工具。客户应自行寻求获取响应第三方请求所需的信息，并且只有在无法合理获取此类信息时才能与谷歌公司联系。[39] 此外，虽然在线提取公开发布的域外电子数据并不必然侵犯他国主权，但若域外侦查机关意图提取我国公开发布的固定资产投资、国家财政、国家能源生产等数据，则应当对其加以限制。

对于未公开发布的电子数据而言，我国实践中对此类数据通常采取账号登录和后台登录两种提取方式。首先，若侦查机关采取账号登录的方式提取相关数据，则其通常以获取数据主体的账号、密码为前提。虽然数据主体主动提供账号、密码的行为，可视为其知情同意，但侦查机关在收集数据时仍需注意数据收集的范围，对其应当严格遵循必要性原则，避免超范围收集数据。其次，若侦查机关采取技术手段登录后台服务器提取相关数据，则其通常以事前审批为前提。虽然严格的审批手续可以限制此种取证方式，但从权益干预程度出发，根据2021年12月全国信息安全标准化技术委员会秘书处发布实施的《网络安全标准实践指南——网络数据分类分级指引》可知，按照对国家安全、公共利益或个人、组织合法权益造成的危害程度，可将数据分为一般数据、重要数据和核心数据三个级别。对于重要、核心的数据而言，若其遭受泄露、非法获取或非法利用，则可能危害国家安全。此外，基于未公开发布的电子数据可能比公开数据承载更多的个人隐私信息，且此种取证方式无须数据主体知情同意即可直接获取相关数据，故此种取证方式对国家主权和数据主体的个人信息权都存在较大威胁，而后台登录提取本质上属于侦查机关采取的技术侦查措施[40]，对其应严格限制在技术侦查措施所适用的案件范围之内。

因此，为有效应对跨境电子数据的直接取证模式对国家主权和个人信息权带来的挑战，应当以数据的公开状态为区分标准，结合实践中的具体取证方式，对其适用范围加以限制。具体而言，对于公开发布的数据，除国家财政、能源生产等数据信息，其他的非敏感信息均可采用直接取证模式。对于未公开发布的数据，账号登录提取应当限制在其需求范围内提取相关数据，而后台登录提取原则上仅限于《刑事诉讼法》规定的技术侦查措施所适用的案件范围。

---

39 Segall, Sasha, *Jurisdictional Challenges in the United States Government's Move to Cloud Computing Technology*, Fordham Intellectual Property, Media & Entertainment Law Journal, Vol. 23, No. 3, Autumn 2012, p. 1146.

40 参见《中华人民共和国刑事诉讼法》第150条。

(三) 界定跨境电子数据取证"告知—同意"原则的适用边界

为了解决跨境电子数据的直接取证模式对个人信息权的挑战，各国均通过相关立法对其加以规制。2016年4月欧洲议会投票通过的《一般数据保护条例》（GDPR）第7条明确规定，"在收集数据之前，要征得数据所有者同意"。[41]日本于2020年6月修改的《个人信息保护法》（PPIA）也对向国外第三方提供个人数据作出了新规定，根据修改后的日本《个人信息保护法》第24条规定，个人信息处理者向境外第三方提供个人数据的，应当事先取得数据所有人同意。[42]我国《个人信息保护法》第13条第1款明确将个人同意作为收集、处理个人信息的法定要件之一。

虽然在收集他人信息时提前告知并征得其同意有利于保障数据主体的数据自决权，但在社会交往中一概适用"告知—同意"原则也存在不足之处。以cookies为例，法国数据保护监督机构国家信息与自由委员会（CNIL）表示，关于cookies的小弹窗警告可能不构成必要的同意。虽然启动页面弹窗是确保获得同意的唯一办法，但如果这样做的话，可能将会导致15%—20%的流量消失。[43]依此，应当对跨境电子数据取证之"告知—同意"原则的适用边界予以界定。对于公开数据而言，基于此类数据已经在网站中公开发布，社会公众对其可自行查阅、下载，故对其并非需要严格适用"告知—同意"原则。需要注意的是，此处的非严格适用并非不适用，对于国家公开发布的固定资产投资、国家财政、国家能源生产等数据，应当对请求该数据的网络域名进行筛选，若其属于域外申请主体，则需要向我国主管机关提出申请，在获得批准后方能调取。对于非公开数据而言，基于此类数据并未公开，此时直接取证对数据主体的个人信息权干预程度可能要高于公开数据，故对其通常要严格遵循"告知—同意"原则。综上所述，实践中对于非公开数据通常采取账号登录、后台登录等提取方式。当侦查机关通过账号登录提取数据时，其通常需要获取数据主体的账号、密码，此时应当严格遵循"告知—同意"原则，若数据主体主动提供账号、密码，则可视为其知情同意。当侦查机关通过技术手段登录后台服务器提取数据时，其属于技术侦查措施。从技术侦查的性质来看，技术侦查本身就属于秘密侦查，无须事前通知。此外，基于技术侦查措施针对的是危害国家、社会安全或公共

---

[41] Paterson, Moira, & Maeve McDonagh, *Data Protection in an Era of Big Data: The Challenges Posed by Big Personal Data*, Monash University Law Review, Vol. 44, No. 1, 2018, pp. 1–31.

[42] 刘颖译：《日本个人信息保护法》，载《北外法学》2021年第2期。

[43] Sanders, Amy Kristin, *The GDPR One Year Later: Protecting Privacy or Preventing Access to Information*, Tulane Law Review, Vol. 93, No. 5, May 2019, p. 1238.

利益等重大案件，虽然事前审批行为并非等同于数据主体的知情同意，但在"权力—权利"之间形成张力时，私主体应当在不同位阶的权益冲突之间适当让步，此时侦查机关无须严格遵循"告知—同意"原则。对于需要适用"告知—同意"原则的数据而言，数据主体必须在合理范围内被告知调取信息的范围，且通知中应包含数据收集的方式和范围，以便于数据主体能够确定其个人信息权是否受到侵犯以及在多大程度上受到侵犯。[44]

因此，虽然多数国家明确将"告知—同意"原则作为个人数据收集的前提条件，但其并非可"一刀切"地适用。对于公开数据而言，除国家公开发布的国家财政、能源生产等数据外，其他公开数据的收集均可适当放宽对此原则的要求。对于未公开数据而言，应当强化"告知—同意"原则的制度刚性，但以技术手段登录后台服务器提取的除外。

结语

跨境电子数据取证是侦破跨境网络犯罪的重要环节。我国侦查机关在实践中将网络信息技术与侦查活动深度融合，提出了以网络在线提取、网络远程勘验为主的直接取证模式。虽然直接取证模式能够有效回应电子数据取证及时性的需求，但其对国家主权和个人信息权都带来了一定挑战。随着云计算的兴起和网络全球化的持续推进，跨境电子数据直接取证模式的全面推行是必然趋势。但改革并非一蹴而就的，当前首先应解决跨境电子数据取证之执法管辖权的认定标准问题，此为解决直接取证模式与国家主权冲突的必要前提。在此基础之上，还应当结合实践中具体取证方式，厘清直接取证模式的适用范围，界定"告知—同意"原则的适用边界。唯有如此，才能在满足跨境电子数据取证及时性要求的同时，解决跨境电子数据直接取证模式所面临的双重挑战。

---

[44] Osula, Anna‐Maria, & Mark Zoetekouw, *The Notification Requirement in Transborder Remote Search and Seizure: Domestic and International Law Perspectives*, Masaryk University Journal of Law and Technology, Vol. 11, No. 1, Summer 2017, pp. 103–128.

实务研究

"十四五"时期金融监管体制的改革路径

王桂玲　张永忠[*]

【内容提要】 金融监管体制是稳定金融、提高市场效率与应对各类金融风险的重要依托。面对金融业态更迭、数字革新等发展趋势，原有金融监管体制已露疲态，相关改革势在必行。然而，监管法律框架不健全、协调机制不完善、监管科技效能发挥不足、征信体系建设有待跟进等问题的存在使得我国金融监管体制改革进展较为缓慢。对此，立足"十个坚持"和"十四五"发展规划战略，可通过健全法律配套体系、完善金融监管协调机制、优化监管科技应用、加强征信体系构建等方式全面推动金融监管改革。

【关键词】 "十四五"规划　金融监管体制　监管科技　金融监管立法　征信体系

改革开放至今 40 余年来，中国经济飞速发展。一系列针对市场经济的对外开放政策的落实使得中国金融行业产生巨大变化，从以传统信贷为主导的单一业态过渡到覆盖货币市场、资本管理、支付清算等多种业务的多元金融业态[1]。金融业态多元化背后伴随着各种金融功能的转型升级。这一过程中，金融风险由最初的单一金融机构引发风险转变为机构与市场风险并存。与此同时，我国金融监管体制同样也历经重要变革，从计划经济时期"大一统"模式转变为

---

[*] 王桂玲——广东司法警官职业学院副教授，主要研究领域：国际经济法、经济法；张永忠——华南师范大学法学院院长、教授，主要研究领域：经济法。本文是国家社会科学基金重大研究专项项目"社会主义核心价值观融入网络治理法治化研究"（19VHJ005）子课题"社会主义核心价值观融入网络治理法治化的交融机制研究"阶段性成果。

[1] 鲁篱、田野：《金融监管框架的国际范本与中国选择——一个解构主义分析》，载《社会科学研究》2019 年第 1 期。

"分业监管"模式[2]。

作为现代经济的核心,金融是商品经济高度发展的产物。有效的金融监管体制是降低金融风险、维稳金融秩序的前提基础[3]。无论是1997年爆发的亚洲金融危机,抑或是2008年的全球金融危机,均揭示着金融监管体制存在的重要性。然而,伴随近年来金融业态的不断创新及商业模式的变革浪潮,分业监管体制弊端逐渐暴露。针对于此,我国于2017年第五次全国性金融工作会议中宣布,设立国务院金融稳定发展委员会(以下简称金融委),主要目的是补齐监管短板,实现金融协调监管。自从金融委被设立以来,各项会议与报告中频繁提及金融监管与改革(见表1)。"十四五"规划时期,中国金融领域全面开放加速。在金融科技发展实践的冲击下,如何顺应金融科技技术性特征与国际化动态趋势,摸索出适合中国的金融监管模式已成为我国近年来关注重点。本文通过梳理中国金融监管体制变革脉络,进一步阐明深层次改革的必要性与改革困境,结合国际经验与思考,尝试提出金融监管改革的可行性建议,进一步加速推动我国"十四五"时期金融监管改革的脚步。

表1 金融委重点会议及主要内容

时间	会议	内容
2018年9月	金融委第三次会议	加强金融风险防范、推动金融领域改革开放、加强金融消费者权益保护
2019年7月	金融委第六次会议	推动金融改革稳定发展、妥善治理与防范金融风险、完善金融体系内在功能
2020年5月	金融委第二十八次会议	对中小型银行进行深化改革、处置资本市场造假行为、保障金融消费者权益
2020年7月	金融委第三十六次会议	增强对资本市场监管投入力度、发现现存金融监管制度短板、赋能证监会、严厉打击资本市场乱象
2021年4月	金融委第五十次会议	加强金融监管力度、提质增效、健全治理、规范金融机构经营行为、完善法治、提升金融市场活力
2021年5月	金融委第五十一次会议	强化金融风险防范、不断深化金融领域改革开放
2021年7月	金融委第五十三次会议	优化现代金融监管体系、深化金融机构改革、完善金融组织框架、提升金融基础设施建设等

---

[2] 崔鸿雁:《建国以来我国金融监管制度思想演进研究》,复旦大学2012年博士学位论文,第156页。
[3] 王志成、徐权、赵文发:《对中国金融监管体制改革的几点思考》,载《国际金融研究》2016年第7期。

一、金融监管体制相关概述

(一)金融监管体制的内涵及主要类型

宏观而言,金融监管体制主要是指监管当局为有效监管金融机构、金融市场及金融业务所建立的一整套机制与组织机构。进一步拆解分析,金融监管体制主要构成要素大体覆盖五个方面:一是确定监管基本政策与管理规范;二是设立相应的监管机构;三是划分匹配监管职能;四是监管权力行使方式;五是选择监管方式与方法。在一国经济发展过程中,金融业不仅可以通过积累与筹集金融资本实现规模经济效益,还能提高资源使用效率。但这种效益的发挥前提是金融业必须处于一个相对合理的监管体制之下。当金融市场因寡头垄断、规模不经济等外部性问题失灵后,金融监管体制需要快速采取行动进行纠正。另外,金融机构安全与否必然会引起金融消费者与公众重视,而有效的金融监管体制将会提高这些人对我国金融市场的信心。从这一角度看,金融监管体制也可视为一种公共物品。

金融监管体制的形成受政治、社会环境、经济制度等多种因素影响,各国因国情不同,形成的金融监管体制也有所差异。依据监管机构的组织体系进行划分,目前国际上比较常见的金融监管体制可分为统合监管体制、分业监管体制和不完全集中监管体制。其中,统合监管体制指的是一国仅设有一个统一金融监管机构,由其负责对金融市场、机构及业务的全面监管。韩国、日本是这一模式的典型代表。分业监管体制的主要特点是金融业由多个金融监管机构共同承担监管职责,按照业务具体属性分配各自监管领域,如中央银行会负责银行领域业务监管,保险领域业务则由保险监督管理委员会负责监督。中国、美国目前实行的均是这种监管体制。值得一提的是,分业监管体制又可进一步划分为机构性监管与功能性监管。相较于前者,后者会根据金融体系的不同功能进行职责调整,更加适合于混业经营模式。以国外监管体制为例,美国采用机构性监管,银行业业务全部由银行监管部门负责,但在功能性监管模式下,银行业负责的证券业务则由美国证券交易委员会进行监管。不完全集中监管体制则可视作统合监管和分业监管的一种结合,常见类型有两种。一种是"牵头式"监管,即在原有构建的负责分业监管的机构基础上再设立牵头监管机构,主要负责不同机构间的监管协同问题,巴西是使用这种监管体制的典型代表。另一种是"双峰式"监管,即围绕监管目标设立两头监管机构,分别负责系统性金融风险控制与合规性管理,典型代表是澳大利亚与荷兰。

(二) 我国金融监管体制的发展历程

一是计划经济时期 (1949—1978年)。这一时期，我国金融监管体制发展经历了从无到有的过程。中华人民共和国成立之初，我国金融领域受马克思主义与《资本论》影响，从货币金融理论出发，国家银行利用垄断性质掌控资本，负责国家信贷管理。伴随着1950年《中央人民政府中国人民银行试行条例》颁发，我国将中国人民银行总行正式设立为稽核机构，主要负责金融业监管。这一时期，我国实施了高度集中的计划经济体制，社会经济资源配置方式与运转模式靠计划实行，金融业在经济计划部门还尚未发挥重要作用。整体而言，金融市场环境单一，行业内结构简单，机构数量也相对较少。中国银行作为国家机关身兼数个金融领域监管职责，身兼商业银行、政策性银行、中央银行多种角色管理职能，并在全国层面逐级设立分支监管机构。各子银行只需按照总行指令执行即可。从这一角度看，此阶段我国金融监管体制结构极为简单，中国人民银行为主要负责方，其监管主要思路更偏重于内部监管工作。彼时受我国"大一统"金融体制的限制，真正的金融监管职能尚未得到发挥。

二是金融监管制度探索期 (1978—1992年)。改革开放以来，我国金融业迎来巨变。新设立的中国人民保险公司与国际信托投资公司使得此前"大一统"的央行经营管理体制力有不逮，金融监管体制开始进入探索阶段。在此期间，我国相继设立银行司、条法司、保险司、外资金融机构管理司，分别对不同金融行业进行监管。与此同时，中国人民银行也开始着手完善金融机构，并负责对金融机构准入与撤出进行审批。彼时金融监管的主要措施是通过报告、年检、评审等方式进行，并结合现场检查与非现场检查制度共同展开。我国金融监管体制也在实践中逐渐成形。

三是金融监管制度发展阶段 (1992—2012年)。在此期间，我国金融领域不断深化改革，颁发了一系列金融领域法律法规，初步建立起中国特有的社会主义市场化金融体系法律框架。伴随着《中国人民银行法》《商业银行法》等法律颁布，我国在法律层面上明确实行分业经营模式，进一步确定了人民银行与商业银行的职能范围、责任划分与业务界定。并且中国人民银行取消省级地方分行，按照经济区设立银行分支机构，指导并规范总行、分行、中心支行等机构在金融监管体制中的职权范围，构建多层次的金融监管体系。1992年、1998年、2003年国家相继成立证券监督管理委员会、保险监督管理委员会、银行监督管理委员会，分担原属中国人民银行集中式的监管职能，这三个监管机构分别对我国保险行业、证券行业、银行业展开监管，形成了初始分业监管的金融监管体制框架。也正是在这一时期,我国正式确立"一行三会"为监管主体的分业监管格局。

四是金融监管完善阶段(2012年至今)。这一时期我国已显露出混业经营趋势,金融行业内相继出现金融业务创新现象。交叉形式的金融业务或产品不断出现,而传统分业监管体系的协调合作机制尚未发挥效果,使得监管过程中部分渠道业务、平台合作等领域成为监管盲区。针对于此,第十八次全国人民代表大会提出"金融监管改革,促进金融创新,维护金融稳定"的发展路径。党的十八届三中全会进一步提出要进行全面深化改革的总体战略,针对我国金融领域改革方向明确指出"落实金融监管改革措施和稳健标准,完善协调监管机制"。鉴于现有统筹协调机制不完善等弊端,经国务院同意并批复,我国设立了金融监管协调部际联席会议制度,由中国人民银行牵头并全权负责。2017年,在第五次金融工作会议上,习近平总书记进一步指明"深化协调金融监管,完善金融监管体系"的战略方针,并在会议上指出设立国务院金融稳定发展委员会以维稳金融发展。设立这一机构强化了我国金融协调监管能力,旨在补齐国内金融监管过程中存在的短板。2018年,我国对金融机构进行了新一轮改革,银监会与保监会合并成银保监会。自此,"一委一行两会"的金融监管格局正式形成。值得一提的是,尽管新一轮的改革取得了一定成效,但分业监管格局并未产生实质性变化。面对日益复杂的国际金融形势以及新兴的数字金融,金融监管体制的新一轮改革依旧任重道远。

二、我国金融监管体制改革的必要性

(一)业态更迭:混业经营趋势成为根本动因

金融监管体制的完善很大程度上取决于金融业态的发展情况。市场经济发展初期,金融业开放度不高,金融机构内部缺乏有效治理手段。国家为充分降低系统性金融风险,开始对金融业务范围进行人为划分。这种划分方式虽然在一定时期内提高了金融监管的有序性,但随着金融体系运行渐趋成熟,业务较为单一的金融机构产品与服务产生了极大变化。金融机构逐渐开始自主进行多元化、综合化的服务内容探索,银行、证券、保险业等金融业务的边界越发模糊。商业银行、保险公司、信托公司等金融机构开始主动合作,中国五大行对保险、证券、基金等各类牌照发行进行全面布局。种种迹象表明,我国金融体系已进入混业经营时代。混业经营背景下,此前以"点对点"形式开展的分业监管已无法匹配混业经营的金融发展趋势。诺贝尔经济学得主莫顿·米勒指出,分业经营会削弱银行多元化服务能力，同时也不利于消费者利益最大化。[4]而从我国近年来的实践来看，分业监管模式已经显现出诸多弊端。一方面，金融产品与服务缺乏统一规制。很多金融产品的功能一致，但其身处的监管框架却存在差异。以资产管理业务为例，信托公司的信托预案与证券商等金融机构的资产管理策略的本质均为"代人理财"，但面对的监管标准却存在差别。如通道类业务，信托公司需额外收取1%~3%的风险管理资金，证券商却只需要支付万分之几的风险管理资金，而基金公司则不存在缴纳或扣除资本的要求。另一方面，市场分割严重，影响资源配置效率。例如，国际市场中，公司信用债券的公募发行一般由政府直接注册审核。我国公募发行管理任务则由多个部门共同掌握，且监管标准规则并不统一，直接降低了发行效率。事实上，从规模经济发展的需求来看，混业经营模式是金融系统不断发展的必经之路。尤其是在金融领域创新的层出不穷的环境中，金融机构的信息化、综合化经营程度持续加深，有能力、有条件为经营企业提供全方位支撑。由此，可以说混业经营是技术进步与经济全球化发展助推金融机构提高服务质量的必然结果。这一趋势本身体现着金融效率的提升，未来的关键是相关监管体制框架设计与人才建设是否能跟上金融体系的发展步伐。

（二）金融革新：数字金融产生新的金融风险

金融业的跃迁式发展来源于金融创新。在数字技术背景下，区块链、云计算、大数据等数字技术日趋成熟，正持续颠覆着传统金融领域的经营方式。在经济利益驱动下，各种跨市场金融创新产品不断涌现。然而，这种金融创新的背后伴随着一系列全新金融风险，兹需监管体制及时跟进。一方面，投资者综合投资理财账户的管理制度、第三方支付手段与结算方式变革，很大程度上改变了原有金融业态。加上数字化信息传播速度快的特点，数字金融行为已突破地域、行业边界，使得风险在系统内传播范围更广、速度更快。在这种形势下，金融业务的行为主体变得模糊，尤其是区块链、AI等技术在金融领域的应用，使得传统金融监管体制不再适用。以数字支付为例，截至2022年12月，我国网民规模达11.67亿，较2021年12月增长3549万。[5]面对如此庞大的数字支付群体，传统金融监管方式面临的问题已经发生变化，如防范假币的重要性有所下降，而如何防止黑客入侵则成为新的监管方向。另一方面，在各种金融科技

---

[4] ［美］莫顿·米勒：《金融创新与市场的波动性》，王中华、杨林译，首都经济贸易大学出版社2002年版，第301页。

[5] 数据源于2023年中国互联网络信息中心（CNNIC）发布的第51次《中国互联网络发展状况统计报告》。

的加持下，各行业间内在关联性更强，特别是在资管领域，业务模式渐趋多样化，金融产品出现多层嵌套情况，加大了有效监管的难度。原有的静态监管已不足以控制风险与维护金融系统稳定运行。在此情形下，《中共中央关于制定国民经济和社会发展第十四个五年规划和二〇三五年远景目标的建议》（以下简称《建议》）正式提出要建立金融安全、金融创新、绿色金融、现代财税金融体系。

（三）体制难题：监管内容与分工不合理

如果说业态更迭与金融革新是推动金融监管体制改革的外部原因，那么监管体制本身存在的弊端便是金融监管体制改革的内生动力。（1）从监管内容方面来看，现有监管体制将监管重点放在金融业务与活动的合规合法运行之上，将金融机构市场准入管理作为主要监管内容。但这样做的实际效果是缺乏对经营过程中风险的控制与预防，对于消费者权益保护尚具有一定不足之处。就银行业而言，银保监会公布的2022年第一季度消费投诉情况显示，仅前三个月监管部门收到并转送的银行消费机构投诉案件便高达75936件。涉及情况包括产品信息不透明、个贷资金被挪用、理财业务售后不到位等多个维度。（2）从权利配置角度看，我国央行监管地位需要进一步提升。21世纪早期，国际金融领域掀起"去央行化"浪潮，我国也专门成立银监会负责原属于央行的审慎监管职能。过去，央行在金融监管方面只承担最终贷款人职责，并不具备具体的监管权限。然而，近几年的金融市场表明，伴随着金融体系总体流动性风险比重的增加，央行有必要也必须承担起相应的监管职责，特别是要发挥系统性金融风险防范功能。（3）从金融资源利用效率上看，现有分业监管体制割裂了金融基础设施。统一的信息数据收集与管理平台不单是金融基础设施的重要元素，还是金融监管部门实施有效、精确、智慧监管的首要条件。但在分业监管模式下，监管机构之间各自为政，彼此间信息分散且缺乏数据共享，进而形成信息孤岛，严重阻碍监管信息的完整性与可获得性。（4）从金融监管法治化水平上看，现有金融监管法律制度存在补足的空间。我国金融监管制度大多表现为部门规章、规范性文件的政策性制度，较少表现为法律、法规的正式性立法文件。此外，分业监管与分业立法也造成金融执法实践中同一金融监管术语在不同监管机构出台的规范性文件中存有不同内涵与范畴的问题。

三、我国金融监管体制改革面临的困境

（一）监管依据：金融监管法律框架不健全

1.监管立法存在滞后性。考察金融监管现有法律后发现，当前我国在宏观

层面制定了《金融监管法》，在微观层面制定了《反垄断法》《反不正当竞争法》《反洗钱法》等法律，打下了金融监管的基础框架。然而，鉴于金融在经济发展中所扮演的重要角色，金融市场的发展具备高度创新性和活跃性，使得金融监管法律制定方面存在滞后性[6]。金融法律虽肩负实现效率和秩序价值功能，但面对日新月异的金融市场变化仍暴露出一定的滞后问题。以数字金融监管为例，近年来我国数字金融虽实现快速发展，但与之相匹配的消费者权益保护法却并未及时跟进[7]。尽管我国于2020年9月通过《中国人民银行金融消费者权益保护实施办法》，但由于缺少针对新型数字金融安全的相关条例，目前网络上仍有售卖个人信息的现象。如北京信和汇诚信用管理、北京国石天韵征信等四家民营征信公司，被曝存在严重售卖个人信息行为，于2020年11月被央行正式注销。[8]

2. 现行法律法规可操作性有待提升。面对涌现的各类新型金融工具和业务，多数监管机构会根据自身职责出台相关规章制度。就具体执行情况来看，这些法律法规立法层次较低，权威性稍显不足，难以快速厘清监管重点问题[9]。并且，部分法律描述过于笼统，缺少规范细则、量化标准、处罚措施等关键事项，无法应用到具体案件之中。例如，《证券法》中虽然规定了信息披露的流程和内容，但却没有向公众披露细则说明。再以金融控股公司监管为例，早在2004年我国颁布的《三大监管机构金融监管分工合作备忘录》中就已确定了金融控股公司的主要监管制度，但并未提及具体监管原则和权责划分以及作出详细说明，客观上造成了对金融控股公司监管的空白地带。2020年9月，中国人民银行颁布《金融控股公司监督管理试行办法》，并针对此问题进行纠正。对于本身就存在立法滞后问题、仅依靠少量地方法规约束的新型金融消费领域而言，在具体监管与执法过程中缺乏具备可操作性法律作支撑。这也使得"服务费""会员费"以及"砍头费"等新型金融业务违规问题在法律层面难以被认定。

3. 监管立法存在明显分业特征。我国现行金融监管体系与金融监管法律体系是依据银行业、证券业、保险业等分别进行设置的。然而，应对金融业深度

---

[6] 梁琪、常姝雅：《我国金融混业经营与系统性金融风险——基于高维风险关联网络的研究》，载《财贸经济》2020年第11期。

[7] 吴云、史岩：《监管割据与审慎不足：中国金融监管体制的问题与改革》，载《经济问题》2016年第5期。

[8] 中国人民银行营业管理部发布注销信和汇诚信用管理（北京）有限公司等四家企业征信业务经营备案的公告，载http://beijing.pbc.gov.cn/beijing/132024/4126345/index.html，最后访问于2022年7月30日。

[9] 黄辉：《中国金融监管体制改革的逻辑与路径：国际经验与本土选择》，载《法学家》2019年第3期。

融合、防范系统性金融风险的相关内容难以在分业法律体系中找寻对应位置。具体而言，兼顾宏观与微观的金融监管体系改革成果无法在现行金融监管法律中找到合适位置。

（二）监管执行：金融监管协调机制不完善

具体表现为同级部门间的横向协调存在障碍。第一，中央部门之间的协调问题。突出表现为各部门之间缺乏常态化的制度安排。例如，从机构设置的主要功能来看，央行的关注点主要集中在宏观审慎，而银保监会的主要职责则是微观审慎[10]。但就实际情况来看，宏观审慎与微观审慎往往相伴相生、不可割裂。现阶段，我国解决这一问题的主要思路是交叉性人事安排，但如何厘清两个部门之间的边界和关系更需要一种常态化支撑。第二，地方政府之间的监管协调问题。以互联网金融为例，部分金融机构注册地与运营地并不相同，资金与资产来源存在差异，出现跨地域监管困境。在这种情形下，受限于管辖半径，各地监管部门极易出现事前把控不严、事后相互推脱的问题。

（三）监管手段：监管科技效能发挥不足

1. 数字金融发展与监管科技应用不匹配。"十四五"时期，我国互联网技术已基本普及，互联网金融信息服务、互联网投融资等数字金融兴起。在此背景下，"科技"+"监管"这种金融监管制度逐渐展现出其合理性与优越之处。但由于我国金融监管改革起步较晚，在金融科技监管应用上仍面临诸多局限性，不利于金融监管科技发挥应有效能[11]。另外，当前我国金融监管科技发展尚未形成统一的管理办法，加之缺乏监管科技发展与应用的总体规划，各部门、各地区相继开发监管科技体系存在各自为战现象[12]。如北京在2019年12月施行"沙盒监管"试点；上海依据《上海国际金融中心建设"十四五"规划》开展资本市场金融科技创新监管试点；杭州金融科技创新监管试点引入4个创新应用，向客户正式提供服务。缺乏有效的统一运行规范将导致监管科技在金融风险防范、消费者权益保护领域中无法发挥真正作用。尤其是不同的金融机构在数据搜集、整理、分析和创新应用上使用不同的标准，容易形成数据垄断和"数据孤岛"现象，导致监管重复。因此要深度开展监管科技，必须先制定统一

---

10 吴曼华、田秀娟：《中国地方金融监管的现实困境、深层原因与政策建议》，载《现代经济探讨》2020年第10期。

11 黎四奇、李牧翰：《金融科技监管的反思与前瞻——以"沙盒监管"为例》，载《甘肃社会科学》2021年第3期。

12 吴晓求：《"十四五"时期中国金融改革发展监管研究》，载《管理世界》2020年第7期。

标准，缺少完整技术规范与执行标准，不利于金融市场进入与退出执行规范化。

2. "跨界"数字金融活动引致监管资源错配。"十四五"期间，我国金融科技发展迅速，金融业务与科技加速结合。新业务与新技术相继涌现，将导致新型金融风险持续增长。诸如区块链金融、大数据金融这些新金融业务模式已经介入不同层次的金融运营中。新业务的多样性、复合型、覆盖广等特征将进一步导致金融安全风险缺口扩大，可能威胁用户利益，甚至对金融企业造成损失。同时，部分新产生的金融交易活动很有可能脱离中央清算机制，并通过新支付清算平台进行交易。金融活动"跨界"主要体现在以下几方面：金融科技横跨金融与技术两个领域；金融科技产生出新的金融业务模式将跨越多个金融子部门；特定金融科技应用的监管可能涉及多个部门甚至多个层级的监管主体。在此背景下，"金融"与"非金融"业务之间的界限变得模糊，传统金融监管体系应对这些新金融业务也存在监管困难，可能导致监管空白或是监管套利现象。

（四）监管环境：征信体系建设有待跟进

1. 征信数据标准不统一。对于金融监管体制而言，完善的征信体系是其保障金融市场稳定发展的"防火墙"。在数字金融发展之前，我国征信数据的主要收集主体是中国人民银行。伴随数字经济的快速发展，诸如蚂蚁金融等大型互联网平台逐渐开展金融业务，成为征信数据搜集的又一重要组成部分。鉴于二者目标和技术手段的不同，互联网平台所实施的数据采集标准与银行所用的信用信息数据标准存在差异。并且，受限于商业机密保护等客观因素，各平台之间关于客户信用数据的收集、审查标准并不一致。征信数据标准的这种差异使得大平台之间存在严重的信息孤岛问题，跨平台违约现象频发[13]。针对于此，2015年中央银行出台《关于做好个人征信业务准备工作的通知》，旨在融合社会相关机构，建立覆盖整个行业的金融信息共享平台。2018年，中国人民银行联手腾讯征信有限公司等8家金融机构成立百行征信有限公司。但就其具体开展情况来看，各公司数据难以做到完全共享，效率不高等问题逐渐呈现，这次"信联"的建立距全行业标准化的征信数据采集系统的形成尚有一段距离。

2. 征信机构与征信信息提供者责任分配界定尚不明确。一方面，市场化征信机构业务审核存在困难。根据《征信业务管理办法》第9条规定，征信机构

---

[13] 黎四奇、李牧翰：《金融科技监管的反思与前瞻——以"沙盒监管"为例》，载《甘肃社会科学》2021年第3期。

录入征信信息时，应对信息提供者的信息来源、质量、安全、主体授权等方面进行审核，确保信用信息的合法性和可靠性。然而，不同于行政机关，很多市场化金融机构没有资质和能力对其他企业或机构展开审查。另外，市场化金融机构征信信息的可靠度很大程度上取决于信息提供者的配合程度，如果提供者刻意隐瞒，大部分征信市场内的机构无法对其合规性与合法性进行判断。另一方面，信息提供者的碎片化数据界限不明。部分征信机构指出，在向政府征信机构报送数据时，一些比较成体系的个人信贷、支付行为等数据可以按照《征信业务管理办法》的要求准确提供，但涉及一些碎片化的报送则存在难点，如指定情景的反欺诈信息，这些数据常常涉及个人隐私问题，如何在报送的同时保护好消费者的知情权和隐私权成为难点。而部分碎片化数据本身就存在很大的主观性，并不能完全达到精准、稳定和可持续性要求。

四、国外金融监管体制改革经验

（一）国际经验考察

1. 美国。在 2008 年以前，美国的金融监管体制为经典的机构监管，美联储、联邦存款保险公司以及证券监管委员会等多个监管机构对银行、证券、保险等金融领域不同行业分别进行监管，构建出典型的"双层多头"式伞型金融监管体系。然而在具体执行过程中，监管体系忽略了金融与实体经济的关联，而央行出具的货币政策又过度关注宏观经济和通胀问题，没有充分考虑金融体系的整体稳定和价格泡沫。在双重因素作用下，美国金融监管体制逐渐失灵，成为 2008 年金融危机爆发的关键原因之一。金融危机助推美国进行自 1929 年"大萧条"以来最大一轮金融监管体制改革，监管力度亦逐渐加强。2008 年奥巴马政府相继出台《多德—弗兰克华尔街改革和消费者保护法案》《金融监管改革方案》，将系统性金融风险处置作为重点对象，推动建立跨行业的监管协调机制，弥补当时美国监管空白，规范金融市场，强化银行的风险控制能力。一方面，搭建"伞+双峰"监管体制。通过相继设立金融审慎监管局与商业行为监管局，美国重构了原有监管体制框架。在新的框架中，美联储成为美国金融监管框架的"伞骨"，承担着稳定市场的监管角色，预估并防范系统性金融风险，维稳金融市场运行；金融审慎监管局负责审慎监管，统一对政府担保的银行业进行日常运作事项监管；商业行为监管局则承担着行为监管职责，负责制定实施行业准则。另一方面，提升对消费者金融权益的保护力度。2010 年，美国设立了消费者金融保护局（Consumer Financial Protection Bureau，CFPB），目的是梳理与整合分散在各部门中金融消费者权益保护相关监管职能，充分保障金融消费者权益免受侵害。由于 CFPB 具备独立行为监管职能，能够有效监管机构的套利行为，进而保障金融消费者权益。

2. 英国。2008 年金融危机爆发之前，英国实施的金融监管模式为统合监管。根据《2000 年金融服务市场法》，英国把九大金融机构合并为金融服务管理局（Financial Services Authority，FSA），由其负责所有金融业的监管，而英格兰银行则更侧重于实现货币政策目标。金融危机爆发后，英国政府提出彻底性的系统性改革。一方面，确立"超级央行"地位。1997—2008 年，英国监管方式一直采取的是"三驾马车"模式，由英格兰银行、FSA 和财政部三个部门共同承担金融体系稳定的职责。随着这一模式在金融危机中的严重失灵，英国政府迅速颁布了《2009 年银行法》，正式明确英格兰银行在金融稳定发展中的核心地位。自此，英格兰银行集货币政策、金融稳定、市场运行职责于一身，成为真正的"超级央行"。另一方面，构建双峰监管架构。2012 年，英国政府将金融服务管理局划分为审慎监管局与行为监管局（Financial Conduct Authority，FCA），彼时英国正式形成了"英格兰银行+金融政策委员会+审慎监管局+行为监管局"的"准双峰"金融监管模式。英格兰银行作为英国央行，旗下设有金融政策委员会与审慎监管局分别负责宏观审慎监管与微观审慎监管工作。前者主要负责预估与应对系统性金融风险、维稳金融市场正常运行；后者则负责对金融机构进行日常监管，避免金融机构出现不必要的经营风险。英国的金融监管改革突破了以往审慎监管与行为监管混淆的桎梏，将金融消费者权益保护职责从审慎监管机构中剥离出来，并将其交由独立的 FCA 负责；与此同时给予英格兰银行以宏观审慎监管者的主体地位，搭建起职权明确、协同监管的监管模式。

3. 欧盟。欧盟大部分成员国采用的是双层监管体制。这种监管模式在本质上还是分业监管，但中央与地方各有一套完整的监管架构。两个层级监管侧重点各不相同，中央层级具有更高权威并对地方提供指导。2010 年《泛欧金融监管改革法案》颁布，明确欧盟金融监管框架。欧洲央行设立了系统性风险委员会（European Systemic Risk Board，ESRB），负责宏观审慎管理，助推欧盟各成员国间金融系统统筹协调。随后，欧盟设立了单一监管机制和单一处置机制，对欧盟范围内银行业与追责系统进行统一监管，明确央行监管职能。双层监管体制对机构间和两个层级间的协同程度要求较高，倒逼两个层级频繁互动。首先，ESRB 成员涵盖了欧盟各成员国各自的央行与监管机构，形成内部统一协调平台。其次，ESRB 可针对某项风险向成员国传递警告和建议并进行追责，若该成员国不接受建议并采取行动，必须解释原因。同时 ESRB 还要求各成员国以立法形式明确宏观审慎管理机构，对其宏观审慎政策进行必要引导及建议。最后，欧盟成员国借助设立跨国金融稳定小组的方式以及构建跨国合作机制等方式，持续加强跨国金融危机管理能力与危机应对效率。可见，在双层监管体制下，上下两个层级完整且独立，且拥有统一监管标准。欧盟负责对系统性风险进行宏观监管，各成员国则负责本国金融机构监管与宏观审慎管理。并且，欧盟与成员国、各成员国之间有着制度化沟通协调平台，避免欧盟各成员国间的监管机构出现监管重叠与监管资源浪费。欧盟双层监管体制通过欧洲央行一系列监管机制设定，保障欧盟成员国间金融监管实施效果。

（二）对我国的启示

金融监管体制存在的根本意义在于维护金融稳定性，提高资源配置效率。一国经济发展变化、政治环境变动均会影响到原有金融监管体制的有效性。从这一角度看，金融监管体制的变革理应是一个持续动态过程。然而就实际情况而言，各国金融监管体系往往具备较强的制度惯性。这一现象突出表现在各国自主推动的改革并不多见，常常是受到强烈外部冲击不得不做出变革。至于变革方式是突变式还是渐变式，变革程度是颠覆式还是调整式，则取决于市场需求。2008年金融危机过后，英、美等国家金融监管体制留存的监管套利、监管真空、宏观审慎效能不足等问题逐渐暴露。各国开始依据自身国情对金融监管体制摸索，并形成各具特色的实践经验。对比上述国家金融监管改革实践不难发现，虽然金融监管体制有所差异，但具体方式与服务内容却有一定相似之处，对我国现有金融监管体制改革具有一定参考价值。第一，宏观审慎监管成为监管重点。美国将金融体系稳定性作为新的监管目标，并特别强调加强流动性监管。英国赋权英格兰银行以宏观审慎监管职能，同时通过颁布一系列政策工具保障金融业稳定运行。欧盟专设系统性风险委员会，以预估系统性金融风险。第二，分层次进行监管。英、美两国通过一系列改革，其监管体制模式均向"双峰"形式过渡。即按照监管目标，重点设置两类机构，分别负责系统性金融风险控制与合规性管理。欧盟绝大多数国家虽然采用的是分业监管模式，但中央和地方各有一套完整的监管架构，各自负责监管领域侧重有所不同。第三，强调监管协调沟通。如欧盟ESRB本身就是一个协调平台，各成员国央行与监管机构能够在平台上快速交流、共享信息。英国则围绕各金融监管机构之间的关系专门建立了一套监管协调机制，确保监管目标的精准达成。

五、推动我国金融监管改革的政策建议

（一）健全监管法律配套体系

1. 加速金融监管立法进程。一是加速完善现有金融监管法律进程。我国应

在确保立法质量的前提下，加速完善《中国人民银行法》《商业银行法》《反洗钱法》等法律的修订，并充分借鉴国外先进金融监管体制改革实践成果与丰富经验，为我国金融监管体制改革夯实基础。二是优化过罚相当监管手段。我国应进一步完善与违法行为性质相匹配的监管措施，根据违规行为对社会、公共利益以及特定利益的损害程度等，明确适当的处罚种类、幅度以及实施效果，借此有效降低违法事件发生。

2. 完善金融监管法律操作方式。一是针对现行金融监管体制，我国应扩大监管法律制度的覆盖范围，将监管行为并入金融机构的市场准入标准、机构运行、金融机构市场退出等方面，避免因金融监管法律覆盖面窄导致金融产品过度脱离实体而引发的问题。二是深化信息披露制度。根据现有市场约束与政府监管力度，给消费者提供一个真实、透明、合规的金融消费环境，保障金融消费者权益。三是注重监管表外业务，促进监管机构在得到金融机构相关信息时以及金融机构向公众披露信息时的实效性与可操作性，切实提升监管投入力度。四是加强金融机构对自身行为的审核机制，避免因内控机制不完备而产生不必要的金融风险，避免新型互联网金融违规业务泛滥。

3. 制定金融业统一监督管理法。具体而言，要实现金融监管体制改革，首先需要做的就是明确国内金融行业混业监管模式。我国监管机构应遵循"监管先行"原则，按照实际情况统一监管机构在立法层面的法律地位。因此，我国有必要构建一套标准统一的金融业管理与监管办法，对监管基本原则、宗旨、监管模式、监管机构职权细分以及监管内容给出明确指导，从而实现对银行、证券、保险、信托等金融混业经营现状进行统一监管。这有助于减少"十四五"期间因金融活动与业务交叉、混合发展而形成的监管盲区。

(二) 完善金融监管协调机制

1. 明确央行协调监管核心地位。这一点上欧盟的双层监管体制中有些成熟经验及做法值得我国借鉴。以中央金融委员会办公室设立的地方办公室协调机制为出发点，构建双层监管体制。首先，中央金融委员会（以下简称金融委）应加速落实一套中央与地方之间的协调机制，并在实践中不断改善决策、执行、问责等配套系统。其次，优化网状协调体系，明晰金融部门之间、中央与地方之间的沟通机制。建立中央归口指导部门，保障机构间、中央与地方间沟通顺畅。最后，在法律形式上明确金融机构间的责权划分。例如，可尝试将低于一定规模的货币经济公司、企业财务公司划归地方监管，参照欧盟 SRM 将新兴金融业态和机构划归地方监管，直到有可能出现系统性金融风险时再划归到中央层面进行监管。

2. 优化金融监管横向协调。首先，强化中央跨部门统筹协调。"十四五"时期，我国金融监管应朝多元、多层次的方向发展，将财政部这种涉及金融领域的有关主体并入协调监管配合过程中。其次，强化地方跨部门监管的统筹协调工作。地方监管机构应主动发挥统筹协调的引领作用，带领地方财政、发展改革等部门联动，构建完备的地方监管跨部门联席会议制度，实施对当地的全面金融监管。同时强化跨省协调机制，促进地方监管横向统筹合作，构建跨省份信息交流共享、风险防范与治理的合作机制，尽量避免各自为战、监管竞争现象。最后，统筹协调金融业综合统计。一是发挥金融委的主导作用，制定与规范金融业综合统计规划；二是建立部门间定期意见征集会议、座谈会议制度，强化部门间业务交流与沟通；三是扩大部门间信息整合范围，实现监管部门与金融行业间的信息协调。

(三) 强化监管科技应用

1. 加速监管科技应用实践。一是将目前已应用的金融科技业务纳入监管框架中，明确监管主体职责，建立统一市场准入标准与监管框架，规避监管死角，提升监管穿透性。二是充分发挥金融监督管理局职能，统筹协调监管机构间、部门间的风险分担与监管职权。明确科技监管具体监管职能，避免监管重叠现象。三是加强已应用金融科技监管的地区与国际先进科技监管国家或地区的合作，主动参与金融科技监管国际标准的制定，强化我国金融科技发展与监管领域在国际上的话语权。四是积极推动金融科技发展所需的基础配套设施，尤其是强化信息系统建设与共享，借助统一配套基础设施建设推进我国金融科技在应用过程中的规范化。由于金融科技发展带来的市场变化决定了金融产品与业务的风险性，因此在符合法律基本风控要求时，金融产品或业务的风险还需交由市场判断。

2. 优化中国版监管沙盒机制设计。监管沙盒的局部试点以及推广思路使其成为金融科技创新与监管体制融合的有效手段。我国应通过合理设计监管沙盒机制，充分发挥其作用，致力于强化我国应用监管科技的专业性。政策方面，可将金融委、央行、银保监会以及证监会作为沙盒之内的监管主体，制定出具有中国特色的监管沙盒机制，并针对金融科技发展现状修订相关监管政策确保其具有足够权限。在沙盒内部机制设计方面，注重金融科技公司准入标准、运营管理机制、测试工具设计、消费者保护机制、协调机制、评估及退出机制等方面的创新设计，保障监管沙盒机制有效运行并发挥其作用。在沙盒运营方面，可将其分为申请准入、功能测试、综合评估以及准许市场推广四个阶段。值得注意的是，应在流程中加入第三方评估机制，并针对特定项目设立创新审批流程与通道，避免监管沙盒运行过程中出现权力寻租现象，提高监管实效。

（四）加强征信体系构建

1. 创新征信机构管理机制。"十四五"时期，数字技术发展迅速，各类资本进入征信市场的积极性提高，完善的征信体系能够有效防范金融风险，因此有必要完善我国征信体系的构建。一方面，制定统一的数据收集与审核标准。采用立法手段，穿透商务、政务信息与社会信息和司法信息之间的桎梏，推动多种数据信息共享互联，通过统一的标准对数据信息展开审核。突破数据共享制度存在的鸿沟，彻底解决信息垄断问题，有助于解决我国征信市场"信息孤岛"问题。另一方面，优化征信业营商环境。我国征信市场发展尚不完善，应针对于此建立相应的容新容错监管机制，给予市场创新试错的机会，落实"放管服"改革。

2. 优化征信信息处理方式。为控制金融贷款风险、保护客户信息安全、避免信贷市场与金融活动产生冲突，我国可对征信信息采取分类处理的办法。将征信信息分为与资金信用有关的强信用信息和辅助判断信用行为的弱信用信息。首先，对数据采集遵照"最少、必要"原则，明晰数据用途，保障信息隐私。其次，对收集的数据进行加工时，必须确保数据脱敏后非经特殊授权不能恢复，保障征信市场内信息的公开与透明。再次，确保数据处理的算法系统留痕，留下可供审计的数据痕迹，为监管部门留出窗口保障实时检查。最后，建立客户的质询和申诉渠道，若客户遇到征信市场信息处理不当的情况，可及时进行询问或申诉，确保客户自身利益。

国家安全视角下涉外法治建设的检视与完善

陈 喆　陈佳贝*

【内容提要】 通过涉外立法保障我国国家安全，是新时代涉外法治建设面临的重要命题。从改革开放后解决发展与安全的平衡，到百年未有之大变局下应对风险与挑战，涉外法治在维护国家主权、安全、发展利益中发挥着越来越重要的作用，适应形势发展的涉外法治体系逐步形成。面对严峻复杂的国家安全形势，我国涉外法律法规还存在一些亟待补全的短板，如维护国家安全的涉外立法的协调与衔接不足、实施机制有待完善、域外适用存在困境等问题。为更好地发挥涉外法治在维护国家安全中的重要作用，我们应不断加强维护国家安全涉外法治的体系建设，建立健全维护国家安全涉外法治的实施规则，并构建更加有效的追究危害国家安全行为法律责任的域外适用制度，为维护国家安全和国家利益提供更加坚实的法治保障。

【关键词】 总体国家安全观　涉外法治　国家安全法治　域外适用

习近平总书记在中央全面依法治国工作会议上提出"要加快涉外法治工作战略布局，协调推进国内治理和国际治理，更好维护国家主权、安全、发展利

---

* 陈喆——西南政法大学国际法学院讲师、硕士生导师，中国—东盟法律研究中心研究员，法学博士、博士后，主要研究领域：国际法学、国家安全法学；陈佳贝——中国—东盟法律研究中心研究员助理，主要研究领域：国际经济法学。本文系2021年度教育部人文社会科学研究青年基金"中国参与生物安全国际规则制定研究"（21YJC820008）、西南政法大学科研项目"中国推进人类核安全命运共同体构建研究"（2021XZNDJDQN－05）的阶段性成果。

益。"[1] 在统筹推进国内法治和涉外法治的历史坐标上，党中央把"涉外法治"与"维护国家主权、安全、发展利益"相联系，强调涉外法治在维护国家的主权、安全和发展利益中的作用。[2] 涉外法治包括一国以调整涉外关系为内容的国内法治以及在参与世界治理、推动构建国际规则语境下的国际法治[3]。涉外法治建设以维护国家的主权、安全与发展利益以及推动构建更加公正合理的国际新秩序为二元目标。[4] 涉外法治的建设关系到国家主权、安全和发展利益，与妥善应对外来风险有着直接的联系。[5] 立足于维护国家主权、安全、发展利益，进一步推进涉及国家安全与重大利益的涉外法律法规建设，是全面贯彻总体国家安全观和加强涉外法治建设的题中应有之义。

党的十九届六中全会通过的《中共中央关于党的百年奋斗重大成就和历史经验的决议》深刻总结了党的百年奋斗历史和成就，基于历史回顾进行国家安全视角下涉外法治建设的展望与革新，贯通把握历史、现在、未来，是进一步充实应对挑战、防范风险法律"工具箱"的内在需求。本文以国家安全为视角，对改革开放以来我国涉外法治建设的实践进行精细研究与梳理，并面向未来，对国家安全视角下涉外法治建设的不足与缺陷进行全面、深刻的总结，为推进具有中国特色、契合国家安全发展时代命题的涉外法治体系的科学建构提供政策建议。

一、国家安全视角下涉外法治建设的实践

改革开放以来，国家安全视角下我国的涉外法治建设大致经历了早期探索、快速发展、不断深化和全面发展四个时期，取得了重大的法治成就。

（一）改革开放后的早期探索

十一届三中全会后，党和国家的工作重心转移到经济建设上来。从国际来看，美苏争霸等战争危险因素仍持续增长，少数间谍利用改革开放后中外

---

1 《习近平在中央全面依法治国工作会议上强调：坚定不移走中国特色社会主义法治道路，为全面建设社会主义现代化国家提供有力法治保障》，载《人民日报》2020 年 11 月 18 日 01 版。

2 韩立余：《涉外关系治理的法律化与中国涉外法律实施》，载《吉林大学社会科学学报》2022 年第 2 期。

3 黄瑶、林兆然：《国际法视角下人类命运共同体的构建》，载《法治论坛》2018 年第 2 期。

4 何志鹏、周萌：《论涉外立法体系建设的起承转合》，载《北方论丛》2022 年第 4 期。

5 黄惠康：《准确把握"涉外法治"概念内涵 统筹推进国内法治和涉外法治》，载《武大国际法评论》2022 年第 1 期。

交往加深的时机，加紧对我国国家安全的破坏活动。[6] 邓小平同志指出中国人民 80 年代三大任务的核心是经济建设，需为我国现代化建设争取有利的国际环境。[7]

  这一阶段，国家安全视角下的涉外立法建设以维护政治安全、国防安全为主要目标，并以解决对外开放面临的体制机制障碍为重要任务。1978 年修订的《宪法》对涉外领域和事务作了原则性规定。[8] 在此基础上，1979 年通过的《刑法》规定了以勾结外国为犯罪手段的背叛国家罪。1993 年，我国出台以国防安全与政权安全为核心内容的《国家安全法》，实质上是一部"反间谍法"，主要针对与境外势力勾结以危害政权、破坏社会主义制度的间谍行为。[9] 至此，以《宪法》为核心、《国家安全法》等法律法规为工具、《刑法》为保障的维护政治安全、国防安全的具有涉外条款的法律法规群初现雏形。针对国际经济交往的快速发展，我国初步形成了以 1994 年《对外贸易法》为核心，涵盖《国家秘密技术出口审查暂行规定》《出口商品管理暂行办法》《境外国有资产管理暂行办法》等法律法规的维护国家经济安全的涉外法律法规。同时，国家通过涉外立法对外国人、组织及船舶的出入境和在境内的活动展开了管理，先后出台了《对外国籍船舶管理规则》《外国人入境出境管理法》（现已失效）《领海及毗连区法》等法律法规。在区际司法协助方面，中国先后出台了《民事诉讼法》《关于审理刑事案件程序的具体规定》等法律法规，将危害国家安全作为拒绝承认或执行外国司法协助事项的理由。20 世纪末，通信网络和能源技术迅速发展，非传统安全进入涉外立法视野。国家先后出台了《文化部科学技术保密办法》《计算机信息网络国际联网安全保护管理办法》《计算机信息系统国际联网保密管理规定》等法律法规，对关乎国家安全的信息、讯息的管理和跨境进行了严格的规定。在能源安全领域，《核出口管制条例》《核两用品及相关技术出口管制条例》对核产品及技术的跨境进行了管制。

  改革开放也是中国逐渐走入全球安全治理的起点。[10] 这一时期中国签署和加入了《不扩散核武器条约》《全面禁止核试验条约》《禁止生物武器公约》等一批重要的国际防扩散和生态安全条约，推动国际安全合作进程，为国内安全

---

  6 杨宗科：《中国特色国家安全法治道路七十年探索：历程与经验》，载《现代法学》2019 年第 3 期。

  7 《邓小平文选（第 3 卷）》，人民出版社 1993 年版，第 3 页。

  8 莫纪宏、徐梓文：《加强涉外法治体系建设》，载《人民日报》2020 年 12 月 25 日 09 版。

  9 肖君拥、张志朋：《中国国家安全法治研究四十年：回眸与展望》，载《国际安全研究》2019 年第 1 期。

  10 何志鹏：《国内法治与涉外法治的统筹与互动》，载《行政法学研究》2022 年第 5 期。

发展构筑依托。[11]

(二) 加入世界贸易组织后的快速发展

2001年，正式加入世界贸易组织成为中国对外开放取得巨大进展的标志性事件，如何处理好对外开放与国家安全的平衡成为涉外法律法规建设的重要命题。为符合世界贸易组织要求，全国人大及常委会制定了一系列涉外法律，其中，也包含有助于维护国家安全的立法。[12]

我党建设性地提出建立国际政治经济新秩序的主张，并要求完善我国的开放型经济体系，建立健全外贸运行监控体系，维护国家经济安全。[13] 在"引进来"政策实施过程中，外资大量涌入我国市场，经济安全威胁进一步增加，对此我国先后出台《关于外国投资者并购境内企业的规定》《反垄断法》《国务院办公厅关于建立外国投资者并购境内企业安全审查制度的通知》等法律法规，初步建立起反垄断审查制度及外商投资国家安全审查制度。《反垄断法》还对域外适用效力进行了规定，进一步加强对外资并购的规范效力。为了在"走出去"的背景下加强对海外投资的保护，《境外投资项目核准暂行管理办法》（现已失效）和《中央企业境外国有产权监督管理暂行办法》从国家安全的角度对境外投资项目的核准和保障境外国有产权进行了规定。[14] 同时，该时期国家进一步完善了进出口管理制度，出台了《生物两用品及相关设备和技术出口管制条例》《两用物项和技术进出口许可证管理办法》《核出口管制条例》《核两用品及相关技术出口管制条例》，对生物两用品以及能源出口管制进行了规定，颁布了《货物进出口管理条例》《技术进出口管理条例》等法律法规，对涉及国家利益和国家安全的货物进出口流动进行了细化规定。此外，为了维护国家主权和领

---

[11] 中国在核领域先后签署和加入《南太平洋无核区条约》（第二、第三附加议定书）《中华人民共和国和国际原子能机构关于在中国实施保障的协定》《核材料实物保护公约》《禁止在海床洋底及其底土安置核武器和其他大规模毁灭性武器条约》《不扩散核武器条约》《核安全公约》《非洲无核武器区条约》（第一、第二议定书）《全面禁止核试验条约》《中华人民共和国和国际原子能机构关于在中国实施保障的协定的附加议定书》等文件；在化学领域签署《关于禁止发展、生产、储存和使用化学武器及销毁此种武器的公约》；在生物领域加入《禁止细菌（生物）及毒素武器的发展、生产及储存和销毁这类武器的公约》。在生态安全方面，中国先后签署和加入《保护臭氧层维也纳公约》《关于消耗臭氧层物质的蒙特利尔议定书及该议定书的修正》《生物多样性公约》《联合国气候变化框架公约》及其补充条款《京都议定书》、《生物安全议定书》等文件，积极参与全球生态安全治理。

[12] 全国人大常委会法制工作委员会研究室：《加强涉外领域立法 加快构建系统完备、衔接配套的涉外法律规范体系》，载《民主与法制》2022年第18期。

[13] 《中共中央关于完善社会主义市场经济体制若干问题的决定》，载中国政府网，http://www.gov.cn/test/2008-08/13/content_1071062.htm，最后访问于2022年9月15日。

[14] 林翠珠：《中国企业境外投资的法律风险及建议》，载《法治论坛》2019年第3期。

土完整,我国出台《反分裂国家法》。为应对非传统安全威胁,我国颁布了《国际通信设施建设管理规定》《铁路计算机信息系统安全保护办法》《农作物种质资源管理办法》《进出口食品安全管理办法》《对外合作开采海洋石油资源条例》等法律法规,涵盖了国家通信主权与安全、能源资源安全、国家种质资源信息安全以及食品安全等内容。

在新安全观的引领下,在推动建立国际政治经济新秩序的要求下,我国积极参与了反恐怖主义、防止核武器扩散等国际安全规则。我国先后签署《制止核恐怖主义行为国际公约》《乏燃料管理安全和放射性废物管理安全联合公约》《上海合作组织反恐怖主义公约》等文件。[15]

(三) 总体国家安全观指导下的不断深化

2014 年 4 月 15 日,习近平总书记在中央国家安全委员会第一次会议上创造性地提出总体国家安全观。[16] 2017 年,总体国家安全观被纳入党的十九大报告中,成为新时代坚持和发展中国特色社会主义的基本方略之一。[17]

在总体国家安全观的指导下,涉外法治建设围绕着不同领域,有条理、有系统地快速发展。相比前两个阶段,逐渐细化的立法领域使得调整范围更加丰富和专门化,涉外法律法规在维护国家主权、安全、发展利益中的作用不断提升。面对严峻的国家安全形势,我国于 2015 年出台了《国家安全法》,对国家安全任务进行明确,成为引导国家安全法治建设的总领性法律。在传统安全领域,《反间谍法》《国家情报法》《境外非政府组织境内活动管理法》加强了情报安全管理,严格防范境外势力危害国家安全的行为;《国际刑事司法协助法》规定国际刑事司法协助不得损害我国国家安全利益。在非传统安全领域,《反恐怖主义法》对国际反恐合作进行了规定;修订后的《食品安全法》将食品安全信息列入出入境管控的范围;《网络安全法》对网络信息跨境以及网络安全治理的国际交流合作进行了规定,还设置了域外效力条款;《核安全法》对于防范和

---

[15] 中国先后签署《制止核恐怖主义行为国际公约》《中亚无核武器区条约》《乏燃料管理安全和放射性废物管理安全联合公约》,推进国际不扩散核武器进程。在反恐怖主义方面,中国先后签署或核准《关于合作查明和切断在上海合作组织成员国境内参与恐怖主义、分裂主义和极端主义活动人员渗透渠道的协定》《上海合作组织成员国组织和举行联合反恐演习的程序协定》《上海合作组织成员国政府间合作打击非法贩运武器、弹药和爆炸物品的协定》《上海合作组织反恐怖主义公约》等文件,推进国际反恐合作进程。

[16] 《习近平:坚持总体国家安全观 走中国特色国家安全道路》,载人民网,http://jhsjk.people.cn/article/24899781,最后访问于 2022 年 9 月 15 日。

[17] 孙炜:《总体国家安全观视域下的国家安全体系的发展与完善》,载《重庆理工大学学报(社会科学)》2021 年第 3 期。

应对核恐怖主义威胁进行了规制；《企业境外投资管理办法》对于境外投资安全作出了规范。

在国际安全治理方面，我国高度重视应对气候变化、恐怖主义等领域的国际安全合作。我国积极参与气候变化谈判，推动达成和加快落实《巴黎协定》，在全球安全治理舞台的身影越发活跃。[18]

（四）百年未有之大变局下的全面发展

当今世界正经历"百年未有之大变局"，我国正处于实现中华民族伟大复兴的关键时期，所面临的传统安全威胁与非传统安全威胁交织蔓延。我国正由"内向型"的国家主体性向"外向型"的国际能动性身份转变，积极主动开展涉外斗争、推进涉外法治建设是坚定维护国家主权、统筹发展与安全的必然要求。[19] 2020年11月召开的中央全面依法治国工作会议强调"统筹推进国内法治和涉外法治"。习近平总书记提出："综合利用立法、执法、司法等手段开展斗争，坚决维护国家主权、尊严和核心利益。"[20] 十三届全国人大常委会提出，加快推进涉外领域立法，围绕反制裁、反干涉、反制"长臂管辖"等充实应对挑战、防范风险的法律"工具箱"。我国加快了构建保障国家安全的涉外法律法规体系的脚步，有针对性地对各种安全威胁进行了回应。

一方面是对传统安全威胁的应对。2020年6月，我国颁布并实施了《香港特别行政区维护国家安全法》（以下简称《香港国安法》），为保障香港特别行政区的繁荣与稳定筑牢了法律屏障。针对近年来威胁我国领土与海洋主权的行为，2021年出台的《海警法》有效明确了海警机构的职责，有助于维护国家海洋权益。2022年出台的《陆地国界法》切实保障了陆地国界及边境的安全稳定。

另一方面是对非传统安全威胁的防范。首先，美国单方面对我国发起贸易战，逆全球化思潮兴起，我国面临的外部经济安全风险进一步上升。2019年我国出台了《外商投资法》，并在2020年出台了《外商投资安全审查办法》，对安全审查的程序、范围、主体等内容进行了细化。从美国接连对我国采取的措

---

[18] 解振华：《中国改革开放40年生态环境保护的历史变革——从"三废"治理走向生态文明建设》，载《中国环境管理》2019年第4期。

[19] 邢瑞磊、周灏堃：《身份认同与社会性存在：中国国家本体安全的寻求与调试》，载《国际安全研究》2022年第4期。

[20] 《习近平在中央全面依法治国工作会议上强调 坚定不移走中国特色社会主义法治道路 为全面建设社会主义现代化国家提供有力法治保障》，载人民网，http://jhsjk.people.cn/article/31934590，最后访问于2022年9月15日。

施来看，传统的"两反一保"措施已经无法满足维护国家利益的需要，[21] 2020年《不可靠实体清单规定》、2021 年《阻断外国法律与措施不当域外适用办法》（以下简称《阻断办法》）、《反外国制裁法》的出台为我国有效应对单边制裁与他国非法"长臂管辖"与干涉提供了法治保障。2023 年《对外关系法》所规定的事项本质上都触及主权、领土与安全等领域，[22] 强调涉外立法的斗争作用，为我国采取反制和限制措施提供法律依据，有助于我国统筹实施反制裁、反干涉、反制"长臂管辖"法律法规，完善对外斗争的法律"工具箱"。2020 年出台的首部出口管制的专门性法律《出口管制法》，标志着我国出口管制制度由零散走向系统。其次，我国进一步推进了新兴安全领域的立法。2020 年出台的《生物安全法》对于生物资源以及人类遗传资源的跨境作出了进一步规制，同时提出要加强中国在全球生物安全治理中的作用。2021 年《数据安全法》以及《网络安全审查办法》建立了数据安全审查以及网络安全审查制度，同时对于数据跨境进行了严格规定，为中国的数据主权与安全提供了法治保障。

从制度运行来看，在党的领导下，涉外法律法规对百年未有之大变局下传统安全与非传统安全进一步交织的形势进行了有力回应，我国正在加快形成以保护主权、守卫国土为基本原则，以反间谍、反恐怖主义为基本工作，以安全审查、出口管制为安全"滤网"，以反制裁、反干涉、反制"长臂管辖"为斗争工具的攻防兼备的涉外法治体系，为党和国家的兴旺发达、长治久安提供了有力保证。

二、国家安全视角下涉外法治建设的短板

在总体国家安全观的指导下，我国出台了一系列有助于维护国家安全的涉外法律法规，对百年未有之大变局下我国面临的风险与挑战进行了回应。在当前和今后一个时期，我国仍然面临着较为严峻的国家安全形势，在这一背景下，维护国家安全的涉外立法仍需不断发展与完善。目前维护国家安全的涉外立法仍然存在着一些薄弱环节，比如，协调和衔接不足、实施机制有待完善、域外适用存在困境等问题，制约了我国运用法治手段应对风险挑战的能力。

（一）维护国家安全的涉外立法的协调与衔接不足

党的十九届五中全会明确提出"加强涉外法治体系建设"，为涉外法治建设

---

[21] 张亮、杨子希：《美国贸易制裁的主要法律手段及应对研究》，载《法治论坛》2018 年第4 期。

[22] 黄进：《论〈对外关系法〉在中国涉外法治体系中的地位》，载《国际法研究》2023 年第 4 期。

引入了体系性建设的理念。"体系性建设"要求国家安全领域涉外法律整体上具备融贯性，法律体系的内部要有序且自洽。[23] 作为涉外法治的关键部分，国家安全领域涉外法律制度已经初步形成，但缺乏体系性的建构，尚未形成高效配合的机制，难以产生整体性的政策实施效果。

第一，维护国家安全的涉外立法的效力位阶和层级衔接存在瑕疵。首先，《国家安全法》的效力位阶错位。从指导思想、调整内容、立法技术、作用定位等方面看，《国家安全法》是国家安全法律领域的基本法。但由于当时立法的紧迫性，从效力位阶上看，《国家安全法》是由全国人民代表大会常务委员会通过的普通法律。《反分裂国家法》《情报法》等调整国家安全某一特定领域的法律则是由全国人大通过，效力位阶高于《国家安全法》。《国家安全法》效力位阶与其国家安全领域基本法的地位不匹配。[24] 其次，上位法与下位法之间的衔接不够清晰。例如，《国家安全法》并无关于实施反制措施的明确授权性规定，导致《不可靠实体清单规定》《阻断办法》《反外国制裁法》的限制措施条款存在上位法制度供给不足的问题。最后，上位法和下位法之间立法目的和理念不协调。《对外贸易法》是我国进出口贸易管理的基础性立法，《不可靠实体清单规定》《货物进出口管理条例》《技术进出口管理条例》等立法中的与国家安全有关的贸易限制条款基本上是围绕着《对外贸易法》建立的，但《对外贸易法》的立法目的及理念中却未加入与国家安全有关的表述，立法目的的不全面导致其统领或指导作用难以充分发挥。

第二，维护国家安全的涉外立法的协同安排缺失。首先，出口管制制度与反制裁立法未形成协调配合。与出口管制措施受到国际法约束的强度有所不同，反制措施通常出于政治目的，目前国际法对其约束不强，而出口管制的目的并非完全局限于政治性，也可能基于经济、社会、环境等目的，非政治目的的出口管制受到多边贸易体制较强的约束。[25] 反制措施相较出口管制而言，针对的对象是具体的，实施具有特定性和短期性，而出口管制针对的对象可能是非具体的，实施具有长期性。[26] 反制裁立法和出口管制制度在实现维护国家安全目的

---

[23] 刘茂林、王从峰：《论中国特色社会主义法律体系形成的标准》，载《法商研究》2010年第6期。

[24] 郭永辉、李明：《论完善我国国家安全法律体系的路径的基本法律属性》，载《甘肃政法大学学报》2021年第2期。

[25] 丁丽柏、陈喆：《论WTO对安全例外条款扩张适用的规制》，载《厦门大学学报（哲学社会科学版）》2020年第2期。

[26] 张辉：《论中国对外经济制裁法律制度的构建——不可靠实体清单引发的思考》，载《比较法研究》2019年第5期。

时，可起到不同的作用，二者的协调配合能够从不同维度上保障国家安全。[27] 目前我国未对反制措施和出口管制措施进行协同安排，难以形成制度合力。其次，出口管制制度与外商投资安全审查制度的联动机制尚未建立。根据《外商投资安全审查办法》的规定，其审查范围包含涉及关键技术的投资，《出口管制法》管制物项的范围也包含技术。近年来，我国在基础研究和原始研究取得重要进展，在不少高技术领域都已实现弯道超车，如何通过出口管制制度与外商投资安全审查制度的配合促进我国的科技安全，值得思考。目前出口管制制度与外商投资安全审查制度中关于"关键技术"的认定仍缺乏联动安排，未形成技术保护的闭环。[28]

第三，反制裁、反干涉、反制"长臂管辖"立法之间的衔接不足。一方面，《对外关系法》《反外国制裁法》《不可靠实体清单规定》的制度存在交叉重叠，二者列入清单的理由、指向的对象、列入清单的法律后果都存在一定的重合，目前尚未明确重叠内容的法律适用顺序，这一模糊性可能加大实践中措施适用的不确定性。另一方面，《反外国制裁法》规定的权利救济和豁免机制与《不可靠实体清单规定》《阻断办法》存在一定冲突。首先，《不可靠实体清单规定》第6条、第9条、第13条赋予了被列入"不可靠实体清单"的外国实体一定的救济权，包括在调查阶段陈述及申辩的权利、在一定期限内改正行为的机会以及申请移出清单的权利，但《反外国制裁法》第7条、《对外关系法》第33条则规定依法作出反制措施的决定为最终决定，这意味着被制裁对象不能提出行政复议或者行政诉讼。[29] 其次，《对外关系法》第36条、《不可靠实体清单规定》第12条、《阻断办法》第8条明确了相应的豁免机制，但《反外国制裁法》却未提供明确的当事人豁免规则。

（二）维护国家安全的涉外立法的实施机制有待完善

按照急用先行原则，我国加快制定了一系列维护国家安全的涉外法律法规，但部分法律法规尚处于框架建设阶段，缺乏配套实施细则，其能否发挥维护国家主权、安全、发展利益的职能，关键还在于实施机制的设置能否促进这些维护国家安全的制度得到切实有效的实行。

27　陈爱娥：《法体系的意义与功能——借镜德国法学理论而为说明》，载《法治研究》2019年第5期。

28　刘瑛、孙冰：《与外资安审联动的美国技术出口管制制度及中国应对》，载《国际贸易》2020年第6期。

29　马忠法：《〈反外国制裁法〉：出台背景、内容构成及时代价值》，载《贵州省党校学报》2021年第4期。

第一，部分立法中执法机构的设置模式、职能权限未进一步明确。法律得以实施的关键在于实施者，尽管《出口管制法》《反外国制裁法》《阻断办法》《海警法》等法律法规对执法主体作出了规定，但可操作性相对不足。首先，执法主体职责权限不清晰。《反外国制裁法》将"国务院有关部门"确定为执法机关，但并未明确国务院有关部门的构成及其分工。[30]《阻断办法》规定由中央国家机关有关部门参加的工作机制负责相关工作，但各部门承担的职责并未明确，可能导致执法的重复或执法责任的相互推诿。《海警法》将海警机构确定为执法机关，但在实践中公安部、农业农村部、自然资源部与海警机构的执法权存在交叉和重叠，执法权界限不明。[31]其次，对于工作协调机制的规定过于原则化。《反外国制裁法》和《出口管制法》均明确要搭建工作协调机制，以实现部门之间的合作、信息共享和协调联动，但均未规定工作协调机制运行的具体制度，工作启动机制、人员组成、协调程序、协调目标等欠缺细化规定，影响了其实际综合协调作用的发挥。[32]

第二，部分立法存在法律条款过于概括、重要术语定义模糊的问题。如《出口管制法》的管控条款较为粗略，"再出口""与物项相关的技术资料"的内涵不明晰。《海警法》在协作执法制度设计上采用了较为抽象的立法语言，运用了"可以""商请"等缺乏刚性约束以及"及时"等缺乏量化评价标准的用语，造成了履职上的障碍。[33]《反外国制裁法》细节性的程序规则不足，列入反制清单的标准、反制措施的动态管理、反制措施的合法性审查及豁免制度有待完善。《外商投资安全审查办法》在安全审查考量因素方面采用了留白的做法，减损了我国外商投资安全审查制度的透明度和可预期性。[34]

第三，遵守是衡量法律实施绩效的关键标准，但部分立法中的执法主体未对组织与个人守法提供清晰的行政指导，给法律的实施造成了阻碍。例如，《反外国制裁法》反制措施中的"禁止或者限制交易、合作"涉及广泛的经济交往活动，有赖于企业与个人调整自身经营活动，确保不与反制对象进行交易、合

---

[30] 李剑：《中国反垄断执法机构间的竞争——行为模式、执法效果与刚性权威的克服》，载《法学家》2018年第1期。

[31] 杨丽美、郝洁：《〈中华人民共和国海警法〉视野下中国海警局法律制度释评》，载《中国海商法研究》2021年第4期。

[32] 王轩：《政府部门间协调机制研究——对澳门特别行政区政府跨部门协调小组的考察与反思》，载《广州大学学报（社会科学版）》2017年第9期。

[33] 唐刚：《〈中华人民共和国海警法〉的立法评析与实施展望》，载《政法学刊》2021年第3期。

[34] 陈喆、钟艺玮：《新发展格局下我国外商投资安全审查制度的进步、局限与完善》，载《国际商务研究》2021年第4期。

作。[35] 但目前《反外国制裁法》的执法机关未针对反制措施的实施制定相应的制裁合规指南，企业与个人在制裁合规的具体实施中存在困惑。又如，在《阻断办法》实施过程中，在我国和其他国家同时开展业务的企业可能面临两难选择，如果选择遵守《阻断办法》的实施要求，可能导致企业面临由美国经济制裁导致的损失，如果遵守美国出口管制、经济制裁立法的规定，则可能遭受我国的处罚。[36] 虽然《阻断办法》为这种实施困境设置了豁免制度，但尚未明确豁免的评估标准。[37]

(三) 维护国家安全的涉外立法的域外适用存在困境

以维护国家安全和利益为连接点，《对外关系法》《反外国制裁法》《阻断办法》《出口管制法》《数据安全法》《网络安全法》《反恐怖主义法》等法律法规对境外的人、物、事项设定了域外效力条款，要求对实施危害我国国家安全行为的境外机构、组织、个人追究法律责任，为维护国家主权、安全、发展利益提供了重要的法律依据。[38] 针对危害我国国家安全行为的境外机构、组织、个人行使管辖权，保护的法益为国家安全，符合保护性管辖权原则，具有正当性。[39] 尽管涉国家安全与重大利益的部分涉外立法已设定了域外效力条款，但其在实际运作中却存在着困境。

第一，部分重要的国家安全领域没有设置域外适用条款，容易导致损害我国国家安全的部分违法行为无法得到有效惩治。例如，在数据安全领域，缺少对我国执法机构获取域外数据的程序规定，数据跨境调取坚持的仍是司法协助路径，面对危害国家安全的活动，我国执法机关的数据调取能力受限。又如，在金融安全领域，《反洗钱法》欠缺关于域外适用的规定，对于境外实施的危害国家安全的洗钱行为难以进行预防和打击。[40]

第二，这些具有域外效力的法律条款普遍存在较为笼统的问题，行政和司法机关在执行和适用此类条款时缺乏清晰的指引。例如，《反外国制裁法》第

---

[35] 黄风：《我国创建中的涉恐资产冻结制度》，载《国家检察官学院学报》2014 年第 4 期。

[36] 黄文旭、邹璞韬：《反制国内法域外适用的工具：阻断法的经验及启示》，载《时代法学》2021 年第 4 期。

[37] 丁汉韬：《论阻断法的实施机制及其中国实践》，载《环球法律评论》2022 年第 2 期。

[38] 廖诗评：《中国法中的域外效力条款及其完善：基本理念与思路》，载《中国法律评论》2022 年第 1 期。

[39] 顾敏康、王振华：《香港国安法的域外效力研究——从香港国安法第 38 条展开》，载《首都师范大学学报（社会科学版）》2022 年第 3 期。

[40] 贾济东、胡扬：《论我国反洗钱法域外适用的困境与出路》，载《华中科技大学学报（社会科学版）》2021 年第 2 期。

14条规定"任何"组织和个人不执行、不配合实施措施，依法追究法律责任。这意味着遵守《反外国制裁法》的主体并不局限于我国境内的组织和个人，还包括境外的组织和个人，只要不执行、不配合实施反制措施，均将直接面临《反外国制裁法》及相关法律法规下的违法责任，实际上赋予了该法域外效力。又如，《对外关系法》第8条规定"任何组织和个人违反本法和有关法律，在对外交往中从事损害国家利益活动的，依法追究法律责任"，也是域外效力的体现。这种较为抽象的域外适用规定表面上赋予了执法机关、司法机关较大的自由裁量权，但对于管辖连接点的具体类型没有作出相应的解释，法律适用存在着极大的模糊性和不确定性。

第三，现行立法中关于管辖权的规定难以适应新形势下维护国家安全的现实需要。首先，《刑法》中关于保护性管辖权的规定对我国追究境外危害国家安全的犯罪行为构成了一定阻碍。《刑法》第8条规定了行使保护性管辖权的两个限制性条件，即满足三年最低刑期与双重犯罪原则。一些新型的危害国家安全犯罪行为的刑期可能低于三年或并未被其他国家认定为犯罪，从而难以满足《刑法》规定的限制性条件。[41] 其次，《民事诉讼法》关于连接点的规定无法为我国追究境外主体实施危害国家安全行为的民事责任提供充分的管辖权依据。[42] 例如，《反外国制裁法》第12条、《阻断办法》第9条规定了境外主体可能承担民事赔偿责任。但是我国2023年修正的《民事诉讼法》第276条仅规定了六种可以对境外主体行使民事管辖权的连接点，包括合同签订地、合同履行地、诉讼标的物所在地、可供扣押财产所在地、侵权行为地、代表机构住所地，如果境外主体对我国采取歧视性限制措施，但又无法满足上述管辖因素，则我国法院无法受理此类诉讼请求。[43]

第四，我国执法机关、司法机关运用域外适用条款维护国家安全的实践相对较少。虽然涉及国家安全与重大利益的部分涉外立法已设定了域外效力条款，但在实践中，执法机关和司法机关进行域外执法、司法的实务经验仍较为缺乏，导致这些规定可能束之高阁。

---

　　[41] 王勇：《论我国刑事保护性管辖权中的国家安全问题》，载《政治与法律》2022年第1期。

　　[42] 李志明、王涵：《涉外民事诉讼管辖权及法律适用问题的认定——何某贞、叶某标与严某玲、陈某梅民间借贷纠纷案》，载《法治论坛》2022年第1期。

　　[43] 沈红雨：《我国法的域外适用法律体系构建与涉外民商事诉讼管辖权制度的改革——兼论不方便法院原则和禁诉令机制的构建》，载《中国应用法学》2020年第5期。

三、国家安全视角下涉外法治建设的优化进路

面对百年未有之大变局，通过涉外法律法规维护我国国家安全是新时代涉外法治建设的重要命题，这就要求我们不断在立法体系科学化、实施规则具体化、域外适用条款实施效果提升等方面完善涉外法律法规，增强我国运用涉外立法保障国家安全与参与全球安全治理的能力。

（一）不断加强维护国家安全涉外法治的体系建设

国家安全视野下的涉外法律法规具有融合性的特点，相关的各项制度并非孤立存在，而是彼此支持、相互配合、共同发挥作用的规范共同体。[44] 为进一步构筑维护国家安全和利益的法律"工具箱"，涉外法治建设需要提高法律规范内部的有序性、自洽性以及协调性，形成合理的协力关系，运用多种类型的制度手段，将法律的实施效果最大化。

第一，理顺维护国家安全涉外立法的效力位阶和法律衔接。首先，可以考虑由全国人民代表大会将《国家安全法》提升制定为基本法律，解决国家安全领域基本法内容功能和法律位阶的矛盾问题。[45] 其次，要正确处理《国家安全法》与其他部门法之间的关系。在《国家安全法》中增加实施国家安全相关限制性措施的授权规定，与《出口管制法》《不可靠实体清单规定》《反外国制裁法》等法律法规形成呼应，提升国家安全法治之间的自洽性、协调性和权威性。最后，适时将"维护国家安全和利益"纳入《对外贸易法》的立法目的，实现保障国家安全的涉外法律法规价值理念的一致性。

第二，建立维护国家安全涉外立法的联动机制。首先，反制措施与出口管制的针对对象及措施实施时间长短的差异使二者可以利用功能的互补性，制定相互配合的对外贸易政策安排，建立国家出口管制主管部门与反制裁主管部门的联络机制，形成出口管制和反制措施的"组合拳"。其次，反制裁主管部门可以根据其掌握的国家安全信息，发现应由《出口管制法》管制物项进行管理的，及时反馈给国家出口管制主管部门，国家出口管制部门应根据其掌握的信息及反制裁主管部门提供的信息和建议，及时更新管制清单。最后，设置外商投资安全审查和技术出口管制的联动安排制度。可将出口管制中与国家安全相关的关键技术纳入外商投资安全审查的审查标准中，即可能造成国家安全相关的关键技术外泄的外资并购行为应被纳入安全审查范围，以此实现关键技术领域出

---

[44] 劳东燕：《功能主义刑法解释的体系性控制》，载《清华法学》2020年第2期。
[45] 杨宗科：《论〈国家安全法〉的基本属性》，载《比较法研究》2019年第4期。

口管制与外商投资安全审查的闭环。[46]

第三，提升反制裁、反干涉、反制"长臂管辖"立法的系统性。首先，对《反外国制裁法》《不可靠实体清单规定》交叉重叠内容作出明晰的法律适用安排。《反外国制裁法》《不可靠实体清单规定》的法条之间存在部分包容关系。《反外国制裁法》《不可靠实体清单规定》法条的重叠可体现在当组织或个人参与制定、决定、实施歧视性限制措施时，既可能被列入反制清单，也可能被列入不可靠实体清单。对于这类重合，根据法律适用的一般规则，上位法优于下位法，特别法优于一般法，从法律位阶来看，应当优先适用《反外国制裁法》的规定。其次，应就"反制清单""不可靠实体清单"与"管制清单、临时管制清单和管控名单"的衔接作出必要安排。[47]最后，从提升反制裁制度的合法性以及保持法律规范的协调性角度，有必要在《反外国制裁法》中给予被制裁方一定的程序性保障和救济渠道，[48]并在《反外国制裁法》中增设豁免与许可证制度，以增强我国反制裁制度的灵活性，降低实施反制措施的成本。[49]

（二）建立健全维护国家安全涉外法治的实施规则

法律的权威在于实施，应进一步加强国家安全领域涉外立法的法治实施工作，通过立法修订、出台配套实施细则等方式完善实施机制，将静态文本转化为动态规制，才能更好地发挥其维护国家安全的效能。

第一，优化执法机构设计。首先，对执法部门的职责权限作出清晰划分。明确《反外国制裁法》执法机关"国务院有关部门"的组成，逐步理顺《阻断办法》工作机制的分工与执法范围。根据《海警法》关于建立信息共享和工作协作配合机制的规定，建立海上执法议事协调机构，统一协调中国海洋权益维护与管理工作，防止职权不清等现象发生。其次，建立切实有效的工作协调机制。明确工作协调机制的牵头机构，将每一个工作协调机制组成机构的职责、任务具体化，明确工作协调机制的工作制度和工作程序，包括决策程序、制度化信息交流平台、协调方式等，并在跨部门协调的基础上，探索并建立固定的、有实质约束力的综合协调机构。

第二，以立法精细化为导向，对关键性概念作出界定，对原则性规定进行细化，以科学指导法律实施。首先，出台《出口管制法》实施细则，对"再出

---

[46] 赵海乐、郭峻维：《"准入前国民待遇"背景下我国外资安全审查功能定位探析》，载《经贸法律评论》2020年第4期。

[47] 廖凡：《比较视角下的不可靠实体清单制度》，载《比较法研究》2021年第1期。

[48] 霍政欣：《〈反外国制裁法〉的国际法意涵》，载《比较法研究》2021年第4期。

[49] 李巍：《俄乌冲突下的西方对俄经济制裁》，载《现代国际关系》2022年第4期。

口""与物项相关的技术资料"等重要术语的内涵进行阐释,对管制要素识别、清单制定和调整的机构及程序进行规范。其次,颁布《海警法》实施条例,增加对其他部门协助海警机构执法的刚性约束力,将缺乏量化评价标准的词语进行详细解释与说明。再次,健全《反外国制裁法》执法的程序保障,明确列入制裁清单的标准,建立反制措施的动态管理程序、反制措施的合法性审查制度及豁免制度。最后,在原有外商投资安全审查制度的基础上,完善安全审查的考量因素,实现发展与安全的平衡。

第三,颁布实施指南、合规指引,指导私人主体守法,使维护国家安全的涉外立法从"纸上的规则"变为人们遵守的行为规范。[50]首先,反制裁执法机构应发布专门的《反外国制裁法》合规指引,确立制裁合规的基本原则,明确有效的企业制裁合规制度的基本要素,为企业与个人的制裁合规提供针对性的指导。其次,应对《阻断办法》的豁免程序作出更为详细的程序性规定,以"遭受严重损害"为标准,对于确实面临巨大经济损失的申请人,允许其全部或部分遵守外国相关法律或措施,降低企业的合规成本。[51]

(三)有效构建国家安全涉外法治的域外适用制度

第一,紧扣国家安全立法的薄弱环节,对涉外立法的域外适用问题进行统筹规划,建立更加全面的涵盖各安全领域的域外适用规则。国家安全涉及的领域复杂多样,应以维护国家安全和利益的轻重缓急,补充立法空白,为国家安全领域立法的域外适用提供更加严密的规范依据。例如,应在《数据安全法》中增设执法机关调取域外数据的程序规定,为我国司法和执法机关在境外收集危害我国国家安全的信息与数据提供法律依据。[52]在《反洗钱法》中增设域外适用条款,为我国境外分支机构履行反洗钱义务提供法律基础,对外国机构和人员在境外实施的侵害我国利益的洗钱行为形成有效管控。

第二,细化维护国家安全涉外立法的域外适用目标、具体条件、方式和范围,增强域外适用条款的可操作性,将安全领域的涉外法律法规合理地适用于域外实施危害国家安全行为的主体,为行政机关和司法机关提供更加清晰的立法指引。[53]

---

50 谢宇:《习近平法治思想中的涉外法治理念——时代背景、实践需求与具体路径》,载《云南社会科学》2021年第5期。

51 刘桂强:《阻断法的当代发展与价值选择》,载《中国应用法学》2022年第2期。

52 邵怿:《论域外数据执法管辖权的单方扩张》,载《社会科学》2020年第10期。

53 霍政欣:《我国法域外适用体系之构建——以统筹推进国内法治和涉外法治为视域》,载《中国法律评论》2022年第1期。

第三，完善我国立法的管辖权规定，夯实国家安全保护的法律基础。首先，完善《刑法》中关于保护性管辖权的规定。[54] 删除《刑法》第8条最低刑期的限制性条件，同时，考虑删除双重犯罪的定罪标准，有力地打击境外"任何"危害我国国家安全的行为。其次，有必要在《民事诉讼法》中引入"适当联系"的管辖权原则。[55] 搭建国内法院管辖权与涉外之间合理、必要的联系标准，便于司法机关在维护国家安全利益时行使更大的跨国司法规制权。[56]

第四，执法、司法机关应妥当行使自由裁量权，逐步拓展国家安全领域涉外立法的域外效力。执法、司法机关应确定积极管辖权的理念，在境外主体行为对我国国家安全产生严重影响时，合理地对相关立法作出解释和适用，以良好的域外执法、司法实践推动形成法律域外适用的经验。例如，在数据安全领域，《网络安全法》《数据安全法》的相关规范都包含了国家安全保障的相关条款，面对境外主体对我国各行业龙头企业、政府、大学、医疗、科研等机构长期进行网络攻击活动，严重威胁着我国的国防安全、关键基础设施安全、金融安全等事件，执法机关应当摒弃"绝对属地主义"的管辖原则，以保护性管辖权为依据积极主张域外管辖权，对境外实施危害我国国家安全活动的主体进行打击。

结语

发展与安全是涉外关系治理的核心内容，改革开放40多年来，涉外法律法规始终与时代发展同步，为我国经贸发展提供了良好的法治环境，也为维护国家安全与利益提供了坚实的法律保障。但我们也要看到，当前对外斗争中的制度博弈日益激烈，涉外立法在应对风险和挑战中发挥的作用还有待提升，需要进一步补充完善。一是维护国家安全的涉外立法的系统性、衔接性有待提高，需要加强维护国家安全涉外法治的体系建设。二是维护国家安全的涉外立法的实施应更加细致筹划、统筹推进，增强法律的可操作性。三是运用国家强制力，进一步保障域外适用条款的有效实施。

---

54 王勇：《论我国刑事保护性管辖权中的国家安全问题》，载《政治与法律》2022年第1期。

55 赵骏：《国际法律斗争的攻防策略与法治破局：以国内法为视角》，载《太平洋学报》2022年第7期。

56 孙南翔：《美国法律域外适用的历史源流与现代发展——兼论中国法域外适用法律体系建设》，载《比较法研究》2021年第3期。

英国资本性所得税法体系构建与基础规则对我国的借鉴

杨小强　孙于依然[*]

【内容提要】 我国未设立单独的资本性所得税法，但是根据《个人所得税法》的规定，中国对包括股息和红利在内的部分资本性所得征税，而我国有关资本性所得的体系构建和现行规则仍不够完善，且存在税制目的不明、对资本性所得和劳动所得的关系阐述不清等问题。以规范资本性所得为目的，在推动共同富裕的过程中，英国的资本性所得税法体系和基础规则对我国具有借鉴和启示作用。

【关键词】 英国　资本性所得税　个人所得税

习近平总书记在《扎实推动共同富裕》一文中提出，在新时代背景下应当"合理调节过高收入，完善个人所得税制度，规范资本性所得管理"。[1] 资本性所得税（Capital Gains Tax）是管理资本性所得的重要税收工具，在推动共同富裕的问题上具有特殊效力，通过税收途径规范资本性所得，有利于增加财政收入和调节高低收入差距。我国现行立法已经规范了部分资本性所得的所得税处理规则，但是并未建立完善的资本性所得税制度，且存在一些具体的问题有待解决，在现阶段，横向研究他国经验可以为我国提供借鉴。

英国的资本性所得税法以《1992年应收利得税法案》（Taxation of Chargeable Gains Act 1992，TCGA）为基础，通过不断补充和修订该法案，完善资本性

---

[*] 杨小强——中山大学法学院教授、博士生导师、中山大学法律经济学研究中心主任，主要研究领域：税法与资产评估法；孙于依然——中山大学法学院博士研究生、美国康奈尔大学法律硕士，主要研究方向：经济法。

1 参见习近平：《扎实推动共同富裕》，载《求是》2021年第20期。

所得税的相关规则。英国资本性所得税法的基础规则较为清晰，资本性所得税对资本资产从获得到处置（disposal）之间的价值增长部分征税。资本性所得税具有调节资本市场和资本性所得的功能，政府可以根据经济运行情况，以税收中立与税收效率为原则，调节资本性所得税的税率。

英国税法体系为什么将资本性所得税独立于个人所得税？英国资本性所得税的基本规则为何？在税收中立原则和税收效率原则的平衡下，资本性所得税何去何从？英国的资本性所得税法规则于中国有什么参考意义？在中国推动共同富裕的背景之下，本文将围绕前述问题，通过研究英国的资本性所得税制度，探究资本性所得税对资本所得的规范性作用，为我国提供一定的借鉴思路。

一、中国资本性所得税的基础规则与问题

（一）中国资本性所得税的基础规则

虽然我国并未设立资本性所得税的独立税种，但已将部分资本性所得纳入个人所得税法的体系之下。根据《个人所得税法》第2条和第3条规定，利息、股息、红利所得、财产租赁所得、财产转让所得和偶然所得，适用20%的比例税率，缴纳个人所得税。基于《个人所得税法》的规定，我国进一步解释和明确了资本性所得的具体征收规则。比如，国家税务总局2014年发布的《股权转让所得个人所得税管理办法（试行）》对股权转让进行解释，规定了股权转让的具体情形、征税范围、计税依据、评估方法和申报纳税程序等。

与此同时，相较于一般劳动所得，我国对部分资本性所得适用税收优惠。比如，根据《对储蓄存款利息所得征收个人所得税的实施办法》的规定，个人在储蓄机构取得的存款利息，减按5%的个人所得税税率执行。《对储蓄存款利息所得征收个人所得税的实施办法》第5条第1款规定，对个人取得的教育储蓄存款利息所得以及国务院财政部门确定的其他专项储蓄存款或者储蓄性专项基金存款的利息所得，免征个人所得税。又如，根据《财政部、税务总局、证监会关于继续实施全国中小企业股份转让系统挂牌公司股息红利差别化个人所得税政策的公告》规定，个人持有挂牌公司的股票，持股期限超过一年的，对股息红利所得暂免征收个人所得税。

虽然我国并未对资本性所得税单独立法，但也初步形成了资本性所得的体系框架。然而，有关资本性所得的规定并不完善，存在大量立法空白。在稳步迈向共同富裕的新时代背景之下，在推进社会生产力高质量发展的前提下，依

托现有关于资本性所得的法律规则体系，需要加强对资本性所得税的研究。[2]

(二) 中国规范资本性所得税存在的问题

1. 体系构建下资本性所得和劳动所得的关系

根据现有法律规定，中国区分资本性所得和一般劳动所得。根据一般理解，工资、薪酬、劳务报酬、稿酬、经营所得等属于一般劳动所得，而利息、股息、红利、财产转让所得等属于资本性所得。我国法律并没有概括性规定资本性所得的概念，而是采取列举式的方式对部分资本性所得征收个人所得税。然而，随着我国资本市场的不断发展，列举式的立法方式似乎无法适应金融工具的日益变化，市场经济对我国的《个人所得税法》提出了更高的要求。

是否应当概括性区分资本性所得和劳动所得，并对资本性所得和劳动所得适用不同的税率，成了一个关键性问题。事实上，资本性所得少交税，劳动所得多交税是中国所得税制度的现状。[3] 根据我国《个人所得税法》规定，部分资本性所得缴纳20%的个人所得税，而劳动经营所得适用累进税率，最多可以达到45%。这背后是对资本性投资风险的补偿和鼓励，劳动的可替代性强，风险小，而风险投资需要政府给予一定的激励措施。[4]

同时，基于对资本性所得和一般劳动所得的区分，是否应当对资本性所得单独立法也值得研究。以美国为代表的国家采取的是将资本性所得纳入个人所得税法体系的立法模式，而英国则是对资本性所得单独立法。依托我国国情和实践，形成具有中国特色的所得税法体系尤为必要。

2. 资本性所得基础规则的漏洞填补

一是缺乏对持有环节是否征税的规定。根据国际普遍规则，只有当资本资产抛售或转让时，才能征收资本性所得税，而我国对此暂无明确规定。

二是纳税主体和征税客体范围不明。比如，企业是否属于资本性所得的纳税主体。2021年发布的《关于权益性投资经营所得个人所得税征收管理的公告》规定，持有股权、股票、合伙企业财产份额等权益性投资的个人独资企业、合伙企业，一律适用查账征收方式计征个人所得税。又如，征税客体范围是否合理，如何协调资本性所得税和房地产税的关系等。

三是抵扣规则缺失的问题。我国对部分资本性所得适用优惠政策，但是仍未正式引入资本损失抵扣规则。从某种程度上说，这将增加投资者的投资风险，

---

[2] 师喆：《制度文明建设：实现共同富裕的重中之重》，载《党政研究》2021年第1期。

[3] 即使国际普遍观点承认，劳动所得与资本性所得的界限有模糊趋势，但是根本上二者还是属于不同的概念。

[4] James M. Poterba, *Capital Gains Tax Policy Toward Entrepreneurship*, 1989.

不利于促进风险投资和刺激资本市场的活跃。

四是税率设置是否合理的问题。相较而言,我国资本性所得的税率设置仍然较高,且税率规则较为单一,是否应当有更多选择?

3. 税制目标和价值导向的明确

财政是国家治理的基础和支柱,财政政策和相关法律规范体现了政府的利益观和价值导向。政策引导是法律目的的根源性要素,法律原则是实现立法目的的行动规则,是法律目的的外化表现。

在制定资本性所得税的政策和法律规则时,公平和效率的平衡是关键性问题。依据国际经验,在征收资本性所得时,如果以公平原则为导向,则应当扩大资本性所得的征收范围,以增加财政收入,调节高低收入差距。如果以效率优先,则应当尽可能降低资本性所得的税率,设置更多优惠税率,促进风险投资,刺激经济发展。在新时代背景之下,我国应当尽可能兼顾公平和效率原则,制定与之相协调的财政政策和法律规则,推进资本性所得税的研究和完善。

二、英国资本性所得税法的体系构建

(一) 严格区分传统:路径依赖下的单独立法

英国资本性所得税法有较长的历史,1965 年英国政府首次通过颁布法案,引入了资本性所得税的概念。[5] 根据英国政府的解释,当时引入资本性所得的主要原因是,政府认为如果不对资本资产征税将使劳动所得处于不利地位。[6] 1901 年麦克诺滕大法官(Lord Macnaghten)在判决中写道:"所得税只针对劳动所得征税,而非其他。"[7] 换而言之,当时英国对劳动所得与其他形式的所得严格区分,且不对资本性所得征税。

20 世纪初期,随着英国资本市场的壮大,生产要素内涵的日益丰富和现代资产交易模式的不断发展,资本资产增值部分出现较大的税收缺口,英国政府亟须调整和改革当时的税法制度。英国在推进资本性所得税立法的过程中,部分借鉴了美国的立法思路,但是在根本上选择了不同的道路。[8]

英国对资本性所得税单独立法,将资本性所得税与狭义个人所得税进行区分。从本质上而言,这是国家文化与习惯的映射,是路径依赖下的选择。如果

---

5 Finance Act 1965.
6 Office of Tax Simplification, *Capital Gains Tax Review – Call for evidence*, 2020, p. 2.
7 London County Council v. Att. – Gen. A. C. 26, 1901.
8 Robert Murray Haig, *Capital Gains and How They Should Be Taxed*, Wealth and Taxation, 1924, pp. 131–135.

探究英国和美国立法体系不同背后深层次的原因，一种解释是两国对个人财富的认定有不同的标准和习惯。英国传统上是基于年收入判定个人财富的多寡，资本投资部分不纳入个人身价的判定体系，而美国认定个人身价的标准则包含资本资产的升值部分。[9] 对美国而言，在评判个人财富时并不看重财富的来源，无论是劳动所得还是资本性所得都被视为个人所得的一部分，并不深究所得产生的具体途径的差异，而是统一规定在个人所得税的规则体系之下。

第二种解释认为，在20世纪美国人与英国人对财富与土地的关联程度有不同的判断。英国相较于美国有更为悠久的历史，资本的积累源于土地的所有权，阶级和财富相对而言较为固定，资产增值的过程显得更加缓和。基于财富源于土地的依赖性思维模式，英国人习惯上不将资本资产的增值与个人的富有程度或收入相挂钩，因而偏向将资本性所得税独立于个人所得税体系。[10] 与此相反，美国国家成立的历史较为短暂，财富的来源更为多样化，对土地的依赖性相对较弱。美国资本主义经济随着资产阶级革命和工业革命快速发展，土地、劳动、资本、信息和技术等都成为重要的获得财富的方式。在此背景之下，资本资产的增值部分往往被认定为个人收入的一部分，因此在立法时自然将资本性所得税纳入所得税体系之内。

（二）缓和区分趋势：所得税与资本性所得税的界限模糊

英国资本性所得税法的独立地位没有发生根本性改变。一方面，英国资本性所得税法区别于企业所得税法。《1992年应收利得税法案》明确了资本性所得税与企业所得税的界限，确定英国资本性所得税法只针对个人资本资产的增值部分征税，而不包括企业抛售资本资产的行为。[11] 另一方面，资本性所得税仍然在法律上独立于个人所得税法。比如，根据《1992年应收利得税法案》的规定，资本性所得不包括可以被划定为个人所得的部分。[12]

事实上，笔者认为，英国个人所得税和资本性所得税的界限出现了模糊化趋势。英国的资本性所得税法可能正逐步接近个人所得税的特殊法，而非完全独立于所得税法体系的规则之外。

首先，资本性所得与个人劳动所得的内涵与外延出现交叉重合，完全区分

---

9 Leif Muten, *Some General Problems concerning the Capital Gains Tax*, British Tax Review, 1966, p. 138.

10 Harvey Perry, *Capital Gains*: *The British Point of View*, National Tax Association, 1953, pp. 150 – 153.

11 TCGA, s1 (A) & s8.

12 TCGA, s37 (1).

越发困难。比如，对于个体工商户、员工股东和合伙人等而言，投资所得的增值部分和劳动所得的界限相对模糊。以员工股东为例，公司通过股权激励的形式附条件给予员工部分股东权益，这部分收益的属性为何，是否属于劳动所得都值得探究。

其次，所得税与资本性所得税的适用范围逐步有重合趋势，法律适用规则相互联结。传统观点之所以认为资本性所得税和个人所得税有十分清晰的界限，是因为两者适用的范围不同。[13] 2019年英国通过修订规则，扩大了资本性所得税的适用范围，与所得税的范围进一步重合。

最后，在税务实践中往往难以完全区分资本性所得税和个人所得税的界限。由于资本性所得税适用更低的税率，纳税人存在将劳动所得混淆为资本性所得的倾向，而税务机关在稽查过程中往往无法轻易辨别，只能通过反避税途径来预防和规避。[14] 企业可以通过改变资本资产抛售的方式、组合以及时间点，来控制应当缴纳的税款类型，从而达到避税目的。

三、英国资本性所得税法的基础规则

（一）资本性所得税的适用边界与范围

1. 纳税主体

根据《1992年应收利得税法案》规定，资本性所得税只适用于个人，企业所得无须缴纳资本性所得税，企业的资本性所得受企业所得税的规制。英国资本性所得税的纳税主体概而言之有三类：一是企业家，比如在非上市公司持有股份的人；二是投资者，比如以投资为目的持有股票、多套房产或是其他资本资产的人；三是部分公司雇员，主要是获得公司股权激励的董事、高级管理人员、核心技术员等。

根据《1992年应收利得税法案》关于资本性所得税收管辖的规定，需要缴纳资本性所得税的自然人包括居民纳税人和部分非居民纳税人。[15] 事实上在很长一段时间内，英国境内的非居民纳税人无须缴纳资本性所得税。2015年起，英国政府开始拓宽资本性所得税的地域管辖范围，《2019年财政法案》进一步对《1992年应收利得税法案》的相关规则进行了修订，增加了地域管辖的联结

---

[13] Office of Tax Simplification, *Capital Gains Tax Review – First Report*：*Simplifying by Design*，2020.

[14] 《英国资本性所得税》，载英国政府官网，https：//www.gov.uk/capital-gains-tax/rates。最后访问于2022年8月24日。

[15] TCGA, s1 (A).

点。[16]出于增加英国来源于资本性所得的财政收入目的，英国资本性所得税的纳税主体范围呈扩大化趋势，管辖权的联结点不断增加，以最大限度扩张属地管辖权范围。

2. 征税客体

英国的税法未对资本资产的概念与内涵进行限缩性解释，英国政府罗列了部分重要的应税资本资产类型，主要包括：除了车辆之外的价值超过6000英镑的动产、非主要居住地的不动产、商业资产，以及不属于个人投资计划（ISA）或是个人储蓄账户（PEP）的股票。[17]

价值低于或等于6000英镑的动产和主要居住地的不动产无须缴纳资本性所得税。但是，即便是主要居住地的唯一房产，如果对外出租、作为经营场所运营，或是占地面积超过5000平方公尺则仍然需要缴纳资本性所得税。[18] 同时，通过赌博、抽奖或者购买彩票的方式所获得的偶然利得，这部分利得也无须缴纳资本性所得税。[19]

资本资产除了需要满足前述类型性规定之外，还应当满足增值和被处置两个条件。在纳税义务人处置增值的资本资产时需要缴纳税款，如果出现损失则根据法律规定适用抵扣规则。与此同时，如果纳税人未处置资本资产，即只是单纯由个人持有或是保有，则无须缴纳资本性所得税。处置资本资产的行为涵盖出售、赠与、转让、交换，以及其他获得对价的方式。[20]

根据英国资本性所得税法的规定，在一些特殊情况之下即使抛售增值的资本资产也无须缴纳资本性所得税。[21] 第一种情况是部分赠与，包括配偶之间的转让赠与以及公益捐赠，这两种赠与行为无须承担资本性所得税纳税义务。[22] 第二种情况是纳税人死亡，死亡将阻断资本性所得税的征收，死者无须承担任何因资本资产增值而产生的税负。[23] 但是如果死者将该资本资产转让给其继承人，除非继承人放弃外，继承人应当依据真实市场价值缴纳资本性所得税。

16　Finance Act 2019.

17　《英国资本性所得税》，载英国政府官网，https：//www. gov. uk/capital‒gains‒tax/what‒you‒pay‒it‒on，最后访问于2022年8月24日。

18　TCCA, s 1 (B) (2).

19　《英国资本性所得税》，载英国政府官网，https：//www. gov. uk/capital‒gains‒tax/what‒you‒pay‒it‒on，最后访问于2022年8月24日。

20　TCCA, s 1.

21　TCGA, s 21 (1) & 222.

22　《英国资本性所得税》，载英国政府官网，https：//www. gov. uk/capital‒gains‒tax/gifts，最后访问于2022年8月24日。

23　Stuart Adam, *The IFS Green Budget* 2008 (2008).

(二) 资本性所得税的三阶税率设置

概而言之，英国资本性所得税的税率远低于个人所得税率。英国资本性所得税的税率适用分为三个阶段，一是对低于年度税收免税额的部分免税，[24] 二是对劳动所得适用基础税率的纳税人适用较低的资本性所得税率，三是对劳动所得适用较高税率的纳税人适用较高的资本性所得税率。

1. 年度税收免税额（Annual Exempt Amount，AEA）

英国资本性所得税的年度税收豁免规则，是一种实质性的减免手段，本质上属于资本性所得税的年度免征额。纳税人纳税年度内的总收益，在扣除当年损失和税收减免后，只有超过年度税收豁免门槛才需要缴纳资本性所得税。[25]

英国的年度税收豁免门槛不是一成不变的，而是随着消费物价指数发生变化的。根据《1992年应收利得税法案》的规定，以一个纳税年度的第九个月为参照，如果该月的消费物价指数高于前一个年度第九个月的消费物价指数，那么年度税收豁免额度应当按照消费物价指数上升的相同百分比增加。[26]

受到通货膨胀的影响，资本性所得往往与实际所得有一定出入，年度税收豁免额规则是补偿通货膨胀的可能途径。[27] 但是相较于通货膨胀指数而言，年度税收豁免规则是较为保守的方式。[28] 特别是对于长期持有的高回报率的投资而言，年度税收豁免规则对通货膨胀的补偿是十分有限的。

2. 基础税率与较高税率

根据英国利得税的规则，超过年度免征额的资本性所得可能适用基础税率或是较高税率。英国资本性所得税的税率高低取决于纳税人的应税收入水平，以及出售或者受赠的资产种类。资本性所得税的税率与个人所得税的税率关系紧密，一般情况下，缴纳劳动所得较高税率的纳税人，将承担更高的资本性所得税率。

与资本性所得税类似，英国个人所得税也区分基础税率与较高税率，现行

---

[24] 笔者认为，与增值税不同，对于资本性所得税而言基本不区分免税和零税率，因而免税也可以属于资本性所得税率的一档。

[25] 《英国资本性所得税》，载英国政府官网，https://www.gov.uk/guidance/capital-gains-tax-rates-and-allowances，最后访问于2022年8月24日。

[26] TCGA, s 1 (L).

[27] 同脚注17。

[28] 美国学者主张引入通货膨胀指数，调节资本资产的税基，以适应资产持有期间的物价增长。比如，如果纳税人在10年前以1000美元购买了一笔资本资产，此后由于通货膨胀物价上涨了15%，那么原来1000美元的购买力相当于当前1150美元。此时通货膨胀指数将把原来的1000美元上调15%至1150美元，即任何收益或损失都相较于1210美元计算。

个人所得税的起征点为12570英镑,个人年收入区间在12570—50270英镑则适用基础税率,年收入在50271—150000英镑则适用40%的个人所得税,年收入超过150000英镑的纳税人缴纳45%的个人所得税。[29]

对于适用劳动所得较高税率的纳税义务人而言,除了房地产交易之外,缴纳的资本性所得税税率是20%的较高税率。[30] 对于个人所得适用基础税率的纳税人而言,有两种不同情况:一是如果应税个人所得和资本性所得的总和,没有超过设定的高税率门槛,那么适用10%的基础税率。[31] 二是如果应税资本性所得和个人所得的总和,超过了个人所得税设定的标准,则超过部分适用20%的较高税率,余下部分缴纳10%的基础税率。[32]

英国个人所得税税率、资本性所得税税率和企业资产处置优惠税率/投资者优惠税率的对比

	个人所得税税率	资本性所得税税率	企业资产处置优惠税率/投资者优惠税率
基础税率	20%	10%	10%
较高税率	40%/45%	20%	10%

(三)资本性所得税的减免与损失抵扣规则

1. 税收减免

英国资本性所得的税率选择除了受到劳动收入水平的影响之外,处置的资本资产类型也会影响最终适用税率的判定。现今英国资本性所得税的优惠税率可以分为两类,即商业资产处置减免(Business Asset Disposal Relief)和投资者减免(Investors' Relief)。

商业资产处置减免规则规定于《1992年应收利得税法案》的第三章和第四章,根据该减免规则,个人处置重要商业资本资产时应当缴纳更低的资本性所得税。[33] 此时,对符合条件的商业资产适用10%的资本性所得税。[34] 是否应当对商业资产适用税收优惠仍存在争议,反对派认为该税收减免规则加大了税制的复杂性,且增加了投机分子通过混淆资本性所得与劳动所得避税的风险。

投资者减免规则由《2016年财政法案》引入,英国政府希望通过税收减免

---

29 《英国个人所得税》,载英国政府官网,https://www.gov.uk/income-tax-rate,最后访问于2022年8月24日。

30 对于房地产交易而言,资本性所得税的基础税率是18%,较高税率是28%。

31 TCGA, s 1 (H).

32 《英国资本性所得税》,载英国政府官网,https://www.gov.uk/capital-gains-tax/rates,最后访问于2022年8月24日。

33 TCGA, ch 3 & ch 4.

34 TCGA, s 169 (N).

刺激个人投资和鼓励就业。[35] 该规则主要针对的是持有三年以上的股票，抛售符合条件的股票可以适用10%的资本性所得税，个人的减免额度上限为1000万英镑。[36] 然而，实施至今该优惠政策的刺激效果并不明显，这可能是因为税率优惠对股票投资的影响有限，直接影响理性人决策的是投资产生的回报率而非税率本身。[37]

2. 损失抵扣

根据《1992年应收利得税法案》第1条规定，在计算净资本性所得时，应当抵扣年度纳税期间内的资本损失和之前纳税年度未曾抵扣的资本损失。[38] 资本损失的抵扣规则有一定的限制，在一般情况下只能抵扣资本所得，只有在非常有限的条件下才可以抵扣个人所得。

同时，资本损失的抵扣需要遵循规定的抵扣顺序。在扣除年度免税额之前，首先要将资本性所得与同一纳税年度内的资本损失相抵扣，如果有剩余损失，则结转以抵消未来纳税年度的资本性所得，但是剩余损失的抵扣应当在扣除年度免税额之后进行。[39]

四、英国资本性所得税法的利益平衡与原则适用

（一）合理简化税制的需求

资本性所得税是为了适应资本市场的快速发展而衍生的，在体系上与劳动所得税并列，在时间上后于劳动所得税产生的一种特殊税种，资本性所得税必然导致所得税体系的复杂化。但是，由于资本资产本身的独特特征，比如增值幅度大、类型多样、风险性高、处置时间点不定且对社会公共利益亦有积极作用等，资本性所得税的单独化处理是合理的，是税制简化要求的适度妥协。

然而，过于繁杂的规则设置可能超出适度妥协的范畴，英国政府也开始反思现有资本性所得税的制度设计是否违背简化税制的要求。[40]

第一，英国资本性所得税的税率设置十分复杂，与个人所得税税率挂钩的

35　Finance Act 2016.

36　TCGA, ch 5.

37　相对而言，资本性所得税的税率高低对投资的影响是有限的。对于理性的投资者而言，只要预期收益为正数且只要税率低于100%，投资者都有投资的动机。

38　TCGA, s 1.

39　Office of Tax Simplification, *Capital Gains Tax Review – First Report: Simplifying by Design*, 2020, pp. 85–91.

40　Arun Advani, Andy Summers, *Capital Gains and UK Inequality*, World Inequality Lab, 2020, p. 18.

三阶段规则，大大增加了规则理解和遵从的难度。与其他适用资本性所得税的国家相比，英国的税率档次是最多的，规则也是最复杂的。

第二，英国资本性所得税的年度免征额的可变性，也增加了规则的复杂性。虽然从理论上缓和了通货膨胀的影响，但是实际上效果甚微，且影响了规则的稳定性，加大了征税机关的行政负担。

第三，英国资本性所得税与个人所得税的关系难以厘清，不仅在法律适用时出现混淆，在规则修订时也属于牵一发而动全身，增加了法律体系协调的难度。

第四，规范相似法律关系的部分规则重复设置，造成法律条文的烦琐冗杂。比如，协调资本性所得税与遗产税对于涉及自然人去世时资本资产的转让处理问题的规定，[41] 又如对英国居民纳税人和非居民纳税人信托资金税务处理的重复性规定等。[42]

(二) 税收中性原则的考量

1. 扭曲经济与社会公共利益的对冲

税收中立原则是现代税法的基础原则之一，目标是尽量不扭曲（distortion）纳税义务人出于纯粹经济原因作出的选择，最大限度保证税收处理相同情况相同对待。[43] 偏离中性原则的例外情况应当经过政府仔细推演，即这种偏离是出于社会公共利益的需要而被允许。

在确定是否应当采用或者保留某项税法规则时，应当采用中立原则的标准来测试，以便保证市场竞争自由，从而确保分配税收的公平性。[44] 税收中性是竞争中立的重要组成部分，良好的税制结构有利于维护市场的公平竞争和促进经济的稳健发展。[45] 事实上，税收中立原则是理想状态下税法制定的追求和目标，征税行为必然会对竞争、市场和投资行为产生影响。笔者认为，应当将征税行为对市场的扭曲作用控制在合理范围，如果是出于社会公共利益需要，经过充分的证明和推演，税法规则可以适当偏离中立原则。[46]

---

[41] Office of Tax Simplification, *Capital Gains Tax Review – First Report: Simplifying by Design*, 2020, p. 93.

[42] Income Tax Act, s 714 ff & TCGA, s 77, ss 86.

[43] Jason Furman, *The Concept of Neutrality in Tax Policy*, 2008.

[44] 这与反垄断法的确保市场竞争目的异曲同工，除了特定由法律确定的情况外，应当最大限度保证市场活力、竞争力和交易效率。

[45] 参见谭崇钧、杨小强：《税收应更加关注竞争中立》，载《财政科学》2020 年第 1 期。

[46] Harold M. Groves, *Neutrality in Taxation*, National Tax Journal, 1948.

2. 优惠税率与税收中立

根据税收支出理论（tax expenditure concept），如果政府对某一部分纳税人提供优惠对待，就等同于政府替代这类纳税义务人缴税，因此给予优惠政策，比如给予抵免、适用差别税率、免税等，本质上属于政府支出。[47]由于对资本性所得适用优惠税率本质上是政府支出，因此更加需要证明和推演这种行为的必要性。如前所述，只有当政府认为并证实某项税收举措对经济和社会具有必要意义时，才可以以牺牲税收中性为代价。

资本性所得税的本质在于区分资本性所得与劳动所得，一方面，对资本资产征税以增加财政收入和防止劳动所得处于劣势地位，另一方面，通过对资本性所得适用优惠税率，从而刺激风险投资行为，进而促进经济发展。在政府最初设置资本性所得税时，一般是基于提高财政税收的角度，将资本资产的增值纳入征税范围。[48]然而，随着理论和实践的不断进步，资本性所得税的宏观调控职能往往发挥出更大的作用。

个人劳动所得往往可替代性高，获得劳动收入的风险较小。与之相反，资本性所得的投资风险高，因而需要政府的政策扶持，相对应的资本资产的增值速度快、幅度大，能为政府带来较高的财政收入。[49]同时，资本资产的投资行为往往具有正外部性，比如可能促进新兴行业风口的产生或是提高居民就业率等。

但是，也有观点认为，资本性所得适用优惠税率对投资的刺激性作用有限，因此主张缩短资本性所得税与个人所得税的税率差值。对于理性的投资者而言，只要存在预期收益就有投资的动机。理论上，只要政府征收的资本性所得税率小于100%，那么理性的投资者就有投资的动机。但是，受到信息不对称和锁定效应等影响，在现实中提高资本性所得税率会对投资积极性有一定的负面作用。

关于资本性所得与劳动所得是否应当同等对待的问题，一直是税法界的争议点，如果认同优惠税率对刺激风险投资和调节资本市场有积极作用，那么对资本性所得适用优惠税率似乎无可厚非，对税收中性原则的部分侵蚀则是基于社会公共利益的需要。反之，则可能更支持缩短资本性所得与个人所得税的差距，以简化税制和保持税收中立。

47　Reuven S. Avi-Yonah, *Stanley Surrey, the Code and the Regime*, University of Michigan Pbulic Law Research Paper, 2019.

48　比如，1921年美国最高法院认定资本性所得应当缴纳税款，该审判结果受到了当时的政治、经济和行政环境的影响，特别是因为刚刚经历了第一次世界大战，美国政府需要平衡政府财政税收困难和民众税收压力之间的关系。

49　James M. Poterba, *Capital Gains Tax Policy Toward Entrepreneurship*, 1989.

(三) 量能课税与公平性导向

税收具有经济效益，因而会引发一定的社会后果，法律规则设定的税种和税率表达了统治阶级对某种经济效益和社会后果的偏好。[50] 从英国资本性所得税税率规则的设计逻辑出发，可以推测英国资本性所得税的规则设置以量能课税原则为思路，亦是以公平原则为导向。

量能课税与公平原则都是税法普遍追寻的基础原则，量能课税是公平原则的一个重要方面。根据量能课税原则，应当根据纳税人的纳税能力征税，个人支付的税额应当取决于税收相对于个人财富的负担水平。[51] 符合量能课税原则的税法规则，是符合纵向公平的，即根据收入水平和支付能力缴税，同时从某种意义上也是符合横向公平的，即对相同情况的纳税人适用符合其收入水平的税赋。

在资本性所得税领域，遵循量能课税和公平原则是必要的。衡量一个人的纳税能力，不仅要参照缴税时的相对负担，还需要参考获得财务的相对难易程度。[52] 根据常识，通过劳动获取财富所付出的辛勤努力，似乎总是高于通过资本投资所付出的，因而对资本性所得适用优惠税率可能使劳动所得处于不利地位。实则不然，资本投资的高风险性决定了资本获得财富是困难的，是眼光、经验、知识和运气的集大成。资本投资可能会短时间内聚集大量财富，但背后的付出和相伴的风险无法估量，同时这种风险也是值得鼓励的。因此，英国对资本资产的增值部分适用优惠税率，本质上也是符合量能课税的要求的。

英国资本性所得税的税率规则，体现了政府对公平原则和量能课税的追求。英国资本性所得税适用三阶税率，对低于年度税收免税额的利得部分免税，对狭义个人所得适用基础税率的纳税人适用较低的资本性所得税率，对资本性所得收入或是劳动所得收入较高的纳税人适用高额的资本性所得税率。笔者认为，英国的资本性所得税可以理解为，以支付能力为基础的累进税制度。

累进税通常被认为是一种符合实质公平且十分有效的方式，按照纳税人的总收入和支付能力征税。[53] 英国资本性所得税的税率直接与个人所得相挂钩，高收入的纳税人缴纳更高税率的资本性所得税，低收入的纳税人缴纳更低税率

50　M. Slade Kendrick, *the Ability – to – Pay Theory of Taxation*, The American Economic Review, 1939.

51　量能课税理论建立在三个假设之上，即承认货币的边际效用随着供应量增加而下降，认为存在因缴纳税款产生的牺牲，以及肯定这种牺牲可以被量化。

52　E. R. A. Seligman, *Studies in Public Finance*, Macmillan, 1925.

53　Victor Thuronyi, *Tax Law Design and Drafting*, 1998.

的资本性所得税。根据资本性所得和劳动所得的总和综合判断个人收入的高低是合理的，个人财产和生活水平的衡量标准应当包括资本性所得和劳动所得。高收入人群往往有更高的支付能力，应当承担更重的社会责任，缴纳更多的税款，这符合税法的基本原则。与个人所得挂钩的累进式征收模式，体现了量能课税和公平原则。

五、中国规范资本性所得的启示

（一）中国所得税领域的利益平衡与选择

皮凯蒂（Thomas Piketty）指出，在金融资本与文化资本的互补累加之下，财富获取、经济效率与社会不公是各国面临的难题。[54] 回顾我国财政发展的历史，在国家治理的过程中财政发展也总是围绕着公平与效率的平衡问题。

我国改革开放后总体经历了"兼顾效率与公平""效率优先、兼顾公平""更注重公平"三个阶段。[55] 新时代共同富裕理念的提出，本质上是对公平原则的再次回应与确认。十八大以来，以习近平同志为核心的党中央对共同富裕问题作出一系列论述，把逐步实现全体人民共同富裕摆在更加重要的位置上，对共同富裕作出一系列新要求和新部署。共同富裕不仅体现为由分配正义导向的各阶层收入的限度共享，更建立在公平和效率相互促进的基础之上，依赖于效率提升导向的社会富足。[56] 中国现阶段需要正确处理效率与公平的关系，扩大中等收入群体，合理调节高收入人群收入，防止收入的两极分化，应当将税收作为重要手段，以试点工作为切入口。[57]

资本性所得税作为政府的重要调节工具，可以有效平衡效率与公平之间的关系，服务于政府的价值导向和政策设计。如果税收的目的在于促进经济的长期发展，那么劳动所得的税率应当降低，并适度提高资本性所得的税率；与之相反，如果税收的目的在于促进福利建设，那么对资本性所得应当适用比劳动

---

[54] ［法］托马斯·皮凯蒂：《21世纪资本论》，巴曙松、陈剑、余江、周大昕、李清彬、汤铎铎译，中信出版社2014年版。

[55] 赵恢林：《公平与效率的融合与发展——基于国家治理视角》，载《工信财经科技》2021年第2期。

[56] 朱富强：《共同富裕的理论基础——效率与公平的互促性分析》，载《学术研究》2022年第1期。

[57] 陆卫明、王子宜：《新时代习近平关于共同富裕的重要论述及其时代价值》，载《北京工业大学学报（社会科学版）》2021年。

所得更低的税率。[58]

除了税率高低之外，其他规则也会反映政府的利益导向。英国政府的政策以公平为导向，在税收领域相应表现为对税收中性、简化税制和量能课税原则的肯定与强调，在资本性所得税法规则上体现为累进税体系和税收抵扣等。于英国而言，在税制改革的过程中，在落实税收法定主义和规范税收立法的基础上，增加税制"量能征收"和"劫富济贫"的公平正义性尤为重要。[59]而美国的政策则以效率为导向，在资本性所得税法上设置持有期限，鼓励风险投资和长期持有等规则。

于我国而言，如何引入规范资本性所得的财税工具，以及是否应当引入资本性所得税制度仍然需要更多的探讨与分析，但横向参照他国经验，对个人资本性所得征税也不失为一个符合共同富裕导向的财政措施。

（二）中国所得税的体系建设和边际把握

美国将资本性所得税纳入个人所得税法体系之中，而英国是对资本性所得税单独立法，两种模式各有利弊。将资本性所得税纳入个人所得税法，有利于税法体系的完整协调，但必然导致牵一发而动全身，不利于税法的修订和完善。与之相反，将资本性所得税单独立法，则更有利于规则的修改、完善和细化，但是不利于税法的体系完整性，可能加大不同税种之间协调的难度。

税制改革是一项系统工程，高水平的市场经济体制需要相应的税收制度作为支撑，在新时代背景下应当正确认识促进共同富裕的税收力量。[60]将资本性所得税纳入个人所得税法体系，符合我国现有所得税法体系和相关法律规定。根据我国《个人所得税法》第2条和第3条规定，利息、股息、红利所得，财产租赁所得，财产转让所得和偶然所得，适用比例税率，缴纳个人所得税。

（三）中国规范资本性所得的推进思路

1. 短期规范建议：以税制合理化为基础路径

短期而言，对基础概念的辨析和对税制合理化的探寻，是中国所得税制度改革的初步逻辑，也是对习近平总书记关于"规范资本性所得管理"号召的积极响应。

一方面，应当明确资本性所得的基本概念和适用范围，现行列举式立法不

58　Konstantinos Angelopoulos, James Malley and Apostolis Philippopoulos, *Tax structure, growth, and welfare in the UK*, Oxford Economic Papers（2012）.

59　何宇杰、朱斌：《英国税制改革动态及经验》，载《税务研究》2016年第5期。

60　杨志勇：《面向共同富裕的中国税制改革》，载《改革》2022年第3期。

足以适应金融工具衍变迅速和资本市场的风云变幻。应当解释诸如资本资产、资本性所得和资本损失等基础概念，对纳税主体和征税对象的范围进行规范。

另一方面，应当注意资本性所得税与其他税种的协调处理问题。例如，在资本性所得领域个人与企业所得的不同处理问题。英国资本性所得税法只适用于个人所得而非企业所得，有关企业资本性所得规定在企业所得税法之中。具有专业性的企业在资本市场的投资行为具有专业性强、频繁交易和大规模投入的特点，与个人投资的模式和习惯有较大区别。又如，资本性所得税与房地产税的协调问题，房地产税应当独立于资本性所得税，又或是纳入资本性所得税的范畴也应进一步探讨。

2. 长期税制目标：以推进共同富裕为基本遵循

长期来看，在个人所得税体系之下拓展资本性所得税的适用空间，建立以资本性所得税为基础的资管行业税制符合共同富裕的基本逻辑。政策体现了政府在某一阶段的基本价值遵循，而法律规则是实现政策的具体行动指南。资本性所得税法的制度设计和具体规则，应当反映中国政府的公平性导向，同时应当兼顾政府对宏观调控资本市场和推进经济平稳运行的实践需求。

第一，资本资产的税率适用问题。相较而言，我国对股息、红利等一律适用20%的税率可能存在税负过重的嫌疑。与此同时，考虑设置年度免税额度、抵扣规则等，给予资本性所得一定的税收优惠。

第二，注意简化税制与规则精细化之间的平衡。应当特别关注是否引入类似英国的累进式资本性所得税制度，是否在税率规则中将资本性所得税率与劳动所得税率挂钩。同时，应当着重探索税率的设置问题，即如何通过调节劳动所得税率与资本性所得税率的差异，从而达到促进投资积极性和缩短贫富差距的双重功效。[61]

第三，有关抵扣和豁免的规则设置考量。英国资本性所得税法设置了年度税收免税额，同时对某些投资领域适用优惠税率，这本质上是对低收入人群的保障和对投资的鼓励。对于高收入人群而言，用于基本生活的消费占收入比重远低于低收入群体。因此，理论上收入越高的人群对税收的承受能力越高，而收入越低的人则"税负痛感"越强烈。我国在引入资本性所得税制度的过程中，或许可以借鉴英国有关资本性所得税的起征点的设计。

第四，注意资本性所得税法纳税主体和征税客体的适用范围。对于纳税主体而言，特别应当注意是否对非居民纳税人适用资本性所得税。英国在逐步拓宽资本性所得税的纳税主体范围，这一方面将增加政府收入，保证财税收入的

---

[61] James M. Poterba, *Capital Gains Tax Policy Toward Entrepreneurship*, 1989.

合理征收，但是另一方面必然打击外国投资者的投资积极性和人才的引进。我国处于吸引外商投资的时期，有关资本性所得税的纳税范围不宜过于激进。对于征税客体的范围而言，特别应当考量将人民基础生活必需品，例如主要居住的房屋排除在征税客体的范畴之外。同时对于豪宅，比如独栋别墅或是大面积住宅，适用不同于一般主要居住房屋的规则。

结语

2021年10月16日，习近平总书记在《扎实推动共同富裕》一文中强调，应当"合理调节过高收入，完善个人所得税制度，规范资本性所得管理"，中共中央政治局2022年4月29日召开会议，强调要"保持资本市场平稳运行"。[62]我国已经对部分资本性所得征税，但是相关规则不够完善，可能无法完全适应日新月异的资本市场发展。

英国资本利得税法规则的正反经验，能为我国规范资本性所得提供借鉴。英国资本性所得税的规则较为清晰，是与个人所得挂钩，以支付能力为基础的累进税制度。英国的资本性所得税制度体现了政府以公平性为导向和以税收中性原则的价值追求。

在推动共同富裕的背景之下，中国应当正确处理效率与公平的关系。短期而言，应当辨析基础概念，明晰资本性所得税与所得税的关系，注意与其他税种的协调问题。长期而言，中国在规范资本性所得的过程中，应当形成具有中国特色的兼顾公平效率，推进共同富裕的布局方针、方法体系、战略步骤和实践路径。

---

62 中共中央政治局2022年4月29日召开会议，分析研究当前经济形势和经济工作，审议《国家"十四五"期间人才发展规划》，提出应当及时回应市场关切，积极引入长期投资者，保持资本市场平稳运行。

推进双碳目标实现的地方立法路径分析

刘长兴*

【内容提要】 我国的碳达峰、碳中和目标已经明确，相应的法律制度建设急需提上日程。虽然中央层面的气候变化应对法还未出台，但双碳目标和政策措施已经基本确定，通过地方立法推进碳减排既有必要性又有可行性。碳减排的地方立法应当以构建可操作的碳减排制度规则为基本目标，采用专门立法为主、相关立法为辅的模式，重点构建碳减排的行政管理制度，其中省级立法和市级立法应当适当分工。具体制度层面，要致力于建立健全碳减排的职权职责体系、科学的能源管理制度体系、碳税的地方落实规则、碳减排的市场激励制度、固碳技术应用制度体系和绿色消费制度的具体规则。

【关键词】 双碳目标 地方立法 体系定位 立法模式 主要制度

控制和降低二氧化碳等温室气体排放、应对气候变化是世界范围内重要的环境议题。为了实现 2030 年前碳达峰、2060 年前碳中和的目标，党中央、国务院明确要求在坚持"全国统筹"的同时"根据各地实际分类施策，鼓励主动作为、率先达峰"，同时将"健全法律法规""增强相关法律法规的针对性和有效性"明确为做好碳达峰、碳中和工作的具体措施。[1] 顶层设计和法律法规体系建设主要应当从中央层面展开，中央已经明确提出要"研究制定碳中和专项法律"

---

* 刘长兴——华南理工大学法学院教授、环境法研究中心研究员、博士生导师，研究方向：环境法、环境行政法、民法绿色化。本文为华南理工大学中央高校基本科研业务费项目"粤港澳大湾区加快实现碳达峰和碳中和目标的路径研究"（项目号：ZKXM202102）、广州市人文社会科学重点研究基地项目的阶段性成果。

[1] 参见《中共中央、国务院关于完整准确全面贯彻新发展理念做好碳达峰碳中和工作的意见》（2021 年 9 月 22 日发布）。

并抓紧修订《节约能源法》等相关法律。同时，地方立法是气候变化立法的重要方面，[2] 不能忽视地方立法在制度细化、制度创新方面的重要意义。碳达峰、碳中和目标的实现需要绿色治理体系的全方位推进，省级乃至市级层面的地方立法积极探索、开拓创新、积累经验，符合上述"健全法律法规"以及各地"分类施策"的要求，也可以为经济绿色发展和碳减排提供制度支持，为全国如期实现碳达峰、碳中和目标做出贡献。应对气候变化立法不能仅关注中央立法，地方立法也应当在推进双碳目标的实现方面有所作为。

一、地方碳减排立法的现实考量

碳达峰和碳中和目标的实现需要切实推进碳减排，立法推进的核心问题也是如何进行碳减排，相应的专门立法可以称为"应对气候变化法"[3]"碳减排专门法"[4]，或者"碳达峰碳减排促进法"立法，[5] 目前并不统一；相关立法包括《环境保护法》《节约能源法》中关于碳减排的规定。本文将其统一称为"碳减排立法"，并主要针对碳减排专门立法展开讨论，仅在必要时涉及其他法律法规中的碳减排规定。

（一）推进地方碳减排立法的必要性

碳减排事关社会经济发展的基本方向，包括基本政策和法律制度在内的顶层设计是顺利实现预期目标的关键。而在地方层面，相应的政策跟进和配套制度建设也必不可少，其中地方立法作为地方制度建设的主要方式应当发挥重要作用，因为中央立法的实施往往需要地方立法的配套和细化制度，而特定领域中央立法缺失的情况下更需要地方的"创制性立法"[6]。当前碳减排的中央立法仍未出台，即使未来专门的应对气候变化法出台，地方碳减排立法仍有发挥作用的巨大空间。除了天津市等少数地方已经出台了碳减排的专门地方立法外，我国多数地方在环境保护方面的立法仍以普通污染防治为主，地方立法在碳减排领域的作用并未凸显，有必要继续推进碳减排的专门地方立法，以从地方层面直接推动碳达峰、碳中和目标的实现，并通过"自下而上"路径以地方先行

---

2 参见常纪文、田丹宇：《应对气候变化法的立法探究》，载《中国环境管理》2021 年第 2 期。
3 常纪文、田丹宇：《应对气候变化法的立法探究》，载《中国环境管理》2021 年第 2 期。
4 刘颖：《中国碳减排法律制度的完善研究》，载《世界环境》2019 年第 1 期。
5 例如，2021 年天津市人大常委会制定了《天津市碳达峰碳中和促进条例》，并于 2021 年 11 月 1 日起实施。
6 曹瀚予：《创制性立法的判定标准及方法探讨——兼论地方立法的分类》，载《学术交流》2020 年第 4 期。

立法推动碳减排中央立法的出台。[7] 具体来说，地方碳减排立法的意义主要体现在以下几个方面。

一是地方立法可以提升碳减排制度的针对性。目前国家层面的碳减排制度主要体现在《节约能源法》等法律的间接规定中，内容比较抽象和笼统；地方碳减排规定主要是零星出现在环境保护相关立法中，直接以碳减排为目标的制度远不完备、操作规则比较欠缺。省级、市级层面推进专门的碳减排地方立法，可以将碳减排的相关制度整合为更加有针对性的体系，设计具体的操作规则，凸显碳达峰、碳中和目标的方向价值和核心地位，从而提升碳减排的强制性约束和体系化保障。

二是地方立法可以增强碳减排制度的稳定性。双碳目标提出后，我国已经全面行动采取措施推动碳减排，[8] 但是目前主要以政策措施推动的碳减排还存在政策稳定性不足、约束力不强等问题，不利于形成长期稳定的碳减排机制。在深入领会中央碳达峰、碳中和目标精神的基础上，在中央碳减排立法出台之前，尽快以地方立法的方式将碳减排政策措施固定下来、形成长期稳定的制度规则，有助于稳定社会和企业的预期、形成碳减排的硬约束。

三是地方立法可以开展碳减排的制度创新，为碳减排法律体系的完善积累经验。加快推进碳达峰、碳中和需要法律制度的创新，特别是碳税、碳排放权交易等制度的创设和完善，而短期内难以实现国家相关法律的重新制定或重大调整，地方立法可以充分利用其灵活性在基本法律制度框架下进行制度创新，充分发挥先行先试功能，[9] 在碳税等领域开展制度创新，可以为碳减排制度创新和完善做出重要贡献。

（二）碳减排地方立法的实践基础

碳减排地方立法要在我国整体法治框架下展开，首先要基于对地方立法权的合理运用，同时要及时总结已有的碳减排地方立法经验、借鉴国外的碳减排立法特别是地方立法经验。从这几个方面来看，我国的碳减排地方立法已经具备全面推开的实践基础。

首先，地方立法权是碳减排地方立法的权力基础。地方立法权是立法权的重要内容，地方立法在我国法律体系中也占据重要地位，尽管地方立法权的范

---

[7] 参见潘晓滨：《中国地方应对气候变化先行立法研究》，载《法学杂志》2017年第3期。

[8] 毛显强、郭枝、高玉冰：《碳达峰、碳中和与经济、社会、生态环境的协同研究》，载《环境保护》2021年第23期。

[9] 参见吴汉东、汪锋、张忠民：《"先行先试"立法模式及其实践——以"武汉城市圈""两型"社会建设立法为中心》，载《法商研究》2009年第1期。

围及限制还存在争议，[10]但环境保护一直是地方立法的重要领域，2015 年《立法法》也明确规定设区的市人民代表大会及其常务委员会可以对环境保护方面的事项制定地方性法规。[11]据此，碳减排立法属于地方立法权的范围当无疑问。事实上，我国地方环境立法已经取得了较大成就，并且具有填补型立法特色鲜明、试验型立法创新驱动力强等成果经验。[12]在已有地方环境立法成就的基础上，碳减排地方立法的展开具备基本条件。

其次，碳减排地方立法已经取得了一些成果、积累了相当的经验。具体到碳减排地方立法领域，虽然目前没有取得全面进展，但以《天津市碳达峰碳中和促进条例》为代表的地方立法已经出现，开启了碳减排地方立法的进程，并且积累了一定的经验。除了环境保护相关立法可能涉及碳减排的规定之外，[13]目前地方立法中相对专门的碳减排立法数量较少，主要有《天津市碳达峰碳中和促进条例》（2021 年）、《南昌市低碳发展促进条例》（2016 年）、《石家庄市低碳发展促进条例》（2016 年）、《深圳经济特区碳排放管理若干规定》（2012 年制定，2019 年修正）。在内容上，这些专门的碳减排立法主要致力于构建碳减排的基本管理制度、生产和消费的绿色转型、碳汇管理制度、低碳技术的支持和激励制度等。另外，碳减排方面的地方政府规章也陆续出台，例如《青海省应对气候变化办法》（2010 年制定，2020 年修订）等。[14]

最后，碳减排立法的国外经验可为我国地方立法所借鉴。虽然关于碳减排的基本思路和要求已经在中央相关政策文件中明确，但是专门的中央立法的暂时缺失仍会导致地方立法的依据不足等问题，制度创新空间大但没有锚定点也可能导致规则设计的偏差。弥补这一问题可以适当借鉴国外碳减排的立法经验，特别是地方层次的立法经验。例如，《德国联邦气候保护法》《瑞士联邦二氧化

---

10 章剑生：《地方立法权的范围及限制》，载《浙江社会科学》2017 年第 2 期。

11 2023 年修正的《立法法》将"环境保护"改为"生态文明建设"。

12 参见田亦尧：《改革开放以来的地方环境立法：类型界分、深圳经验与雄安展望》，载《深圳大学学报（人文社会科学版）》2018 年第 6 期。

13 地方立法中的碳减排规定较多出现在绿色建筑地方立法中，例如《河南省绿色建筑条例》（2021 年）第 9 条第 2 款规定："绿色建筑发展专项规划应当明确绿色建筑发展目标、重点发展区域、公共建筑能耗限额、新型建造技术路线和既有民用建筑绿色改造等内容，并确定碳减排的目标和路径。"其他立法中也有碳减排规定，例如《湖州市绿色金融促进条例》（2021 年）第三章专门规定"碳减排与碳金融"，其中第 17 条规定："市、区县人民政府应当在能源、工业、建筑、交通、农业、居民生活等领域，运用碳金融工具促进碳减排，推动实现碳达峰碳中和目标。"

14 地方立法在广义上包括了地方性法规和地方政府规章等，狭义上可以专指地方人民代表大会及其常务委员会制定的地方性法规。基于地方碳减排立法的现状，以及未来地方性法规在碳减排地方立法中的重要地位，本文讨论的碳减排地方立法以地方性法规为主。

碳减排法》《日本全球气候变暖对策推进法》都已经取得了一定成效，[15]美国和澳大利亚等国地方应对气候变化立法的经验也可为我国地方立法所借鉴。[16]

二、碳减排地方立法的目标定位

基于上述现实考虑和碳减排立法的实践情况，我国碳减排地方立法不必等待中央立法出台之后再跟进，目前已经具备开展地方碳减排立法的实践基础和现实需求，各地包括省级和市级人民代表大会及其常务委员会应当结合当地实际推进碳减排的专项地方立法，制定《碳减排促进条例》或者《应对气候变化条例》等专门立法，并及时修改环境保护相关地方立法、加强碳减排与其他环境保护制度的衔接，为碳达峰、碳中和目标的提前实现提供充分的制度支持。基于地方立法的基本定位，[17]从地方立法的地方治理功能[18]出发，碳减排的地方立法要致力于贯彻落实碳达峰、碳中和政策，以确保地方的碳减排实施进度符合中央政策要求为目标，明确政府推动碳减排的职权职责，建立碳减排的地方实施制度体系。具体来说，应当从以下几个方面确定碳减排地方立法的目标定位。

首先，碳减排地方立法要致力于污染防治法律和碳中和政策的实施，构建可操作性强的地方制度规则。我国地方立法还存在形式主义问题，需要充分发挥特殊地方性法规的创新引领作用加以克服，[19]增强可操作性是地方立法的重要目标。碳减排的政策和法律贯彻落实需要更具体的规则为政府管理和企业经营提供指引、施加约束，特别是强制性碳减排政策的落实需要大量的配套规定，地方立法是操作性规则的主要载体，应当及时将"先行先试"中行之有效的政策法定化，[20]在碳减排的制度建设领域发挥重要作用。特别是在碳减排的中央立法暂时缺失的情况下，地方立法更担负着将碳减排的政策措施转化为具体法律规则的重任。

其次，碳减排地方立法要围绕温室气体减排这一核心目标，整合相关制度、构建节能减排的统一制度体系。我国环境保护基本法律已经建立了污染减排的

---

15 参见田丹宇、王琪、祝子睿：《欧洲应对气候变化立法状况及其经验借鉴》，载《环境保护》2021年第20期；罗丽：《日本应对气候变化立法研究》，载《法学论坛》2010年第9期。

16 参见潘晓滨：《域外国家应对气候变化地方立法实践及中国借鉴》，载《湖南大学学报（社会科学版）》2017年第1期。

17 参见谭波：《我国地方立法制度的宪政定位与完善》，载《行政论坛》2012年第4期。

18 参见钱大军、赵力：《地方治理视野中的地方立法》，载《湖湘论坛》2020年第6期。

19 参见封丽霞：《地方立法的形式主义困境与出路》，载《地方立法研究》2021年第6期。

20 黄晓慧：《新时代地方立法科学机制构建研究》，载《法治论坛》2019年第4期。

制度体系，但是由于温室气体的特殊性，在监管方面与其他大气污染物还存在区别，[21]将其纳入污染减排管理还需要更明确、更体系化的制度安排。从污染防治法体系化建设的角度，将碳减排法律规制纳入污染防治法律体系具有合理性，[22]地方立法应当在环境保护法基本规定的基础上围绕温室气体减排展开具体规则设计。具体来说，就是要按照污染防治制度的基本框架，将二氧化碳等温室气体作为一种特殊污染物加以管控，建立温室气体排放的全过程控制机制。[23]同时，将碳捕捉、封存等负碳技术[24]的推广和应用纳入法律体系，建立相应的强制和激励规则。

最后，碳减排地方立法要明确地方层面的碳减排目标，服务于国家碳中和目标的实现。目标管理是环境保护工作推进的基本方式，我国《环境保护法》已经确立了地方政府的环境质量目标责任制，但该制度还需要精细加工，[25]设计更具体的操作规则。碳减排的地方立法要建立碳减排的目标体系，通过目标责任制明确各阶段、各领域的具体任务，建立起目标约束的地方碳减排工作体系，推进国家碳中和目标的实现。在此意义上，碳减排地方立法实质上担负着对地方政府的环境质量目标责任制进行精细加工的任务。国家碳达峰、碳中和目标的实现离不开各地方的积极作为，各地因地制宜选择适合本地的碳达峰、碳中和目标及其实现路径，有助于以较低代价实现国家碳达峰、碳中和目标。[26]在这一过程中，碳减排的地方立法要建立地方碳减排目标的确定机制、考核评价机制，以及具体的碳减排推进和实践机制。

三、碳减排地方立法的基本模式

我国碳减排立法目前主要还处于拟议阶段，仅有数量不多的地方立法提供了一些基本立法经验，但应当尽快推进碳减排立法的共识已经达成，对中央碳

---

[21] 参见田丹宇、常纪文：《大气污染物与二氧化碳协同减制度机制的建构》，载《法学杂志》2021年第4期。

[22] 参见王斐、刘卫先：《实现我国碳中和目标的环境法制保障》，载《环境保护》2021年第16期。

[23] 参见吕忠梅著：《环境法新视野》（第3版），中国政法大学出版社2019年版，第272 – 273页。

[24] 参见全球能源互联网发展合作组织著：《中国碳中和之路》，中国电力出版社2021年版，第266 – 269页。

[25] 吕霞：《我国〈环境保护法〉中的政府环境质量责任及其强化》，载《法学论坛》2020年第5期。

[26] 参见张友国、白羽洁：《区域差异化"双碳"目标的实现路径》，载《改革》2021年第11期。

减排立法的模式等基本问题的探讨已经展开。[27] 地方碳减排立法的探讨也有展开，[28] 但相对来讲学界关注较少，在此本文结合碳减排立法的基本模式、有限的地方碳减排立法经验，以及地方立法的基本理论，从专门立法定位、行政管理立法属性以及双层地方立法结构几个方面探讨碳减排地方立法的模式问题。

（一）地方碳减排的专门立法与相关立法

碳减排的目标是明确而单一的，即应对全球气候变化，这也使温室气体排放与一般大气污染物排放存在明显的区别，对二者的监管也基本相互独立。因此，虽然碳减排的制度体系构造要遵循污染防治制度的基本思路，并且碳减排要与污染减排相互协同，[29] 但是仍可以构成一个相对独立的排放监管领域，因此应对气候变化的国家专门立法是碳减排立法的主要方面，应当尽快制定气候变化应对法填补国家专门立法的缺失。[30] 在我国碳达峰、碳中和目标已经明确的背景下，碳减排势必成为地方工作的一项重要而独特的内容，地方立法也应当优先采用专门立法的模式，对地方碳减排制度进行统一的规划和设计。

同时，基于环境保护法律的体系化要求和目标一致性特征，碳减排的规则也要在相关立法中体现，即因为气候变化监管措施的跨领域、跨部门和行业等特征，其具体规则应拓展至能源法、经济法、农业法、环境法、民商法等领域。[31] 除了民商法律制度地方立法通常不涉及之外，其他领域的对应地方立法中也应当充分考虑碳减排的现实需求，对相关制度进行适应性调整，从而实现地方立法层面碳减排制度的体系化。

（二）碳减排地方立法的行政管理属性

既然碳减排需要全社会的共同努力，那么理论上民法、行政法、刑法乃至诉讼法等各个部门法都应当在应对气候变化方面有所贡献，实现碳达峰、碳中

---

[27] 余耀军：《"双碳"目标下中国气候变化立法的双阶体系构造》，载《中国人口·资源与环境》2022年第1期；曹明德：《完善中国气候变化适应性立法的思考》，载《中州学刊》2018年第8期。

[28] 潘晓滨：《中国地方应对气候变化先行立法研究》，载《法学杂志》2017年第3期。

[29] 田丹宇、常纪文：《大气污染物与二氧化碳协同减排制度机制的建构》，载《法学杂志》2021年第4期。

[30] 王江：《论碳达峰碳中和行动的法制框架》，载《东方法学》2021年第5期。

[31] 余耀军：《"双碳"目标下中国气候变化立法的双阶体系构造》，载《中国人口·资源与环境》2022年第1期。

和目标需要公法与私法的融汇,[32] 共同发挥作用。在中央立法层面,气候诉讼是应对气候变化的重要法律途径,[33] 碳排放权交易制度更是碳减排制度的重要内容,并且已经在立法上有所呈现。在地方立法层面,碳减排立法应当坚持行政管理制度的基本定位,致力于构建碳减排的具体管理制度规则。基本理由是,在我国立法体系中,民商事、诉讼和刑事领域立法应当由中央立法机关来完成,地方立法的基本定位是在中央立法确定的基本管理制度框架下发展和完善行政管理的具体规则。碳排放权交易的地方立法在我国已经出现,如《福建省碳排放权交易管理暂行办法》(福建省人民政府2016年制定,2020年修订),其内容主要是交易管理规则,基本的交易规则仍应当遵守国家民事法律制度的规定。

行政法治保障是实现碳中和目标的基础,[34] 碳减排的地方行政管理要以地方政府的环境管理职责为依托,通过地方立法明确碳减排的地方政府目标、基本管理制度、政策激励措施等具体内容,并完善相应的执法规则,将碳减排的政策措施固定化为地方政府及其生态环境主管部门、相关部门的行政管理职权,明确具体的管理规则,合理确定企业、个人等各类主体的碳减排义务。

(三) 碳减排地方立法的双层结构

《立法法》确认了设区的市的地方立法权,我国的地方立法形成了省级立法权和市级立法权并行的双层结构。从立法体系的角度看,多层立法权相互配合和协作更有利于法律体系的发展和完善,但在实践中,地方立法权扩容对地方立法的功能和实效提出了挑战,[35] 特别是设区的市立法存在明显的创制性表达不足等问题。[36] 碳减排的地方立法也要协调好省级立法与市级立法的关系,协调地方立法权的行使才能更好地发挥地方立法的积极作用。

在碳减排的中央立法暂时缺位的条件下,省级碳减排立法应当加快推进,发挥碳减排制度建设的主导作用。目前,中央关于碳减排的政策措施已经基本明确,环境保护法也建立了基本的制度体系,省级立法可以依据中央政策和环境法基本制度开展制度创新,一方面利用地方立法相对灵活的优势,在中央碳减排立法短时间难以出台时填补制度空缺;另一方面也可以借机先行先试,大

---

[32] 秦天宝:《整体系统观下实现碳达峰碳中和目标的法治保障》,载《法律科学(西北政法大学学报)》2022年第2期。

[33] 参见高利红:《气候诉讼的权利基础》,载《法律科学(西北政法大学学报)》2022年第2期。

[34] 参见杨解君、方路锦:《面向碳中和的行政法治保障》,载《南京工业大学学报(社会科学版)》2021年第5期。

[35] 卓轶群:《地方立法权扩容的困局与优化》,载《江西社会科学》2020年第9期。

[36] 段东升:《设区的市地方立法的困境与出路》,载《学术交流》2021年第4期。

胆进行制度创新，为中央立法积累经验。

市级立法也应当在碳减排领域发挥重要作用。设区的市立法已经取得了丰硕成果，同时也需要进一步找准定位。[37] 碳减排事关社会运行的方方面面，在中央立法、省级立法确定碳减排的基本制度框架的前提下，市级立法仍有发挥作用的空间，特别是在消费领域碳减排、碳减排的激励措施等方面，要充分发挥市级立法细化规则、查漏补缺的功能，尽快完善碳减排相关的具体规则。

四、碳减排地方立法的制度构造

针对我国目前碳减排的专门性制度不足的现状，碳减排省级地方立法应当主要以专项立法的方式，在环境保护法基本制度框架下，结合碳减排的特殊性和本地实际情况，着重进行以下几个方面的制度构建。市级立法可以结合相关立法，在其中的特定方面进行细化的制度创新。

（一）碳减排的职权职责体系

碳减排工作涉及生态环境等多个领域，地方政府及其职能部门的职权职责协调是做好碳减排工作的重要条件。地方立法要在明确地方各级人民政府碳减排目标责任的基础上，从能源管理、污染减排等角度合理划分地方政府相关职能部门的职责权限，形成生态环境、自然资源、发展改革、能源、财政、税收等部门分工合理、职责明确、相互制约、相互协调的部门职责体系，从污染减排、能源结构调整、产业升级等不同角度推动碳减排，服务于碳减排管理工作的需要。结合环境治理领域人大监督的制度建设，[38] 尽快建立地方人大及其常委会对于碳减排目标管理的监督制度，通过人大质询等方式督促碳减排目标的落实。

（二）科学的能源管理制度体系

能源开发利用是温室气体的主要来源，在社会经济发展仍然高度依赖能源供应的前提下，要在立法层面完善能源管理制度，为能源结构调整、节能减排奠定制度基础。在国家能源法未能出台的背景下，地方立法可以在已有节约能源立法、可再生能源立法的基础上，填补能源管理的制度空白，对地方能源管

---

[37] 参见周然：《立法法修改五周年设区的市地方立法实施情况回顾与展望》，载《中国法律评论》2020 年第 6 期。

[38] 参见章楚加：《环境治理中的人大监督：规范构造、实践现状及完善方向》，载《环境保护》2020 年第 Z2 期。

理进行更具体的制度安排，明确能源发展和能源结构调整的目标，通过能源开发管理、能源结构控制、新能源开发制度以及节约能源制度建立科学的能源管理制度体系，奠定节能减排的能源管理制度基础。

(三) 碳税制度的地方落实规则

地方立法要结合中央立法规定优化地方环境保护税和资源税制度。《环境保护税法》所列应税污染物还是局限于狭义的各类污染物，并不包括二氧化碳等温室气体，这导致我国税收体系中欠缺直接针对碳排放的税种，显然不利于碳达峰目标的实现。在国家法修改纳入碳税税目之前，地方可以充分利用我国法律制度建设的"试点—推广"策略，运用地方"先行先试权"[39] 积极争取成为尽快开征碳税的试点省份，对二氧化碳等温室气体排放开征环境保护税，通过税收手段形成对碳排放的直接制约，作为推动碳减排的重要措施；并以增加的财政收入相应地增加对碳减排的各项激励。同时，在《环境保护税法》和《资源税法》预留的地方立法空间内，对于相关税目、税率结合地方实际进行更明确的规定，优化地方环境税体系。

(四) 碳减排的市场激励制度体系

在建立政府管理制度的基础上，碳减排的深入开展需要市场激励制度的完善，地方立法应当在已有中央政策和相关规定的基础上进一步明确碳排放权的核定和分配、碳汇的认定和管理制度，直接规定或者推动形成可操作的碳排放权确认和交易规则，建立碳排放权交易体系，[40] 鼓励企业进行碳排放权交易，提升碳排放效率，以碳市场的有效运行助力碳中和目标的实现。

(五) 固碳技术发展和应用制度体系

碳捕捉的生物和物理技术发展是实现碳中和的重要手段，固碳制度是推进碳达峰、碳中和的重要制度，[41] 在国家政策导向基本明确的背景下，地方立法可以规定碳捕捉技术的政府补贴制度、碳捕捉技术的推广应用制度等，在直接推动碳减排的同时，以碳捕捉技术的发展和应用支持碳中和目标的实现。具体来说，地方立法应当明确固碳技术发展的政府支持体系、固碳技术的政府购买和推广应用制度、固碳技术应用的支持体系等，以技术发展和进步助力碳中和

---

39 参见杨欣：《改革试验中地方"先行先试权"的法律性质与走向分析》，载《河北法学》2020 年第 7 期。
40 参见蓝虹、陈雅函：《碳交易市场发展及其制度体系的构建》，载《改革》2022 年第 1 期。
41 参见冯帅：《论"碳中和"立法的体系化建构》，载《政治与法律》2022 年第 2 期。

目标的实现；建立对于植树造林、生态修复的财政支持体系，提升生物固碳的效率。

（六）绿色消费制度的具体规则

碳排放主要体现在生产和流通过程中，但生产和流通是服务于消费目标的，从根本上减少碳排放需要更新消费观念，建立和完善绿色消费的制度体系，"我们可以通过改变消费模式来改善有关情况"[42]，地方立法应当在绿色消费制度的构建中发挥积极作用。具体来说，碳减排的地方立法应当致力于引导和改变居民的消费习惯、鼓励和促进绿色低碳消费，从制度上明确节约能源、节约用水、节约用气的激励规则，建立相关资源利用的阶梯价格体系；建立支持公共交通发展的激励规则，鼓励居民选择公共交通工具，减少交通等领域的能源消耗；建立完善的旧物回收体系，减少消费品废弃、提升资源利用效率；推广生活垃圾分类回收体系，并逐步施行生活垃圾排放收费制度，形成对制约消费的制度导向，减少消费环节的资源消耗和碳排放。

结语

实现碳达峰、碳中和是一场广泛而深刻的社会系统性绿色革命，涉及理念转型、经济转型、产业转型、生活方式转型的诸多方面，是我国生态文明建设的历史性任务，[43]离不开法律制度的支撑。地方立法本是我国法律体系的重要组成部分，应当在碳达峰、碳中和的法律制度建设中发挥重要作用。特别是在目前中央层面的应对气候变化立法未能出台，但碳达峰、碳中和的目标和政策措施已经明确的背景下，地方立法更应当在碳减排制度建设中发挥主导性作用，碳减排地方立法应当成为今后一段时期地方立法的重点领域。

---

[42] ［哥斯］克里斯蒂安娜·菲格雷斯、［英］汤姆·里维特－卡纳克著：《我们选择的未来："碳中和"公民行动指南》，王彬彬译，中信出版社2021年版，第113页。

[43] 全球能源互联网发展合作组织著：《中国碳中和之路》，中国电力出版社2021年版，第13页。

关于认罪认罚从宽制度定性的三个思考

——法解释学视角下的分析

万　毅　陈婉婷[*]

【内容提要】认罪认罚从宽制度中充斥着控、辩、审三方的法律关系，更是包含着纷纭杂沓的权利类型。整体而言，被追诉人享有程序选择权而可以申请适用此程序，在其签署具结书后，便享有从宽处理的申请权和不受负面评价撤回具结书的撤回权。人民检察院并不享有认罪认罚从宽的裁量权，而是享有提出量刑要约的处分权，不仅如此，其负有"必为"之义务和有限的撤回权。《刑事诉讼法》第201条一方面明文赋予了人民法院采纳人民检察院量刑建议的接受义务，明确了双方的权利义务关系，但另一方面又通过但书条款的设定，授予人民法院在法定例外情形下不采纳人民检察院量刑建议的豁免权。

【关键词】认罪认罚从宽制度　被追诉人　人民检察院　人民法院

自2018年认罪认罚从宽制度正式"入法"以来，其不断向我们展示着它盎然的生命力。最高人民检察院检察长在第十三届全国人大五次会议上所作工作报告中统计的数据显示，认罪认罚从宽制度从源头上减少了大量上诉、申诉案件，表明该制度已经在化解矛盾、促进和谐、实现社会内生稳定方面发挥了重要

---

[*] 万毅——四川大学法学院教授、博士研究生导师，主要研究领域：刑事诉讼法学、检察制度和证据法学；陈婉婷——四川大学法学院博士研究生，主要研究方向：刑事诉讼法学、刑法学。本文为最高人民检察院检察理论研究课题"检察机关退回补充侦查与自行补充侦查规范化研究"（项目编号：GJ2021C17）的阶段性研究成果。

作用。[1]然而，在取得上述成绩的同时，我们也应当看到，对于认罪认罚从宽制度这一全新的"协商程序"，理论界和实务部门对其定性、定位问题仍然存在一些模糊认识，尤其是对控、辩、审三方在该制度框架内的法律关系即权利义务关系问题还存在一些误读。例如，认罪认罚从宽到底是司法机关的权力，还是被追诉人（犯罪嫌疑人、被告人）的权利？被追诉人主动要求认罪认罚的，人民检察院是否可以自由裁量决定不同意适用该程序？人民检察院与被追诉人经协商达成共识的量刑建议，人民法院是否必须采纳？这些认识问题的客观存在，在一定程度上影响到认罪认罚从宽制度在实务中的有效运行。正基于此，笔者尝试运用法解释学的方法，从规范层面对认罪认罚从宽制度中控、辩、审三方的权利义务关系进行梳理，希望以规范解释为基准，准确界定控、辩、审三方在认罪认罚从宽制度中的权责义务关系。

问题一：认罪认罚从宽是否系被追诉人（犯罪嫌疑人、被告人）的权利

《刑事诉讼法》第15条规定："犯罪嫌疑人、被告人自愿如实供述自己的罪行，承认指控的犯罪事实，愿意接受处罚的，可以依法从宽处理。"该法条将认罪认罚从宽确立为我国刑事诉讼法的基本原则之一，并对认罪认罚从宽制度的内涵、适用条件以及法律后果等作了相对明确的规定。从法解释学角度解读这一法条，首先应当明确的是，"可以"一词在我国立法技术上通常意为授权，该法条在性质上应为赋权性法律规范。虽然该法条省略了主语，但联系上下文，依然可以合理推断出该条款之主语应为"公安机关、人民检察院和人民法院"。亦即，该法条实际上是赋予了司法机关针对认罪认罚的被追诉人（犯罪嫌疑人、被告人）享有作出从宽处罚的权力。对此，笔者并无异议。

但另一方面，该法条又针对被追诉人的认罪认罚行为连续使用了"自愿（如实供述自己的罪行）""承认（指控的犯罪事实）"以及"愿意（接受处罚）"等表示自主选择、决定之意的词语，而从诉讼法理来看，若被追诉人可自主选择和决定程序，则意味着其享有程序选择权，这是不是也就意味着《刑事诉讼法》第15条也是一项授权性规范，授予了被追诉人享有是否启动认罪认罚从宽程序的权利呢？对此，理论界存在不同的认识。有学者笼统地提出，认罪

---

[1] 在2021年，认罪认罚从宽制度的适用率已经超过85%；量刑建议采纳率超过97%；一审服判率96.5%，高出其他刑事案件22个百分点。参见《最高人民检察院工作报告——2020年5月25日在第十三届全国人民代表大会第三次会议上》，载《中华人民共和国全国人民代表大会常务委员会公报》2020年第2期。

认罪认罚从宽制度是法律赋予被追诉人的一种机会与权利。[2]但也有学者认为，被追诉人承担着先行认罪悔罪的前置性义务。[3]同一个法条、同一个诉讼行为（认罪认罚），为何会在理解和解释上得出完全相反的结论，这是一个耐人寻味的话题。

对此，笔者认为，首先应当坚持将认罪认罚从宽定位为被追诉人的一项权利，而绝不能将之解读为一种法定义务。理由在于：一方面，从目的解释来看，根据权威机关对认罪认罚从宽制度立法目的和过程的介绍[4]，尊重被告人的诉讼地位和程序选择权，是设立认罪认罚从宽制度的法理基础和立法目的之一，也是该制度得以正常运行的前提之一。换言之，立法者实际上是给了被追诉人一个选择的机会：认罪认罚，可以依法得到从宽处理；而不认罪认罚，则适用普通诉讼程序正常处理。由此可见，被追诉人享有是否启动认罪认罚从宽制度的程序选择权，这是内涵于认罪认罚从宽制度的隐性前提。另一方面，从文义解释来看，法条中反复出现的"自愿""承认""愿意"等用词，一再表明被追诉人对于是否认罪认罚享有自主选择、决定的权利。换言之，被追诉人享有是否启动认罪认罚从宽制度的程序选择权，若被追诉人认罪认罚，则可启动该程序；若被追诉人不愿意认罪认罚，则适用普通诉讼程序。

那缘何又有观点将认罪认罚解读为被追诉人的一项前置性义务呢？所谓前置性义务，即只有被追诉人先行认罪认罚，司法机关方能对其作出从宽处理。客观地讲，这一观点对"认罪认罚"与"从宽"处理之间的先后逻辑关系的描述并无问题。因为，按照《刑事诉讼法》第15条之表述，被追诉人认罪认罚是司法机关对其依法作出从宽处理的必要条件，即唯有在被追诉人认罪认罚之后，司法机关才能依法对其作出从宽处理的决定。但这并不意味着认罪认罚因此而成为被追诉人的一项诉讼义务。因为，从一般法理而言，义务往往与责任相连，若认罪认罚系被追诉人的法定义务，则被追诉人一旦不履行该义务，将被追究法律责任并被法律所制裁。然而，被追诉人拒不认罪认罚，只是不能获得司法机关的从宽处理，并不会招致法律的制裁或其他负面评价。因此，将认罪认罚定位为被追诉人的一项前置性义务，实属误解。此外，更应警惕的是，随意给

---

2 参见汪海燕：《共同犯罪案件认罪认罚从宽程序问题研究》，载《法学》2020年第8期。

3 杜磊：《认罪认罚从宽制度适用中的职权性逻辑和协商性逻辑》，载《中国法学》2020年第4期。

4 具体而言，"认罪认罚从宽制度，是党和国家长期坚持的宽严相济、坦白从宽刑事政策的深化发展和制度化，是我国刑事法律制度自然演进的结果。当然，也适当借鉴了国外辩诉交易、认罪协商等诉讼制度中的一些合理因素，如，强化认罪认罚的法律效果，完善相关法律程序，尊重被告人的诉讼地位和程序选择权，……"参见胡云腾主编：《认罪认罚从宽制度的理解与适用》，人民法院出版社2018年版，第4页。

被追诉人强加法定义务，必定会恶化被追诉人的诉讼主体地位。因此，给被追诉人强加诉讼义务，必须有充分的法理依据并以法律明示为前提。在缺乏法理论证以及刑事诉讼法条文并未明示的情况下，将认罪认罚解释为被追诉人的一项前置性义务，碍难成立。

实际上，该观点之所以将认罪认罚误解为被追诉人的一项前置性义务，是因为混淆了程序选择权的构成要件。从刑事诉讼法的规定来看，被追诉人要行使这一程序选择权，必须具备法定构成要件。根据《刑事诉讼法》第174条之规定[5]，被追诉人行使认罪认罚程序选择权的构成要件为：其一，作出认罪认罚的意思表示[6]；其二，在辩护人或者值班律师在场的情况下签署认罪认罚具结书。换言之，认罪认罚并非被追诉人的前置性义务，而是其行使程序选择权的意思表示或构成要件，切不可将两者混为一谈。

其次，既然是被追诉人的一项权利，且根据霍菲尔德权利类型理论的解读[7]，所谓被追诉人关于认罪认罚从宽的程序选择权，实际上就是一种"特权"或曰"自由"，其权利内容可概括解读为"我可以这样做（不做），你不得要求我不这样做（不做）"[8]。由于刑事诉讼法本系调整国家专门机关与被追诉人法律关系的部门法，那么，被追诉人关于认罪认罚从宽的程序选择权的内容就可以表述为："被追诉人可以认罪认罚，也可以不认罪认罚，对此，司法机关不得强加干预。"实际上，为了更好地保障被追诉人行使这一权利，刑事诉讼法不仅要求司法机关不得强加干预，还要求其必须依据《刑事诉讼法》第173条第2

---

5 《刑事诉讼法》第174条第1款规定："犯罪嫌疑人自愿认罪，同意量刑建议和程序适用的，应当在辩护人或者值班律师在场的情况下签署认罪认罚具结书。"

6 认罪认罚的意思表示是指被追诉人根据《刑事诉讼法》第174条"自愿认罪，同意量刑建议和程序适用"，或者根据第15条"自愿如实供述自己的罪行，承认指控的犯罪事实，愿意接受处罚"。

7 美国法学家霍菲尔德将法律中的"权利"概念发展为八个基本法律概念，即（狭义上的）权利、义务、特权（自由）、无权利、权力、责任、豁免、无能力。并在此逻辑基础上，衍生了四对关联概念的关系：（1）"狭义的权利—义务关系"是：我主张，你必须。（2）"特权—无权利关系"是：我可以，你不可以。（3）"权力—责任关系"是：我能够，你必须接受。（4）"豁免—无能力（无权力）关系"是：我可以免除，你不能强加。四组关系中前后两者皆是一一对应的关系。参见沈宗灵：《对霍菲尔德法律概念学说的比较研究》，载《中国社会科学》1990年第1期。为免重复解释，后续本文中"权利""义务""特权""无权利""权力""责任""豁免""无权力"皆指霍菲尔德权利理论体系中的概念。

8 根据霍菲尔德的理论，被追诉人的程序选择权在类型上显然应当属于特权或自由的范畴。

款之规定[9]积极尽到告知义务以及充分听取意见的义务等。

问题在于,被追诉人签署具结书之后,是否还能反悔并撤回其认罪认罚的意思表示?从法条本身的规定来看,并没有明确授予被追诉人反悔权或撤回权。但《最高人民法院、最高人民检察院、公安部、国家安全部、司法部关于适用认罪认罚从宽制度的指导意见》(以下简称《指导意见》)第52条[10]明确授予了被追诉人反悔的权利,即被追诉人已经签署认罪认罚具结书后仍可在人民检察院提起公诉前反悔。有关反悔权,目前学界和实务界争议的焦点在于两个方面:一是关于名称,到底名为反悔权还是撤回权?有学者将该项权利称为"反悔权"[11],有学者将其称为"撤回权"[12],也有学者认为"反悔权"又称为"撤回权"[13],还有学者认为在很多场合,"撤回"和"反悔"具有一致性,但二者有时不能完全对应。[14]笔者认为,所谓"反悔",其实只是被追诉人的一种心态,而法律关注的则是人的行为。因此,在诉讼法上,具有评价价值的并非被追诉人当时处于何种心态,而是被追诉人在行为上是否做出了撤回具结书的意思表示。换言之,法律上评价的是诉讼主体是否做出了撤回这一诉讼行为,至于其撤回的原因或动机究竟是反悔、不满、不甘甚或侥幸心理,则在所不问。基于此,笔者认为称谓上应命名为"撤回权"。二是关于撤回权行使的法律后果,主流观点认为权利的行使应当受到限制且无正当理由恶意反悔者可以程序滥用之名予以制裁。[15]也有观点认为被追诉人撤回的限制因诉讼阶段不同而有所区别,但不能因撤回而对其施加更加严重的刑罚。[16]同时也有观点认为,被追诉人享有绝对的反悔权,虽然反悔后不能予以从宽,但这种不利后果不属于

---

[9] 《刑事诉讼法》第173条第2款、第3款规定:"犯罪嫌疑人认罪认罚的,人民检察院应当告知其享有的诉讼权利和认罪认罚的法律规定,听取犯罪嫌疑人、辩护人或者值班律师、被害人及其诉讼代理人对下列事项的意见,并记录在案:(一)涉嫌的犯罪事实、罪名及适用的法律规定;(二)从轻、减轻或者免除处罚等从宽处罚的建议;(三)认罪认罚后案件审理适用的程序;(四)其他需要听取意见的事项。人民检察院依照前两款规定听取值班律师意见的,应当提前为值班律师了解案件有关情况提供必要的便利。"

[10] 《指导意见》第52条规定:"……犯罪嫌疑人认罪认罚,签署认罪认罚具结书,在人民检察院提起公诉前反悔的,具结书失效,……"

[11] 肖沛权:《论被追诉人认罪认罚的反悔权》,载《法商研究》2021年第4期。

[12] 孔冠颖:《认罪认罚自愿性判断标准及其保障》,载《国家检察官学院学报》2017年第1期。

[13] 谢小剑:《认罪认罚从宽制度中被追诉人反悔权研究》,载《江西社会科学》2022年第1期。

[14] 汪海燕:《被追诉人认罪认罚的撤回》,载《法学研究》2020年第5期。

[15] 参见马明亮、张宏宇:《认罪认罚从宽制度中被追诉人反悔问题研究》,载《中国人民公安大学学报(社会科学版)》2018年第4期;秦宗文:《认罪认罚案件被追诉人反悔问题研究》,载《内蒙古社会科学(汉文版)》2019年第3期。

[16] 参见孔冠颖:《认罪认罚自愿性判断标准及其保障》,载《国家检察官学院学报》2017年第1期。

对反悔者的制裁。[17] 对于该问题，笔者认为，其一，作为撤回权（反悔权）法律依据的司法解释，在授予被追诉人撤回权时，并未附加任何行使条件。因此，被追诉人的撤回权，应当视为一种任意撤回权。对于认罪认罚从宽制度中的反悔和撤回问题，我国学术界和实务界的态度一直颇为纠结，一方面公认被追诉人有权反悔并撤回，另一方面又担心被追诉人无正当理由反悔并撤回会破坏诉讼秩序，浪费诉讼资源。但从法理上而言，整个认罪认罚从宽制度，都是以被追诉人自愿放弃刑事诉讼法为其设定的各种程序性保障为前提和基础的，因此，为保障被追诉人意思表示的完全真实、充分自由、无任何顾虑，在制度设计上不应当为其撤回权行使附加任何实质性的限制条件。其二，被追诉人行使撤回权撤回具结书后，除不应当继续享有因为认罪认罚而得之从宽处理外，亦不应当因撤回而对其作任何负面的法律评价。

问题二：认罪认罚从宽是否系人民检察院的自由裁量权

《刑事诉讼法》第176条第2款规定："犯罪嫌疑人认罪认罚的，人民检察院应当就主刑、附加刑、是否适用缓刑等提出量刑建议，并随案移送认罪认罚具结书等材料。"就字面文义而言，法条在此处使用了"应当"一词，表明在被追诉人认罪认罚后，人民检察院有提出量刑建议的对等义务。反之，该法条实际也赋予了被追诉人认罪认罚后请求人民检察院提出量刑建议的权利。但问题在于，条文仅规定人民检察院有提出量刑建议的对等义务，并未规定人民检察院有提出从宽量刑建议的义务。那么，这是不是意味着，是否提出从宽量刑的建议，完全取决于人民检察院的自由裁量？再结合《刑事诉讼法》第15条"可以依法从宽处理"的规定，"可以"一词表明人民检察院不仅具有作出从宽处理或不予从宽处理的权力，也有决定从宽幅度大小的权力。这似乎进一步印证了一个观点，即人民检察院在认罪认罚从宽制度的启动和运行中享有广泛的自由裁量权。

对此，有学者指出人民检察院对认罪认罚案件获得全面的程序和实体处置权，因而需要人民检察院具备相应的裁量权。[18] 但笔者认为，人民检察院并未获得全面的处置权，也无须具备其他裁量权。分析如下：

首先，就认罪认罚从宽制度的程序启动而言，从字面意思看，《刑事诉讼

---

[17] 参见高童非：《契约模式抑或家长模式？——认罪认罚何以从宽的再反思》，载《中国刑事法杂志》2020年第2期。

[18] 贺江华：《检察裁量权的再配置——在"认罪认罚从宽"背景下展开》，载《苏州大学学报（哲学社会科学版）》2020年第6期。

法》第 176 条第 2 款规定的似乎仅仅是人民检察院提出量刑建议的义务，无关乎认罪认罚从宽制度的程序启动。但实际上，该法条表明的是，虽然认罪认罚从宽制度是"协商程序"，需要控、辩双方同时认可方可启动，但实际上人民检察院并无自由裁量之余地，恰恰相反，人民检察院还有"必为"之义务。在被追诉人认罪认罚后，人民检察院即有配合提出量刑建议之义务；在被追诉人同意量刑建议及程序适用，愿意签署具结书时，人民检察院即有配合签署具结书之义务。换言之，在认罪认罚从宽制度的程序启动环节，人民检察院根本没有裁量之余地，只要被追诉人愿意认罪认罚且符合法定要件，人民检察院即有配合接受之义务。其中之法治原理在于，人民检察院本为公权力机关，法律赋予人民检察院认罪认罚从宽之职权[19]，同时亦为其职责。人民检察院固然有权审查被追诉人之认罪认罚是否符合法定构成要件，反之亦然，只要被追诉人之认罪认罚符合法定构成要件，同意并接受启动认罪认罚从宽制度亦为人民检察院之职责，并无自由裁量之余地。

其次，就量刑建议的提出而言，《人民检察院办理认罪认罚案件开展量刑建议工作的指导意见》（以下简称《量刑指导意见》）第 15 条[20]明确指出了何种情况下应当从严把握或者依法不予从宽。由此一些观点认为，人民检察院对于存在《量刑指导意见》第 15 条规定情形的认罪认罚案件享有自由裁量权，不仅享有裁量从宽与否的权力，也享有裁量从宽幅度大小的权力。但立法授予公权力机关以裁量权的实质是免除了公权力机关不作为时的法律责任，因此属于公法上的例外而非常态，这种例外，往往需要法律的明示。[21]是故，除《量刑指导意见》第 15 条规定之外的情形，人民检察院实际上都应当承担"从宽处理"的义务，即提出从宽量刑建议的义务。只要被追诉人认罪认罚，便有权请求人民检察院提出从宽量刑建议，只不过具体的从宽幅度，由人民检察院依据法律和事实裁量、判断。当人民检察院提出不予从宽的量刑建议时，即违反了法定义务，被追诉人有权诉请人民检察院纠正并重新提出从宽的量刑建议。

但同时应予注意的是，即使在《量刑指导意见》第 15 条规定的情形中，人

---

19 "职权"为霍菲尔德权利理论体系中的"权力"，"职责"为该体系中的"责任"，因司法机关为国家职能部门，故以"职权""职责"表达"权力""责任"之义，后文亦如是。

20 《量刑指导意见》第 15 条规定："犯罪嫌疑人虽然认罪认罚，但所犯罪行具有下列情形之一的，提出量刑建议应当从严把握从宽幅度或者依法不予从宽：（一）危害国家安全犯罪、恐怖活动犯罪、黑社会性质组织犯罪的首要分子、主犯；（二）犯罪性质和危害后果特别严重、犯罪手段特别残忍、社会影响特别恶劣的；（三）虽然罪行较轻但具有累犯、惯犯等恶劣情节的；（四）性侵等严重侵害未成年人的；（五）其他应当从严把握从宽幅度或者不宜从宽的情形。"

21 万毅：《刑事诉讼法文本中"可以"一词的解释问题》，载《苏州大学学报（法学版）》2014 年第 2 期。

民检察院享有裁量权，也与通常意义上的裁量权有所不同。诚然，根据《量刑指导意见》第15条的规定，在法定五种情形下，人民检察院"可以"而非"应当"对被追诉人作出从宽处理的决定，是否从宽以及从宽幅度应由人民检察院根据事实和情节进行裁量。但我们应当意识到，人民检察院的上述裁量权是在认罪认罚从宽制度的框架和背景下运行的，而认罪认罚从宽制度作为一种"协商程序"，从原理上讲，若无被追诉人的同意，该"协商程序"就无法启动并运行。因此，人民检察院依据上述所谓裁量权提出的不予从宽的量刑建议，若被追诉人不认可、不同意，则该认罪认罚从宽程序根本无法启动，该量刑建议也就根本无法得到适用。这与一般程序中人民检察院享有的裁量权在形态和效力上完全不同，例如，人民检察院经裁量依法对一起案件的被告人作出酌定不起诉的决定，该裁量不起诉的决定一经作出即生效，被告人只能接受。这就是霍菲尔德所谓"权力—责任"关系，即人民检察院享有裁量权，而作为相对方的被告人负有承担或接受的责任。但在认罪认罚从宽制度中，人民检察院经裁量后提出的量刑建议，被追诉人并不负有承担或接受的责任，其有权拒绝。这意味着，在认罪认罚案件中，人民检察院的量刑建议并不是一项权力，而只是单方基于处分权而提出的一种要约。从形象而言，被追诉人认罪认罚的，人民检察院处分了自己裁量提出量刑建议的权力，提出了自认为恰如其分的要约，期待获得被追诉人作出同意量刑建议的承诺；而被追诉人此时并非仅能承受性地、被动地接受该要约，被追诉人不同意人民检察院提出的量刑建议时，该量刑建议无法被确认有效。故人民检察院并不具有裁量权，提出要约也仅是行使了处分权。

最后，人民检察院是否享有撤回权呢？有学者指出认罪认罚具结书和量刑建议书具有要约和承诺的意涵，但这毕竟不是正式的协议，更像是被追诉人单方的承诺和保证。因此，人民检察院可以不受认罪认罚具结书的约束而调整量刑建议。[22] 但笔者认为人民检察院仅在特殊情况下享有撤回权。《量刑指导意见》第30条[23]与《刑事诉讼法》第201条第2款[24]规定了人民检察院可以撤销、变更、调整量刑建议的情形。于公权力而言，法谚有云：法无授权即禁止。

---

[22] 参见魏晓娜：《结构视角下的认罪认罚从宽制度》，载《法学家》2019年第2期。

[23] 《量刑指导意见》第30条规定："对于认罪认罚案件，犯罪嫌疑人签署具结书后，没有新的事实和证据，且犯罪嫌疑人未反悔的，人民检察院不得撤销具结书、变更量刑建议。除发现犯罪嫌疑人认罪悔罪不真实，认罪认罚后又反悔或者不履行具结书中需要履行的赔偿损失、退赃退赔等情形外，不得提出加重犯罪嫌疑人刑罚的量刑建议。"

[24] 《刑事诉讼法》第201条第2款规定："人民法院经审理认为量刑建议明显不当，或者被告人、辩护人对量刑建议提出异议的，人民检察院可以调整量刑建议……"

也即除此情形外，人民检察院并无撤回具结书的权力。由此推之，其法律效果为除发现新的事实和证据，或被追诉人认罪悔罪不真实，不履行具结书中需要履行的赔偿损失、退赃退赔，或审判期间人民法院认为人民检察院量刑明显不当及被告人、辩护人对量刑建议提出异议外，被追诉人就人民检察院撤回诉讼契约享有豁免权[25]，即此时人民检察院不具有变更法律关系的能力，由此导致人民检察院的行为无效。若人民检察院强行违约，被追诉人并不需要向人民检察院申请违约救济以保障契约恢复原态。而人民检察院的撤回行为对被追诉人并不产生法律效力，被追诉人基于豁免权可要求人民法院按照原量刑建议依法作出裁判。

问题三：人民法院是否受人民检察院量刑建议的约束

《刑事诉讼法》第201条规定："对于认罪认罚案件，人民法院依法作出判决时，一般应当采纳人民检察院指控的罪名和量刑建议，但有下列情形的除外：（一）被告人的行为不构成犯罪或者不应当追究其刑事责任的；（二）被告人违背意愿认罪认罚的；（三）被告人否认指控的犯罪事实的；（四）起诉指控的罪名与审理认定的罪名不一致的；（五）其他可能影响公正审判的情形。人民法院经审理认为量刑建议明显不当，或者被告人、辩护人对量刑建议提出异议的，人民检察院可以调整量刑建议。人民检察院不调整量刑建议或者调整量刑建议后仍然明显不当的，人民法院应当依法作出判决。"该法条明确规定了人民检察院量刑建议的效力问题。从规范层面而言，"一般应当采纳"，表明本条为强行性规则，赋予了人民法院采纳或曰接受人民检察院量刑建议的法定义务。对于这一观点，有学者提出了不同意见，认为法条的文字表述既然是"一般应当采纳"，那就意味着区别于"应当采纳"，而应解释为"可采纳，也可不采纳"，进而主张人民法院仍有审查、裁量是否予以接受的权力。[26] 实务中，人民法院的部分专家也持类似的观点。其认为所谓"一般应当采纳"只能解释为人民法院应当尊重人民检察院的量刑建议，而不是人民法院有接受的义务。[27]

25　根据前文对霍菲尔德权利类型理论的分析，此处被追诉人的权利显然应当归类为"豁免"，即我可以免除，你不能强加。

26　参见黄京平：《幅度量刑刑建议的相对合理性——〈刑事诉讼法〉第201条的刑法意涵》，载《法学杂志》2020年第6期；陕西省人民检察院课题组、杨春雷：《认罪认罚案件量刑建议精准化——内涵新解与采纳规则重构》，载《法律科学（西北政法大学学报）》2021年第3期。

27　胡云腾大法官认为，"人民法院'一般应当'采纳，这里的'一般应当'体现了对'合意'的尊重，但不是'照单全收'"。参见胡云腾：《正确把握认罪认罚从宽　保证严格公正高效司法》，载《人民法院报》2019年10月24日，第5版。

对于上述观点分歧，笔者认为，首先，从文义解释的角度讲，法条的用语、表述均非常清楚，并无歧义。"应当"一词，按照我国的立法用语习惯，在法条中均表示设定义务，与"必须"可通用，殆无异议。虽然立法者在此将副词"一般"与"应当"连用，限制"应当"一词的目的明显，但并不能从语义结构上改变该法条的强行性规则、义务性规则的性质。由此可见，硬性将"一般应当采纳"解释为"可采纳，也可不采纳"，并没有法律文本上的依据。其次，所谓人民法院应当尊重人民检察院提出的量刑建议一说，对理解"一般应当采纳"并无助益。因为，"尊重"一词本身并非法律术语，其内涵无法从规范层面予以把握，所谓人民法院应当"尊重"人民检察院的量刑建议，基本没有规范操作层面的意义，无法将两者的关系还原为权利义务关系，也就无法准确界定两者的职责权限。

上述观点之所以如此解读法条，根本原因在于他们担心若公开承认人民检察院的量刑建议对人民法院产生拘束力，人民法院必须接受人民检察院的量刑建议，将会冲击人民法院作为裁判者的诉讼地位，进而破坏以审判为中心的诉讼制度改革。但实际上，作为"协商程序"的认罪认罚从宽制度的出现和"入"法，已经是对传统刑事诉讼理论和立法的突破，并且这一现象并非我国所独有。在20世纪后半叶，世界范围内各主要法治国家的刑事司法机制均不同程度地遭遇因为诉讼爆炸而产生的司法资源危机，人案矛盾日渐突出。为节约司法资源，在各主要法治国家的刑事司法实践中逐渐开始产生一种替代程序，如美国的辩诉交易、德国的处罚令程序等。在美国的辩诉交易中，大部分法院多接受双方协商的结果[28]，检察官居于主导支配地位，有着极大的指控裁量权，法官则处于消极地位，很少会对被告所做的有罪答辩进行实质性审查。[29]法官的量刑裁量权受到限制。[30]而在德国的处罚令程序中，检察官对某些轻微犯罪，可以直接向地方法院要求发布执行刑罚的命令，只要被告同意，案情清楚和适用法律正确，法院不用开庭可直接接受请求。[31]这种替代程序的特点就在于：一方面以尊重被追诉人的意思自治为名大幅简化程序，另一方面突出检察官在案件和程序分流中的作用，出现了所谓"检察官法官化"的现象，即检察官替

---

[28] Abraham. S. Goldstein, Converging Criminal Justice System: Guilty pleas and the public interest, 49 SMU L. Rev. 567, 570 (1990).

[29] 郭华、高涵：《认罪认罚从宽制度实施风险及程序控制——基于美国辩诉交易制度实施风险的展开》，载《法学论坛》2021年第1期。

[30] 参见伟恩·R.拉费弗、杰罗德·H.伊斯雷尔、南西·J.金著：《刑事诉讼法》，卞建林、沙丽金等译，中国政法大学出版社2003年版，第1034页。

[31] 参见王以真主编：《外国刑事诉讼法学》，北京大学出版社2006年版，第250页。

代法官成为轻微案件的实际决定者。由于替代程序的出现，各主要法治国家逐渐形成了所谓"刑事诉讼双轨制"，即"轻罪速判、重罪慎断"，亦即轻罪案件适用快速审判程序，坚持以检察官为核心；重罪案件适用普通审判程序，坚持以审判为中心。我国的认罪认罚从宽制度，从性质上讲，也可归入替代程序的范畴，其立法目的正如权威机关的解读。[32] 由此可见，我国的认罪认罚从宽制度本身就是着力构建刑事诉讼双轨制的产物，本质上就是一种替代程序，而在替代程序中检察官作为案件和程序的分流者，势必将起到更大的主导作用。《刑事诉讼法》第 201 条之所以明文规定人民法院应受人民检察院量刑建议的约束，本身就是人民检察院在替代程序中主导地位的体现，这并不影响人民法院在普通程序中的中心地位，更不会冲击以审判为中心的诉讼制度改革。

但是，法条中毕竟使用了"一般"一词以限制"应当"，对此又该如何理解和解释？笔者认为，此处的"一般"一词，所针对的是该条文的但书内容。即对于认罪认罚案件，人民法院依法作出判决时，原则上应当采纳量刑建议，但遇到法定例外情形时，有权不受量刑建议的约束。由此可见，所谓"一般"，实际上系针对但书而言，所强调的是在但书列举的五种妨碍公正审判的情形下，人民法院仍负有审查之职责。由此可见，《刑事诉讼法》第 201 条一方面明文赋予了人民法院采纳人民检察院量刑建议的接受义务，明确了双方的权利义务关系；另一方面又通过但书条款的设定，授予人民法院在法定例外情形下不采纳量刑建议的豁免权[33]。与此同时，为保障人民法院及时发现案件是否存在但书情形，法律亦授予了人民法院审查人民检察院量刑建议是否可能影响公正审判的职权和职责。为配合人民法院审查权的行使，《指导意见》第 33 条[34] 亦向人民检察院提出了要求，其目的是便于人民法院进行审查。

根据上文分析，在认罪认罚案件中，人民法院原则上应当采纳量刑建议，对此，人民法院并无裁量权，但遇到法定例外情况时，如在《刑事诉讼法》第 201 条但书列举的五种可能妨碍公正审判的情形下，人民法院又因为得以豁免而重新享有裁量权。例如，当出现《刑事诉讼法》第 201 条规定的"起诉指控的罪名与审理认定的罪名不一致的"情形时，人民法院即不受量刑建议的约束，

---

[32] 胡云腾大法官指出："落实好认罪认罚从宽制度，有利于遵循刑事诉讼规律，将有限的司法资源配置向处理疑案、难案和不认罪案件倾斜，着力构建重大、疑难、复杂和不认罪案件精审、细审，简单、轻罪和认罪案件简审、快审的双轨制诉讼程序，为深入推进以审判为中心的刑事诉讼制度改革创造条件。"参见胡云腾主编：《认罪认罚从宽制度的理解与适用》，人民法院出版社 2018 年版，第 4 页。

[33] 根据前文对霍菲尔德权利类型理论的分析，此处人民法院的权利显然应当归类为"豁免"，即我可以免除，你不能强加。

[34] 《指导意见》第 33 条规定："……提出量刑建议，应当说明理由和依据……"

而可以对该案的定罪量刑行使裁量权。

问题在于，若人民法院拒不履行采纳或接受人民检察院量刑建议的义务，则程序上该如何处理？笔者认为，《刑事诉讼法》第201条明文规定人民法院有采纳或接受人民检察院量刑建议的义务，若人民法院拒不履行该义务，则属于重大程序违法行为，其法律后果将导致人民法院作出的判决无效，人民检察院理应以程序违法提起抗诉，要求撤销一审判决、重新审判。

此外，"量刑建议明显不当"或者被告人、辩护人对量刑建议提出异议时，人民法院是否可以不通知人民检察院调整量刑建议而径直作出判决呢？法检系统对此存在不同意见。[35] 笔者认为，所谓"通知"，实乃"告知义务"，此为人民法院之法定责任，原因有四：一是《刑事诉讼法》第201条规定，在此情形下人民检察院可以调整量刑建议。"可以"一词表明人民检察院享有调整或不调整量刑建议的权力，也有调整幅度大小的权力。人民法院理应保障人民检察院行使这一权力，善尽告知义务。二是就立法技术而言，若人民法院可径直判决，立法无须单设《刑事诉讼法》第201条第2款，因为按照该条第1款但书规定，人民法院已享有裁量权，径直裁判即可，既然立法在第1款之外又单设第2款，即表明第2款之情形，并非人民法院可径直判决之内容。三是从文义解释来看，人民法院作出判决前置条件的完成亦需要履行告知义务[36]。四是量刑建议为控辩双方"合意"的成果，在被追诉人对量刑建议无异议的情况下，若人民法院直接作出判决，人民检察院的量刑减让承诺无法兑现将折损司法公信力。况且，超出被追诉人预期的判决，极易造成被追诉人因不服判决而上诉，导致上诉率攀升。由是推之，人民法院不应在未通知人民检察院的情形下径直判决。

值得注意的是，量刑建议为控辩双方协商一致结果的固化，是由被追诉人放弃一定的诉讼权利而换取量刑减让形成的。人民检察院负有兑现从宽处理司法承诺的义务，秉承诚实信用原则，应当最大限度地保障被追诉人对量刑建议的期待利益。故人民检察院在行使调整量刑建议的权力时，还应当注意以下两点：一是人民检察院不应直接作出调整或不调整量刑建议的决定，而应当与被追诉人先行协商；二是被告人或辩护人对量刑提出异议的，人民法院应当休庭

---

[35] 法院系统主流意见认为，在"量刑建议明显不当"的情况下，通知检察院调整量刑建议，只是工作层面的要求，不是法定义务。但检察系统对此存在不同看法。参见李少平主编：《最高人民法院关于适用〈中华人民共和国刑事诉讼法〉的解释理解与适用》，人民法院出版社2018年版，第404页。

[36] 《刑事诉讼法》第201条第2款规定："……人民检察院不调整量刑建议或者调整量刑建议后仍然明显不当的，人民法院应当依法作出判决。"根据该法条之规定，人民法院应当作出判决的前提为人民检察院不调整量刑建议或调整后仍然明显不当。人民法院告知义务的完成，可敦促人民检察院履行人民法院作出判决的前置条件。

给予两者协商的时间和空间。有观点认为辩护人并不是认罪认罚具结书的一方，其不具有独立处置案件的权利，不能单独对认罪认罚具结书反悔。[37] 实则不然，由于辩护人与被告人存在"权力—责任"的关系，当辩护人与被追诉人建立委托辩护关系时，被告人就应当对辩护人的行为承担法律后果。因此，若辩护人提出异议，应当视为被告人提出异议。

仍需注意的是，就"被告人、辩护人对量刑建议提出异议的"情形，《指导意见》第41条[38] 和《量刑指导意见》第32条[39] 对此进行了限缩解释。据此，《刑事诉讼法》《指导意见》《量刑指导意见》均认为人民检察院无须就被告人、辩护人的凿空之论调整量刑建议。此种限缩解释并非否认了被追诉人享有无因撤回量刑建议的权利，而是认为被追诉人若无因撤回，则评价为被追诉人在该阶段行使了撤回权，将导致具结书失效，被追诉人将因此丧失获得从宽处理的权利。至于被追诉人的异议有理有据的，人民检察院则不仅享有调整量刑建议的职权，也负有调整的职责。此时，若人民检察院拒不调整量刑建议，虽将致使人民检察院的量刑建议失效，但被追诉人仍然可能依据认罪认罚程序获得从宽处理。此种情形类似于《指导意见》第18条的规定[40]，即当被追诉人认罪认罚，但因相对方的原因而使认罪认罚程序存有瑕疵，不影响认罪认罚的成立。况且，据《刑事诉讼法》第15条和《最高人民法院关于适用〈中华人民共和国刑事诉讼法〉的解释》第347条第3款的规定[41]，负有从宽处理义务的不仅为人民检察院，也包括人民法院。在此种情形下，被追诉人可直接请求人民法院依法对其从宽处理。

结语

协商性司法的诉讼原理改变了控、辩、审三方的法律关系，使之在认罪认罚从宽制度中拥有了新的角色定位和权益分配。为此，应厘清控、辩、审三方的权责义务关系，为制度踵事增华。综言之，在程序运行伊始，被追诉人因享

---

[37] 谢小剑：《认罪认罚从宽制度中被追诉人反悔权研究》，载《江西社会科学》2022年第1期。

[38] 《指导意见》第41条将此情形限缩解释为"被告人、辩护人对量刑建议有异议且有理有据的"。

[39] 《量刑指导意见》第32条将此情形限缩解释为"被告人、辩护人对量刑建议的异议合理"。

[40] 《指导意见》第18条规定："……犯罪嫌疑人、被告人自愿认罪并且愿意积极赔偿损失，但由于被害方赔偿请求明显不合理，未能达成调解或者和解协议的，一般不影响对犯罪嫌疑人、被告人从宽处理。"

[41] 《最高人民法院关于适用〈中华人民共和国刑事诉讼法〉的解释》第347条第3款规定，"被告人认罪认罚的，可以依照刑事诉讼法第十五条的规定，在程序上从简、实体上从宽处理"。由于本条款规定于认罪认罚案件的审理一章，故"从宽处理"的主语应为人民法院。

有程序选择权而作出认罪认罚的意思表示并签署认罪认罚具结书。自此，被追诉人便享有从宽处理的申请权和不受负面评价撤回具结书的撤回权。人民检察院并不享有认罪认罚从宽的裁量权，而是享有提出量刑要约的处分权，不仅如此，其负有"必为"之义务和有限的撤回权。行至审判程序，人民法院在多数情况下，通过行使审查权的方式履行采纳人民检察院量刑建议的义务，当出现《刑事诉讼法》第201条但书列举的五种可能妨碍公正审判的情形时，人民法院又因为得以豁免而重新享有裁量权。

网络社会法治化治理的模式与路径选择

柯 卫 林卓立[*]

【内容提要】 当前我国学术界有关网络社会法治化治理的内涵、原则、模式与路径等方面的理论问题尚未澄清,不同治理主体的地位、分工和责任分配等问题也没有取得共识。本文辨析政府、企业、行业协会、网络用户等多元治理主体在网络社会法治化治理中的地位与作用;明晰治理内涵,总结治理原则,为治理活动提供理论依据;针对网络社会法治化治理存在的问题,探讨科学合理的法治化治理模式,为网络社会法治化设计合理可行的治理路径。

【关键词】 网络社会 法治化治理 治理原则 治理模式 治理路径

网络社会的法治化治理旨在针对日益复杂的网络社会以及网络社会中不断发展延伸的法律关系和社会治理问题,运用法律手段或法律调整下的其他手段进行综合治理,维护网络社会的和谐与稳定。法治化治理既体现了法治的内涵,又融合了治理的理念,并最终应用于具体的法律和治理实践活动,为国家整体治理能力和治理体系的现代化奠定基础。

---

[*] 柯卫——广东财经大学法学院教授、硕士生导师,主要研究领域:法理学。林卓立——广东财经大学法学院2021级法律硕士,主要研究方向:金融法。本文是广东省2019年度普通高校人文社会科学重点研究项目:《网络社会法治化治理研究》(项目批准号:2019WZDXM018)的阶段性研究成果。

一、网络社会法治化治理的内涵

（一）网络社会法治化治理的内涵

"网络社会实质上是一种数字化的社会结构、社会关系和社会资源的整合形态，其关系网具有虚拟特征，但事实上网络社会是一种客观存在。"[1]而网络社会的治理是指为了实现网络社会的公共目标而进行的由政府参与的多元治理，对其治理应采用公共治理的模式。这种治理的内在要求在于：第一，进行协商式管理。即强调网络化逻辑的治理和由政府参与的平等伙伴式谈判。第二，发挥多元权力制约的作用。即在互联网社会下形成权力分散以对抗权力垄断。第三，制度化治理。即面对不同治理主体通过法律文件、契约或习惯达成治理运作的制度框架。第四，网络化治理。它包含了多元合作式的平等治理主体、以公共价值为追求、政府发挥对信息共享机制的管理协调功能、通过契约建立互信。第五，改变二元划分的方法，追求善治。即打破不同主体间、部门间和层级间的隔阂，通过效率和公平的形式实现善治。

（二）网络社会法治化治理的界定

1. 网络社会法治和治理的结合

网络社会法治和网络社会法治化治理并不是完全相等的概念，前者着重于运用法律形式和法律手段的治理；后者在法治内涵的基础上引入了公共治理的内在要求，更强调其他治理手段和治理主体在法律的统一引导下进行综合治理。网络社会法治化治理结合了法治内涵和公共治理的内在要求，主要体现为：

第一，注重协商式管理的程序要求。在网络社会中，获得法律共同体身份权的多元利益主体进行充分表达和协商，以商谈为基础做出有约束力的治理规则，并对商谈的结果自动服从。政府作为平等治理主体参与到协商的过程，提供法律政策支撑，并维护协商结果。

第二，治理和法治的权力制约相结合。当公共治理的主体由单一的公权力转向多元治理主体时，法治权力制约理念也完成了更新，增添了社会力量之间、社会力量对公权力进行相互制约的内涵。这种制约得益于互联网技术下网络社会成员可以打破原有的局限和信息传递壁垒与政府进行直接的沟通。此外，它引导了权力的重新构建，不同社会力量得以汇集，形成了能与公权力对抗的社

---

[1] 熊光清：《推进中国网络社会治理能力建设》，载《社会治理》2015年第2期。

会力量。包括网络公民的监督权、知情权、参与权和表达权的扩展。

第三，制度化治理与法律至上、法律权威的结合。在网络社会治理中，各种制度为私人部门和公共组织间的协调合作提供了保障。而法律至上和法律权威确保了一项治理规则只要没有违反法律思维，就应该在经历了公共认可的程序后，通过法律予以保障，同时尊重其治理独立性。

第四，网络社会治理的善治追求体现了良法善治的法治内涵。网络社会整合了市场和层级的双重优点，同时也克服了二者的缺陷，它的治理通过合作化和决策民主化，有助于实现网络社会公正有序的法治价值和善治理念。

综上，本文认为，协商和程序是法治化治理的前提，权力制约是法治化治理的方式和过程，制度化是法治化治理的保障形式，善治是法治化治理的目标。此外，法治化治理的基本逻辑是网络化治理，而人权保障旨在维护网络社会可控的自由特性，应该作为法治化治理的总引导。

2. 网络社会法治化治理的定义

网络社会法治和网络社会法治化治理之间联系的框架可以表达为"网络社会法治—网络社会公共治理—网络社会法治化治理"。结合前文内容，网络社会法治化治理的定义，即为多元治理主体采取网络化的治理方式，在保障网络基本人权的前提下，采取公共认可的程序和权力制约的方式，通过法律及其他规则的保障及调整，维系公正和谐的网络社会。

二、网络社会法治化治理存在的问题

（一）多元化网络治理体系尚未形成

我国目前不同组织制度、治理价值取向的公私部门之间尚未形成完善的治理合力。从纵向看，传统的垂直行政式治理模式已经不适用于多元化的虚拟社会；从横向看，仍以政府治理为主，社会力量参与治理不足。而在具体治理中，政府、网络行业组织、网络用户、网络服务商之间也没有形成规模治理效应，实现资源互享、责任共担，而是存在着权力的相互冲突，治理过于碎片化。具体表现在：

1. 治理效率低下

一方面，公安、广电、国安局等政府部门都可能治理同一对象，而它们都不是专门的网络治理主体，其职能划分不清会降低治理效率进而造成对行政资源的浪费。另一方面，政府与行业协会、网络服务提供者、广大的网络用户在合作治理过程中对各自治理领域的协调沟通并不顺畅，往往导致各自为政。或是政府治理权限过于强大，从而使其他治理主体沦为附庸，缺乏自身独立的治理选择和治理判断。虽然《网络安全法》明确了网信办的监管主体地位，但它还是秉承着领导小组的运行模式，在对不同部门的权限整合上没有取得实质的进步。

2. 互联网平台存在技术中立风险或过度自治的情形

互联网企业往往对内容不作价值上的判断，理由是要对所传播的信息保持中立立场，从而引发网络群体事件的发生。又或者为规避自身风险采取一刀切、简单粗暴的屏蔽治理措施。鉴于此，治理的关键在于对网络企业的责任进行合理分配，以解决互联网平台的技术中立风险和粗暴治理现象。

3. 行业组织的影响力较弱

我国行业组织的治理地位模糊，且组织规范、运行独立性、机构完备性都存在一定的问题。也就是说，当前行业组织尚无法拥有独立的治理地位，在多元治理体系中区别于政府治理，形成权力制约。

（二）法律体系不健全

宏观上，当前调整网络社会的法律体系过于笼统，缺乏具体的执行和操作程序。微观上，网络立法的覆盖面尚不全面，许多新兴网络问题无法得到有效的法律规制。虽然《网络安全法》出台后，网络社会治理的部分问题有了较为统一的规范，但大量法律法规还处于碎片化状态，不同部门规范间的协调和衔接问题依然突出。

网络犯罪治理过于依赖多部门的联合行动，但从中央到地方，各部门之间可能产生差异化的治理现象和权力冲突；网络侵权立法过于强调网络服务商的责任，一定程度上阻挠了网络自由和国家创新。此外，当前的网络立法也与国际上的立法存在衔接不畅的情况。

（三）权力和权利边界不清

权力和权利的界限模糊或失衡可能导致公共权力侵犯公民权利，或公民滥用权利扰乱网络秩序。当对公共言论和私人言论，政治和非政治言论，事实陈述言论和价值判断言论没有进行区分对待；对何时达到什么程度应该纳入治理范围没有制定合理的界限，同样会导致权利和权力的失衡。只有恪守公权和私权的边界，才能对网络生态进行更好的治理，更合理地分配网络社会的治理资源。

（四）治理理念落后

治理理念落后主要体现在没有从管理转向治理，仍然依靠政府行政命令性的管理方法，忽视了社会治理力量下网络化协作治理的作用。当前的治理理念仅是现实社会治理向网络社会治理的简单移植，并未根据网络社会的特点进行治理理念的创新。因此，迫切需要从单一治理转化为多元治理，从碎片化转化为整体性治理。在这一过程中结合网络社会的虚拟性特征和技术性特征，创新完善治理的技术手段。

治理理念的落后还体现在对行政手段和技术手段存在过多不合理运用的情况，过滤技术主要是基于对非法站点和词汇的过滤，通过"防火墙"限制非法网域的访问。

（五）网络道德缺失

网络道德缺失主要与网络技术特征和部分网民素质偏低有关。当网络社会活动不再受现实社会规范的约束或约束力度降低时便会产生去抑制化行为，可能导致网络虚假信息的横行、网络道德绑架、网络水军，甚至引发网络违法、网络犯罪行为的发生，给法治化治理带来了种种挑战。

三、网络社会法治化治理的原则

当前网络社会法治化治理存在的问题，主要包括多元治理体系羸弱、法治体系不健全、权力和权利边界模糊、治理理念落后和网络道德缺失等方面。因此，在对其进行法治化治理和完善时必须找到一个总的指导原则，并始终遵循该原则，指导整个治理活动，引导治理模式的选择。

（一）法治原则

法治的内涵深深地贯穿于网络社会法治化治理中。因此，法治原则应该成为网络社会法治化治理的首要原则。法治原则对网络社会现代化建设的核心作用体现在以下几点：第一，有利于维护正常的网络秩序。第二，有助于明确政府管理边界，防止政府的一些治理行为对网络用户造成损害。第三，有助于保障平等网络主体的合法权益，避免不同主体之间相互进行侵害，并为网络社会的正常运行提供明确可知的行为标准。第四，为其他治理主体和治理规则提供正当性依据，为多元治理体系保驾护航。

（二）比例原则

比例原则是对轻罪重罚现象的规制。随着时代的发展，比例原则不断完善，其内在要求包括合目的性、适当性、损害最小性，抑或是可以把比例原则分解为妥当性原则、必要性原则和狭义的比例原则。

妥当性原则要求政府进行治理活动要符合治理的目的，在公益和私益之间保持平衡。即有所为有所不为，对于网络社会活动主体之间能够自行解决和自治的范畴，政府不能随意进行干预。

必要性原则基于多种手段中采取最小损害的方式，有利于降低政府的治理成本，减小治理对象的妥协程度，提高治理效率。同样，对于自律规则能达成相同治理目的或能形成更好治理效果的，政府应放权于网络社会自治，做好宏观调控和服务工作，为社会自治保驾护航。

狭义的比例原则要求政府要谨慎地行使对网络社会成员的权利限制，避免造成对比例原则的违反。如过度监管对网络开放性和网络言论自由等造成的阻碍。

比例原则在网络社会治理中蕴含着政府权力制约、政府权力下放、建设服务型政府三大基本理念。

（三）协调共治原则

协调共治原则包括三个层面。第一，多元化主体的治理，即国家和社会力量下的不同治理主体的协调共治。第二，不同治理环节的协调共治。法治化的治理过程涵盖了立法、执法、司法、守法、监督以及不同治理部门的各个治理环节。要把各个不同的环节统筹起来，就需要加强顶层制度的设计，避免不同治理环节和部门之间相互掣肘及出现矛盾性的治理结果。第三，多种治理手段的协调共治。这主要体现在法律、技术、道德、社会规则间相互配合。其中法律规定应贯穿于治理的全过程，而技术治理和社会规则同样是在法律的保障下进行，它们与法治并不矛盾。对于道德治理来说，它时时刻刻融于法律治理、社会规则治理和技术治理，进行法律治理、社会规则治理、技术治理也是为了向治理相对方传达网络社会所认可的文化价值取向。它们之间是相辅相成的关系。

此外，协调共治的作用还体现在以下几点：第一，它可以打破一元化治理的非理性局限。第二，缓解网络社会的冲突。即通过发挥程序调和功能，消除多元治理的体制性障碍，增强群众对政府治理的信任。第三，实现网络自由。协调共治的最终目的在于通过共治体系下的权力制约，形成网络社会成员所共同认可的网络自由秩序。

（四）技术治理原则

网络技术逐步生成了一种网络自主空间，并形成了一套以技术编码和自治伦理为主的技术治理方式。[2]但在这种技术治理中,网络服务提供商所进行的技术治理毫无疑问是需要进行法律规范的治理。技术治理作为一种自律机制,需要以法律矫正技术治理的偏差,同时运用法律价值对治理工具的选择和运用进行引导。

技术治理有利于更及时地发现问题和解决问题。网络社会的全球化特征使得技术规则的调整领域和范围得到极大扩展,而技术治理是实施网络化治理的基础。在技术的支持下,多元化的治理力量都得以参与到网络社会治理中,弥补了政府治理的有限理性。而政府内部的治理结构也得到了更多的协调,在纵向上提高了政府行政治理效率。

网络立法和法治应该对技术发展予以更多的支持,在某种程度上网络服务提供者和互联网企业是技术治理最关键的主体。如果对网络服务提供者加以法律上不合理的严格责任,则会破坏网络创新。对网络服务提供者的民事责任豁免并不仅仅是简单的归责原则问题,它对市场经济发展意义深远,它的意义不仅在于保护互联网企业更在于保护国家创新能力。[3]

(五)网络主权原则

当前,我国网络主权利益正遭受外界不同程度的危害。例如国外势力利用网络技术的无疆界特点对我国政治意识形态和人权理念造成冲击。同时,漠视网络主权的存在还会危害国家间的平等地位。例如美国的"互联网名称与数字地址分配机构"负责对各国的互联网名称与数字地址进行统一分配,其霸权条款破坏了原有的具有主体平等性特征的网络社会。另外,网络主权的侵犯会对司法管辖权造成侵害。管辖权是一个国家主权的延伸,跨国互联网企业必须遵循当事国的法律,否则就可能面临退出当事国市场的困境。

总的来说,在网络社会治理过程中,网络主权原则包括:相互尊重国家间网络主权、互不干涉他国网络社会治理、正确地行使本国网络管辖权。坚持网络主权原则是历史的必然选择,它有利于网络社会治理的共治共享。[4]

四、网络社会法治化治理模式的选择

治理模式指治理主体运用一定的原则和方法对治理对象进行治理,并将这种原则和方法具体化为一套体系,运用于治理实践。如果说概念、内涵解决的

---

[2] 郑智航:《网络社会法律治理与技术治理的二元共治》,载《中国法学》2018年第2期。

[3] 周汉华:《论互联网法》,载《中国法学》2015年第3期。

[4] 安静:《网络主权原则是全球网络治理的必然选择》,载《红旗文稿》2016年第4期。

是基本定义问题，为网络社会法治化治理提供了出发点，以及治理原则为网络社会法治化治理提供了宏观上的引领，那么治理模式则是从具体的治理方法角度出发，指导网络社会法治化治理的进行。

目前，我国既要对政府治理的主导性予以认可，又要在治理中强调把握干预边界，在引导社会治理水平提高的过程中逐步放权。在互联网 1.0 时代，网络用户仅充当浏览者的角色，没有广泛参与网络活动。这个时期的网络犯罪以破坏计算机系统类的犯罪为主。而网络侵权也多表现为点对点或点对面的侵权，影响范围有限。彼时网络言论同样没有呈现散发的状态。因此，以政府为主进行较为单一的治理更有利于监管和形成治理合力。但在互联网 2.0 时代，网络社会日益扁平化，网络用户频繁交互，政府应该从网络管制主义向网络现实主义转变，发挥行业协会、网络服务提供者、自治组织等的治理优势。其中，比例原则引导着政府权力的限缩和合理配置，协调共治原则和技术治理原则要求对不同主体的治理优势进行整合。而法治原则当然地贯穿治理始终，并在这一过程中强调对国家主权原则的尊重。

本文认为，网络治理的最优模式是法治化治理的模式。在法治模式的引导下，实现网络社会治理的法治化，即在法治框架内进行网络社会治理，建立起以法治为主导并且能容纳不同治理主体和治理手段的多元化网络治理法治模式。

（一）政府主导

政府主导是对政府与行业治理孰轻孰重的回答。但政府不应再担任公共管理的垄断者角色，而是转变为一个计划安排者和服务者，统筹社会各方力量参与网络社会治理形成治理合力。对于互联网企业和行业组织，政府应逐步放权委以治理重任，同时做好法律监管和舆论监管。对广大网络用户，政府应不断培养其社会治理共同体意识，使公民参与并成为网络社会协作治理机制的核心。

总体而言，当前的网络社会治理仍然应以政府为中心，此外，过于强调平等治理可能会导致治理效率下降、政策实施能力不足等问题。政府向社会治理力量的放权应该是一个逐步进行的过程。

具体来说，政府在治理中的地位应该表现在以下几个方面。第一，由政府对网络社会治理资源进行分配。例如在大政方针上，国家将"互联网＋"纳入"十三五"发展规划的纲要之中。又如 5G 计划和各地基站的建设，都需要政府投入财政力量和转移治理资源。第二，政府通过制定法规政策，引导网络社会的发展，容纳其他治理主体的共同治理。第三，政府应自觉承担起职责范围内的重要职能。如：培育自治组织治理能力、提高网民素质、加强网络道德建设、营造互联网创新环境、加强国际网络治理协作、构建技术治理标准、完善网络基础设施、提供及时有效的司法援助等，并在网络犯罪猖獗、网络谣言肆意、网络侵权盛起时短暂采取威权治理，维护网络秩序，做到进退自如。

（二）行业自律

行业协会是促使政府转型、克服市场失灵、促进行业自律水平提高的重要手段。它的治理作用体现在以下几个方面：第一，直接监督互联网内容的传播。如"12321网络不良与垃圾信息举报受理中心"为中国互联网协会受工业和信息化部委托设立的举报受理机构。它直接承担着接受网络举报、协助查处被举报的网络不良与垃圾信息的职责。第二，发挥行业自律的作用。通过《互联网行业自律公约》，以自治规范的形式约束行业内成员，分担政府治理压力。第三，发挥行业组织治理的独立性。应该加快互联网行业协会与政府的职能分离，将内容分级管理的部分职能转交给互联网行业协会。同时，制定行业协会单行法规，建立行业协会发展扶助基金，建立政府购买服务制度，建立政府对行业协会的资助机制。[5]此外，还应该实施民主化的组织体制，在行业协会内部完善选举制度，建立自律机构，避免其沦为某些特定企业、利益集体的附庸。

（三）企业协同

互联网企业的治理优势在于更具直接性和专业性，也更具有技术优势，需强化其治理主体地位。当前互联网企业治理存在的问题在于：过重的审查责任负担、企业治理与社会治理的协调机制不完善、缺乏引导机制和激励机制等。因此，第一，要在网络社会中明确、合理化互联网企业的治理义务和责任边界。通过制度保障，建立与互联网企业利益有关的治理激励机制，提高其治理意识。第二，发挥互联网企业技术治理的优势，通过大数据分析、智能算法、人脸识别准确辨别不同上网主体，维护未成年人上网健康。同时采取OCR等检测技术自动识别互联网平台上传的信息，及时屏蔽有害信息。第三，运行互联网平台的自身规范进行约束。互联网平台可以在法律引导下，制定平台运行规则，进行自我管理和控制。如《知乎社区管理规定》《腾讯微信软件许可及服务协议》等治理规范，这些规则为平台成员的活动提供了规范性指引，并成为解决纠纷的依据。第四，与政府进行治理合作。当前政府为提高服务质量，力求建设一个数字政府。而网络企业可以在技术研发和平台运营上利用自身优势为数字政府的建

---

[5] 蔡翔华：《行业协会在互联网治理中的角色分析》，载《社团管理研究》2008年第4期。

设提供强有力的技术支撑，担任起连接公共需求和政府公共服务的桥梁。[6]

（四）技术保障

网络社会中的活动内容和框架都是以代码的形式构建的，代码决定了网络活动的范围，并构建起了一套活动规则，因此通过技术手段掌握和控制网络社会的整体运行是网络社会中最为高效的治理方式。它包括运用网络加密技术保护网络虚拟财产、社交账号等的安全。通过入侵监测技术，防范网络攻击。通过网络防火墙技术，切断有害信息的连接。通过信息过滤技术，如"绿坝"等软件拦截不符合传播标准的网络内容。

技术治理需要法律对其非理性一面进行矫正。因此应加强技术与法律法规的衔接，并对其进行合规监管，通过正当程序赋予其治理的合法性。此外，还应该注重技术治理标准的跨组织协调制定，形成技术治理合力。如2020年在国家新闻出版署的指导下，中国音像与数字出版协会联合腾讯、网易等53家企事业单位共同编制了《网络游戏适龄提示》，划分了未成年人年龄段，并进行区别治理。

技术监管的难题还表现在内容控制上，内容控制标准的制定本质上是一个主观的过程，标准的不同会导致屏蔽不足或过度屏蔽。因此应当由政府组织，准确分析评估现有内容控制技术的实际效果，鼓励互联网企业研制更高效并能为公众所接受的控制技术和标准。

（五）道德建设

为推动网络德性善治的制度化建设，我国下一步可考虑采取以下措施：第一，建立互联互通且更规范的网络黑名单制度以及网络信用档案，并将其作为特定网络活动的准入标准。第二，通过互联网+教育的手段，利用网络高传播性，在网络空间展开道德教育。第三，培养法律信仰和法律思维，引导最低道德标准的形成。第四，通过技术手段加强对网络舆情的监管，及时矫正网络道德偏航。第五，通过契约方式约束违反道德的网络行为，在提供网络服务前要求用户签署遵守网络规范的承诺。

（六）公众监督

网络用户是数量庞大的治理主体。网络使用者之间可以相互监督，对违反

---

[6] 王张华、周梦婷、颜佳华：《互联网企业参与数字政府建设：角色定位与制度安排——基于角色理论的分析》，载《电子政务》2021年第11期。

网络规则的行为予以及时纠正，或反映至网络服务提供商、行业协会和政府部门，通过这种方式参与到网络社会的法治化治理上来。为充分发挥群众的力量，应完善各类互联网违法犯罪举报平台。同时，发挥群众在网络社会治理和治理政策制定中平等对话与民主协商的作用。

(七) 加强国际网络社会治理协作

在全球网络治理中，无论采取何种治理模式，都要充分尊重他国的网络主权。习近平总书记指出："国际社会应该在相互尊重、相互信任的基础上，加强对话合作，推动互联网全球治理体系变革，共同构建和平、安全、开放、合作的网络空间，建立多边、民主、透明的全球互联网治理体系。"[7]

全球化背景下的网络社会治理，一是应加强本国治理能力建设，加强本国的互联网文化和网络人才的建设，避免高新技术被国外卡脖子。二是要消减数字鸿沟，既要消除本国不同地区之间的数字鸿沟，又要消除与国外的网络技能鸿沟，使中国互联网意识和软硬件都能与世界接轨。三是在联合国的统一协调下参与到国际网络社会治理合作之中，并形成网络犯罪的联合打击体系，防止网络霸权主义与网络攻击。

综上，本文认为：在不同的治理主体中，政府以维护统治秩序稳定为第一要义，但无法及时灵敏地回应社会治理的需求，存在治理体制僵化的风险。互联网企业的治理，具有趋利性特征，难以真正服务于公共利益治理的目的。行业组织的治理虽然能满足合法性需求和公共利益治理目的，但受限于资金来源和权力支持，存在治理独立性的局限。群众治理在很多时候则带有盲目性和非权威性，而道德治理则缺乏强制性保障。在治理手段方面，技术治理带有治理者自我偏好的非理性因素。因此，应当发挥不同治理主体和不同治理手段各自的优势，构建在法律统筹下综合性的多层治理机制组合。

而法治模式就是将不同治理主体和不同治理手段联结起来的纽带，可以发挥不同治理主体和不同治理手段各自的优势。它可以限制政府权力、管控市场失序，还可以赋予不同治理主体治理的权威性和独立性。如果缺乏法律制度的保障，政府、公众、社会的联合治理将丧失凝聚力。

五、网络社会法治化治理的路径

在明晰了治理原则和治理模式的选择后，针对网络社会存在的治理问题，

---

[7] 习近平：《在第二届世界互联网大会开幕式上的讲话》，载《人民日报》2015年12月17日，第1版。

提出网络社会法治化治理的路径。

(一) 构建多元化网络治理体系

多元化网络治理表现为：在治理关系上，随着政府与市场、社会的关系发生变革，一维的行政治理体制不再适用于网络社会。政府与其他治理主体形成了合作伙伴关系以及监督与被监督的关系。在价值选择上，公共价值和公共利益应成为不同治理主体的共同追求。这种共同的价值选择依赖法律思维对多元社会调整体系的尊重。在治理机制上，多元化网络治理的基础应该植根于良好的资源共享、信息共享和协调机制，通过这种共通机制将公私部门共同纳入网络化治理的体系之中。

将不同治理主体纳入多元化网络治理体系，一是要改变治理格局。在政府治理内部可以通过互联网立法的方式，明确划分各治理部门的职权和治理边界，并建立统一的职能协调机构，整合机构权限。二是要赋予网络平台更合理的治理责任，细化其技术治理规则以缓解技术中立的风险。对于需要规制的网络言论，由政府和网络平台联合协商制定词语资料库，完善信息识别技术，对信息予以审查，并在政府的指导下，由互联网服务提供者和行业组织围绕着分级程序、分级范围、分级层级三者进行信息内容分级的建设，防止简单粗暴的治理。三是应将广大网民融入多元化网络治理体系中，加强政府与网络意见领袖的沟通，使其引领广大网民理性化且积极地参与到多元化治理体系之中。四是应尊重边缘者的表达自由，建设更合理的能兼顾到各方的表决程序，充分尊重网络少数意见。五是要将行业组织纳入多元化治理体系中。行业组织在多元化网络治理模式中发挥着协调不同治理主体的重要作用，因此应当赋予其治理独立性，与政府相互制约，并通过行业组织整合不同的治理资源，协调网民、网络平台、网民意见和政府的治理关系。

(二) 健全网络社会治理的法律体系

网络社会的法治化治理首先要求完善法律体系，并进行网络专门立法。对此应重点围绕网络安全、网络言论、网络犯罪、网络侵权、网络监管等展开网络法治体系的建设。第一，在网络安全方面，随着《网络安全法》的出台，应该在其基础上围绕大数据、云计算、人工智能等做出可操作式规范，保护计算机系统和信息安全，排除威胁网络空间安全的因素。第二，在网络言论方面，确立公共利益和言论自由间的比例原则，通过司法案例为言论自由的法益衡量提供价值指引。第三，在网络犯罪方面，通过法律顶层制度的设计，进行多元、民主的法治化治理，同时加强对数据安全、个人信息、云计算、信息基础措施等方面的刑法规制。第四，在网络侵权方面，应对不同网络服务提供者的义务和责任进行区分。在更高层级立法上明晰IAP（网络接入提供商）、IPP（网络平台提供商）、ICP（网络内容提供商）的分类体系以及它们不同的责任要求。第五，在网络监管方面，应更注重对经济运行和个人权益的保护。面对不断出现的新兴领域更新立法的监管范围，如对网络游戏直播的侵权监管、人脸识别技术应用的风险与法律监管、APP个人信息收集与利用的法律监管等。第六，应积极参与国际网络治理的协作活动，同时吸收国际有益的立法经验，促使本国互联网立法与国际接轨。

（三）明确权力和权利边界

1. 明确权利边界

可参照明显而即刻危险原则、实际恶意原则对言论自由在内的网络活动范围予以合理限制；亦可参照德国做法区分事实陈述言论和价值判断言论。还要注重对非传统边缘言论的尊重和保护，维护好言论发表者的个人信息保护。而对于危害国家主权、分裂民族的言论；故意扭曲诋毁特定群体生活方式、煽动引起社会混乱的言论；非法揭露个人信息等言论都应排除出言论自由的保护范围。此外，为防止过于僵化的技术治理，应对网络信息内容进行分级分层，改变一刀切的屏蔽行为。在程序上，应给予发布者提出异议，申请重新审核的权利，并在这种异议引发的重新审查中建立集中的审查处理平台，进行实质性审查。在审查过程中强化与用户的沟通，同时将处理结果和处理原因明确告知被治理对象。

2. 恪守权力边界

政府应按照比例原则进行治理，尊重市场、社会和公民的治理独立性，并维护公民基本的网络权利，在治理的同时确保网络应有的自由性、匿名性、开放性、多元性、去中心性和超时空性等不受影响。此外，政府的监管应遵从合法性原则中的法律优先原则，在法律约束下进行监管。遵从法律保留原则，在法律的授权下进行监管和治理。并从合理性原则出发，运用符合法律目的和损害最小的方式对网络活动进行监管和治理。

（四）改变治理理念

网络社会的多元化特性使得民众对政府的依赖减弱，在不同的教育水平和利益需求下，政府的治理难度随之增加。因此，政府应该转变治理理念，做好引领者、服务者的角色，构建政府、市场和社会治理的沟通联动机制。这就要求政府对其他社会主体的治理能力进行培育，整合各种社会资源，并改变行政命令式的管理模式，更好地提供公共产品和服务。同时，只有多元化共治才能使政府具备更好的合法性基础，政府应为治理提供制度保障，减少不合理的行政和技术手段，构建一套成熟的参与、协商以及利益表达机制，消除群众和政府间的信息壁垒。

（五）培养公民网络道德素养

公民网络道德是网络社会良性运行的基础，也是维护良好网络秩序的基本要求。提升公民网络道德素养，一是提高公民自律意识，使其明白网络不是法外之地，自觉抵制网络谣言。二是普及网络道德教育，在中小学教科书中增加网络道德的章节。三是充分发挥行业组织自律作用，确保行业成员的网络活动在符合道德规范的范围内进行。四是互联网企业通过契约+技术的方式，与网络用户达成符合道德规范的准入合意，并运用技术对网络活动进行监管。五是政府通过政策引导，推动形成健康的网络环境，同时运用法律手段守住网络社会的道德底线。

结语

党的十八届三中全会首次提出"推进国家治理体系和治理能力现代化"这个重大命题。在互联网时代，我们应该本着创新思维，不断完善网络社会法治化治理的原则和模式，综合运用各种原则和模式，在它们的引导下，探索最适合本国国情的治理路径。在网络社会法治化治理的过程中，还要充分利用好法律、政府、技术、道德、行业协会、企业、网络用户等多元治理主体的力量，实现治理资源的良性整合和高效运用。

毒品犯罪案件"零口供"证明问题研究

潘金贵　吴庆棒*

【内容提要】 受毒品犯罪的交易特殊性及刑罚严厉性等因素的影响，毒品犯罪案件"零口供"的概率普遍高于其他刑事案件，案件办理面临着"拒不供述"降低侦查取证效率、"矢口否认"影响犯罪主观认定、"幽灵抗辩"增加案件证明难度等证明难题。破解毒品犯罪案件"零口供"证明难题可以采取"三向法"：在整体把握法面向，应完善使用刑事技术侦查措施、转变"偏重口供"的办案习惯以及建立并优化毒品专案组办案模式；在证据分析法面向，应细致地审查、分析在案相关证据，根据具体证据类型发掘案件侦办和证据体系构建的突破口；在证据推理法面向，应合理运用刑事推定规则以及严格把握间接证据定案规则，缓解司法证明的困难，增强"零口供"毒品犯罪案件办理质效。

【关键词】 "零口供"　毒品犯罪　刑事推定　"三向法"

根据《刑事诉讼法》第55条"没有被告人供述，证据确实、充分的，可以认定被告人有罪和处以刑罚"的规定可知，虽然"零口供"[1]并不绝对否定对被告人的定罪量刑，但在一定程度上增加了案件办理的难度，隐蔽性、危害性

---

* 潘金贵——西南政法大学证据法学研究中心主任，教授，博士生导师；吴庆棒——西南政法大学证据法学研究中心研究人员，博士研究生。本文系国家社会科学基金项目"刑事案件事实认定中的经验法则研究"（19BFX092）、陕西省教育厅科研计划项目"刑事案件律师辩护全覆盖研究"（21JK0368）、西南政法大学学生科研创新项目"认罪认罚案件自愿性保障机制实证研究"（2021XZXS-295）的阶段性研究成果。

[1] 口供是犯罪嫌疑人在刑事诉讼过程中，就案件相关情况向司法机关所作的陈述，包括有罪、罪重的供述和无罪、罪轻的辩解。本文中"口供"仅指犯罪嫌疑人有罪、罪重的供述和罪轻的辩解。

较大的毒品犯罪案件更是如此。在毒品犯罪打击过程中，涉毒嫌疑人[2]口供的缺失将给办案带来诸多证明难题。由此，本文将在指出并分析毒品犯罪案件"零口供"证明难题的基础上，尝试提出一种可行的体系化方法，以为司法办案人员破解难题建言献策。

一、毒品犯罪案件"零口供"的样态与影响

笔者在实践考察与裁判文书检索中发现，当前毒品犯罪案件"零口供"的样态可分为三种，即"拒不供述"型、"矢口否认"型以及"幽灵抗辩"型，[3]不同的"零口供"样态有着不同程度的诉讼影响，具体分析如下。

（一）"拒不供述"型及其影响

所谓"拒不供述"型，是指涉毒嫌疑人对办案人员就与本案有关问题的提问缄口不语。口供在还原案件真相和落实合作性司法模式方面有着独特的证明价值，[4]其所蕴含的丰富的信息有助于指引办案机关的调查方向，及时发现并获取新的事实、情节与证据线索，做好证据收集、补强与验证的工作。一旦犯罪嫌疑人在讯问时不予配合，他类证据的收集、案件证据体系的构建也将在一定程度上受到口供缺失的制约，毒品犯罪案件亦是如此。"拒不供述"型"零口供"将使诸如犯罪动机、犯罪目的等犯罪心理或犯罪主观方面的犯罪细节等信息材料，以及依据真实口供所易于获取的毒品实物证据等越发难以收集，因而极大降低了侦查取证效率。

（二）"矢口否认"型及其影响

所谓"矢口否认"型，是指涉毒嫌疑人作出否认主观上"明知"的行为对

---

[2] 出于行文简练及便利性考虑，如无直接表述和特别说明，本文将不再根据提起公诉与否而对犯罪嫌疑人与被告人作出表述上的区分，而统称为"涉毒嫌疑人"。

[3] 在本研究的实践考察方面，笔者先前以实习生的角色参与了 C 市 Y 区公检法的相关部门的工作实践，具体实践考察方法包括协助办案、当面咨询与问卷访谈，时间为 2021 年 3 月至同年 6 月、2022 年 6 月至同年 9 月、2023 年 2 月，对毒品犯罪案件"零口供"的司法样态与影响有了比较直观的认识。并且通过裁判文书检索，笔者也发现，毒品犯罪案件"零口供"情况并不少见，"拒不供述"型如排腊干、雷腊利运输毒品案，参见云南省德宏傣族景颇族自治州中级人民法院（2019）云 31 刑初 226 号刑事判决书；"矢口否认"型如田某某贩卖毒品案，参见湖南省凤凰县人民法院（2020）湘 3123 刑初 3 号刑事判决书，以及杨某某犯贩卖毒品案，参见贵州省贵阳市南明区人民法院（2020）黔 0102 刑初 690 号；"幽灵抗辩"型如尼尔森·威尔斯走私毒品案，参见重庆市高级人民法院（2015）渝高法刑终字第 00076 号刑事判决书。

[4] 李训虎：《口供治理与中国刑事司法裁判》，载《中国社会科学》2015 年第 1 期。

象是毒品的辩解,或否认毒品为自己所有,继而使控方难以依照"主客观相统一"的定罪原则对其涉毒行为予以追诉。当然,由于我国尚未将单纯的吸毒行为纳入犯罪打击圈,而仅惩处吸毒人员大量持有毒品的行为,所以在运毒、贩毒等案件中,一般除非当场抓获毒品"下家",否则在涉毒嫌疑人仅仅承认其持有的少量毒品为自己吸食所用时,难以对其涉嫌的运毒、贩毒等行为作出认定。因此,对于部分毒品犯罪案件,在直接证据空位、印证补强性证据不易获取时,"矢口否认"型"零口供"不仅对案件关联性事实的证明工作提出更大的挑战,也致使办案人员对涉毒嫌疑人犯罪主观的证实变得更为困难。

(三)"幽灵抗辩"型及其影响

所谓"幽灵抗辩"型,是指涉毒嫌疑人在刑事诉讼中针对办案人员的有罪指控,为减轻或者免除其刑事责任而提出的难以查证的辩解,[5]如故意提供诡辩性信息,误导案件侦办方向,从而增加案件的证明难度。以杨某春涉嫌非法持有毒品案为例,[6]虽然办案人员在涉毒嫌疑人杨某春驾驶的汽车后备厢中当场搜出22克冰毒,但杨某春一直辩解称查获的冰毒非其所有且不知情,并提到其当日曾载"郑某"(在赌局中认识的吸毒人员)赴棋牌室赌博,该毒品可能系"郑某"偷偷放置于其车内以躲避侦查。由于始终难以查清"郑某"的身份,加之当天杨某春确实出入过棋牌室,因此其辩解理由无法得以彻底证伪,最终,检察院认为事实不清、证据不足,对其不批准逮捕。因此,尽管该案中涉毒嫌疑人杨某春的"幽灵抗辩"存在诸如不知牌友的姓名及联系方式等违背基本认知经验和常理之处,但其对实施非法持毒行为的否认仍在一定程度上动摇了办案人员对其有罪认定的内心确信。

二、毒品犯罪案件"零口供"的成因分析

(一)犯罪样态与证据构造

1. 犯罪高度隐蔽性。从实践情况来看,毒品从生产到运输再到贩卖往往都是单线联系,如果缺乏相关了解内幕情况人的举报等,办案机关通常较难发现并打击此种相对固定的"毒品圈"。此外,犯罪行为人常常采用伪装手法包装流转中的毒品、以化名称呼毒品,从而不易使周围人察觉,加之多数毒品犯罪不存在传统意义上的犯罪现场(通常来说制毒犯罪除外),因而欲借此挖掘有关遗

---

[5] 万毅:《"幽灵抗辩"之对策研究》,载《法商研究》2008年第4期。
[6] 本案例来自姚舟、沈威:《幽灵抗辩及其排解机制构建》,载《东南法学》2014年第3期。

留证据难度较大，所以，毒品犯罪的隐蔽性进一步提高了此类犯罪中的取供、取证难度。

2. 抓捕时机难控性。一般而言，被抓捕的涉毒嫌疑人中现行犯居多，而涉毒嫌疑人为逃避犯罪惩处，一旦行为败露，便会立即采取各种方式最大限度地隐藏或销毁毒品，因此，抓捕时机把握不当将极大程度地影响抓捕现场证据收集的质量，从而给后续诉讼中的补充侦查或者核实相关证据等工作带来一定的挑战，并可能影响最终的犯罪认定。

3. 证据单一性与易变性。多数情况下，毒品犯罪案件中证据种类呈现出某种单一性，即言词类证据居多（被害人陈述类言词证据较少）。而较之于实物证据，言词证据有着易变、难固定等特点：一方面，不仅证人证言相互之间容易存在细节上的矛盾之处，而且有些情况下证人易受心理与环境等多重因素的影响，致使其所陈述的证言欠缺证据能力或缺乏一定的证明力，无法有效证明犯罪发生与否。另一方面，口供也可能出现"朝供夕改"的情形，尤其是悔罪意愿不强的涉毒嫌疑人更是如此，甚至出现"零口供"情形。

（二）刑罚严厉与心理对抗

笔者以"走私、贩卖、运输、制造毒品罪"为研究对象，以"聚法案例"网为检索平台，经过阅读裁判文书、提取关键信息、去除重复与残缺数据，并排除有共同犯罪和数罪并罚的情况后，可以得出，总体上，此类案件判处的平均刑期已高达5年6个月，[7] 这意味着近年来我国毒品犯罪打击力度较大，对涉毒被告人的处刑较重，这在一定程度上进一步限制了涉毒嫌疑人自愿如实供述的选择，甚至在供述后选择翻供，否认所有指控事实。

同时，在毒品犯罪案件中，出于减轻或者免除自身刑事责任的侥幸心理，涉毒嫌疑人"缄口不语"也不无可能。此外，"走私、贩卖、运输、制造毒品罪"与"非法持有毒品"之间还存在犯罪认定标准与量刑标准上的差异，不过，总体上前罪较之后罪的追责情形更广，刑罚处罚力度更大，这就使得涉毒嫌疑人在被抓获后供述时避重就轻，甚至拒不供述、不断翻供，给办案人员制造事实认定难题，此时如果证据无法证明涉毒嫌疑人实施了走私、贩卖、运输、制造毒品犯罪的行为，则只能对其进行所谓的以"非法持有毒品罪"定罪量刑的降格处理，此种处理方式的存在也在某种程度上增加了毒品犯罪案件"零口供"

---

[7] 详见网址：https：//www.jufaanli.com/album/xs_zousifanmaidupin/holoSearch?TypeKey=&search_uuid=833c822cec1d635765717f6c8739d43e&sortType=caseTime，最后访问于2023年4月11日。

的发生概率。

(三) 办案习惯与规则适用

1. 证据收集方面。其一,在毒品犯罪案件中,"偏重口供"的办案习惯使部分公安司法人员在证据收集方面欠缺必要的规范性和积极性。其二,毒品犯罪案件办理的专业化模式尚未完全成熟、检察引导侦查取证职能发挥不到位等在一定程度上制约着办案人员的取证能力。其三,毒品犯罪案件侦办高度依赖技术侦查,[8]但有限的技术侦查资源成为毒品犯罪案件中办案人员获取技侦证据和提高侦查办案效率的阻碍。[9]

2. 证据审查方面。办案人员对证据能力与证据内容审查的精细化程度不够,不利于找准案件侦办的切入点以高效应对"零口供"证明难题。例如,笔者在实践调研过程中发现,部分办案人员对翻供理由的审查以及对同种证据之间或不同种证据之间有无矛盾、能否印证的审查仍停留在形式审查层面。

3. 事实认定方面。在"零口供"毒品犯罪案件中,刑事推定规则与间接证据定案规则对认定案件事实发挥着至关重要的作用。刑事推定能够契合控方证明涉毒嫌疑人主观明知、应对持毒行为"幽灵抗辩"的技术性手段需求,缓解对要件事实证明的困难,但在实际适用过程中,却存在一定的泛化且可靠性不足的问题。类似地,运用间接证据定案的关键在于完整的间接证据链,而间接证据链形成的完整性、严谨性却并未得到充分保证,从而易对诉讼公正性造成影响。

三、毒品犯罪案件"零口供"证明难题的破解路径

毒品犯罪案件"零口供"的破解路径可以采取"三向法",即以建构和巩固指控证据体系为核心,以其与诉讼证明性活动的关系为基准,而设定的因应司法实际、体现立法发展的综合型方法,具体包括整体把握法的面向、证据分析法的面向以及证据推理法的面向。

(一) 整体把握法的面向

1. 完善使用刑事技术侦查措施

刑事技术侦查措施是应对毒品犯罪案件特殊性的有效之策。为此,其一,可以适当简化技术侦查措施申请使用的审批手续、流程,提升诉讼效率。其二,

---

[8] 王锐园:《毒品犯罪案件技术侦查措施运用研究》,载《中国刑警学院学报》2019 年第 4 期。
[9] 刘滨:《浅论技术侦查证据的法律实务问题》,载《法学杂志》2019 年第 4 期。

应当在实践中进一步完善技术侦查部门与禁毒部门之间的协作机制，通过建立联席会议制度，加强双方的业务交流，促进毒品犯罪案件办理时效与实效的提升。其三，规范技术侦查证据的形式，适度采用转化的方式，提高技术侦查证据的使用效率。[10] 例如，以嫌疑人对通过技术侦查措施所获取的信息和材料自愿重述的方式，完成"技术侦查证据→口供"的证据种类转化；以侦查人员在掌握技术侦查线索后而重新通过常规侦查措施收集证据的方式，完成"技术侦查→常规侦查"的取证手段转化；以将监听录音转换为翻音材料的方式，完成"视听资料→文字记录"的证据表现形式转化。同时，为了把握技术侦查证据转化的适度性原则，还应在庭审实质化要求下对某些转化方式进行严格限制，如禁止以办案经过、情况说明等形式对技术侦查证据进行转化。其四，充实基层技术侦查力量，及时更新技侦手段的"技术"档次，提高科技取证水平，[11] 以降低侦查人员对口供的依赖程度，尽早侦破"零口供"毒品案件，保证办案质效的实质提升。

2. 转变"偏重口供"的办案习惯

一方面，强调程序公正意识，杜绝非法取供情况。口供不是毒品犯罪案件侦办的唯一突破口，面对涉毒嫌疑人"零口供"的情形，侦查人员应当尊重和保障涉毒嫌疑人辩解的权利，禁止逼供、诱供。另一方面，注重收集客观性证据、间接证据。在"零口供"毒品案件中，证人证言等言词证据是分析涉毒嫌疑人与案件客观联系、认定案件事实的必要依据，应在发掘涉毒嫌疑人辩解理由的矛盾点和漏洞的同时，把证人证言等言词证据作为实物证据收集的线索，用实物证据佐证证言，用客观性证据检验主观性证据，以客观性证据所证明的事实情节为案件事实的中心，并将查证属实的客观性证据作为最佳证据在定案中优先使用，[12] 从而在整体上同其他在案证据形成定案所要求的完整证据链。

3. 建立并优化毒品专案组办案模式

高度专业与丰富经验是提升办案质效的重要因素。为了更好地总结和应用证据收集、审查、运用的经验规律，高效打击毒品犯罪，可以积极建立并优化毒品专案专办模式，由公检法三机关分别组建毒品专案组，并以毒品案件办理数量、执业年限或曾获有关荣誉等为标准（如办理毒品案件50件以上、从事毒品犯罪相关追诉工作3年以上或获市级以上毒品办案荣誉），挑选经验丰富、专

---

[10] 李慧英、吴新明：《"法法衔接"视域下技术侦查措施的适用》，载《人民检察》2020年第15期。

[11] 陈博文：《论"零口供"规则及完善路径》，载《人民法治》2019年第8期。

[12] 赵培显：《刑事错案中的口供问题及对策》，载《郑州大学学报（哲学社会科学版）》2014年第3期。

业能力强的毒品办案人员，避免实践中部分办案机关内部组建毒品专案组时相对随意化的做法。必要时，公检法相互之间还可以建立经验交流机制，发挥资源整合优势，尤其是要重视检察介入侦查引导取证及其相关机制的构建与完善，在源头上确保侦查获取证据符合审判的要求。[13] 此外，还可以考虑设定必要的毒品办案质量评价指标和奖惩机制，以进一步提升侦控审人员的办案积极性，增强其责任心，确保诉讼质量。

（二）证据分析法的面向

为高效打击"零口供"毒品犯罪行为，应对在案相关证据进行细致的审查分析，根据具体证据类型发掘案件侦办和证据体系构建的突破口。

1. 涉毒嫌疑人的供述和辩解

一方面，必须重视涉毒嫌疑人的无罪辩解，[14] 仔细审查每次讯问的笔录，比对涉毒嫌疑人每次的辩解内容，从中发现差别处甚至矛盾点，即便是细微差别，只要与案件事实相关，均应予以特别关注，因为内容有区别、前后有冲突恰是涉毒嫌疑人对指控的事实有所掩饰和隐瞒的证明，而其试图遮掩的内容就可能是查办所涉毒品犯罪的关键所在。另一方面，应重视对初次口供的审查判断。在侦查人员同涉毒嫌疑人初次接触时，其可能未及时设立心理防线即作出供述，此一供述材料往往具有较高的真实性，因此，对于与其他证据可以印证的合法供述，可作为证据使用。此外，在涉毒嫌疑人作出有罪供述后，可在不同时间、通过不同办案人员等多次固定其有罪供述，并同步录音录像，形成稳定的供述，防止其翻供。

2. 证人证言

（1）上下家、同案犯等人的证言。首先，要审查证言的内容是否为证人所直接感知，否则证言的证明力将受到影响，应谨慎使用，必要时，应再次核实证人间接感知的内容，并以证据形式固定。其次，在多次询问证人、对其证言复核时，要注意证言前后有无矛盾之处、反复之处、无法解释之处，以及证言与其他客观性证据能否相互印证。最后，重视作证的时间与毒品犯罪时间如毒品交易时间的间隔。一般而言，作证时间与毒品犯罪行为实施时间间隔越短，证人记忆越清晰，证言的真实性、可靠性就越强。

---

13 陈卫东：《论检察机关的犯罪指控体系——以侦查指引制度为视角的分析》，载《政治与法律》2020年第1期。

14 俞敏：《"零口供"案件中证据的收集、审查与运用》，载《人民检察》2013年第11期。

(2)"特情"证言。"特情"的运用是打击毒品犯罪的有效手段，[15] 但在审查"特情"证言时，首先，要注意"特情"与涉毒人员及该案处理结果有无实质利害关系（如不良动机、急功近利），否则将影响对"特情"证言真实性的认定。其次，要审查"特情"是否存在诱惑侦查的情况，对涉毒嫌疑人的申辩应重视其有无被骗的情况。最后，审查"特情"证言取得方式是否合法、正当，有无逼供、诱供、骗供的情况。对于具有证据能力的"特情"证言，应突出发挥其证明力价值。但是，鉴于"特情"的特殊身份，"特情"证言并不可在法庭上直接使用，而应通过合法形式完成向普通证人证言的转化，如通过询问的方式制作询问笔录等。

3. 物证、书证等客观性证据

对于查获并收集到毒品实物的情形，在对毒品的真伪、数量、来源、扣押情况做出程序审查的基础上，还应重点审查毒品是否系涉毒嫌疑人持有或所有。具体而言，对于"人毒相连"的情形，比较容易作出毒品系涉毒嫌疑人掌控的认定。但对于"人毒相离"情形，如涉毒嫌疑人托运装有毒品的手提包、行李箱乘坐飞机等公共交通工具，或虽将其带入客舱、车厢，却置于他处，则应注重分析同车、同舱乘客，驾驶员等可能相关的知情人员的证言，审查证言能否证实"毒包""毒箱"是由涉毒嫌疑人所携带；如果箱包中装有其他物品，还应当审查该物品是否系涉毒嫌疑人私人所有。同时，如若毒品外包装物表面有遗留可提取到的指纹、汗液等生物痕迹，应当审查其能否同涉毒嫌疑人的相关痕迹匹配；在涉毒嫌疑人毛发、衣服、鼻腔、指缝等处沾有毒品附着物时，则应审查其是否同所查获毒品的颜色、形状、实质成分等专属性特征相吻合。

而对于未查获毒品实物的情形，则要注重审查收集到的涉毒嫌疑人的聊天通话记录、支付宝账单、银行流水账单、开房记录、行动轨迹等证据，进而从客观性证据中对涉毒嫌疑人的犯罪事实及经过加以还原。特别是在网络毒品犯罪案件中，涉毒嫌疑人之间的网络聊天记录和电子交易凭证等电子证据是证明其实施犯罪、确定涉案毒品数量的重要证据。但此类证据容易受到涉毒嫌疑人的篡改、变造或破坏，因此应完善客观性审查规制，审查电子证据来源是否真实、内容有无删改，[16] 具体可从电子证据的生成、传输、储存环节进行严格的审查判断以保证材料的真实有效。

---

15 方文军：《毒品犯罪案件中的证据认定与特情引诱》，载《人民司法（案例）》2017年第17期。

16 张雷、胡江：《网络贩毒犯罪电子证据的收集和审查》，载《中国刑警学院学报》2020年第1期。

4. 抓获及破案经过

（1）对抓获经过进行审查时，应注意对其中的特殊人物、事件（如抓获现场涉毒嫌疑人持枪袭警、毁坏证据等情况）的审查研究，因为毒品犯罪抓获现场的意外情况往往可以作为证明涉毒嫌疑人与案件直接相关的有力证据，从而可以有效削弱涉毒嫌疑人辩解的说服力。

（2）对"破案经过"的审查重点在于，一方面要审查办案人员有无犯意引诱等情形，对于特情人员暴露身份的毒品查获现场，还应当审查其身份暴露前毒品所有人或持有人与之有何对话、做何行为，以辅助判定嫌疑人对毒品明知的事实；另一方面要审查破案经过材料中的表述与涉毒嫌疑人对被抓经过的供述有无矛盾以及同其他证据材料能否相互印证、是否一致。

（三）证据推理法的面向

1. 合理运用刑事推定规则

（1）关于推定的适用前提。刑事推定不是首选规则，而是末位规则，[17]对其适用应当进行严格的限制，即在待证事实为犯罪构成要件事实时，如毒品的持有行为和主观明知，推定方可适用。

（2）关于基础事实的择取与运用。第一，鼓励但不强制基于多项基础事实得出推定事实，[18]以更大限度地保证推定事实认定的准确性。第二，基础事实应当得到证据证明，且由控方承担证明"确实、充分"的责任，否则推定就不能适用。第三，禁止"二次推定"，即运用基础事实得出的推定事实不得成为后续推定时的基础事实，以限制二次推定结论的或然性。

（3）推定事实同基础事实之间的联系应具有合理化、常态化的特点，即依据裁判者理性的经验法则，基础事实的出现往往也将伴随着推定事实的产生，二者表现为一种共生共有的关系，易言之，此种关系的存在达到了高度盖然性的程度。

（4）基础事实与推定事实均应当允许反驳，办案人员应及时告知涉毒嫌疑人的此种反驳权，这是程序正义在刑事推定适用中的基本要求。而为防止不当转嫁刑事诉讼中的举证和证明责任，应确立"合理怀疑"的反驳标准，[19]即涉毒嫌疑人只需要承担提出合理反驳与相关证据线索的程序意义上的主观证明责任（说明义务），并达到使裁判者产生对基础事实或推定事实真伪不明之心证的

---

[17] 汪建成、何诗扬：《刑事推定若干基本理论之研讨》，载《法学》2008年第6期。

[18] 梁坤：《毒品犯罪主观明知推定规则之实证检针——以2000—2015年间的14份办案规范为考察对象》，载《证据科学》2018年第5期。

[19] 宋英辉、何挺：《我国刑事推定规则之构建》，载《人民检察》2009年第9期。

程度，而无须承担结果意义上的举证和证明责任。由此可知，在控方推定涉毒嫌疑人对毒品明知且持有，否定其所谓的"幽灵抗辩"时，即使涉毒嫌疑人无法提供积极抗辩的直接证据，至少也应对其所抗辩的基础事实、推定事实或经验法则（适用法律推定时除外）提出相关反驳性证据线索并予以说明，以尽可能使裁判者对控方所得出的推定结论，甚至最终的有罪事实认定产生合理怀疑。

2. 严格把握间接证据定案规则

（1）应确保定案间接证据具有基本的证据能力，以保证间接证据链的正当性。将非法证据、不予采信的瑕疵证据以及明显不具有关联性的证据等进行过滤，不得在诉讼中使用。

（2）加强间接证据证明价值的审查，以保证间接证据链的紧密性。依据间接证据定案要求间接证据之间能够相互印证，这种相互印证既是间接证据之间的证明力印证也是事实印证。为此，需做到：第一，加强对单个证据来源的审查，强调相互印证的证据来源的异源性，避免因证据的同源性而使印证要求流于形式。第二，科学认识证据相互之间联系的多样性，避免过分或片面地追求证据之间所包含的事实信息的同一性（事实信息完全重合或者部分交叉[20]均为印证的表现）。当然，如果此种事实信息之间无法交叉或重合，甚至相互矛盾，且无法作出合理解释，则应排除相应证据信息。第三，允许推论方法充当印证方法的补充性角色。在间接证据相互之间紧密性不足，印证方式对待证事实的证明作用有限的情况下，诉讼证明可采取印证与心证的"混合模式"[21]，而非单一的印证模式，即裁判者依据自由心证判断各间接证据证明力足够支持其相互排序组合以证成待证事实时，推论即可于其中发挥保障事实衔接连贯得当的作用。

（3）恪守间接证据定案的法定证明标准，以保证间接证据链的稳固性、强韧性。依据间接证据认定"零口供"毒品犯罪事实应当坚持"排除合理怀疑""结论唯一性"的证明标准。但有的学者认为应当废除"结论唯一性"标准，[22]否则依据间接证据将无法定案。该主张的错误之处在于观点的出发点和分析存在局限性。"结论唯一性"标准的理解与适用应从主观与客观两个角度出发，一方面，"结论唯一性"标准不应作客观意义上的绝对真实的理解，而应与"排除合理怀疑"一样同属于定罪与否的主观认知标准，否则将过度拔高该标准，进

---

[20] 陈瑞华：《论证据相互印证规则》，载《法商研究》2012年第1期。

[21] 蔡元培：《论印证与心证之融合——印证模式的漏洞及其弥补》，载《法律科学（西北政法大学学报）》2016年第3期。

[22] 张喜、郭洁璐：《刑事间接证据定案功能研究》，载《人民检察》2015年第20期。

而影响犯罪的有效追诉；另一方面，"结论唯一性"标准是对法律事实而非客观事实作出认定时的要求，而法律事实下的结论是否具有唯一性，则在于裁判者综合分析全案间接证据后，能否合理地排除结论的或然性，只要裁判者能够客观理智地分析运用证据，并排除被追诉人有罪事实认定时的合理怀疑，结论认定的或然性便无法当然否定结论的唯一性。

"双碳"目标下的气候变化信息公开立法研究

孙洪坤　周弈慧[*]

【内容提要】 为实现碳达峰和碳中和的"双碳"目标,有必要完善气候变化领域专门制度中的信息公开制度的相关立法。针对现有制度的不足,有必要将气候变化信息纳入上位法强制主动公开的环境信息范围中,同时贯彻多元治理的信息公开立法理念,还要强化气候变化信息公开的监督机制,并且细化碳排放交易背景下的碳信息披露规定。气候变化信息公开制度完善应采取渐进式的立法路径。首先,修改涉及气候变化信息公开相关的现有法律法规,构建一个逻辑自洽的气候变化信息公开体系。其次,待条件成熟时,再制定《应对气候变化法》,将信息公开和公众参与规定作为原则,在其中对于信息公开制度进行较为完备的规定。

【关键词】 碳达峰碳中和　气候变化　信息公开立法　多元治理

气候变化是 21 世纪具有决定性意义的全球问题之一,变暖的影响导致大规模流离失所、更多极端天气事件和自然栖息地退化。[1] 为了防范气候变化问题带来的风险,碳中和目标在《巴黎协定》中首先被明确提出[2],我国也参与到全球气候治理的进程中,积极履行国际义务,确立了碳达峰目标和碳中和愿景。

---

[*] 孙洪坤——安徽大学法学院教授、博士生导师,主要研究领域:环境法学;周弈慧——浙江农林大学环境法治研究中心研究员,主要研究方向:环境法学。本文系国家社科基金项目"绿色生态文明理念下环境公益诉讼立法完善研究"(编号:17BFX120)的阶段性成果。

[1] Daniel Abrams, Climate Change Disclosures after NIFLA, University of Chicago Legal Forum, 2020, p. 335.

[2] 王斐、刘卫先:《实现我国碳中和目标的环境法制保障》,载《环境保护》2021 年第 16 期。

囿于其复杂性和系统性，碳达峰、碳中和目标的达成需要相应的顶层制度设计进行引导、规范。在政策方面，我国正在制定碳达峰、碳中和的"1+N"政策体系。2021年9月22日，国务院发布了《中共中央　国务院关于完整准确全面贯彻新发展理念做好碳达峰碳中和工作的意见》（以下简称《意见》）和《2030年前碳达峰行动方案》（以下简称《方案》）。其中，《意见》在碳达峰、碳中和的"1+N"政策体系中发挥着"1"的总领作用。《方案》则主要是为了实现碳达峰目标的总体规划。《意见》明确指出要健全企业、金融机构等碳排放报告和信息披露制度。《方案》也强调了碳排放信息的披露是企业需要履行的社会责任之一："相关上市公司和发债企业要按照环境信息依法披露要求，定期公布企业碳排放信息。"在《意见》和《方案》之前，党的十九大报告也明确了健全环境信息强制性披露制度。

但是单纯依赖政策指引是不够的，还需要依赖法治手段为政策目标提供强制性的制度保障和规范依据，法律手段可以通过对权利义务的规定来有效地协调应对气候变化问题中所涉及的各方利益，推动我国气候变化治理水平和治理能力现代化。《环境信息依法披露制度改革方案》提出要加强环境信息披露制度法治化建设。而我国现有立法在气候变化信息公开制度建设方面还存在明显不足。

本文将梳理我国现有关于气候变化信息公开的法律规定，通过与其他国家气候变化信息公开的法律规定和实践进行对比，探究我国气候变化信息公开制度的立法路径和具体法律架构建设。一方面可以进一步提升我国政府和企业环境信息透明度，发挥公众参与和社会监督在环境治理过程中的功能，预防气候变化所引发的环境风险。另一方面也有利于履行《巴黎协定》所规定的国际义务，《巴黎协定》确定了透明度框架，要求缔约方公开温室气体排放清单等减缓和适应气候变化的信息。

一、缕析气候变化信息公开现有立法及实践之不足

（一）对气候变化信息公开涉及法律法规的梳理分析

目前我国并没有关于气候变化信息公开方面的专门立法。因为气候属于环境的一部分，因而可以从规范环境信息公开的相关法律法规中探寻可适用于气候变化信息公开的规定。环境信息公开的相关规定分散于各种层级的法律法规中，我国现存的环境信息公开法律规范体系主要由下列法律法规组成：法律层面的主要是《环境保护法》，《环境保护法》中有一章专门规定了环境信息公开，明确了公民等获取环境信息的知情权，以及相应的行政机关和企业公开环

境信息的义务。行政法规层面的有《政府信息公开条例》，可适用于以政府为主体的环境信息公开。部门规章层面涉及环境信息公开的文件主要包括以企业事业单位为主体的《企业环境信息依法披露管理办法》。2016年，中国人民银行等七部委出台《关于构建绿色金融体系的指导意见》，要求逐步建立和完善上市公司和发债企业强制性环境信息披露制度。《碳排放权交易管理办法（试行）》也涉及了碳排放交易中的碳信息披露。

在地方法规层面，深圳出台的《深圳经济特区生态环境保护条例》对于碳排放权交易市场背景下的碳信息公开作出了规定，明确了碳排放权交易机构和交易单位应当及时公布碳排放权交易等信息。其他规范性政策文件层面，例如《生态环境部2021年政务公开工作安排》专门对于公开气候变化相关信息作出了规定。

（二）现有相关法律法规和实践在规制气候变化信息公开方面的不足

1. 上位法规定的强制主动公开的环境信息将温室气体排放等气候变化信息排除在外

虽然《碳排放权交易管理办法（试行）》中规定了碳排放交易信息披露制度的建设，《深圳经济特区生态环境保护条例》也规定了碳排放权交易机构和交易单位应当及时公布碳排放权交易等信息，但上位法《环境保护法》没有明确将温室气体排放等气候变化信息规定为环境信息公开对象。

具体而言，《环境保护法》第54条没有特别细化地规定政府部门的环境信息公开内容，也没有具体列举相关政府部门强制主动公开的环境信息，因此无法得出温室气体排放等气候变化信息属于政府强制主动公开的环境信息范畴。而对于企业事业单位，也只规定了重点排污单位公开主要污染物的强制主动公开义务。以二氧化碳为代表的温室气体是否属于企业强制主动公开环境信息内容具有争议，学界对于温室气体是否属于污染物这一问题存在不同观点。本文认同温室气体不属于大气污染物的观点。理由是，温室气体与污染物的特性不符，以及我国法律将温室气体与大气污染物作出区别对待[3]。因此，目前依据《环境保护法》，企业也没有强制主动披露温室气体排放信息的义务。

2. 未体现现代治理体系理念中的多元治理理念

现代治理体系理念的治理要件或者特征至少要具备综合性的特征，就是在

---

[3] 赵俊：《我国环境信息公开制度与〈巴黎协定〉的适配问题研究》，载《政治与法律》2016年第8期。

治理体系中包括了多种元素，或者说由原来的单元变成了现在的多元。[4] 20 世纪末，作为公共管理模式之一的新公共管理模式开始逐渐为治理模式所替代。管理模式强调以政府为中心。治理的实质是强调治理的机制，这些机制不再依赖政府的权力或强制，而是多元治理的互动，以及行动者相互影响。[5] 党的十九大报告指出，要构建政府为主导、企业为主体、社会组织和公众共同参与的环境治理体系。在政府治理转型背景下，信息公开应该在治理理念的指导下，充分发挥治理工具作用。但是，从相关立法和实践来看，目前的气候变化信息公开没有充分体现多元治理理念。

（1）管理思维下的政府气候变化信息公开无法满足公众需求

目前的气候变化信息公开依然存在信息公开缺乏针对性的问题，虽然生态环境部通过发布《生态环境状况公报》的方式公开气候变化信息，但与生态环境整体公开情况相比较虚[6]，即在内容方面不如其他要素的信息公开内容具体。相关发布气候变化信息的网站，包括"中国气候变化信息网"和"低碳发展网"在内的平台都没有开辟公众信息需求反馈、交流功能，信息公开还停留于形式化，无法做到专业化、精细化的信息供给。这就造成了公众接收的信息未必是其需要的信息的境况，体现了政府及其直属单位依旧将信息公开作为管理的工具，只有自上而下的输出却不注重自下而上的反馈。

（2）信息提供主体不够多元化

《环境保护法》将信息公开义务主体限定为政府和排放企业这两类，并没有涉及其他类型的信息公开主体。而作为下位法的《政府信息公开条例》和《企业事业单位环境信息公开办法》当然也都只是分别对于上面这两类公开主体信息公开行为的细化规定。其他社会力量在现有立法中被忽视了，例如具有相应资质的第三方专业机构。在其具备监测、收集、分析、应用生态环境信息的能力前提下，可成为气候变化信息供给主体。信息提供主体不够多元化，会使得公众对气候变化信息的多元化、动态化需求无法被充分满足。

《碳排放权交易管理办法（试行）》规定了相应政府主管部门、重点排放单位、注册登记机构和交易机构的信息公开义务。而碳市场中的碳排放监测、报告、核查（MRV）制度意味着碳排放交易过程中还涉及核查主体，第三方核查机构也应当成为信息披露主体，但目前核查机构并没有被纳入信息披露范围中。

---

[4] 梁玥：《政府数据开放与公共数据治理的法律机制》，载《江汉论坛》2021 年第 8 期。

[5] 竺乾威：《新公共治理：新的治理模式?》，载《中国行政管理》2016 年第 7 期。

[6] 田丹宇、徐婷：《论应对气候变化信息公开制度》，载《中国政法大学学报》2020 年第 5 期。

（3）缺乏公众参与保障机制，无法广泛调动社会力量推动政府和企业信息公开

法谚有云："无救济则无权利。"虽然《环境保护法》赋予了公众环境信息知情权，但是只有在知情权能够得到法律救济时才能够得到保障。依据《政府信息公开条例》，公众可以选择投诉、举报、申请行政复议或者提起气候变化信息公开行政诉讼的方式对受损害的权益进行救济。但是由于相关条文对于提起诉讼的情况做出了一定的限制，公众只能提起私益诉讼。[7]但是许多环境污染和破坏具有流动性[8]，大气本身具有扩散性，因此气候变化不仅关乎私益，更影响公共利益。公民以自己的名义提出气候变化信息公开，具有"公益性申请"性质，而在请求遭到拒绝时所提起的气候变化信息公开诉讼，也有维护公益的"公益性诉讼"性质。但在现行的环境公益诉讼法律框架下，只能针对"环境污染和生态破坏"这两大类情况提起环境公益诉讼，环境公益诉讼并不包括对于环境信息公开的公益损害的救济。这就会导致无法为想维护环境公益的个人、社会组织提供充分渠道以监督政府和企业的气候变化信息公开，不利于公众参与到应对气候变化治理过程中。公益诉讼是随着社会发展而产生的概念，对其内涵和外延的认识是一个渐进的过程，尚需在实践中不断寻求共识，不断接近公正。[9]环境公益诉讼类型不应只局限于污染环境和破坏生态两类，还可以根据现实需要，将包括气候变化信息在内的信息公开这一类型纳入其中。

3. 碳交易背景下的碳信息公开之不足

碳排放权交易市场是中国落实碳达峰、碳中和目标的核心政策工具之一。[10]目前，我国统一的碳排放权交易市场已经启动。《方案》指出需要进一步完善全国碳排放权交易市场配套制度，而碳信息公开制度即为重要配套制度之一，碳排放信息应具备真实性、准确性和全面性。碳排放权交易市场的相关各方只有充分披露信息，才能避免由信息壁垒所引发的权力寻租、市场失灵等问题，从而确保碳市场的有效运行。从目前规范碳交易的法规来看，碳信息公开方面的顶层设计依然存在着以下缺陷。

（1）现有的碳市场背景下的信息公开法律规定可操作性不足，有待进一步细化

我国现行规范碳交易市场的部门规章《碳排放权交易管理办法（试行）》

---

[7] 限定为"认为行政机关在政府信息公开工作中侵犯其合法权益的"。

[8] 蔡守秋主编：《环境资源法教程》（第3版），高等教育出版社2017年版，第40页。

[9] 孙洪坤、陶伯进：《检察机关参与环境公益诉讼的双重观察——兼论〈民事诉讼法〉第55条之完善》，载《东方法学》2013年第5期；孙洪坤：《公益诉讼、能力壁垒与相对合理——基于某省C市毒地案二审判决的法理省思》，载《东方法学》2021年第2期。

[10] 张胜、陈之殷：《碳达峰、碳中和，一年来探索彰显成效——来自2021全球能源转型高层论坛的声音》，载《光明日报》2021年9月26日，第2版。

和正在制定中的《碳排放权交易管理暂行条例（征求意见稿）》对于公开主体、内容进行了规定（见下表1）。但是还存在部分规定内容过于概括，不够明确的问题，例如，就政府的信息公开职责而言，中央与地方的信息公开职责没有清晰的界分。《碳排放权交易管理办法（试行）》只是笼统地规定了应该按职责分工定期公开信息，没有指明具体分工情况如何，容易造成中央和地方部门之间推诿扯皮的现象发生；[11] 并且缺乏关于企业信息报告、公开形式模板和电子平台统一的规定，使得相关信息存在可比性较差的情况，也不利于公众对于相关信息的获取和对信息公开情况的监督。

表1　《碳排放权交易管理办法（试行）》和《碳排放权交易管理暂行条例（征求意见稿）》比较

	生态环境部	省级生态环境主管部门	重点排放单位	全国碳排放权注册登记机构和全国碳排放权交易机构
《碳排放权交易管理办法（试行）》	全国碳排放权交易市场覆盖的温室气体种类和行业范围、重点排放单位年度碳排放配额清缴情况等信息	本行政区域重点排放单位名录、重点排放单位年度碳排放配额清缴情况等信息	报告碳排放数据、公开交易及相关活动信息；上一年度的温室气体排放报告，载明排放量，并于每年3月31日前报省级生态环境主管部门且定期公开	公布碳排放权登记、交易、结算等信息
《碳排放权交易管理暂行条例（征求意见稿）》	重点排放单位的确定条件、碳排放配额总量和分配方案	本行政区域重点排放单位名录、重点排放单位碳排放配额清缴情况	如实报告碳排放数据、依法公开交易及相关活动信息；编制其上一年度的温室气体排放报告，载明排放量，并于每年3月31日前报省级生态环境主管部门；上一年度温室气体排放情况	公布碳排放权登记、交易、结算等信息，并披露可能影响市场重大变动的相关信息

11　《碳排放权交易管理办法（试行）》第32条规定："生态环境部和省级生态环境主管部门，应当按照职责分工，定期公开重点排放单位年度碳排放配额清缴情况等信息。"

（2）碳信息公开法律责任缺失、单一，没有威慑力

恰当的法律责任能够保障气候变化信息公开义务的履行。现有碳信息公开违法责任的设置存在缺失和责任单一、没有威慑力的问题。2020 年 12 月 31 日公布的《碳排放权交易管理办法（试行）》中的罚则并没有明确规定有关政府部门及其人员不履行信息公开义务的法律责任，而只是笼统地规定了"滥用职权、玩忽职守、徇私舞弊"的行为需要承担责任。而对于重点排放单位拒不履行温室气体排放报告义务的行为以及虚报瞒报行为，也只规定了"责令限期改正和罚款"等行政责任。如《深圳经济特区生态环境保护条例》并没有规定不披露碳排放交易相关信息时交易机构和交易单位的责任。

从上述规定可以看出，在管理本位而非治理思维主导下的政府信息公开，缺乏对行政机关本身法律责任追究的规定。一方面，行政机关天然地会对信息加以保密与截留，从而导致行政机关与公民之间、行政机关内部的"信息不对称"。[12] 而另一方面，企业的"责令公开"和数额并不高的"罚款"行政责任规制，也无法满足环境信息公开的现实需求。

二、对于现有气候变化信息公开制度的立法完善建议

气候变化信息公开制度的主要主体为政府和温室气体排放企业，政府还可细化为中央层面和地方层面，地方又分为省级和市县级的信息公开。三个层级政府在气候变化信息公开方面的具体内容各不相同，其中中央和省级地方政府除了需要公开应对气候变化规划等较为宏观的管理信息以外，还需要公开在履行国家碳排放权交易管理职责过程中产生的信息，以实现公众对于相关政府部门的监督。相关政府部门在履行碳市场监管职责过程中，应该采用"双随机、一公开"的监管模式，强化对于碳交易主体的事中事后监管。目前，企业碳信息披露主体范围主要是碳排放交易市场的交易主体，随着碳交易市场的逐渐成熟，应该扩大温室气体排放信息披露的主体范围，将交易主体外的重点排放单位也纳入其中。

（一）明确温室气体排放信息等气候变化信息属于上位法强制主动公开的环境信息范畴

可以直接修改《环境保护法》，或者通过制定《应对气候变化条例》行政法规的方式，将温室气体排放等气候变化信息明确纳入强制主动公开的环境信

12　参见余煜刚：《行政自制中信息工具的法理阐释——行政伦理柔性制度化的"可能"与"限度"》，载《政治与法律》2019 年第 12 期。

息范围。例如，《环境保护法》第 54 条规定，负责环境保护监督管理的部门主动公开的环境信息，包括温室气体的人为源排放量和汇清除量等应对气候变化相关信息。并且在第 55 条关于重点排污单位对于主要污染物信息公开规定条文中，增加碳交易纳入单位、上市公司等重点排放单位的温室气体排放等气候变化信息公开义务。强制性的气候变化信息披露规定有利于推动企业自我规制环境风险，主动承担降低温室气体排放的社会责任。同时与之相配套，还需要明确企业气候变化信息披露的时间、内容、平台和方式，完善披露的标准，提升信息披露质量。强制披露信息范围应当包括年度排放数据、碳减排措施、碳排放绩效、碳审计以及碳交易等相关信息。对于碳交易单位和上市公司这两类特殊重点排放单位而言，分别适用专门披露要求。碳交易单位遵循碳交易法律法规进行信息披露，而对于上市公司而言，在现有的上市公司环境信息披露规则基础上，增加气候变化信息披露的要求，要求其依据《公开发行证券的公司信息披露内容与格式准则》进行信息披露。

《生态环境部 2021 年政务公开工作安排》规定了生态环境部门应对气候变化信息公开的具体内容，提出应该主动公开应对气候变化国家战略，发布国家重点推广的低碳技术目录、碳排放达峰行动方案、全国碳排放权交易市场建设情况，以及气候变化治理国际合作等相关信息。但该规定只停留在政策层面，效力层级低，约束力不强。并且只能约束生态环境部门，无法有效指导其他部门进行应对气候变化的信息公开，但应对气候变化涉及各行业、各部门。因此，其中规定有待于纳入部门规章层级或其以上层级的法律体系中并且进行进一步细化，使得政府气候变化信息公开具有可操作性。

政府部门应对气候变化信息公开内容除了《生态环境部 2021 年政务公开工作安排》所规定的，还应该包括国家、省级层面温室气体排放信息。2021 年 10 月，中华人民共和国国务院新闻办公室发布的《中国应对气候变化的政策与行动》白皮书指出，将编制国家温室气体清单，在已提交中华人民共和国气候变化初始国家信息通报的基础上，提交两次国家信息通报和两次两年更新报告。

（二）转变信息公开立法理念，贯彻多元治理理念

1. 建立信息反馈机制，形成互动，形成有效信息供应

在立法中建立信息反馈机制。实践中，可以在现有的气候变化信息公开平台上设立公众反馈和互动平台。对于反馈的信息及时分析，从而调整信息公开内容、形式，满足公众应对气候变化信息需求。环境治理与信息治理的有机融合，不仅需要运用传统的环境信息公开手段，更需要利用信息或者以数据为核心进行环境治理。例如，美国的空气质量监测数据针对关系人的不同需要和兴

趣，推出了空气质量系统（AQS）、空气质量比较系统（Air Compare）、空气趋势（Air Trends）等近 10 个不同的发布系统。[13] 我国可借鉴上述做法，利用大数据技术助推数据开放中的信息公开，满足公众多元化的应对气候变化的信息需求，采用多个发布系统开放温室气体排放基础数据，推动公众对大数据的利用。

2. 丰富信息提供主体，引入第三方专业机构等社会力量提供气候变化相关信息

拓宽信息公开的有权主体，构建政府、市场和社会多元主体提供气候变化信息的环境治理模式。如今，环境信息收集和获取成本降低，政府传统的单一环境管制模式已经不能适应大数据时代发展的要求，政府不再成为唯一掌握环境数据的部门，社会和市场的力量提供环境信息也具有了可能性。例如，在美国，政府不但鼓励公众参与监督，还鼓励公众参与政府组织的数据共享（如个人气象站）。[14]《深圳经济特区生态环境保护条例》已经在鼓励第三方专业机构参与环境信息产品供应方面开展了初步探索。[15] 我国其他相关法律也可以增加规定，鼓励第三方专业机构等社会力量提供温室气体排放量监测信息等气候变化减缓信息，生态系统对于气候变化的适应信息，以及气候变化风险预警和应对信息，建设市场化、社会化的气候变化信息服务系统。

3. 发展降碳的信息规制制度——碳标识制度，发挥公众参与在环境治理中的作用

碳标识制度即披露产品整个生命周期中的碳排放量信息的制度。碳标识不仅能够满足公民对于企业所生产产品的碳排放信息知情需求，还可以通过更多的信息流通来推动公众压力以增加企业之间的竞争，刺激企业行为改变，从而降低其能源消耗和温室气体排放量。公众参与环境治理不仅是环境可持续发展的基础，也是"权利本位"思想在环境治理领域的体现。[16]

国外早已开展碳标识立法和实践，利用公众和市场的力量倒逼企业减少温室气体的排放。法国《综合环境政策与协商法Ⅰ》强制性规定企业需要在产品及其包装上披露真实、客观和完整的环境信息。并且法国还要求雇员超过 500 人

---

[13] 傅毅明：《大数据时代的环境信息治理变革——从信息公开到公共服务》，载《中国环境管理》2016 年第 4 期。

[14] 詹志明、尹文君：《环保大数据及其在环境污染防治管理创新中的应用》，载《环境保护》2016 年第 6 期。

[15]《深圳经济特区生态环境保护条例》第 114 条规定，有相应资质的专业机构可以依法开展生态环境信息监测、收集、分析、应用，提供生态环境信息咨询服务和向社会发布生态环境相关信息。

[16] 罗英、王越：《强制性抑或自愿性：我国碳标识立法进路之选择》，载《中国地质大学学报（社会科学版）》2017 年第 6 期。

的企业自 2011 年 1 月 1 日起公布其温室气体排放量。[17] 日本也尝试了类似的策略，要求食品包装带有碳足迹标签。同样，日本食品包装披露要求促进了消费者更明智的选择，如果制造所需的能源更少，他们可能会更重视类似产品。虽然披露不是政府应对气候变化的唯一方法，但它们可以成功通过提高集体意识和利用市场推动受监管行业的更好行为，达到对受监管方的干扰最小化。[18]

我国法律并没有明确规定碳标识制度，法律法规中也缺乏对于碳标识制度的明确运行机制规定。《方案》指出要健全法律法规标准，探索建立重点产品全生命周期碳足迹标准。《意见》也提到了完善低碳产品标准标识制度。因此，有必要在相关法律法规中增加碳标识制度的规定，充分发挥信息披露实现"双碳"目标的工具作用。

（三）强化气候变化信息公开的监督机制

就行政机关系统内部监督机制而言，可以通过政务绩效评估考核和中央环保督察问责的方式促进气候变化信息公开。针对政务绩效评估考核，可以将相关政府部门本身的气候变化信息公开情况以及对于企业气候变化信息公开的监督执法情况都作为考核指标，并设置相应的奖励和惩戒机制。我国陕西、四川、江西等省份以企业碳排放或能耗为门槛标准建立了重点企业（事业）分阶段披露温室气体排放信息的制度，同时将温室气体排放信息披露的实施纳入对市级人民政府控制温室气体排放目标责任考核，以实现对信息披露的监督。[19]

气候变化信息公开不能仅仅依靠行政机关体系或者企业的内部机制进行监督，还应该赋予公众更多样化的司法手段进行外部监督，在我国已经建立了公益诉讼制度的背景下，可以借鉴欧盟的司法实践，采用环境公益诉讼的方式保障环境信息知情权的实现。欧盟已经有环保组织提起环境信息公开公益诉讼的司法案例。例如，欧盟环保协会等诉欧盟食品安全署等信息公开上诉案，最终欧盟食品安全署等败诉，被法院责令公开相关信息。欧盟成员国为了履行公约义务，相继通过国内法完善环境信息公开诉讼制度，扩大了公益诉讼的适用范围。[20]

---

17 罗英、王越：《强制性抑或自愿性：我国碳标识立法进路之选择》，载《中国地质大学学报（社会科学版）》2017 年第 6 期。

18 Daniel Abrams, Climate Change Disclosures after NIFLA, University of Chicago Legal Forum, 2020, p. 335.

19 刘海燕、郑爽：《温室气体排放信息披露经验借鉴与政策建议》，载《气候变化研究进展》2021 年第 5 期。

20 孙茜：《我国环境公益诉讼制度的司法实践与反思》，载《法律适用》2016 年第 7 期。

具体到我国现有法律制度背景下，环境民事公益诉讼的诉讼客体被限制为污染环境、破坏生态的行为，不包括侵犯环境知情权的行为，因此，无法对企业提起相关民事公益诉讼。立法可以考虑发展环境信息公开领域的民事公益诉讼，通过司法途径对企业的气候变化相关信息公开实现监督。

而就环境行政公益诉讼来说，《行政诉讼法》并没有明确赋予检察机关在环境信息公开领域对行政机关的起诉权。实践中，也还没有出现检察机关因环境信息公开而对行政机关提起的环境公益诉讼案例。基于对环境信息公开制度所建立的法秩序保护之目的，在气候变化信息公开行政诉讼中加入环境行政公益诉讼的部分，构建利害关系人私益之诉与环境行政公益诉讼双轨并行的诉讼体系，有利于维护公众的气候变化信息知情权，进一步推动气候变化治理进程。我国的《行政诉讼法》第12条中关于受案范围的规定"法律法规规定的可以提起行政起诉的其他案件"，也为建立行政公益诉讼制度提供了理论上的支持。[21]

此外，还需要扩大行政公益诉讼主体范围，赋予公益组织甚至公民个人提起信息公开行政公益诉讼的主体资格，以实现对政府应对气候变化信息公开的问责和监督。《行政诉讼法》中确立了检察机关提起环境行政公益诉讼的法律制度，但这只是环境行政公益诉讼主体体系中的一部分。[22] 构建多元起诉主体资格的环境行政公益诉讼充分尊重民众的知情权，给予民众一个表达诉求的合理方式。一旦赋予民众起诉权即为畅通民众诉求提供合理渠道，为打破信息不对称的困境提供救济。通过环境公益诉讼的不断尝试与探索，以往常被忽视的公民权利能为社会所关注，公民内心渴望能够合法表达。[23] 由此，在气候变化信息公开公益诉讼主体多元化的前提下，可减少由气候变化信息壁垒而引发的大规模群体性事件。

（四）细化碳排放交易背景下信息公开的规定，强化企业的违法责任

1. 细化信息披露内容，统一企业温室气体排放信息报告和公开模板、电子平台

由于碳交易客体的无形性，只有为碳交易市场配套具有可操作性的信息公开制度，确保公开的信息准确、完整，才能为碳交易提供公正、合理的交易基础，从而达到温室气体减排的目的。

---

21 杨尚东、朱秀芸：《环境信息公开与行政公益诉讼——由"启东事件"引发的思考》，载《绿叶》2012年第9期。

22 吴宇：《论环境影响评价利害关系人诉讼中"合法权益"的界定及其保护》，载《重庆大学学报（社会科学版）》2021年第3期。

23 孙洪坤：《环境公益诉讼立法模式之批判与重构》，载《东方法学》2017年第1期。

从比较法来看，美国的《温室气体报告计划》（GHGRP）要求报告来自美国大型来源和供应商的 GHG 数据和其他相关信息。所有参加美国《温室气体报告计划》的企业都统一采用电子报告模式，通过电子化温室气体直报工具 E－GGRT（Electronic－Greenhouse Gas Reporting Tool）来完成。同时，联网直报系统也是一个大众参与平台，公众可以随意获取并查阅相关的温室气体排放数据，为美国的强制报告机制设置了一道外部监管屏障。[24] 澳大利亚要求从 2008 年开始碳排放高的企业与企业集团必须通过政府提供的信息报送平台向相关部门报告碳排放信息。[25] 加拿大为有报告义务的企业提供了一个安全的、经济的、单一的报告窗口。[26]

从前面的比较法来看，各国基本上都出台了企业温室气体排放相关信息报告和公开的细则，使得企业的碳信息披露具有可操作性。细则规定了温室气体相关信息公开的主体、内容、形式模板和电子平台的建设。我国也应该细化《碳排放权交易管理暂行条例》中有关于碳信息公开的规定并且进一步配套操作细则，指导各方在碳市场中的碳信息披露。一方面，应该进一步细化碳市场所涉及的各方主体信息公开的内容。另一方面，因为我国碳排放权交易所涉企业数量较多，碳排放规模也较大，之后还会将其他行业的企业纳入碳交易中，所以美国等国的强制性温室气体管理机制的大数据管理模式值得借鉴，有必要在《碳排放权交易管理暂行条例》中增加建立网络化数据直报平台的规定，统一企业温室气体排放信息报告和公开平台。除此之外，还应该在《条例》中强制统一企业温室气体排放报告形式模板。

2. 补充、强化企业的违法责任，增加民事赔偿责任规定，提高行政处罚金额上限

应该增加因信息披露义务主体拒绝履行信息披露义务、不按时履行信息披露义务或者故意、过失披露有误信息等情形，造成其他主体损失的，由信息披露责任主体承担民事赔偿责任的规定。在《碳排放权交易管理暂行条例》的草案中，对于重点排放单位未按规定报告温室气体排放信息的追责，罚款金额范围已经由原来《碳排放权交易管理办法（试行）》中的一万元以上三万元以下调整为五万元以上二十万元以下，加大了行政处罚力度。

24　《建立温室气体排放 MRV 管理机制助力中国碳市场》，载世界资源研究所，https：//www.wri.org.cn/supporting－china－national－carbon－market－effective－mrv－ghg－data－CN。

25　李挚萍、程凌香：《企业碳信息披露存在的问题及各国的立法应对》，载《法学杂志》2013 年第 8 期。

26　孙洪坤：《环境公益诉讼立法模式之批判与重构》，载《东方法学》2017 年第 1 期。

三、气候变化信息公开制度的立法路径

全国人民代表大会常务委员会之前通过的《全国人民代表大会常务委员会关于积极应对气候变化的决议》的第四部分提出，要将应对气候变化的相关立法纳入工作议程。制定专门应对气候变化领域的基本法律，涉及多主体、多行业，该法律的出台生效需要较为漫长的过程。

由此，对于气候变化领域的信息公开制度，也需要采取渐进的立法策略。在气候变化应对法出台之前，采用对关联性法律法规进行适当修改的方式，充分释放现有环境法规范体系在促进实现碳达峰、碳中和上的潜力，发挥现有法律法规的规制功能不失为一种便捷的方案。[27] 具体而言，首先，碳排放交易作为气候变化治理的重要手段，透明度建设是碳排放交易市场正常运行的有效支撑。但目前我国碳排放交易规定中的信息公开制度并不完善，有关规定有待在正在制定的《碳排放权交易管理暂行条例》中进行进一步完善细化。同时，通过修改上位法《环境保护法》中关于环境信息公开的规定的方式，将温室气体排放信息等气候变化相关信息纳入其中。或者也可以制定《应对气候变化条例》行政法规，在其中增添内容，通过解释上位法《环境保护法》的方式，将温室气体排放信息等气候变化相关信息纳入强制主动公开的环境信息范围中。并且也要修改所涉及的其他与环境信息公开相关的法律法规，构建一个逻辑自洽的气候变化信息公开体系。其次，待条件成熟时再制定《应对气候变化法》，将信息公开和公众参与规定为原则。《墨西哥气候变化基本法》提出了"透明度和公平获取信息的原则"，要求"各级政府应根据法律规定，提升公众意识，提供有价值的气候变化信息，提供有效的司法和行政救济途径"。[28] 并且在其中对于信息公开制度进行较为完备的规定，围绕公开主体、公开内容、公开要求和罚则等内容展开。总之，气候变化信息公开制度的完善不仅可以推动环境知情权和公众参与、监督进一步实质性实现，促进碳达峰目标和碳中和愿景的达成，同时也体现了宪法所规定的生态文明建设的价值导向。

---

27 王江：《论碳达峰碳中和行动的法制框架》，载《东方法学》2021 年第 5 期。
28 田丹宇、徐婷：《论应对气候变化信息公开制度》，载《中国政法大学学报》2020 年第 5 期。

困境与出路：网络数据犯罪的刑事合规治理

陈毅坚　邱继锋[*]

【内容提要】基于强调"业务行为与企业主体"的合规视角，在数据分层理论的前提下，治理网络数据犯罪存在罪名适用争议、单位犯罪刑事责任认定疑难、非法使用规制缺位等问题。通过刑事合规治理思路的提倡，可以有效规制网络数据犯罪。一是识别网络数据活动全周期的刑事风险，从"此罪与彼罪"的判断中心转移到"罪与非罪"的认定上，并进行合规出罪。二是在单位犯罪归责理论中引入企业刑事合规要求，以解决"集体意志"主观判定难题，建构有效的企业刑事合规体系。三是区分网络数据不合规使用的类型，在解释论和立法论上妥善应对网络数据滥用行为。

【关键词】网络数据犯罪　刑事合规　数据活动　单位刑事责任　个人信息保护

一、问题的提出

随着自然科学的发展，有一个论断逐渐得到普及：信息是构成自然界的基本要素之一。根据信息领域 PDIKW 金字塔的含义及其层次划分，现象、数据、

---

[*] 陈毅坚——中山大学法学院教授，博士生导师，中山大学网络犯罪研究中心（广东省网络犯罪研究基地）副主任，南方海洋科学与工程广东省实验室（珠海）双聘教师，中山大学粤港澳发展研究院双聘研究员，主要研究领域：刑法学；邱继锋——湖南省长沙市天心区人民法院法官助理，中山大学网络犯罪研究中心（广东省网络犯罪研究基地）研究助理，主要研究方向：刑法学。本文系研究阐释党的二十大精神国家社科基金重大项目"完善特别行政区司法制度和法律体系研究"（项目编号：23ZDA121）的阶段性成果。

信息、知识、智慧是不断升高但又存在区别的概念，简言之，数据是信息的基础，是用于表示客观事物的未经加工的原始素材。[1]而随着互联网从"web2.0"网络平台到"web3.0"的互联互通的发展，以及大数据、人工智能、云储存、云计算等技术的运用，网络空间的独立性和现实联系性不断被重视。网络数据作为网络的基底性存在毋庸置疑，数据作为一种新的生产要素和无形资产不仅在经济活动中受到重视，还引发了数据保护、数据合规相关理论和实践的热烈讨论。[2]但是如何在法律上界定并保护网络数据则至今并未达成共识。

从大数据技术角度可以将数据类型分为三种：一是含有个人信息的底层数据；二是不含个人信息的匿名化数据；三是经数据清洗、算法加工后的衍生数据。[3]这一分类体现了数据的层次复杂性，底层数据更加复杂，包括个人信息、商业秘密等其他信息要素，而经过深化加工的数据内涵更加单一，集中表现为一种智力成果。数据要素以主体为标准也可将数据分为三种，分别是个体数据、企业数据和政务数据。[4]不同主体的数据保护及其流通机制存在较大的差异。着眼于数据保护方式的差异，又可大致分为数据物权化保护和场景化保护两种思路。[5]因此，在大数据时代，数据尽管被称为一种新型财富，但其基础法律属性呈现出概念模糊、界定困难的特点。

上述对数据法律属性的理解，一定程度上塑造着刑法数据保护的体系结构，但刑法有其独立性与侧重点。总体来说，我国刑法应对数据犯罪存在两种规制路径，一是对计算机信息系统及其数据的保护，此处的数据保护主要服务于计算机信息系统的保护，但是理论与实践也未否定其对数据的单独保护。二是对数据中的信息内容层的分散保护和交叉保护，分散保护体现为涉及公民个人信息、各种秘密类信息、知识产权等刑法规范，而交叉保护则集中体现为传统的财产犯罪、危害社会管理秩序犯罪等罪名在数据犯罪中的适用。然而，现实中纷繁复杂的网络数据犯罪层出不穷，刑法规制存在以下主要问题：在法律适用层面，如何准确适用相关罪名，如何认定单位刑事责任；在法律制定层面，如何完善网络数据的刑法保护。本文基于强调"业务行为与企业主体"的合规视角，阐释刑事合规作为犯罪治理工具在网络数据犯罪中的具体应用，以期助益

---

1 胡广伟编著：《数据思维》，清华大学出版社2020年版，第6页。
2 蒋安杰：《数据合规高端论坛在京举行》，载《法治日报》2021年9月21日，第9版。
3 武长海、常铮：《论我国数据法律制度的构建与完善》，载《河北法学》2018年第2期。
4 赵磊：《数据产权类型化的法律意义》，载《中国政法大学学报》2021年第3期。
5 赵磊：《数据产权类型化的法律意义》，载《中国政法大学学报》2021年第3期；戴昕：《数据界权的关系进路》，载《中外法学》2021年第6期；梅夏英：《在分享和控制之间：数据保护的私法局限和公共秩序构建》，载《中外法学》2019年第4期。

于提高刑事合规工具性认识与网络数据犯罪治理水平。

二、网络数据犯罪刑法规制的困境

（一）网络数据犯罪的罪名适用争议

1. 网络犯罪的现实侵害性

数据犯罪主要发生于网络空间，应当从宏观上理解网络犯罪及其现实侵害性。有学者主张"双层社会"理念，即关注"现实物理空间"与"网络虚拟空间"两个平台的交叉融合，尤其是传统犯罪的网络化成为显著特征。[6] 反过来说，网络空间的犯罪也日趋现实化。也有学者根据网络犯罪的现实侵害性指出，网络空间是流动的现实空间，受限于当前科技水平，不应该放大网络虚拟空间的独立性。[7] 毋庸置疑，在大数据、人工智能等技术不断发展的数字时代，网络中代码和程序的创造力和破坏力可以深刻影响现实空间，应当承认网络犯罪完全可能牵涉传统罪名与现实空间，应当反对用单一的罪名认定复杂的网络数据犯罪。

2. 数据犯罪的罪名多样性

数据的多样性扩充了数据犯罪可能涉及的罪名。基于"数据分层"理论，在计算机信息系统中，数据具有多面性与多层次性，一般认为数据有三个维度的存在方式：一是物理层；二是符号层；三是信息内容层。[8] 典型的数据物理层的犯罪可参见我国首起"干扰环保监测系统案"，行为人通过物理手段（棉纱堵塞设备）干扰采样，致使监测数据严重失真，侵害了数据的完整性。[9] 典型的数据符号层的犯罪可参见"制售外挂软件案"，行为人通过非法手段侵入计算机系统并实施控制。[10] 信息内容层的犯罪，则包括非法获取短信数据、视频数据、电子书数据等。[11] 从上述犯罪起诉和认定的罪名来看，既有传统罪名如非法经

---

[6] 陈洪兵：《双层社会背景下的刑法解释》，载《法学论坛》2019 年第 2 期。

[7] 敬力嘉著：《信息网络犯罪规制的预防转向与限度》，社会科学文献出版社 2019 年版，第 29 页。

[8] 朱宣烨：《数据分层与侵犯网络虚拟财产犯罪研究》，载《法学杂志》2020 年第 6 期。

[9] 李淼等破坏计算机信息系统罪案，陕西省西安市中级人民法院（2016）陕 01 刑初第 233 号刑事判决书。

[10] 张尧、刘从旭等非法经营罪案，广东省广州市海珠区人民法院（2016）粤 0105 刑初 1040 号刑事判决书。

[11] 刘太山、苏兴迎非法获取计算机信息罪案，广东省广州市海珠区人民法院（2021）粤 0105 刑初 4 号刑事判决书；上海晟品网络科技有限公司、侯明强等非法获取计算机信息系统数据罪案，北京市海淀区人民法院（2017）京 0108 刑初 2384 号刑事判决书；北京鼎阅文学信息技术有限公司等侵犯著作权罪案，北京市海淀区人民法院（2020）京 0108 刑初 237 号刑事判决书。

营罪，也有保护知识产权方面的侵犯著作权罪，以及侵犯计算机信息系统相关的犯罪，罪名适用存在选择过多的现实问题。

3. 数据犯罪认定的片面性

司法机关往往忽视数据犯罪侵害对象背后的法益差别，盲目适用"口袋罪"。有学者统计，非法获取计算机信息系统数据罪中的"数据"在实践中涵盖了多种对象，具体包括身份信息（身份认证信息和个人信息）、网络虚拟财产、知识产权、其他网络财产性利益、数据产品，实际上包括了所有以数据为对象和媒介、工具的网络犯罪，从而导致该罪沦为"口袋罪"。[12]

综上所述，本文认为，网络数据犯罪的罪名适用争议源于"此罪与彼罪"的思维僵化。一方面，网络数据犯罪的理论研究偏重于刑事司法视角下数据或信息的体系性保护，[13]但数据和信息的二元分立视角无法准确描述我国网络数据刑法规范的全部内容。另一方面，网络数据犯罪的司法认定罪名存在多种选择，而司法实践往往在认定构成数据犯罪还是其他传统犯罪问题上摇摆不定，甚至一味地适用同一罪名。

(二) 网络数据单位犯罪的认定疑难

如果说罪名适用争议关涉犯罪整体的评价，那么单位犯罪认定问题则涉及犯罪主体的刑事责任评价，由于后者对确定企业刑事责任具有决定性意义而备受企业及其员工关注。

1. 确立单位犯罪旨在预防和遏制单位及其内部犯罪发生

在单位犯罪被明确写入我国刑法条文之后，解释和完善单位犯罪刑法规范应当是理论界和实务界的首要任务。有学者将法人刑事责任解读为拟制的责任，转而否定法人犯罪。[14]其哲思值得肯定，但却忽视了制度设计的功利主义倾向及其价值，暂且撇开"白马非马""法人非人"的争辩，应当将视角转向刑事政策说，从功利主义、实证主义和现实社会需求的角度为设立单位犯罪提供正当性根据。[15]事实上，无论将单位作为拟制或是实在的法律主体，其法律人格

---

12 杨志琼：《非法获取计算机信息系统数据罪"口袋化"的实证分析及其处理路径》，载《法学评论》2018年第6期。

13 学界分别提出了数据中心和信息中心的不同刑法保护思路：刘宪权、石雄：《网络数据犯罪刑法规制体系的构建》，载《法治研究》2021年第6期；王肃之：《我国网络犯罪规范模式的理论形塑——基于信息中心与数据中心的范式比较》，载《政治与法律》2019年第11期。

14 张克文：《拟制犯罪与拟制刑事责任——法人犯罪否定论之回归》，载《法学研究》2009年第3期。

15 孙国祥：《单位犯罪的刑事政策转型与企业合规改革》，载《上海政法学院学报》2021年第6期。

在私法领域都被广泛承认和运用，比如公司法人人格的独立性，对单位的行政处罚也是常用手段，因此，对单位犯罪的根本性质疑不在于其是否属于拟制的产物，而在于设立单位犯罪的目的——预防和遏制相关犯罪发生——是否可以达到。

2. 我国单位犯罪认定标准不利于刑事政策的实现

设立单位犯罪的出发点值得肯定，但由于认定标准精细化程度不足，既定的刑事政策难以实现。我国刑法对单位犯罪规定较为简单，理论上认定单位犯罪通常采取"三要素"说：符合以单位名义、为单位利益、体现单位意志三个条件即可成立单位犯罪，这一归责原则也称为企业决策责任论。[16] 另有学者主张的公司犯罪重要概念相较"三要素"说，一是没有强调为单位利益的要件，二是增加了单位犯罪行为和故意与过失的罪过形式两个要件。[17] 本文认为，犯罪行为是客观主义刑法追究刑事责任的基础，其必要性自不待言，犯罪行为首先表现为自然人实施危害行为并造成了不法结果，但是如何将这一行为归属于单位，则有同一视理论与组织模式理论的争议，一般认为我国单位犯罪认定标准是两种理论的结合。[18] 然而，即使采纳其共识，上述标准和观点依然无助于解决单位犯罪认定的疑难问题。

以数据犯罪中的侵犯公民个人信息犯罪为例，该类犯罪通常表现为企业主管或其他员工为了推销产品、服务，非法获取个人信息后进行商业营销。[19] 当企业从上至下都参与犯罪时，认定单位犯罪并无困难。当没有证据表明存在单位决策或主管人员明确授权时，单位犯罪的认定成为难题。如在"雀巢员工等侵犯公民个人信息罪案"中，被告人明确主张其侵犯公民个人信息、推销奶粉的行为系完成公司、上级下达的任务，而法院根据该公司政策、员工行为规范等证据认定公司禁止员工的不法行为，员工系违反公司管理规定，为提升个人业绩而实施个人犯罪行为。[20] 该案被视为我国"刑事合规"第一案，但以此排除单位刑事责任却不无疑问。由于涉案公司员工明确"以公司名义"对外开展营销业务，其非法获利行为也基本属于"为单位利益"行事，只剩下认定单位

---

16 刘艳红：《企业合规不起诉改革的刑法教义学根基》，载《中国刑事法杂志》2022 年第 1 期。

17 侯帅等：《当代中国公司犯罪争议问题研讨》，载《现代法学》2014 年第 4 期。

18 张明楷著：《刑法学》（第 5 版），法律出版社 2016 年版，第 137—138 页。

19 福州乐尚优品电子商务有限公司、黄友振侵犯公民个人信息罪案，湖北省孝感市人民法院 (2020) 鄂 09 刑终 17 号刑事判决书；北京飞扬创想文化传播有限公司等侵犯公民个人信息罪案，北京市通州区人民法院 (2018) 京 0112 刑初 389 号刑事判决书；潘美似、佛山市富融商务咨询有限公司侵犯公民个人信息罪案，广东省佛山市中级人民法院 (2019) 粤 06 刑终 857 号刑事判决书。

20 甘肃省兰州市中级人民法院 (2017) 甘 01 刑终 89 号刑事裁定书。

意志的争议，而且单位意志可用于解释不同罪过形式，故其判断便成为认定单位犯罪的关键。进一步追问，在承认"体现单位意志"包括"纵容"等不作为形式的前提下[21]，如何确定"纵容"的判断标准？综上所述，如何认定构成"纵容"进而认定单位刑事责任成为司法难题。

(三) 网络数据非法使用的规制缺位

1. 体系解释下规制网络数据非法使用的必要性

法律的应然状态不是合规视野的主要着眼点，但是基于企业合规制度的自我规制特点，超前的数据保护制度也有其独特价值，况且，从体系完整性看现有的刑法规范，刑法数据保护存在非法使用规制空缺的问题。[22] 根据我国《数据安全法》第3条第2款的规定可知，数据处理，包括数据的收集、存储、使用、加工、传输、提供、公开等。与之相类似的数据生命周期包括六个阶段，即数据采集、传输、储存、使用、共享、销毁。[23] 立法者应当着眼于数据生命周期设立完整、全面、立体的数据保护法律体系，避免出现刑罚处罚上的重大漏洞。

2. 预防视角下治理网络黑灰产业的重要性

规制网络数据非法使用是打击相关网络黑灰产业的必然要求。一是有利于切断非法数据活动中手段与目的的贯通性，将犯罪治理延伸至"使用"这一终端环节。转移个人信息的最终目的在于有效利用，通过非法使用个人信息变现牟利是诱发当前个人信息泄露、违规交易乱象的深层次原因。[24] 二是有利于直接打击非法使用网络数据的不良产业。从相关黑灰产业布局来看，处于前端的非法采集、获取数据行为已经被纳入刑法进行规制，位于后端的非法使用数据行为同样具有相当或更大的危害性，也应当对其给予充分警惕。[25]

以侵犯公民个人信息罪为例，主要规制的是非法出售、提供以及获取个人信息的行为。但如果对合法获取的个人信息超出合法界限使用时，诸如"大数据杀熟"、利用个人信息拨打骚扰电话或进行虚假推销、根据个人信息定向推送有害信息和诈骗广告等利用公民个人信息的恶意行为，刑法并没有加以规制，

---

21 《全国法院审理金融犯罪案件工作座谈会纪要》（法〔2001〕8号），最高人民法院2001年1月21日发布，第2条，关于单位犯罪问题的规定。

22 刘宪权、石雄：《网络数据犯罪刑法规制体系的构建》，载《法治研究》2021年第6期。

23 张尧学、胡春明著：《大数据导论》（第2版），机械工业出版社2021年版，第159页。

24 刘双阳：《数据合规视野下非法使用个人信息行为的入罪逻辑与出罪路径》，载《网络信息法学研究》2020年第2期。

25 劳东燕：《个人数据的刑法保护模式》，载《比较法研究》2020年第5期。

从而无法实现网络数据的周全保护。

三、网络数据犯罪刑事合规治理的提倡

(一) 合规理念的实践兴起

随着最高人民检察院企业合规改革试点工作的开展，通过适用合规整改不起诉以减少和预防企业再犯罪，成为司法机关参与社会治理的重要手段。而非刑事法领域的合规制度建设也在我国遍地开花。如专门针对银行、保险、证券等特定行业或领域的规范性文件不断出台、完善。[26] 在普遍性的合规制度建设上，也有不少代表性文件，[27] 2022 年，国务院国资委颁布了《中央企业合规管理办法（公开征求意见稿）》，这表明我国切实推进合规制度的决心。

企业刑事合规构建的一般方案可以分为五个步骤：一是定位刑事风险点的前提性步骤；二是刑事法律风险评估的起始性步骤；三是制定刑事合规计划的指导性步骤；四是关于执行的跟踪性步骤；五是监测与评估的后续性步骤。[28] 面对合规浪潮的兴起，通过刑法的激励与惩罚功能，推动企业制定并实施刑事合规计划受到理论和实务的高度重视。合规理念有利于从经济活动的角度全面构建网络数据的刑法保护体系，并为企业识别和防范网络数据刑事风险提供助益。

(二) 刑事合规的理论依据

刑事合规的理念基础包括风险刑法催生的刑罚积极一般预防理论、预防和惩治犯罪的合作模式、法人刑事责任范围的调整。[29] 本文基本同意上述观点，但认为刑事合规的理论基础具有侧重点，其核心在于刑罚一般预防理论。在此前提下，企业基于承担刑事责任的压力，配合国家政策从企业内部开展犯罪治理活动。

首先，刑事合规以识别刑事风险为基础，合规动力来自刑罚威慑。从上述

---

[26] 相关文件内容参见《商业银行合规风险管理指引》(银监发 [2006] 76 号)；《保险公司合规管理办法》(保监发 [2016] 116 号)；《证券公司和证券投资基金管理公司合规管理办法》(中国证券监督管理委员会令第 166 号) 等。

[27] 相关文件内容参见《企业内部控制基本规范》(财会 [2008] 7 号)；《中国境外企业文化建设若干意见》(商政发 [2012] 104 号)；《合规管理体系指南》(GB/T 35770-2017)；《中央企业合规管理指引 (试行)》(国资发法规 [2018] 106 号)；《企业境外经营合规管理指引》(发改外资 [2018] 1916 号) 等。

[28] 韩轶：《企业刑事合规的风险防控与建构路径》，载《法学杂志》2019 年第 9 期。

[29] 孙国祥：《刑事合规的理念、机能和中国的构建》，载《中国刑事法杂志》2019 年第 2 期。

合规建设方案来看,刑法与合规的前提性联结点在于刑事风险的识别、定位与评估,进一步理解,刑事风险包括行为与结果的不法及其相伴的单位刑事责任。只有法定的刑事责任才能倒逼企业推进刑事合规,从而形成国家与企业的合作治理局面。[30] 其次,企业合规计划并非直接产生刑法效果,合规与刑法存在距离与张力。合规视野下,一方面,企业及其内部员工应当严格遵守刑法规范,以免遭受最严厉的刑罚制裁。另一方面,企业为了遵守刑法规范而制定和实施的合规计划属于前置领域规则内容,与刑事实体法规范保持一定的距离和张力。[31] 最后,有效的刑事合规影响定罪量刑。从制度设计的层面来看,合规计划是一种规制了的自制,即在法律的要求和指导下,建立一套旨在防范不法行为的制度。[32] 有效的事前刑事合规在我国可以成为排除企业刑事责任的事由,可以成为积极证立个人责任的联结点,可以成为刑罚减免事由。[33]

(三) 刑事合规的现实价值

少数学者提出刑事合规无用论,其主张刑事合规难以发挥想象中的预防犯罪作用,即否定刑事合规的有效性。其认为刑事合规的阻却刑事责任功能带来了两个潜在的问题:其一,对企业不当行为威慑力不足;其二,代价高昂、成效颇微的内部合规结构大量出现。[34] 进而有学者主张企业行政合规是更加符合我国具体国情的制度。[35] 刑事合规无用论的观点指明了一些问题,但也有学者提出"从逻辑展开,合规计划可以发挥积极功能"的相反观点。[36] 本文并不否认行政合规的价值,正如行政监管被视为企业合规的基础与前提。[37] 但是,不能因为前述问题的出现或行政合规的价值而全盘否定刑事合规。

首先,不可否认刑法的强制法保障作用,通过压实合规责任,以"严管"的姿态改善单位内部治理。缺少刑法这一强制法保障的单向度的企业合规建设,

---

[30] 李本灿:《刑事合规制度的法理根基》,载《东方法学》2020年第5期。

[31] [德] 弗兰克·萨力格尔:《刑事合规的基本问题》,马寅翔译,载李本灿等编译:《刑法与合规:全球视野的考察》,中国政法大学出版社2018年版,第60页。

[32] 李本灿:《企业犯罪预防中国家规制向国家与企业共治转型之提倡》,载《政治与法律》2016年第2期。

[33] 李本灿:《法治化营商环境建设的合规机制》,载《法学研究》2021年第1期。

[34] 金伯莉·D. 克拉维克:《表象化的合规与协商治理的失败》,李本灿译,载李本灿等编译:《刑法与合规:全球视野的考察》,中国政法大学出版社2018年版,第99页。

[35] 田宏杰:《刑事合规的反思》,载《北京大学学报(哲学社会科学版)》2020年第2期。

[36] 李本灿:《合规计划的效度之维——逻辑与实证的双重展开》,载《南京大学法律评论》2014年春季卷。

[37] 张泽涛:《论企业合规中的行政监管》,载《法律科学》2022年第3期。

容易形成纸面合规，即合规仅仅用于提高社会认可、应付行业监管，在遇到真正的合规风险时，可能出现合规意识薄弱、合规效果不尽如人意等问题。正如有学者既强调社会自我规制，又要求依靠行政法规范对自我规制进行后设规制，[38] 在企业合规建设中，刑法同样发挥着相应的后设规制作用。其次，刑事合规制度是单位自愿建立并实施的，以获取刑事政策与刑事责任减免的激励，既体现了公权力的"厚爱"，也为优化营商环境提供了刑事法指引。刑事合规可以视为国家和企业针对企业犯罪的合作规制模式，企业是最了解自身运作情况的主体，建立并落实有效的刑事合规有助于形成基于企业内部结构的预防犯罪的体系性制度；与此相对应，国家通过颁布禁止性规范，在认可企业有效刑事合规的基础上，在相关犯罪上对企业在起诉审判、定罪量刑等方面予以正向激励，最终实现多方共赢。最后，企业犯罪治理不可能一蹴而就，以个案刑事合规为切入点开展的类案合规、溯源治理等新型能动司法活动帮助企业在法治轨道上实现长远发展。比如当前中央企业为实现企业的精细化、法治化、信息化管理，强调了合规文化建设和信息化建设，这些经验的获取离不开刑事合规的实践成果。

（四）网络数据犯罪的刑事合规治理

我国实务部门有意识地将涉案企业类型分为涉嫌单位犯罪的企业以及其成员涉嫌与生产经营活动密切相关犯罪的企业，[39] 这正是"业务行为与企业主体"合规视角的体现。刑事合规的理念和视角与一般的企业合规建设或个别犯罪研究比较，主要区别在于前者更加重视企业的主体地位，并且在业务活动和组织决策中响应刑罚积极的一般预防功能，[40] 即参照刑法规范以实现"合刑法"经营。

在合规视野下治理网络数据犯罪，首先，在提高企业犯罪治理能力问题上，无须拘泥于个罪的刑法规范，而是应全面识别网络数据"生命周期"的各阶段刑事风险。其次，在企业的犯罪治理动力不足的问题上，着眼于企业的犯罪主体地位，重视对企业犯罪的认定，实现犯罪主体及其刑事责任的清晰界定。最后，在企业滥用网络数据问题上，探讨网络数据非法使用的入罪界限，区分网络数据不合规使用的类型，从解释论和立法论上谋求治理方案。下文将围绕合

---

38 高秦伟：《社会自我规制与行政法的任务》，载《中国法学》2015 年第 5 期。

39 《涉案企业合规建设、评估和审查办法（试行）》（全厅联发〔2022〕13 号），全国工商联等九部委 2022 年 4 月 19 日发布，第 20 条第 1 款："本办法所称涉案企业，是指涉嫌单位犯罪的企业，或者实际控制人、经营管理人员、关键技术人员等涉嫌实施与生产经营活动密切相关犯罪的企业。"

40 于冲：《数据安全犯罪的迭代异化与刑法规制路径——以刑事合规计划的引入为视角》，载《西北大学学报（哲学社会科学版）》2022 年第 5 期。

规视角中的"业务行为与企业主体"展开网络数据犯罪治理研究。

四、网络数据犯罪刑事合规治理的进路

(一) 网络数据活动的风险识别与合规出罪

1. 网络数据犯罪罪名适用的合规思路

如前所述，数据和信息的二元分立视角始终囿于"此罪与彼罪"的界分，无法妥当解释法益侵害的复杂性和数据的基底性，需要引进合规思路。本文认为应从合规视角出发，在现有刑法规范基础上，利用犯罪竞合来达到合理适用数据犯罪罪名的目标。合规视角将数据和信息视为一个整体，其基本着眼点在于企业的业务行为及其刑事风险，重点判断行为的"罪与非罪"，在此基础上展开"此罪与彼罪"的讨论。具体到网络数据犯罪，则是要求在网络数据活动中识别侵犯数据和信息法益的各种刑法风险。

考虑到数据的基础属性，在进行司法认定时需注重业务行为即网络数据活动的判断，常常出现"拔出萝卜带出泥"的附带效应，多种法益盘根错节，对此进行静止、孤立的分析并不可取。需要注意下述行为与法益的两类区分：一是基于数据占有状态而进行内外部行为区分，如数据加工、处理即典型的内部行为，其他环节的行为大多属于外部行为。二是基于公私二分的法规范违反而进行的法益区分，典型数据法益可见基于人格权的个人信息、财产性利益、知识产权、竞争秩序、计算机信息系统安全等。根据上述行为及法益特点，利用犯罪竞合理论，以判断"罪与非罪"为主、"此罪与彼罪"为辅实现网络数据相关罪名的精准认定。

2. 企业网络数据活动的刑事风险识别

(1) 数据采集、获取行为

数据的采集、获取是数据活动的第一步，是刑法保护的最前端，也是刑事风险最大的环节。采集带有技术特征，而获取则具有规范性色彩，既包括自行采集的直接获取行为，还包括通过购买、交换、接收、骗取等间接获取行为。[41] 在大数据时代，数据的来源包括对现实世界的测量、人类的记录和计算机生成。另外有四种常用的数据采集方法：采集物理世界信息的传感器、采集数字设备运行状态的日志文件、采集互联网信息的网络爬虫以及采集人们所了解信息的

---

41 《最高人民法院、最高人民检察院关于办理侵犯公民个人信息刑事案件适用法律若干问题的解释》（法释〔2017〕10号）第4条即点明"以其他方法非法获取公民个人信息"包括购买、收受、交换等行为方式。

众包。[42] 这里体现的是数据采集技术手段与数据类型的多样性。依据上述特征，可以认为部分数据采集、获取行为涉嫌《刑法》第 285 条的计算机相关犯罪、第 177 条之一第 2 款的信用卡犯罪、第 219 条侵犯商业秘密罪、第 253 条之一第 3 款关于非法获取公民信息的犯罪以及第 111 条窃取国家秘密、情报相关罪名。

首先，在上述罪名中，我国《刑法》第 285 条第 2 款规定的非法获取计算机信息系统数据罪具有"口袋罪"的性质。本罪客观方面应当同时满足"违反国家规定"的规范要件与"侵入并获取数据"的技术要件。在我国《网络安全法》与《数据安全法》出台之后，对数据安全的明确保护使得"违反国家规定"的规范要件容易满足。[43] 有学者根据司法解释的规定，认为本罪中的"数据"仅限于身份认证信息，进而认为刑法在危害数据安全犯罪的处理上存在重信息而轻数据的倾向。[44] 该观点并不恰当。从相关司法解释来看，计算机信息系统数据确实主要被理解为身份认证信息，但是依然可以通过违法所得数额、造成经济损失以及其他严重情节来认定获取数据行为构成本罪。[45] 本罪中的"数据"实际包括了所有数据种类。[46] 这也可以解释为何诸如通过网络爬虫技术非法爬取"房源信息"这种不正当竞争行为也构成本罪。[47] 因此，本罪基于规制网络数据的获取行为成为"口袋罪"。

其次，明确作为"口袋罪"的非法获取计算机信息系统数据罪的"罪与非罪"边界，关键在于"侵入或采取其他技术手段"行为的不法性判断。通说以违背意愿为认定标准，侵入或采取其他技术手段进入包括采用技术手段强行进入，也包括未征得他人同意或授权擅自进入。[48] 该观点的优点在于判断标准简洁明了，缺点在于入罪门槛偏低。另有学者参考美国数据犯罪的司法实践，认为应当将单纯违反合同协议的数据侵害行为出罪。[49]

---

42 张尧学、胡春明主编：《大数据导论（第二版）》，机械工业出版社 2021 年版，第 30 - 31 页。

43 《中华人民共和国网络安全法》第 27 条；《中华人民共和国数据安全法》第 8 条。

44 王倩云：《人工智能背景下数据安全犯罪的刑法规制思路》，载《法学论坛》2019 年第 2 期。

45 例如《最高人民法院、最高人民检察院关于办理危害计算机信息系统安全刑事案件应用法律若干问题的解释》第 1 条 "违法所得五千以上""造成经济损失一万元以上"或 "其他情节严重的情形"。

46 王爱立主编：《中华人民共和国刑法释义》，法律出版社 2021 年版，第 615 页。

47 林镇平等非法获取计算机信息系统数据罪案，北京市朝阳区人民法院（2020）京 0105 刑初 2594 号刑事判决书。

48 王爱立主编：《中华人民共和国刑法释义》，法律出版社 2021 年版，第 616 页。

49 杨志琼：《美国数据犯罪的刑法规制：争议及其启示》，载《中国人民大学学报》2021 年第 6 期。

对于上述学说分歧，本文基本赞成"违背意愿说"作为不法性判断标准，但是强调在后续通过构成要件的实质解释或者情节严重的判断对显著轻微、危害不大的行为予以出罪，以克服其缺陷。若将违反合同协议的数据侵害行为出罪，则可能出现三个问题。一是违反合同协议出罪可能成为摆设，因为法律的指引作用将促使数据控制者采用更加高规格的数据保护手段，放弃合同协议这一"无效"的保护手段，徒增保护成本。二是无法排除善意控制者基于合同协议而进行数据活动的情况，进而出现行为符合司法解释关于"造成经济损失"要件却不构罪的司法漏洞。三是过度强调刑法的谦抑性而欠缺相应的法益保护考量。[50] 即便反不正当竞争法可以起到相应的规制作用，也不必然推导出放弃刑法规制的结论。何况，在文中所列举的案例之一"大众点评诉百度不正当竞争案"中，法院认定了百度公司的搜索引擎抓取涉案信息并不违反 Robots 协议，[51] 因此该案例也无法解释违反合同协议的数据侵害行为应当出罪。

最后，关于《刑法》第 177 条之一第 2 款的信用卡犯罪、第 219 条侵犯商业秘密罪、第 253 条之一第 3 款关于非法获取公民信息等犯罪则可视为侵犯数据信息内容层的犯罪，与计算机数据犯罪的主要区别在于数据的法律性质，在满足其他要件的情形下，应认定为想象竞合犯择一重罪处罚。[52] 至于判断何谓重罪，则应通过比较具体案件事实及其对应刑罚之轻重，遵从罪责刑相适应原则，得出合理结论。

（2）存储、保管行为

网络数据存储、保管行为通常以不作为的正犯或帮助犯涉嫌相应的犯罪。第一，不作为的正犯行为表现为不妥善存储、保管网络数据时，可能构成拒不履行信息网络安全管理义务罪。第二，典型且多发的涉及网络数据存储、保管行为的帮助犯可见于赌博罪、开设赌场罪、诈骗罪、传播淫秽物品牟利罪等，客观上提供网络存储等技术支持，主观上属于明知他人实施犯罪且意欲帮助他人。[53]

然而，在《刑法修正案（九）》增设的帮助信息网络犯罪活动罪中就包括

---

[50] 孙国祥：《反思刑法谦抑主义》，载《法商研究》2022 年第 1 期。

[51] "大众点评诉不正当竞争百度案"，上海市浦东新区人民法院（2015）浦民三（知）初字第 528 号民事判决书。

[52] 张明楷：《法条竞合与想象竞合的区分》，载《法学研究》2016 年第 1 期。

[53] 《最高人民法院、最高人民检察院关于办理赌博刑事案件具体应用法律若干问题的解释》（法释〔2005〕3 号）第 4 条；《最高人民法院、最高人民检察院、公安部关于办理网络赌博案件适用法律若干问题的意见》（公通字〔2010〕40 号）第 2 条第 1 款第 1 项；《最高人民法院、最高人民检察院、公安部关于办理电信网络诈骗等刑事案件适用法律若干问题的意见》（法发〔2016〕32 号）关于共同犯罪的规定。

"为犯罪提供服务器托管、网络存储等技术支持的"类型化行为，该罪与相关帮助犯的司法适用存在较大争议。在坚持帮助信息网络犯罪活动罪"正犯性"的基础上，[54] 本文主张构成共同犯罪的网络犯罪帮助行为可以成立帮助信息网络犯罪活动罪，依然根据犯罪竞合的原理，以及该罪法条第 3 款规定，择一重罪处罚。又因为共同犯罪所涉刑罚存在三年以上的有期徒刑，通常严于法定刑在三年有期徒刑以下的帮助信息网络犯罪活动罪，故在此情况下认定关联犯罪的帮助犯符合罪责刑相适应原则。

（3）加工、修改行为

网络数据加工、处理行为若于企业内部进行，则发挥承前启后的作用，对网络采集的数据进行加工、处理、修改，为后续产品的使用、研发、交易等活动奠定基础，故单独加工行为不构成犯罪。例如数据的预处理行为，将原始数据加工、处理为衍生数据。

若将加工、修改行为的对象转变为外部网络数据，则可能构成三类犯罪。一是可能因删除、修改、增加数据而构成破坏型数据犯罪，如我国《刑法》第 286 条第 2 款规定的破坏计算机信息系统罪。二是从代码即数据的观念来看，对数据的加工处理行为还可以解释为对计算机信息系统实施非法控制，可能构成我国《刑法》第 285 条第 2 款规定的非法控制计算机信息系统罪。三是控制计算机信息系统可能造成网络数据的传输问题，进而侵犯公民通信自由和通信秘密，从而构成相应的获取型或破坏型数据犯罪。[55]

（4）公开、传播、提供、交易行为

这些业务行为都处于网络数据流通阶段，其可能构成犯罪的原因在于违反数据流通的行为规范而导致违法犯罪。此类行为的不法性还体现在犯罪对象即数据的具体内涵上，根据数据信息内容层的标准分为四类涉嫌犯罪的信息：第一类是关于国家的信息，如国家秘密、军事秘密等；第二类是关于商业的信息，如商业秘密、知识产权、金融领域的重要信息披露规则等；第三类是有关妨害社会管理秩序的信息，如虚假信息、不应公开的案件信息以及黑色产业信息等；第四类是与个人财产、人身安全密切相关的个人信息、信用卡信息。[56] 可以看

54　陈毅坚、陈梓瀚：《帮助信息网络犯罪活动罪的司法适用——基于正犯性视角的教义学展开》，载《地方立法研究》2021 年第 5 期。

55　《全国人民代表大会常务委员会关于维护互联网安全的决定》，2009 年 8 月 27 日第十一届全国人民代表大会常务委员会第十次会议《关于修改部分法律的决定》修正，第 4 条关于"非法截获、篡改、删除他人电子邮件或者其他数据资料，侵犯公民通信自由和通信秘密"的规定。

56　王肃之：《我国网络犯罪规范模式的理论形塑——基于信息中心与数据中心的范式比较》，载《政治与法律》2019 年第 11 期。

到,刑法设立了诸多规范禁止特定信息的流通,企业对此应当识别并控制相关刑事风险。

(5) 销毁行为

外部视角数据销毁行为包括数据加工、修改行为,已如前述。而从内部网络数据视角来看,由于云存储业务的展开,数据不当销毁可能破坏网络用户的服务体验,妨害行政司法公共部门的调查取证活动,以及不彻底的数据销毁造成数据泄露的问题。

因此,销毁行为可能存在三类刑事风险。一是销毁用户数据问题,可能构成故意毁坏财产罪、破坏计算机信息系统罪。二是有关刑事案件证据留存的问题,可能构成拒不履行信息网络安全管理义务罪、伪证罪、帮助毁灭伪造证据罪、拒绝提供相关证据的犯罪。三是因不当销毁而造成数据泄露的问题,也可视为存储、保管不力的问题,也可能构成拒不履行信息网络安全管理义务罪。

3. 企业数据活动的刑事合规出罪

从上文的梳理可见,从企业数据活动的角度看网络数据的刑法保护,存在下述两大特点。一是刑法规范主要集中在数据采集、获取阶段,并提供全类型的数据安全保障。在数据活动的其他环节,则更加注重数据信息内容层的法律属性,基于不同的规范要求采取不同的罪名进行规制。计算机信息系统中的数据只要满足使人获利或使人受损的基本要求即可满足犯罪对象的要求,[57]因此企业或个人应当在采集数据时遵守其数据网站合同协议,诸如网络服务协议、企业电脑使用政策等。在信息内容层具有其他刑法保护法益性质的数据更是受到保护,通过想象竞合取得罪责刑相适应的刑法效果。二是刑法按照数据活动的不同环节、数据法益的不同类型提供立体性保护。一方面体现了刑法积极应对经济犯罪活动,为企业合法经营设立了与其经济业务活动相适应的行为规范。另一方面也表明经济活动和刑法规范的复杂性,交叉重叠的刑法保护才符合我国实际情况,对经济活动严格区分"此罪与彼罪",忽视其共性并不可取。从刑法的全面保护来看,兜底罪名的设置也并非全无好处。

网络数据保护的两大特点,为进一步完善网络数据的刑法保护指明方向,也要求基于合规视野,对相应网络数据活动进行出罪化探索。首先,基于上述网络活动各种刑事风险的识别,企业应当将刑法规范融入企业合规建设以控制刑事风险,即避免入罪的思路。其次,应当注意到经济刑法缺少法定的出罪事

---

57 《最高人民法院、最高人民检察院关于办理危害计算机信息系统安全刑事案件应用法律若干问题的解释》(法释〔2011〕19 号)第 1 条"违法所得五千元以上""造成经济损失一万元以上"或"其他情节严重的情形"。

由，从法教义学角度积极探索数据活动的合法化路径或出罪事由，即积极出罪的思路。基于利益衡量、社会普遍的情理价值和适法期待可能性的缺失等理论工具，为经济活动开辟合法、出罪的途径。[58] 根基于利益衡量理论的合理数据活动，出罪需在类型化的基础上谨慎适用。最后，这种"无罪化"的法律适用过程不仅可以体现在法院判决文书上，也可以体现在司法、行政人员的办案说理之中，以此塑造和改进企业刑事合规的原则及具体规则。

（二）网络数据犯罪单位刑事责任的合规判断

1. 企业刑事合规与单位刑事责任

企业与个人的刑事责任区分是企业刑事合规最关注的问题之一。如前所述，当企业没有明显决策或授权从事违法犯罪活动时，单位刑事责任的认定即成为难题。将刑事合规引入单位刑事责任认定，明显表现出对集体意志等主观内容向客观判断的转变。对此，存在单位刑事责任合规计划判断说与综合考量说的分歧。时延安教授认为，对单位刑事归责的基础应当是单位内部治理结构和运营方式，其外在表现正是合规计划的制定和实施。[59] 而黎宏教授则主张，应当以企业文化等综合考量替代单一的企业合规计划论，企业合规建设作为企业文化建设的一部分，是判断企业刑事责任有无和大小的依据之一。[60]

本文更倾向于综合考量说，首先指出两说存在的共识。即都批判"同一视"理论而偏向"组织体"理论。后者的优点在于贯彻了责任原则。在责任原则的基础上，企业在实现或促进犯罪方面的自身的主客观特质被不断挖掘，成为认定企业刑事责任的关键。其次，综合考量说追求主客观相统一原则，相比追求"客观归责"的合规计划判断说[61]而言，更加符合我国刑事司法的实际情况。详言之，从犯罪证明的角度来看，客观方面和主观方面都是需要证明的内容，故不宜激进地仅取其一；从客观方面的内部来看，综合考量说主要在判断标准的广度上优于合规计划判断说，因此也更加周全、合理。最后，综合考量说虽然与单一的刑事合规判断说分道扬镳，但与"有效的"刑事合规在出罪功能上具有一致性。两者着眼于企业预防和打击犯罪的根本态度，通过设定并履行有效合规的若干义务与标准，从而避免司法机关认定企业"纵容"犯罪，排除企业刑事责任。

---

58 孙国祥：《经济刑法适用中的超规范出罪事由研究》，载《南大法学》2020年第1期。
59 时延安：《合规计划实施与单位的刑事归责》，载《法学杂志》2019年第9期。
60 黎宏：《合规计划与企业刑事责任》，载《法学杂志》2019年第9期。
61 时延安：《合规计划实施与单位的刑事归责》，载《法学杂志》2019年第9期。

2. 有效合规的认定标准与主体

首先，有效合规的标准并不唯一，但有迹可循，甚至可以参考事后合规整改的要求。从我国2022年颁布的合规文件《中央企业合规管理办法》可知，合规管理体系建立的关键在于组织责任、合规管理制度建设、运行机制、合规文化、信息化建设、监督问责六大方面。通常认为完整合规计划的制度模型包括以下三点：一是风险识别、行为准则制定与合规组织的构建；二是标准传达与促进；三是内部调查、制裁与合规计划的改进。[62]

其次，合规计划的"有效性"主要通过司法活动进行个案判断。我国正在试点推广的企业合规不起诉制度的直接目标正是通过第三方监督组织审查涉案企业合规计划的可行性、有效性与全面性，督促涉案企业建立或者完善企业合规制度。[63] 本文探讨的刑事合规指涉的是事前刑事合规，事前合规的有效性也是通过司法活动进行判断，但这一裁判权归属于法院。如"雀巢公司员工侵犯公民个人信息案"中，企业便是通过"合规无罪抗辩"在刑事诉讼中获得了认可，从而阻却单位刑事责任的成立。[64] 司法个案判断的好处在于针对公司的规模大小与业务风险类型进行精细化的单位刑事责任认定。企业在面临刑事调查时，基于有效刑事合规不仅减少了事后合规的重复建设，更是摆脱了单位刑事责任的认定，有利于节省刑事司法资源，实现国家、社会与企业的共赢。

（三）网络数据不合规使用的刑法规制

数据企业担负着履行社会责任的义务，应当加强其对数据使用的合规化。虽然部分网络数据的不合规使用已经受到刑法规制，但保护的力度并不均衡。劳东燕教授指出，我国刑法对个人数据的保护，呈现出秩序利益至上，产业发展利益次之，个体权利再次之的格局。[65] 实践中，数据企业未能完全合规地使用其占有、控制的数据，将个人数据作为犯罪工具加以使用或利用的越轨行为屡见不鲜。[66] 因此，从前述信息内容层的四种分类来看，当前在数据使用阶段亟须刑法保护的数据类型当属个人信息。下文将以个人信息为主要对象，通过

---

[62] 李本灿：《法治化营商环境建设的合规机制——以刑事合规为中心》，载《法学研究》2021年第1期。

[63] 《关于建立涉案企业合规第三方监督评估机制的指导意见（试行）》，最高人民检察院等2021年6月3日发布，第4条、第11条、第13条、第14条。

[64] 甘肃省兰州市中级人民法院（2017）甘01刑终89号刑事裁定书；陈瑞华：《企业合规出罪的三种模式》，载《比较法研究》2021年第3期。

[65] 劳东燕：《个人数据的刑法保护模式》，载《比较法研究》2020年第5期。

[66] 刘双阳：《数据合规视野下非法使用个人信息行为的入罪逻辑与出罪路径》，载《网络信息法学研究》2020年第2期。

区分网络数据不合规使用的类型，谋求解释论和立法论上的解决出路。

将个人信息作为犯罪工具使用的刑事风险认定较为复杂，根据个人信息与犯罪的紧密程度可以分为两类行为，第一类是违法犯罪的辅助手段或预备行为，此类行为无须立法，在解释论的基础上即可实现刑法规制；第二类是通过非法使用相应网络数据即可达到犯罪目的的行为，已有特定的刑法规范，但普遍性的刑法规制尚未建立，需要立法加以完善。

1. 作为辅助手段或预备行为的不合规使用

实践中此类行为的典型是"大数据杀熟"，其本质是经营者算法权力的滥用，体现为利用通常合法收集到的客户信息进行用户画像，最终通过算法实现自动化的区别定价，在民法上存在差别定价、价格歧视和价格欺诈的法律定性争议。[67]但本文认为，对于这种现象，没必要完全局限在民法或者行政法的框架内，针对极其恶劣的"大数据杀熟"行为，在满足犯罪构成的前提下，可以构成诈骗罪。例如在"胡某芳诉上海携程商务有限公司侵权责任纠纷案"中，二审法院认为，携程公司未依法告知关系订单交易的真实信息，怠于对平台内经营者进行有效监管，使胡某芳基于对携程公司的充分信赖，陷入了对交易对象和交易价格优惠的认知错误，最终做出了不真实意思表示，构成欺诈。[68]虽然本案并未认定属于"大数据杀熟"，但本案交易价格属于极其不合理的高价，假设平台与平台内经营者存在合谋，谋取如此高额差价，具有严重社会危害性的民事欺诈完全可以构成诈骗罪。[69]而利用大数据技术进行"杀熟"，本质上可以认定为利用数据实施诈骗活动，将"利用数据"这一要件剥离，依然不会阻断诈骗罪的成立。

"大数据杀熟"以及相类似的利用个人信息拨打营销电话、根据个人信息定向推送有害信息和诈骗广告等非法使用、利用个人信息的行为，仅仅属于某一违法犯罪的辅助手段或预备行为，不具有独立的法益侵害性，可以直接作为帮助犯或预备犯处罚。[70]

2. 作为犯罪实行行为的不合规使用

实践中此种类型化行为可见催收非法债务中的骚扰行为，涉及的网络数据

---

[67] 廖建凯：《"大数据杀熟"法律规制的困境与出路——从消费者的权利保护到经营者算法权力治理》，载《西南政法大学学报》2020 年第 1 期。

[68] 浙江省绍兴市中级人民法院（2021）浙 06 民终 3129 号民事判决书。

[69] 肖中华、朱晓燕：《经济纠纷背景下的刑事诈骗案件认定》，载《法学杂志》2021 年第 6 期。

[70] 于冲：《数据安全犯罪的迭代异化与刑法规制路径》，载《西北大学学报（哲学社会科学版）》2020 年第 5 期。

主要是个人信息。刑法设置催收非法债务罪的立法目的在于防止扰乱他人正常生活、工作、生产、经营秩序，[71] 这与个人信息密切相关。然而，以个人信息非法使用或利用行为尚未被司法实践明确认定为该罪的骚扰行为。对此，应通过立法完善对非法使用公民个人信息行为的打击，禁止非法利用他人个人信息，从而在侵权的前端环节保护公民的生活安宁。

首先，我国刑法已经表现出对安宁生活的单独保护。举轻以明重，从罪质来看，假设催收非法债务罪打击的是拨打电话、发送邮件的严重骚扰行为，那么对于不具有非法债务基础的一般公民，也应当保护其免受来自电话、邮件的严重骚扰。从侵犯公民个人信息罪的法益来看，信息控制权意味着公民个人信息不受其他人的非法使用。[72] 由于刑法在行为手段上的立法欠缺，公民的信息控制权无法得到充分保障。

其次，对公民个人信息的非法使用或利用可以将行为类型化并具有严重的社会危害性，但是却缺乏合适的罪名进行刑法规制。比如通过网络技术手段多次拨打受害人电话，正是利用了受害人的通信号码。[73] 跟踪他人从而给他人施加心理压力，也可能属于恶意利用他人居住地址的行为。

再次，侵犯公民个人信息罪的行为要件已经包括了非法提供、获取以及买卖行为，个人信息的非法利用属于行为阶段的后端，前端尚且保护，若仅仅因为获取的合法性而忽视非法利用的法益侵害性，不得不说这属于对个人信息刑法保护的漏洞。

最后，民法上一般认为个人信息合规使用包括三种方式，一是信息主体同意的许可使用，二是去识别化处理的匿名使用，三是优越利益豁免的合理使用。[74] 其中合理使用情形具体包括履行强制性法律义务、保障国家安全与公共安全、保护公共利益、维护个人生命财产重大权益以及开展公益性学术研究等方面。[75] 可以借鉴民法等基础法律关于个人信息合规使用的规范，将个人信息不合规使用的严重情形纳入刑法规制范围。

71　王爱立主编：《中华人民共和国刑法释义》，法律出版社2021年版，第653页。

72　郑朝旭：《论侵犯公民个人信息罪的司法适用误区及其匡正》，载《财经法学》2022年第1期。

73　《26元恶意呼叫5000次，"呼死你"防治难在哪？》，载百度百家号"北京日报客户端"，2021年6月2日。

74　刘双阳：《数据合规视野下非法使用个人信息行为的入罪逻辑与出罪路径》，载《网络信息法学研究》2020年第2期。

75　刘双阳：《数据合规视野下非法使用个人信息行为的入罪逻辑与出罪路径》，载《网络信息法学研究》2020年第2期。

结语

刑事合规的发展促进了刑法学与犯罪学的互动，表现出对风险控制和行为本位的推崇，通过行为规范的设立和刑罚的积极一般预防，带来单位犯罪认定、个人与单位责任分配、义务认定标准等理论的变化。停留在"宏观上"或"一揽子"的合规建设理论可能无法解决具体犯罪治理问题，应当从专项合规计划入手，逐步推广到整体的刑事合规。数据保护领域的专项合规除了识别和控制数据活动的刑事风险，还包括企业监督、管理义务的履行，企业预防贪污、贿赂、渎职行为的合规建设，甚至还涉及海外业务刑事合规。因此，数据犯罪的刑事合规治理模式的探索任重道远。

侦查阶段适用认罪认罚从宽制度若干问题研究

叶 青 徐 翀[*]

【内容提要】认罪认罚从宽制度自进入我国刑事诉讼法后即被大规模适用，但是，法律理论和实务界对侦查阶段适用认罪认罚从宽制度可能存在的认罪认罚自愿性、侦查权监督制约、办案工作全流程提速等方面的问题尚未给予足够重视，相关理论讨论和司法实践无法满足推动刑事司法工作高质量发展、助力实现国家治理体系和治理能力现代化的需求。立足我国特有的司法制度供给、新制度顶层设计及其运行逻辑、诉讼真实观等多重背景因素，未来可以从加强沟通、协作与监督入手，优化当事人诉讼权利保障，完善权力配合制约机制，提升侦查阶段适用认罪认罚从宽制度的法治化水平。

【关键词】认罪认罚从宽制度　侦查阶段　沟通　协作　监督

一、问题的提出

2014年10月，党的十八届四中全会通过《关于全面推进依法治国若干重大问题的决定》，对加快建设社会主义法治国家、全面推进依法治国作出一系列决策部署，其中一项改革任务为"完善刑事诉讼中认罪认罚从宽制度"。在经历了2016年起18个城市试点，2017年最高人民法院、最高人民检察院向全国人大常

---

[*] 叶青——华东政法大学校长，刑事法学院教授、博士研究生导师，主要研究领域：刑事诉讼法学、诉讼证据法学和中外司法制度；徐翀——华东政法大学刑事法学院博士研究生，上海市人民检察院第二分院第三检察部检察官，主要研究方向：刑事诉讼法学、诉讼证据法学、检察学。本文为国家社科基金重大项目"新时代国家安全法治的体系建设与实施措施研究"（项目编号：20&ZD191）的阶段性成果。

委会作中期报告，2018年修改《刑事诉讼法》，2019年以后大规模适用这环环相扣、高速推进的四个发展阶段，认罪认罚从宽制度已经成为我国学术界和实务界的热点问题。以对《刑事诉讼法》第201条的理解适用和"余金平交通肇事案"等争议性案件的讨论为典型代表，论者对认罪认罚从宽制度的理论基础、司法权运行机制、权利保障以及与之相关的刑法学、证据法学等方面问题进行了深入而热烈的讨论，成果颇丰。[1]在既有的著述中，观点争鸣大多被置于检察机关审查起诉、法院审判以及随之而来的被告人上诉、检察机关抗诉等司法场景中展开，一方面契合以审判为中心的刑事诉讼制度改革趋势和近年来检察机关着力推动认罪认罚从宽制度落地的发展现状，另一方面也有利于与主要适用于审判阶段的美国辩诉交易、德国刑事诉讼协商（也译为"协商式刑事审判"）等域外制度进行比较研究。

笔者认为，在认罪认罚从宽制度实施过程中，侦查机关[2]是"前哨"，检察机关是"主导"，司法审判是"中心"。[3]根据我国特有的诉讼阶段论，侦查阶段既是查明案件事实、保障当事人合法权益的起始阶段，也是认罪认罚从宽制度得以依法适用的基础阶段。有鉴于此，如下三个问题在侦查阶段能否得到妥善处置，直接关系到认罪认罚从宽制度的立法价值能否在侦查阶段乃至刑事诉讼全过程中得到实现。

（一）认罪认罚的自愿性问题

在刑事诉讼中，基于惩罚犯罪、保障人权的双重目的和被追诉人的诉讼主体地位，保障犯罪嫌疑人、被告人自愿、如实作出供述的法律制度、学理论述可谓汗牛充栋，择其要者而言，不受强迫自证其罪、有效辩护、非法证据排除、讯问同步录音录像等一系列原则、制度具有基础地位。在认罪认罚从宽制度建立之初，犯罪嫌疑人认罪的自愿性能否得到切实保障，就被有的论者作为质疑该制度能否适用于侦查阶段的一个重要理由。[4]尽管此后陆续制定、修改的《最

---

1 参见龙宗智：《余金平交通肇事案法理重述》、顾永忠：《对余金平交通肇事案的几点思考——兼与龙宗智、车浩、门金玲教授交流》，均载《中国法律评论》2020年第3期；陈明辉：《认罪认罚从宽制度中法权力的冲突与协调》，载《法学》2021年第11期。司法实务界的意见分歧，可参见最高人民法院刑事审判第一、二、三、四、五庭编：《刑事审判参考》（总第127辑），人民法院出版社2021年版，第26-51页；陈国庆：《认罪认罚从宽制度若干争议问题解析》，载张志杰主编：《刑事检察工作指导》（总第6辑），中国检察出版社2020年版，第3-34页。

2 根据近年来的机构改革、立法修改，我国法定的侦查机关包括公安机关、国家安全机关、人民检察院、军队保卫部门、中国海警局、监狱。本文所谓的侦查机关主要指公安机关。

3 参见樊崇义：《论侦查阶段认罪认罚从宽程序的建构》，载《河南警察学院学报》2021年第1期。

4 参见陈卫东：《认罪认罚从宽制度研究》，载《中国法学》2016年第2期。

高人民法院、最高人民检察院、公安部、国家安全部、司法部关于在部分地区开展刑事案件认罪认罚从宽制度试点工作的办法》《刑事诉讼法》《最高人民法院、最高人民检察院、公安部、国家安全部、司法部关于适用认罪认罚从宽制度的指导意见》（以下简称《2019年适用指导意见》）等法律、规范性文件明确了在侦查阶段可以适用该制度，但遗憾的是，对认罪认罚自愿性的判断标准没有作出专门、明确的规定，仅在列明司法机关需要审查、核实此类案件的重点问题时，从反面规定了"有无因受到暴力、威胁、引诱而违背意愿认罪认罚"（《2019年适用指导意见》第28条第1款第1项、第39条第1款第1项）。由于上述标准较为抽象，加之由值班律师制度托底的法律帮助供给总体不足，[5] 前述关于认罪认罚自愿性的担忧仍然是我们必须正视和解决的一个关键问题。

（二）侦查权的监督制约问题

与上述第一个问题相关联，侦查阶段适用认罪认罚从宽制度的另一个需要重点关注的问题是如何有效监督制约侦查权。一般认为，在本轮司法改革前的一段时期内，我国刑事诉讼实际体现出"侦查中心主义""笔录中心主义"色彩，侦查机关自行决定采取除逮捕以外的强制措施，其收集的证据尤其是言词类证据笔录及其提出的有罪意见是检察机关、审判机关审查认定案件事实、作出裁判结果的最主要依据。自以审判为中心的刑事诉讼制度改革以来，侦查机关的法定地位、法定职权和办案程序基本不变，侦查实务中违法违规问题仍时有发生；[6] 对于认罪认罚权利告知和听取意见、认罪教育、快速办结、提请特别撤案等新增职责，侦查机关履行得如何尚有待观察。此外，现代社会大量出现的以多样化、高科技化、智能化为特征的电信网络、经济金融等新型犯罪，有赖于高度专业、强大的侦查力量来预防、侦破，导致刑事诉讼的重心在客观上日渐向侦查阶段转移，随之侦查机关的权力有所扩张。[7] 侦查权的监督制约问题

---

[5] 关于我国值班律师资源不足的讨论，参见张军、姜伟、田文昌著：《新控辩审三人谈》（增补本），北京大学出版社2020年版，第504-506页。

[6] 2018年度，全国检察机关对侦查机关违法取证、适用强制措施不当等提出书面纠正意见58744件次，同比上升22.8%。参见张军：《最高人民检察院工作报告——2019年3月12日在第十三届全国人民代表大会第二次会议上》，载最高人民检察院官方网站，https：//www.spp.gov.cn/spp/gzbg/201903/t20190319_412293.shtml，最后访问于2022年5月14日。

[7] 就现阶段我国推进认罪认罚从宽制度适用的工作格局而言，审查起诉毫无疑问是"重心"。但就国内外犯罪预防和惩处总体趋势而言，侦查阶段日益成为刑事诉讼的重心，在这个问题上实证的原因多于规范的原因。参见［德］托马斯·魏根特著：《德国刑事程序法原理》，江溯等译，中国法制出版社2021年版，第308-309页；施鹏鹏、褚侨：《德国刑事诉讼的最新改革》，载《人民检察》2022年第1期。

比以往更显重要，改革后采取"捕诉一体"办案模式的检察机关对此问题尤为重视。[8]

（三）办案工作的全流程提速问题

司法效率是自 2014 年刑事速裁程序试点以来我国刑事司法制度改革极为重要的一个方面，吸纳了速裁程序试点成果的认罪认罚从宽制度也因此被许多论者尤其是实务界人士认为是以"效率优先，兼顾公平"为导向的改革举措。[9] 2019 年 3 月，中共中央政法委员会、最高人民法院、最高人民检察院联合制定《关于进一步优化司法资源配置全面提升司法效能的意见》，要求落实轻罪案件快速办理机制，创新刑事速裁机制，深化刑事案件认罪认罚从宽制度改革，推动侦查、审查起诉、审判阶段程序简化。对照上述改革期许、政策导向，现阶段的侦查效率还有相当的提升空间，刑事"挂案"问题在近几年较为突出且存量尚未见底即为例证。[10] 以认罪认罚从宽制度带动刑事案件诉讼全流程提速的改革预期，在侦查阶段发生了一定程度的"梗阻"。

二、侦查阶段适用认罪认罚从宽制度的影响因素考察

作为一项问世不过 6 年的新生事物，认罪认罚从宽制度在侦查阶段的适用始终处于一种模糊的状态，至今没有形成内容清晰、各方认可的理论解释和实务指南。笔者认为以下三方面因素对此具有重要影响。

（一）司法制度供给

与域外法治国家大多将刑事诉讼分为审前阶段（或称侦查阶段）和审判阶段不同，我国采用侦查、审查起诉、审判三阶段论，结合《宪法》、法律规定的公检法三机关进行刑事诉讼互相配合、互相制约原则和检察机关法律监督原则，

---

[8] 根据我国学者的一项问卷调查，在受访的 161 名检察官中，有 86.34% 的检察官认为在认罪认罚案件的办理中应当强化侦查活动监督，有 61.72% 的检察官认为在认罪认罚案件中的侦查活动监督更容易被忽视，有 67.28% 的检察官认为在认罪认罚案件中开展侦查活动监督难度更大。参见孙锐：《认罪认罚案件办理中侦查活动监督的强化》，载《中国检察官》2021 年第 1 期。

[9] 有关实务部门对刑事案件办理全流程提速的经验介绍，参见北京市海淀区人民法院课题组：《关于北京海淀全流程刑事案件速裁程序试点的调研——以认罪认罚为基础的资源配置模式》，载《法律适用》2016 年第 4 期。

[10] 针对一些涉企案件长期"挂案"，该结不结、该撤不撤的情况，2019 年起最高人民检察院会同公安部清理出 9815 件，已督促办结 8707 件。参见《最高人民检察院工作报告——2022 年 3 月 8 日在第十三届全国人民代表大会第五次会议上》，载最高人民检察院官方网站，https：//www.spp.gov.cn/spp/gzbg/202203/t20220315_ 549267.shtml，最后访问于 2022 年 5 月 14 日。

我国的司法制度供给具有如下两个鲜明特点。

第一，检侦关系制度安排具有独特性。现代意义上的检察制度诞生于欧洲资产阶级革命时期，历经两百余年的发展，当前域外检察制度主要分为大陆法系和英美法系两大模式。[11] 具体到检察机关与侦查机关的关系问题，可以细分为检侦一体、检侦分离、混合型三种模式，分别对应于大陆法系、英美法系以及以日本为代表的混合型诉讼模式。[12] 在采取检侦一体模式的德国、法国等国，检察官被赋予侦查、起诉等刑事诉讼领域的多种职能，有权对部分犯罪根据侦查进展和公共利益考量酌情作出是否起诉的决定，在此过程中，检察官可以与诉讼参与人就程序状态进行讨论。[13] 换言之，由于身兼侦查、起诉之责，检察官在部分案件中有权根据其本人领导下的侦查工作情况，依法决定是否与诉讼参与人进行讨论、是否起诉，司法警察应当服从检察官的指挥和决定。在采取检侦分离模式的美国、英国等国，由于侦查工作主要由警方负责，检察官在调查阶段不扮演任何角色，美国部分州的警方还有独立或者经检察官批准后提出指控的权力，因此警方具有相当大的自由裁量权，可以决定哪些案件需要调查、哪些案件需要转交给检察官。在此意义上，尽管美国检察官被公认享有极为广泛的起诉自由裁量权，但就刑事诉讼的源头来说，是警方而不是检察官决定了后者的工作量。采混合型模式国家的检警制度架构大体上是前述检侦一体、检侦分离模式的糅合，在此不赘。[14]

根据《宪法》《刑事诉讼法》的规定，我国检侦关系的基调是相互独立、平等基础上的互相配合、互相制约，略同于前述西方国家的检侦分离模式；同时，由于检察机关具有诉讼监督权，逮捕、延长侦查羁押期限、撤销认罪认罚案件的批准权以及带有一定制度刚性的提前介入侦查权，[15] 检察机关得以全程监督、部分参与（或者更准确地说是基于近距离观察的引导）侦查活动并在侦查阶段依法独立作出通知侦查机关立案或者撤案、批准逮捕或者延长侦查羁押

---

11 参见何勤华主编：《检察制度史》，中国检察出版社 2009 年版，第 137 - 280 页。

12 参见童建明主编：《检察视角下的中外司法制度》，中国检察出版社 2021 年版，第 230 - 232 页。

13 《德国刑事诉讼法典》第 153 条规定，对于不高于最低法定刑（自由刑一个月、罚金刑五日日额罚金）且犯罪行为造成的后果轻微的轻罪，检察院不追诉无须法院同意。对其他轻罪的不起诉则须经负责开启审判程序的法院同意。第 160 条 b 规定，检察院可以与诉讼参与人就程序状态进行讨论。参见宗玉琨译注：《德国刑事诉讼法典》，知识产权出版社 2013 年版，第 146 - 147 页、第 160 页。

14 参见［瑞士］古尔蒂斯·里恩著：《美国和欧洲的检察官——瑞士、法国和德国的比较分析》，王新玥、陈涛等译，法律出版社 2019 年版，第 53 - 55 页。

15 之所以说是"一定制度刚性"，是因为无论从法律文本还是实践来看，侦查机关对检察机关提前介入侦查后的引导取证意见，既可予以接受，也可予以拒绝。

期限、核准撤案等司法决定，对比前述英美法系国家的情况，在某种意义上可谓检察官影响乃至决定了警方的工作量，但又不同于域外的检侦一体或者混合型模式。

第二，检察履职具有能动性。在英美法系国家，检察官的特殊地位和影响力主要来源于其广泛的自由裁量权。在大陆法系国家，尽管传统上受到起诉法定主义等原则的约束，有关检察自由裁量权的公开讨论和实践相对较少，但最近几十年来基于刑事案件压力、司法经费管理[16]、不同法系交流等因素综合影响，立法机关、法院和民众日益接受检察官享有自由裁量权的理论和实践并予以立法规范。由此，以自由裁量权为首要特征的检察能动履职，在以上国家成为一种客观存在的法治现象。此外，美国、法国等国检察官还会参与社区犯罪治理、刑事政策制定与实施等公共事务，这些也可视为能动履职的表现，唯因其超出了本文论域，在此不赘。

近年来，我国检察机关坚持党对检察工作的绝对领导，适应经济社会发展和法治建设需要，提出并践行能动检察履职的理念。自2018年全国四级检察机关启动内设机构改革并推行"捕诉合一"以来，检察工作的制度环境、履职方式、业绩考核等方面均发生了明显变化，依法能动履职成为新时代检察工作的重要特征。[17] 推进认罪认罚从宽制度适用，延伸监督触角，助推国家治理体系和治理能力现代化正是题中应有之义。就侦查阶段而言，检察机关能动履职理念业已在现行司法和诉讼制度框架内探索出了制度化成果。例如，在上海地区，对于检察机关在审查逮捕后制发《督促移送起诉函》的认罪认罚案件，公安机关应当及时移送起诉。[18] 不难发现，这项地方性探索既符合前文所述我国独特的检侦关系制度安排框架，更得力于党中央作出的改革总体部署和新一届最高人民检察院党组大力推行的检察司法工作新理念。

（二）认罪认罚从宽制度设计及其运行逻辑

认罪认罚从宽制度导致我国刑事司法权的运行方式发生了深刻变革。有研究者指出，认罪认罚从宽制度的确立，相当于在原有的以职权主义为主导逻辑

---

16 法国学者和检察官认为，2007年新财政法的颁布使检察院的司法经费与工作指标挂钩，结果至上主义文化占据主流，影响到检察长的管理行为和检察官的具体司法行为。参见［法］菲利普·米尔本等著：《法国检察官：司法使命与政治功能》，刘林呐、单春雪译，中国检察出版社2021年版，第50－52页。

17 参见《依法能动履职推动检察工作高质量发展——深入学习贯彻习近平总书记重要讲话和全国两会精神系列评论之四》，载《检察日报》2022年3月24日，第1版。

18 参见上海市高级人民法院、上海市人民检察院、上海市公安局、上海市司法局《关于适用认罪认罚从宽制度办理刑事案件的实施细则（试行）》第18条。

的刑事诉讼系统中植入了一个以控辩协商为主导逻辑的子系统。但这个母系统和子系统中的主导逻辑存在不兼容之处，必然引起"排异反应"。[19] 仅就司法实践情况而言，由于量刑协商、认罪认罚具结、提出量刑建议、法院依法确认或者变更量刑建议作出裁判等关键环节均不发生在侦查阶段，因此原有的侦查体制并未对新制度表现出明显的"排异"现象，诸如由量刑建议效力争议引起的检法观点冲突也没有发生在侦查、检察机关之间。不过，顶层设计的以下两个方面情况仍有可能直接影响该制度的适用效果：

一方面，权利告知和认罪教育。前文已述，我国现行制度缺乏明确的认罪认罚自愿性判断标准。最高人民法院刑一庭的著作中曾经提出侦查阶段成立"自愿认罪"的三个前提条件：（1）犯罪嫌疑人清楚知道被指控犯罪的性质和认罪之后的法律后果；（2）侦查机关没有故意向犯罪嫌疑人披露虚假信息以骗取其主动供述；（3）侦查机关披露的信息必须与案件有关。[20] 但是，上述观点尚未得到各界普遍认可，尤其是其中第（2）点与实践中普遍存在的侦查谋略运用[21]存在一定的模糊、冲突之处，恐难以为侦查机关所接受。从《2019 年适用指导意见》来看，其中第 22 条第 1 款、第 23 条要求侦查机关应当告知犯罪嫌疑人享有的诉讼权利、如实供述罪行可以从宽处理和认罪认罚的法律规定并同步开展认罪教育工作，不得强迫犯罪嫌疑人认罪，不得作出具体的从宽承诺。公安部 2020 年修改的《公安机关办理刑事案件程序规定》作了大致相同的规定，仅以"自愿""如实""认罪认罚"等高度概括的词汇来界定侦查机关合法获取口供时犯罪嫌疑人应有的供述态度。[22]

更加值得注意的是，上述规范性文件将我国实务部门惯用的"教育转化"这一提法引入了认罪认罚从宽制度改革中。不过，由于"教育转化"本身没有相对统一的内涵、外延，与 2016 年改革以前已经在司法实务中沿用数十年的政策攻心、释法说理、劝解疏导等审讯工作方法区分并不明显，尚难以从中看出与理论研究者们呼吁的协商性司法、刑事诉讼契约精神的直接关联。

另一方面，兑现政策和提质增效。承前所述，现有的认罪认罚从宽制度设计及其运行的底层逻辑主要基于政策实施型的司法从宽处遇，国家机关（主要

---

19 参见魏晓娜：《认罪认罚从宽制度中的诉辩关系》，载《中国刑事法杂志》2021 年第 6 期。

20 参见胡云腾主编、最高人民法院刑一庭编著：《认罪认罚从宽制度的理解与适用》，人民法院出版社 2018 年版，第 22 页。

21 关于学界关注的欺骗型侦查谋略的内涵及其合理运用限度的讨论，参见万毅著：《实践中的刑事诉讼法：隐形刑事诉讼法研究》，中国检察出版社 2010 年版，第 158－170 页。

22 参见公安部《公安机关办理刑事案件程序规定》第 137 条第 2 款、第 188 条第 1 款、第 203 条第 1 款、第 289 条第 2 款、第 291 条。

是检察机关、审判机关）根据犯罪嫌疑人、被告人的认罪认罚情况，依法决定是否给予从宽以及给予何种程度的从宽处理，侦查机关仅有有限的从宽处理建议权。在侦查阶段，可以确定的是犯罪嫌疑人属于案件信息提供者，但其是否已在制度层面被承认为可以基于公权力机关披露的事实证据等情况自主决定认罪认罚的诉讼主体，则是有疑问的。从司法案例[23]和实务界主流话语来看，认罪认罚从宽制度改革"不仅着眼于提升诉讼效率、节约司法资源，更着重于化解社会矛盾、促进罪犯改造"，丰富了刑事司法与犯罪治理的"中国方案"。[24]因此，我国自上而下开启的这项改革与英美法系当事人主义诉讼模式以及辩诉交易没有必然联系，自有其符合我国政治和法治实践的自洽逻辑，贯彻宽严相济刑事政策、实现司法办案提质增效是其独特的话语实践。

（三）诉讼真实观

学界主流观点认为，我国刑事诉讼制度的核心价值一是公正，二是真相。我们不能照搬西方司法竞技主义的套路，而应当走客观真实与法律真实相结合的中国特色诉讼真实观之路。公正优先不是绝对的，但必须坚持公正第一，效率第二。[25]认罪认罚从宽制度改革中，关于诉讼真实观问题，立法上从未松动，坚持认罪认罚案件也应适用"事实清楚，证据确实、充分"的证明标准。但落实过程中还是存在两类现象：一是侦查人员认为其原本承担的全面取证义务在改革后并无丝毫减轻，相反增加了权利告知、认罪教育乃至被害方信访的压力，在案件并不疑难复杂、无须依赖犯罪嫌疑人口供"由供到证"的情形下，没有过多积极性将认罪认罚从宽制度走深走实。仅对于需要犯罪嫌疑人"开口"才能顺利查办的案件，侦查人员才会有较高的积极性反复、深入宣讲认罪认罚从宽制度。也就是说，认罪认罚从宽制度被视为更好地完成侦查证明任务——无限接近客观真实——的一项"利器"。二是改革试点以来，放松了对案件事实真相的探求以及对在案证据合法性、客观性、关联性的审查判断，认为只要犯罪嫌疑人、被告人认罪认罚，主要基于口供所构建的案件事实叙述就可以成为法官的裁判事实。一方面已近似于英美法系纠纷解决型诉讼程序中的做法，即认

---

23 参见山东检察机关办理的张某等16人开设赌场案，载最高人民检察院官方网站，https://www.spp.gov.cn/xwfbh/wsfbt/202112/t20211203_537605.shtml#2，最后访问于2022年5月15日。

24 参见《最高人民检察院关于人民检察院适用认罪认罚从宽制度情况的报告——2020年10月15日在第十三届全国人民代表大会常务委员会第二十二次会议上》，载最高人民检察院官方网站，https://www.spp.gov.cn/zdgz/202010/t20201017_482200.shtml，最后访问于2022年5月15日。

25 参见陈光中：《公正和真相才是现代刑事诉讼的核心价值观》，载《社会科学报》2016年9月1日，第3版。

为包括事实争点在内的纠纷范围应当由当事人（在美国是指检察官与被告人）来确定；另一方面又与改革前的"口供中心主义"存在隐而不彰的关联，有违直接言词原则和以庭审为中心的现代刑事诉讼构造。

上述诉讼真实观在实务中的境遇，进一步引发了坚持主流司法价值观者对认罪认罚从宽制度正当性及其运行实效的担心。有学者对再审改判的认罪认罚案件量刑部分进行分析后指出，前科信息未评价属于引发量刑裁决错误的一个重要原因，其根源在于法官无法在公诉人提交的证据中看到有关信息，此类案件占研究样本案件数的38.8%（50件/129件）。[26] 笔者认为，除去原审法官的问题不谈，造成这一令人遗憾的结果的直接原因显然是侦查阶段没有根据法定证明标准收集可能影响定罪量刑和强制措施适用的前科证据，检察机关在履职过程中也放松了其肩负的审查责任。[27]

笔者认为，我国刑事案件法定证明标准所承载的诉讼真实观在认罪认罚案件中并无变化，但是，基于被追诉人自愿认罪认罚而获取的口供以及延伸获取的关联证据将进一步丰富案件的证明体系，且此类案件中检辩双方在事实证据方面的对抗性相较没有认罪认罚的案件确已显著降低。因此，不妨采取灵活务实的态度，在诉讼证据要求这一点上，允许证据"量"的减少，而不是证据"质"的降低。[28]

三、推进侦查阶段适用认罪认罚从宽制度的几点建议

在以审判为中心的刑事诉讼制度改革背景下，从我国立法和司法实践出发，笔者认为可从沟通、协作、监督三个关键词着力，推动完善认罪认罚从宽制度在侦查阶段的适用机制。

（一）沟通：保障当事人的诉讼主体地位

沟通是认罪认罚从宽制度中程序正义的底线要求。在当前的认罪认罚从宽制度适用中，检察机关在审查起诉阶段与前端被追诉方存在沟通"绕开"、沟通

---

[26] 参见谭世贵、赖华强：《认罪认罚案件中的量刑裁决问题研究——以129件再审改判案件为样本》，载《人民司法》2021年第28期。

[27] 参见公安部《公安机关办理刑事案件程序规定》第203条第3款、最高人民检察院《人民检察院刑事诉讼规则》第330条第3项。

[28] 参见余向阳、王娟：《让认罪认罚从宽制度行稳致远》，载《人民法院报》2021年9月29日，第2版。

"失格"等"沟通不足"问题。[29] 就本文讨论的侦查阶段而言,侦查机关、检察机关与相关诉讼参与人的平等沟通亦尚显不足,或者又有"过剩"之虞,需要划清合理界限、确保沟通质效。

第一,犯罪嫌疑人主体地位保障。犯罪嫌疑人在现代刑事诉讼构造中应是事实信息提供者、意见表达者,具有诉讼主体地位。在侦查阶段,对诉讼主体的权利尊重产生以下影响:首先,尊重主体意味着只能对事实上发生的行为进行侦查,由此产生严格尊重真相的义务。其次,对主体予以同等认可,意味着必须追求程序正义以及对不同主体而言都是正义的判决。[30] 由于犯罪嫌疑人与追诉机关之间在诉讼能力对比上天然失衡,为追求真实、公正的司法价值,理应更加注重通过真诚、全面的双向沟通维护犯罪嫌疑人对认罪认罚从宽制度的知情权,在做好"认罪教育"的基础上,确保其认罪认罚的自愿性和理智性。此处的自愿性,是指犯罪嫌疑人在没有受到暴力、威胁、误导或者性质不当的司法承诺[31]的情况下如实作出供述,至于出于追求依法可以预期的量刑减让等自利动机而认罪认罚的,并不构成我国法律禁止的"因威胁、引诱而违背意愿认罪认罚",不影响侦查阶段认罪认罚自愿性的成立;此处的理智性,是指犯罪嫌疑人知晓其承认的行为的刑法评价。[32] 在此,有两个问题值得进一步探讨:

一是侦查机关能否以证人身份要求具有犯罪嫌疑的涉案人员配合调查并对其做"认罪教育"工作。在以事立案或者对单位犯罪立案侦查的场合,侦查机关一般会让具有一定犯罪嫌疑的涉案人员(如违法业务的经办人、涉罪企业的高级管理人员,或者有不在场证明的犯罪工具所有人)以证人身份配合调查,履行适用于证人的诉讼权利义务告知程序(不含认罪认罚从宽制度内容)以后,开始就案件事实进行调查、询问,待该人的犯罪嫌疑明显升高后再转为讯问、告知犯罪嫌疑人诉讼权利义务、采取刑事强制措施。对此做法,我国侦查实务中也多有实例,诉讼法理和域外立法例[33]虽不禁止,但从司法人权保障的维度看却不无疑问。根据我国刑事诉讼法的规定,证人的诉讼权利义务内容和保障

---

29 参见叶青:《程序正义视角下认罪认罚从宽制度中的检察机关沟通之维》,载《政治与法律》2021年第12期。

30 参见[德]汉斯-约格·阿尔布莱希特、魏武编译:《德国检察纵论》,中国检察出版社2021年版,第148-150页。

31 关于司法承诺的专题研究,参见刘泊宁:《认罪认罚从宽制度中司法承诺之考察》,载《法学》2020年第12期。

32 美国法上关于审判阶段成立认罪答辩明知(理智)性共有三条要求,本文对可以参照适用于我国侦查阶段的第一条作出述评。参见[美]约书亚·德雷斯勒、艾伦·C.迈克尔斯著:《美国刑事诉讼法精解》(第二卷·刑事审判),魏晓娜译,北京大学出版社2009年版,第170-174页。

33 参见宗玉琨译注:《德国刑事诉讼法典》,知识产权出版社2013年版,第32-33页。

水平与犯罪嫌疑人有一定区别,在没有明确某人系犯罪嫌疑人的前提下对其以证人身份开展"教育转化"或者"认罪教育",虽可能不至于构成强迫自认其罪,但似有违无罪推定基本原则,且削弱乃至剥夺了被调查者本应享有的作为犯罪嫌疑人的辩护权。有明于此,笔者建议应当通过立法、司法解释、指导性案例等途径,在"有犯罪事实需要追究刑事责任"(《刑事诉讼法》第112条)的实定法基础上,完善将公民确定为犯罪嫌疑人的主客观标准,在保持证人、犯罪嫌疑人两类诉讼参与人的权利保障基本框架不变的基础上,提高对具有一定犯罪嫌疑但未被确定、宣布为犯罪嫌疑人的涉案人员的诉讼权利(尤其是获得法律帮助权)保障水平,禁止侦查人员对此类人员主动进行"认罪教育"甚或作出关于量刑的司法承诺。但在后者提出要求了解与认罪认罚从宽制度相关的法律规定时,侦查人员应当予以告知。

二是"控辩协商"能否提前到侦查阶段的审查逮捕环节。有观点认为,可以发挥"捕诉一体"优势,将认罪认罚工作向侦查阶段延伸,在审查逮捕环节对犯罪嫌疑人开展认罪认罚从宽制度释明,了解其认罪态度和意愿,督促侦查机关做好认罪教育工作。对此,笔者主张其适用需受到严格的限制。一方面,从依法能动履职的角度讲,检察官可以也应当在审查逮捕环节详细阐明认罪认罚从宽制度的有关法律规定,促成犯罪嫌疑人如实供述自己的罪行,并将认罪认罚的情况作为是否可能发生社会危险性的考虑因素;另一方面,应当旗帜鲜明地禁止采用"捕诉一体"办案模式的检察官在审查逮捕环节就可能的量刑建议方案与犯罪嫌疑人及其辩护人或者值班律师进行商谈(介绍法定量刑幅度不在此限),哪怕是以"释法说理""介绍类案判罚情况"等名义作出实质性的暗示也不应允许。主要理由是基于被追诉人认罪与否,依照量刑规则会形成较为明显的刑罚"剪刀差",极有可能对到案不久、大多已被刑事拘留的犯罪嫌疑人产生巨大的心理压力或者诱惑,而辩护人或者值班律师又因在侦查阶段无权阅卷,与办案机关存在信息不对称问题,能够提供的法律帮助较为有限,双重因素作用之下,可能造成犯罪嫌疑人"顺杆爬"地虚假认罪、急于脱困的无辜者认罪或者不理智地接受显失公正的量刑建议等问题,损害司法公正,酿成冤假错案。此外,过早地进行协商可能让此时讨论的量刑方案或曰司法承诺面临在后续诉讼阶段由于犯罪事实、量刑情节基础改变而不得不重新协商等诉讼风险,直接损害量刑协商机制的公信度。因此,侦查阶段的控辩沟通必须有"度",这个"度"首要的就是不能损害犯罪嫌疑人认罪认罚的自愿性和理智性。所谓的自愿性,考察的重点是犯罪嫌疑人的意志是否受到外在的不当影响;所谓的理智性,考察的重点应当是知悉权能否得到保障。

第二,被害人主体地位保障。根据诉讼法理,诉讼主体最核心的标志是意思自治，其具有根据自己的意志自主行动的权利，享有独立、完整的诉讼人格。[34] 但是，在近代以来刑事法治（尤其是实体法）理论构建、立法体系中，被害人在刑事诉讼决策程序中出现了主体性缺席，其根源在于在这种实体法体系中，被害人并非主体，没有相应的利益可主张，完全被排斥在体系结构之外。[35] 在实行辩诉交易制度的某些西方国家，被害人的诉求不被重视，甚至检察官和律师均认为不用考虑被害人的意见。[36]

与域外不同，我国在《刑事诉讼法》历次修改的基础上，通过弘扬以人民为中心、检察官客观公正义务等政治、法治理念，将与犯罪嫌疑人比肩的程序自治主体地位及相应权利义务赋予被害人。认罪认罚从宽制度改革中，《2019年适用指导意见》专设1章3条对被害方权益保障作出规定，取得了良好实效。一组可以参考的数据是2021年全国不批捕38.5万人、不起诉34.8万人，比2018年分别上升28.3%、1.5倍；辅以公开听证、释法说理、司法救助等促进形成共识，被害人不服提出申诉下降11.2%。[37] 但是细究起来，虽然现行法律制度以弥补被害人损失、修复被犯罪损害的社会关系为初衷设计了较为精巧的利益平衡机制，但依文义解释、体系解释等法律解释方法却可推导出犯罪嫌疑人、被告人即使不予赔偿也可适用认罪认罚从宽制度，只不过从宽幅度有所区别的结论。此外，关于"赔钱减刑"的批评、质疑之声始终存在。实务中侦查机关促成赔偿和解并据此提出从宽处理建议的情形较少，或许便是上述因素综合影响的结果。

法治的程度，可以主要用国家与人民共同服从程序的状态作为标尺来衡量。[38] 笔者建议，可从以下两方面作出努力，强化对被害人诉讼主体地位的保障：一是加强与被害人的沟通，适度扩大法律援助律师或者值班律师对被害人提供法律帮助的覆盖面，更好地帮助被害人行使其作为独立的程序决策主体的权利，使其能够理智地参与到认罪认罚案件意见表达、羁押听证、和解等环节中去，从侦查阶段做起，审查起诉、审判阶段接续努力，逐步将被害人在遭受犯罪侵害后的愤怒、沮丧、羞耻等不良情绪以及对案件处理程序和结果不确定性的臆想通过程序参与的方式予以化解；二是在向被害人告知诉讼权利

---

34 参见宋英辉主编：《刑事诉讼原理》，法律出版社2007年版，第177页。

35 参见劳东燕著：《刑法基础的理论展开》，北京大学出版社2008年版，第268–271页。

36 参见冀祥德著：《建立中国控辩协商制度研究》，北京大学出版社2006年版，第25–26页。

37 参见《最高人民检察院工作报告——2022年3月8日在第十三届全国人民代表大会第五次会议上》，载最高人民检察院官方网站，https://www.spp.gov.cn/spp/gzbg/202203/t20220315_549267.shtml，最后访问于2022年5月14日。

38 季卫东著：《法律程序的意义——对中国法制建设的另一种思考》，中国法制出版社2004年版，第29页。

义务，解释认罪认罚从宽制度，主持调解、和解时，侦查人员或者检察官不得通过明示或者暗示的方式提前听取被害人对量刑方案的意见或者作出不当的司法承诺。

（二）协作与监督：完善权力配合制约机制

随着经济的发展，犯罪结构明显发生变化，尽管在刑法学界很有争议，但事实上我国已经进入积极刑法立法观占主导地位的时代，[39] 轻罪案件数量持续走高，帮助信息网络犯罪活动罪等轻罪罪名不断进入刑法典。据统计，20 余年来，被判处三年有期徒刑及以下刑罚案件，已经从 2000 年的 53.9% 升至 2020 年的 77.4%。[40] 与此相关联，轻罪诉讼成为刑事司法活动的主要方面。现阶段，轻罪与重罪（以可能判处三年有期徒刑为界）、认罪认罚与不认罪认罚、案情简单与案情疑难复杂是最为常见的三种刑事案件分类标准，实务部门一般综合适用上述三种标准调配司法资源投入，将案件导入合适的诉讼程序。

值得关注的是，有研究者指出美国轻罪诉讼程序存在严重的结构性问题：一方面，轻罪诉讼程序以其不合理的惩罚性，损害着美国社会大多数的边缘群体；另一方面，轻罪制度与轻罪诉讼程序的不公正性，正持续损害着美国刑事司法制度的正当性根基。其原因主要在于，法律专业局内人为自身利益所共同操作的美国刑事司法正在积极对抗甚至压制着非法律专业局外人的参与和监督。由此，我国学者得出的结论是美国轻罪程序在大多数情况下不足以成为我国相关领域改革的借鉴对象。[41] 因应我国正在推行、完善的认罪认罚从宽制度和侦查监督与协作配合机制[42]发展趋势，笔者建议适当借鉴协商性司法理念，在加强侦查、检察、犯罪嫌疑人、被害人、辩护人等各方平等、有效沟通基础上，推进兼具协作与监督因素的以下三方面制度探索：

第一，丰富辩护律师、值班律师执业权利内容。刑事辩护制度代表了社会对司法工作的监督，其存在的基本价值之一是维护司法公正。在犯罪嫌疑人认罪认罚、律师依法作有罪辩护的情形下，刑辩律师还是办案机关妥善、顺畅处理案件的强大助力。根据认罪认罚从宽制度的全流程适用特性和我国大多数犯

---

[39] 参见周光权：《积极刑法立法观在中国的确立》，载《法学研究》2016 年第 4 期。

[40] 参见《最高人民检察院工作报告——2021 年 3 月 8 日在第十三届全国人民代表大会第四次会议上》，载最高人民检察院官方网站，https://www.spp.gov.cn/spp/gzbg/202103/t20210315_512731.shtml，最后访问于 2022 年 5 月 17 日。

[41] 参见左卫民：《神话与现实：美国轻罪案件诉讼程序勘迷》，载《中国刑事法杂志》2021 年第 3 期。

[42] 参见最高人民检察院、公安部《关于健全完善侦查监督与协作配合机制的意见》。

罪嫌疑人的法律素养普遍不高的现实,"有效法律帮助"原则[43]应当自侦查阶段起便发挥作用,以更好地确保认罪认罚自愿性、理智性。当前,值班律师的制度、人力资源供给不甚充足,因而不被有的学者看好。[44]笔者的基本主张是,值班律师制度需要被"激活"而不是被否定、取消。建议参照域外法治国家大多允许辩护律师在审前阶段讯问时在场的做法,在抓好值班律师制度建设、人力资源供给改革的同时,对 2008 年南京试行的辩护律师在审查起诉阶段讯问时在场,以及认罪认罚从宽制度试点期间,上海、青岛等地探索的邀请值班律师旁听检察官提讯机制进行更高层次、更广范围的探索。具体而言,犯罪嫌疑人有意在侦查阶段认罪认罚的,侦查、检察人员应当通知辩护人或者值班律师到场旁听讯问,并辅之以全程同步录音录像、书面记录等机制,提升开展认罪教育、获取有罪供述的规范性、可追溯性和外部监督力度,也为事后对认罪认罚自愿性和理智性进行司法审查留下可靠依据。

第二,加强检察机关诉讼监督。现阶段,我国检察机关对认罪认罚案件的侦查活动监督还存在一定短板,一个重要原因就是监督线索来源单一。此外,各地对同一罪名的羁押必要性把握存在较大差异,有的地方还存在"一押到底"现象,"少捕慎诉慎押"刑事司法政策有待落实。对此,笔者建议:一是用好侦查阶段的检察羁押听证制度,[45]并将之与认罪认罚从宽制度对接。检察机关在审查逮捕、审查延长侦查羁押期限、进行羁押必要性审查时,对于符合有关条件的案件,一般应当组织召开听证会,邀请侦查人员、双方当事人、辩护人或者值班律师等参与,打造类似庭审场景的多方交流平台,在全面告知权利、各方充分发表意见以后,核实认罪认罚的自愿性、合法性,重点关注社会危险性调查、教育转化等问题,依法作出令各方信服的检察决定。二是加强对侦查机关采取强制性侦查措施的法律监督。防止侦查机关以违法采取或者变更人身强制措施、违法或者超范围查扣当事人或其亲友合法财产等手段,造成压迫型认罪认罚。三是推动案件繁简分流、简案快办。积极探索在公安执法办案管理中心设立速裁法庭、律师值班室,共同搭建公检法司"一站式"简案快办工作平台。在尚不具备条件建立前述工作平台的地方,检察机关可以通过政法机关执法办案数据交换、提前介入侦查、审查逮捕等途径了解符合条件的认罪认罚案件信息,书面督促侦查机关及时移送审查起诉。四是发挥人民监督员和人民检

---

[43] 美国联邦最高法院关于刑辩律师提供无效法律帮助的判例观点,参见〔美〕斯蒂芬诺斯·毕贝斯著:《庭审之外的辩诉交易》,杨先德、廖钰译,中国法制出版社 2018 年版,第 115–138 页。

[44] 有学者认为我国值班律师制度有致命缺陷,是不成功的制度设计。参见陈瑞华:《论量刑协商的性质和效力》,载《中外法学》2020 年第 5 期。

[45] 参见最高人民检察院《人民检察院羁押听证办法》,2021 年 11 月 11 日公布施行。

察院部分保留侦查权的体制优势，让人民监督权力，让权力在阳光下运行，强化检察机关自身监督，清除公安司法队伍中滥用权力、损害司法公正的"害群之马"。

第三，改革侦查、检察人员的业绩考核制度，以适应认罪认罚从宽制度的落实需要。以考核制度变革为牵引，引导办案人员和律师、公众破除检察机关不捕即意味着将来检察官不诉或者法官判缓刑、不捕即属"打击不力"等陈旧观念，取消不合理的办案人员业绩考核指标，妥善处理诉讼保障措施与案件处理决定的关系，对于侦查阶段因适用认罪认罚从宽制度而不批准逮捕、不批准延长侦查羁押期限、建议变更羁押措施、核准撤销特殊案件的，应当作出正向评价并适度予以倾斜、鼓励。对于案件在后续诉讼过程中因发生法定的羁押事由或者法院经审理判决收监执行拘役、有期徒刑的，也不应对审前阶段的少捕、慎押决定作出反向否定评价。

结语

国家治理体系和治理能力现代化的前提与标志之一就是国家权力行使的法治化，而国家权力行使的法治化在刑事诉讼领域最集中的体现就是侦查活动的规范化。2019年以来认罪认罚从宽制度稳定的高适用率为理论研究和实务发展提供了良好基础，开启认罪认罚从宽制度改革下半场的时机已经到来。为了进一步完善认罪认罚从宽制度，在更高层次实现刑事诉讼惩罚犯罪与保障人权的双重目的，应当立足刑事诉讼基本规律和我国独特的司法制度、认罪认罚从宽制度顶层设计，积极稳妥地推进该制度在侦查阶段的法治化适用水平。

融资性贸易合同效力判定与裁判路径研究

黄 喆 沈长礼[*]

【内容提要】 融资性贸易合同是基于融资性贸易而形成的新兴民事法律关系，是融资性贸易与合同内涵的结合体。与快速增长的融资性贸易实务相对，遍历现有研究和司法实践，融资性贸易合同判定标准失位，各地法院裁判范式不一，亟待从理论上厘清概念关系，梳理现行效力判断的规则依据，建立统一的效力判定标准。有鉴于此，融资性贸易合同的效力判定宜遵循主客合流的认知规律，既遵循货物流、信息流、资金流"三流合一"的客观事实，又观照民事主体的真实意思表示。由此破局，于主客认知体系内，重构融资性贸易合同效力判定机制，将穿透性思维融入审判实践，统一司法裁判的标准。

【关键词】 融资性贸易合同　效力判定　体系建构　裁判路径

伴随着营商环境的发展和深化，融资性贸易所涉纠纷激增，其表现的案件类型为"买卖合同纠纷""民间借贷纠纷"，原告主要以国有企业为主，所涉案件标的金额动辄数千万元甚至数亿元。以 F 省 F 市中院为例，仅就 2014 年至 2017 年间，统计数据显示受理的涉省属国企参与融资性贸易案件数和涉案金额呈逐年递增态势，其中 2015 年受理 4 件，涉案金额 1.414 亿元，分别同比增长 100%、39.44%；2016 年受理 6 件，涉案金额 2.185 亿元，分别同比增长 50%、

---

[*] 黄喆——辽宁省高级人民法院立案二庭法官助理，沈阳工业大学法学院助理讲师，主要研究领域：民商法学；沈长礼——福州大学法学院博士研究生，主要研究方向：经济法学。本文系 2021 年福州社会科学规划项目"关于在台江北江滨 CBD 建设中央法务区的思考"（项目编号：2021FZC45）的阶段性成果。

54.52%；2017 年受理 11 件，涉案金额 4.961 亿元，分别同比增长 83.33%、127%。[1] 由于现实中融资性贸易往往会签订《合同协议》等约定合作框架，开展"名为买卖，实为融资"的合作行为，因此手段隐蔽，监管困难，银行及金融监管部门无法准确控制贸易的资金流向和进行有效的贷后跟踪，故该贸易形式极易对风险防控和宏观调控产生干扰，扰乱正常金融秩序。国资委于 2017 年发布的《关于进一步排查中央企业融资性贸易业务风险的通知》将融资性贸易定义为"企业以提供资金支持、赚取融资利差为目的，与同一实际控制人或互为利益相关方的上下游客户签订购销合同，并以此为掩护，以贸易为名、资金拆借为实的违规业务"。

按字面理解，行政监管性文件对融资性贸易虽采用否定性评价的定义，认为其本质是为获得资金周转，而非存在贸易内核，但却并未对建立在融资性贸易链条上的合同效力作出强制性规定。依一般法理，合同效力的判定应在法律规定之上对交易的具体情形进行综合分析，即对融资性贸易合同是否存在真实贸易流转，进行具体的价值判断，不能"一刀切"式地将融资性贸易认定为"以买卖之名，行借贷之实"的违规行为。遗憾的是，作为当事人维权和法院裁判的前提依据，融资性贸易所衍生的合同效力在我国现有法律框架内既无可供援引的条款，学界对融资性贸易合同效力判定理论研究也尚处于现象说明阶段，以致缺乏统一的裁判范式，严重影响司法对经济社会发展的指引和保障功能。基于此，有必要探讨建构融资性贸易合同的效力判定体系与司法裁判进路，以期为良善规制融资性贸易合同提供助益，为法治化营商环境保驾护航。

一、融资性贸易合同效力判定的现状与困境

（一）立法供给

融资性贸易合同本质上属于国企与民企间借贷行为，其源于供应链市场化趋势下衍生的一种非正规金融形式，在国际贸易中由来已久。[2] 截至目前，国务院办公厅和国资委对融资性贸易合同虽均出台了相应的监管文件[3]，但尚无法

---

[1]《福州中院反映省属国企违规参与融资性贸易应予重视》，载福建省高级人民法院办公室每日快讯，http://140.0.1.29/ar/20180122000130.htm，最后访问于 2022 年 3 月 20 日。

[2] 如美国学者 Ross Levine 认为非正规金融具有降低风险、有效配置资源、动员储蓄等功能，且在一定程度上能通过推动技术创新促进经济增长，填补正规金融借贷缺口。Levine R：Financial Development and Economic Growth：Views and Agenda，Journal of Economic Literature，1997，pp. 688 - 726.

[3] 包括《国务院办公厅关于建立国有企业违规经营投资责任追究制度的意见》（国办发〔2016〕63 号）；《中央企业违规经营投资责任追究实施办法（试行）》（国务院国有资产监督管理委员会令第 37 号）等。

律、行政法规层级的规范性文件存在对融资性贸易合同的条款指引。正如前文所述，融资性贸易通常表现为链条式多元主体交易，其中，中小企业因资产、资质、授信等条件限制，"借道"国有企业，以达成融资目的。此模式下，若中小企业资金链断裂，国有企业将承载巨大风险，且贸易过程会衍生出逆向选择与道德风险。因而，行政监管性文件禁止国企央企从事融资性贸易，融资性贸易合同依据文件精神当然无效。但就合同无效判定规则而言，我国《民法典》在第146条[4]、第153条[5]、第154条[6]中已予以明确规定，由于现行监管文件未能达到法律、行政法规强制性规定的效力位阶，因此判定融资性贸易合同是否有效最终应落脚到行为人与相对人是否存在虚假的意思表示、是否违背公序良俗、是否存在恶意串通损害他人合法权益的判断上，即坚持主客观相统一的判定标准。

就企业间借贷规则而言，2020年12月23日通过，2021年1月1日与我国《民法典》同日施行的《最高人民法院关于审理民间借贷案件适用法律若干问题的规定》（法释〔2020〕17号）在第10条对民间借贷合同效力判定进行规定：法人之间、非法人组织之间以及它们相互之间为了生产、经营需要订立的借贷合同，除存在我国《民法典》第146条、第153条、第154条及该司法解释第13条[7]规定外，借贷合同有效。然此中生产与经营需要的内涵与外延是否能映射融资性贸易？合同无效范围是否可及？具体到裁判中应如何认定？尚缺乏必要的限定和解释。笔者认为，融资性贸易合同效力的判断立足全局而非限于局部，更何况对融资性贸易的性质学界尚未形成统一定论，适用或如何适用此类规范仍值得商榷。可见，在民商合一立法体例尚存争议的情况下，欲准确判断主体多元、关系复杂的融资性贸易合同的效力，良法供给是前提和基础。

（二）裁判现状

司法实践中关于融资性贸易合同效力认定不一，不同法院裁判方案各异。

4　《民法典》第146条　行为人与相对人以虚假的意思表示实施的民事法律行为无效。以虚假的意思表示隐藏的民事法律行为的效力，依照有关法律规定处理。

5　《民法典》第153条　违反法律、行政法规的强制性规定的民事法律行为无效。但是，该强制性规定不导致该民事法律行为无效的除外。违背公序良俗的民事法律行为无效。

6　《民法典》第154条　行为人与相对人恶意串通，损害他人合法权益的民事法律行为无效。

7　《最高人民法院关于审理民间借贷案件适用法律若干问题的规定》第13条　具有下列情形之一的，人民法院应当认定民间借贷合同无效：（一）套取金融机构贷款转贷的；（二）以向其他营利法人借贷、向本单位职工集资，或者以公众非法吸收存款等方式取得的资金转贷的；（三）未依法取得放贷资格的出借人，以营利为目的向社会不特定对象提供借款的；（四）出借人事先知道或者应当知道借款人借款用于违法犯罪活动仍然提供借款的；（五）违反法律、行政法规强制性规定的；（六）违背公序良俗的。

最高人民法院（2010）民提字第 110 号民事判决书[8]首次对融资性贸易模式进行梳理，该案一审认可当事人之间的买卖合同，二审维持原判，后最高人民法院审查复核认定其为"名为买卖，实为融资"，判定合同无效。裁判理由：其一，外观上，当事人虽签订书面合同，但三份合同签订时间相同，货物虽从供应商流向经销商，但同批次货物多次以不合理高价循环买卖；其二，主观上，各方当事人明知交易目的为融资，其合同当然无效。该裁判承继私法意思自治原则，审慎判定融资性贸易合同效力。在此基础上，（2021）最高法民申 3580 号民事判决书[9]中涉及走单、走票、不走货的融资性贸易行为，但最高人民法院并未否认交易行为的效力，而是认为融资性贸易仅为其中一环，当事人之间的合同并不必然无效。（2021）最高法民终 1032 号民事判决书[10]再次肯定即使某个环节存在融资行为也不可轻易否定合同效力。足见，最高人民法院目前对于融资性贸易认定较为谨慎，认为需要结合商业行为外观和融资合意、当事人目的等判断是否构成名为买卖，实为借贷的虚假行为。

与此相对，地方法院则更多倾向于循环贸易或货权实际流转等外观要件。北京法院充分尊重当事人的表面合意，不轻易否定融资性贸易合同效力。（2021）京 01 民终 1814 号民事判决书[11]中关涉融资性贸易合同效力判定时，以当事人作为贸易链条上的一环，其未承认存在融资之实且没有完整证据链条证明双方之间以贸易为名，行融资之实，故而不可认定合同无效。福建法院则侧重考虑当事人之间的货权是否实际流转，若货权实际流转则应将融资性贸易合同判定为有效，反之，则判定为无效。例如，（2020）闽 01 民终 3917 号民事判决书[12]中，法院认为当事人之间是名为买卖，实为借贷，无货物实际流转，买卖合同无效，当按借贷合同处理。东北地区如吉林法院则倾向于买卖行为外观。（2018）吉民初 78 号民事判决书[13]认为该纠纷交易对象特定、价格特定、赚取固定差价且不受市场影响，当事人之间不存在风险共担的情况，涉案交易链条以买卖为名，借贷为实，合同无效。综上所述，目前，各级法院对融资性贸易合同的效力判定标准各异，无法统一法律适用，以致难以为融资性贸易合同的效力判断和裁量提供统一的法律范式。

8　参见最高人民法院（2010）民提字第 110 号民事判决书。
9　参见最高人民法院（2021）最高法民申 3580 号民事判决书。
10　参见最高人民法院（2021）最高法民终 1032 号民事判决书。
11　参见北京市第一中级人民法院（2021）京 01 民终 1814 号民事判决书。
12　参见福建省福州市中级人民法院（2020）闽 01 民终 3917 号民事判决书。
13　参见吉林省高级人民法院（2018）吉民初 78 号民事判决书。

二、融资性贸易合同效力判定与裁判困境的成因反思

（一）效力判定体系的缺位

依据前文分析，现有法律对融资性贸易合同的规定匮乏、零碎，无法构建起效力判定的逻辑体系。从合同的法理角度分析，融资性贸易合同虽植根于融资性贸易链条之上，但固然存在贸易各方当事人设立、变更、终止民事法律关系之合意，故司法实践中判定该行为的合同效力往往会依据《民法典》第146条、第153条、第154条有关合同效力的法律文本予以裁判，即主要是通过是否存在虚假的意思表示、是否违背公序良俗、是否存在恶意串通损害他人合法权益三条路径进行判定。然现实中，裁判者在判定融资性贸易合同所涉错综复杂的法律关系时，一方面贸易链条受市场约束具有融资等性质，不同于传统经典合同主要以双方或三方民事主体为约束对象，以致主观上因当事人众多难以确定真实意思表示，客观上需综合认定物流、信息流、资金流在各民事主体间的流转，但现实中"融资性贸易"常常关涉多笔业务、多份合同，更重要的是其兼具融资与贸易双重属性，这就意味着司法实践对融资性贸易合同产生的类案纠纷应从不同维度对其进行效力识别，也让裁判者在缺乏体系指引的情况下难以准确认定合同效力。

另一方面，法律规定与行政文件混同。正如梅迪库斯（Dieter Medicus）所言，许多法律禁令给有关法律行为效力判定的问题提供了几乎无法把握的依据，法院只能以创造性的方式来裁判这个问题。[14] 因融资性贸易典型特征是以买卖方式掩盖出借资金的行为，但出资方的企业为了保障通道顺畅，规避监管，往往需要寻找具有实力的企业参与作为其贸易链的上下游企业，以致企业间在融资性贸易合同中形成连带关系。但企业并非专业金融机构，不具有专业的风险控制能力，而参与贸易型融资的中小企业本身就无法通过银行风控评估导致难以取得贷款，企业在向其融资过程中金融风险极大，故对于融资性贸易合同效力的判定，企业主体更倾向于认定行政监管性文件无效，而法院偏向事实证据进行综合裁量。长此以往，二者混淆便在所难免，影响效力判定体系思路的统一。

（二）统一诉讼规则的缺失

对融资性贸易的规范监管，司法囿于其被动性，只能通过个案纠纷裁量，间接实现对融资性贸易合同的规范指引功能。遗憾的是我国现行裁判规则对融

14　[德]梅迪库斯著：《德国民法总论》，邵建东译，法律出版社2001年版，第483页。

资性贸易合同效力判定尚无一个统一的裁判标准。结合前文所述立法，即实体方面的困境反思，当前司法实践在程序上对融资性贸易合同的审理也存在诸多掣肘。其一，该案件涉及主体众多导致管辖权争议。部分民营企业由于融资难，加上国有企业业绩考核要求等因素影响，国有企业将其富余资金或银行授信获取的资金，借由其他国有企业作为资金通道，出借给民营企业。在司法实践中具体表现为部分省属国企利用融资成本优势，将相对较低成本的银行资金，通过虚假贸易的模式，输出给资金成本较高的中小民企，国企承担民企的"放贷人"角色，赚取利差。故此类纠纷案件的原告多为国有企业，而其往往又将扮演资金通道的其他国有企业列为被告。如此涉及多方贸易且交易主体不同，不同的合同对于管辖权的约定通常不一致，这不仅导致裁判者因主体混乱难以厘清法律关系，且极易造成管辖权争议，降低审判质效。

其二，该案件交易链条隐蔽可能导致刑民交叉。融资性贸易典型特征是"借道融资"，即形成"A 借款企业—B 通道企业……—C 出借企业—B 通道企业或 D 通道企业……—A 借款企业（或其关联企业）"的贸易闭环。此类交易相关合同通常存在虚拟的货物流，仅有货权转移凭证，但缺乏仓单、提单、物流运输单证等相关凭证，约定的货物交易数量巨大且在短期内完成，深入调查后通常均无实际的货物交割，属"走单不走货"。按司法实务常理，货权转移凭证等只有配合资金流向而出具方能发挥效力，否则不能据此判断存在货物且权属转移，故融资性贸易存在极强的隐蔽性，且经常与职务犯罪类案件牵连，此时，是先刑后民还是先民后刑抑或是民刑并行亟待统一的裁判规则予以填补。

三、主客合流：融资性贸易合同效力判定的体系建构

（一）客观标准："三流合一"

从前述理论与实践维度可见，判定融资性贸易合同效力的关键在于是否属于以贸易之名，行借贷融资之实。从方法论的角度看，这种识别的有效途径就是通过对融资性贸易合同的内容、意思表示、贸易形式等事实证据的综合考量，即主观和客观的统一。从法律解释的角度看，"融资性贸易"是一个偏正结构短语，融资性贸易的核心客观在贸易主观在融资。贸易是物流、信息流、资金流的综合体，是融资性贸易合同效力判定的客观基础。

首先是物流。如前所述，货权之实际流转是判定融资性贸易合同效力的基础。货权在各主体间的真实流转是买卖意思在各主体间的准确表达，若货权未在合同主体间流转，则当事人买卖货物的效果意思便与外在表示不一致，名为

买卖，实为融资，构成通谋虚伪行为，合同效力便应认定无效。[15]更深层讲，即使主体间不存在信赖利益或可得利益损失，但将贸易行为人为地脱离于市场环境，使之摆脱价值规律调节亦是对自由竞争的背离，融资性贸易所涉道德风险或逆向选择行为便不可避免。申言之，货物价值本应受价值规律约束，若罔顾市场规律人为控制资源集散，是市场经济的倒退，亦是资本垄断的重现。以大宗商品建材贸易为例，现代建筑行业因规模大、项目多、覆盖面广，无法做到每笔交易均能按时足额结算。基于此，建筑企业通常会选择借贷融资的方式获取原料拓展经营，以扩大市场份额。[16]此时，在买方、卖方、融资方的贸易链条上即可能产生融资性贸易。由于以建材等大宗商品为代表的供应链具备完整的货权流转外观和物流属性，其他类型交易参照可得，判断是否属于融资性贸易的关键环节便是判断或审查货物流是否在各贸易链条主体之间流转，[17]可见货权的实际流转对贸易行为效力之影响不可忽视，当为评判贸易是否构成以贸易为名，融资为实的核心要件。

其次是信息流。信息对称是贸易得以顺利开展的重要保障，是贸易真实性的重要表现，是市场配置资源的基础。[18]欲准确判断融资性贸易合同效力，必须注重各环节信息流的管理。在融资性贸易活动中，订单、送货单、对账单、结算单等信息资料是各贸易环节必不可少的信息流单元，欲证明贸易是否以买卖为名，融资为实而致合同无效之根本路径是证成货权是否在各主体之间真正流转，而货权真正流转最终表现为实际载体——信息流的真正流转。单据是持单人拥有货权的核心凭证，在贸易活动中货权往往体现为单据信息，[19]简言之，单据是物权的客观外在表现，是在所有权已经证券化的情况下形成的拟制交付之权利凭证。如国际贸易中，提单的本质即为物权凭证，买方或卖方持提单可直接向货物实际持有人取货，相反，若提单丢失或毁损，即使原持有人确属实际支付对价的买受人，也无权从货物实际持有人处取得货物。再如国际贸易中之信用证，其实质也是信息流基础上买方或卖方实现其权益的关键凭证。回归融资性贸易活动，各交易环节的单据资料、调价函件、送货单等作为结算支付的必备凭证，因其载明的具体内容、信息足以作为拟制交付的泛信息流证据以

---

15 吕冰心：《融资性贸易的实证研究及裁判建议》，载《人民司法》2020年第31期。

16 参见张蔚：《融资性贸易中的风险与控制》，载《商场现代化》2018年第3期。

17 参见张莉娜：《基于审计视角探索融资性贸易风险的防范措施》，载《财会学习》2021年第36期。

18 陈扬、杨忠、张骁：《供应链管理中信息共享的重要性及其激励》，载《技术经济》2006年第8期。

19 杨临萍：《"一带一路"背景下铁路提单与铁路运单的协同创新机制》，载《中国法学》2019年第6期。

载明货物数量、资金额度、交易次数等,进而客观表明货物流或资金流是否真实存在于贸易过程中,也就进一步证成融资性贸易是否存在,从而明确判断贸易各方法律关系,即从形式和实质上对融资性贸易活动的有效性进行证明。

最后是资金流。亚当·斯密(Adam Smith)认为人之本质在"经济人"[20],利益最大化是其目标。菲利浦·黑克(Philip Hack)认为利益是规范和行为的动机[21]。资金作为利益的代表,是各贸易主体争相竞逐之动力,资金在各主体间的流动以及流动所带来的收益一定程度上证明了贸易活动之真实意图,融资性贸易也不例外。实践中表现为贸易主体低买高卖抑或资金空转,即借款企业及其关联企业将虚拟的交易货物通过低价卖出高价买回,合同债务人未在合理期限内及时向债权人支付合理对价,保证债权人能够获得可观的短期利益,或者资金在各方流转,而每一次流转均有高额的利息,使得出资方可获得高额利益。此模式有悖商业理性,在资金流上表现为名副其实的走单、走票、不走货,合同当然无效。事实上,在交易链条上判断是否构成融资性贸易存在两个阶段,即是否存在融资行为和货物买卖行为,若货物买卖仅是主观意思表示,事实上并未发生资金流转,此时可能存在简易交付及指示交付情形,不能盲目认定为已涉融资性贸易。相反,若存在资金流流转而不存在货物流,也即上文所列空转情形时,则表明该贸易是名为买卖,实为借贷融资的融资性贸易。显然,资金流亦是融资性贸易合同效力判断的重要环节。因而,融资性贸易合同的效力判定不应仅考虑货权之流转,亦要在兼顾信息流与资金流的基础上判断相关通道业务实质上是否为了隐藏资金拆借关系,做到客观上的"三流合一"。

(二)主观标准:意思表示之真实

"价值判断作为一种方法论的重要内容,已日益体系化、理论化,并获得广泛的共识,成为主流的主张。"[22] 在奉行当事人主义的英美法系,即存在所谓的交易规则(Bargain Principle),强调双方当事人主观判断的有效性,而法律行为的执行则是对它的"校正"。[23] 我国《民法典》第143条也明列,当事人意思表示之真实性是判断民事法律行为有效与否的要件之一,第146条更明确共谋虚

---

20 [英]亚当·斯密著:《国富论》,贾拥民译,中国人民大学出版社2016年版,第4页。
21 [德]菲利普·黑克著:《利益法学》,傅广宇译,商务印书馆2016年版,第76页。
22 王利明著:《法学方法论》,中国人民大学出版社2012年版,第556页。
23 美国法存在法理观点认为,合同自由基于个人处于了解其最佳利益的最佳地位并应自由地追求这种利益,故在一个自由市场国家,最大限度地维护合同自由应是一项极为重要的公共政策。由于法律上可强制执行的允诺是基于当事人自由意志的外在表示作出的,当事人一般可以自由缔结合同,自愿约定合同条款,并存在期待合同及其条款会得到后续执行。Harold C. Havighuest, Limitations Upon Freedom of Contract 1993 Ariz. St. L. J. 167.

伪行为的裁判思路,规定"行为人与相对人以虚假的意思表示实施的民事法律行为无效,以虚假的意思表示隐藏的民事法律行为的效力,依照有关法律规定处理。"主观意思对行为评判的重要性可见一斑,也成为民事法律行为特别是融资性贸易合同效力评判的重难点。

首先,融资性贸易合同效力判别应充分考虑订立主体的主观意思。实践中,融资性贸易合同在形式上往往有多份且相似度较高,通常表现为"背靠背"形式的阴阳合同、抽屉合同,其真实意图是以虚假买卖合同为桥梁实现通往真实合同之目的。依一般法理,阳合同之意思多会被否定评价,因为双方均没有受其意思表示拘束的意旨。[24] 阴合同因其实质性地表达了双方当事人订立合同时之主观真意,常依据所涉之规范予以认可。此种情形下,需穿透性剖析合同等客观外在载体之下当事各方主体明确、真实的主观意图。具体到裁判中,判定合同之效力,其核心在于举证责任承担,若当事人主张系买卖合同,依循"谁主张,谁举证"原则,须将证明责任证明至高度盖然性。反之,则不可认定为正常买卖。融资性贸易属新兴贸易形式,学界对融资性贸易合同效力之主观意思探讨较少,更多的是从单向度的民间借贷抑或买卖合同视角解读,未能兼顾融资性贸易借贷与买卖属性竞合之实质。当前,实务界基于复杂多元之社会利益,已提倡融资性贸易合同的效力判别应在尊重客观事实的基础上,充分考虑合同订立时主体的主观意思。[25] 此既兼顾了客观主义之原则,亦使合同主体之行为合乎意思自治之规范。

其次,对于意思表示不明确的融资性贸易合同之效力判定,学界概论在民事法律行为主观意思或合意难以决断时,对主观意思的判定通常采"外在客观化证据标准。"[26] 即内心真意无法探知时,以外在客观事实反向推测合同订立时当事人的主观心态。内心真意客观化推测虽有其合理性,但其适用必须满足未明确约定或约定不明显之情形。现实中,融资性贸易合同在形式上虽与阴阳合同、抽屉合同近似,但在内容上又有差别,其不是由几个意思表示或几份合同分别约定,无须法官过多发挥自由裁量权即可轻易证明当事人的主观真意。相反,融资性贸易所涉系列合同,其主体间外在表示是否属于内心真意难以探知,须借助客观化证据标准予以推测,此正与本文"主客合流"二元体系相融通。需要说明的是,此处的主观意思表示是指合同主体在订立合同时所作出的真实意思表示,而非之前或之后所为,若在订立合同时,民事主体之真实意思与外

---

24 韩世远著:《合同法总论》,法律出版社 2018 年版,第 219 页。
25 参见周垚垚:《国有企业融资性贸易合同效力研究》,天津工业大学 2020 年硕士学位论文,第 55 页。
26 陈瑞华:《刑事证明标准中主客观要素的关系》,载《中国法学》2014 年第 3 期。

在表示一致，而后期出现其他意图，并不必然导致融资性贸易合同无效。此外，非故意之意思与表示不一致亦不可促成融资性贸易合同无效，仅在各方合同主体故意为意思与表示不一致时方才构成融资性贸易合同无效。融资性贸易合同往往关涉多方主体，若整个贸易链条中，仅某一环节存在共谋虚伪行为，亦不可偏判为无效合同。从前述案例和理论中也可透视，随着社会经济发展，对于合同有效性的判断已越发谨慎。

综上，融资性贸易合同是融资性贸易行为的载体，既体现司法对经济行为的价值指引，又表达民事主体的自由意志。其效力不仅与客观行为有着千丝万缕的关系，亦不可避免牵涉各民事主体订立合同时的主观意图，而以主客统一方法辨识合同效力恰是透过现象看本质的最佳路径。由此路径破局，及时厘清合同交易内容所隐藏的民间借贷、事务帮助及担保等法律关系，依据审慎原则进行裁判方是融资性贸易合同案件的应对之策。

四、穿透性思维：融资性贸易合同案件的裁判进路

《全国法院民商事审判工作会议纪要》强调穿透式审判思维[27]，对各类通道业务进行穿透式审查。由于融资性贸易具有隐蔽性，合同内容所体现的表面买卖合同法律关系及相关货权单证等所证明的交易情况亦具有迷惑性，故司法机关应敏锐识别此类交易，主动调查相关事实，穿透性梳理贸易流程各环节，如查明各个环节的合同、查明资金流向、审查过往交易情况、甄别是否存在真实的货物交割（需对进货渠道、仓储、货运等事实进行审查）等，溯源厘清各法律关系。本文依据前文"主客合流"体系，结合最高人民法院及各地法院对于此类案件的最新裁判观点，就此类纠纷的裁判方法和应对路径试抒浅见（见图1），以期助力融资性贸易合同案件的良性解决，构建清朗有序的营商环境。

（一）合同有效，按一般民事法律关系审理

依据本文"主客合流"观点，融资性贸易的法律行为不仅应从交易特征、资金流向等角度对外在的行为进行观察，因涉及意思表示，还应考虑当事人的主观意识，从应然到实然的方向考量。若现有证据证明有金融资质的国有企业与上下游企业间确实存在广义的货权流转贸易关系，即客观上不存在有悖商业常理的低卖高买行为、非特许经营业务而设计多环节循环买卖、货物均未真实交割等可能，主观上贸易主体也不存在恶意串通或虚假的意思表示，则为刺激经济保障市场活力考虑，不应否定其合同效力，就案涉买卖、借贷法律关系依

27　参见《全国法院民商事审判工作会议纪要》引言部分。

照买卖合同和民间借贷纠纷进行审理。需要注意的是，依据现行交易习惯，大宗供应链贸易确实存在指示交付、货权转移以单证为准等交易惯例，因此在查明无真实货物交割情况下，此时虽尚无法满足"三流合一"客观标准，但应结合贸易当事人对于无货物交割是否明知或应知，相关仓储物流凭证是否必须由其持有并负举证责任等，以查明当事人缔约真意。如有证据证明出资方或相关贸易方在不知情时卷入融资性贸易，其对于上下游相关企业关联关系缺乏认知，在司法实践中就不宜仅以无真实货物交割而认定合同无效或驳回已向上游支付货款的当事人向合同相对人主张货款债权的诉请，亦不宜对无过错方苛以过重举证责任，以避免违约失信方借此逃避还款及担保责任。

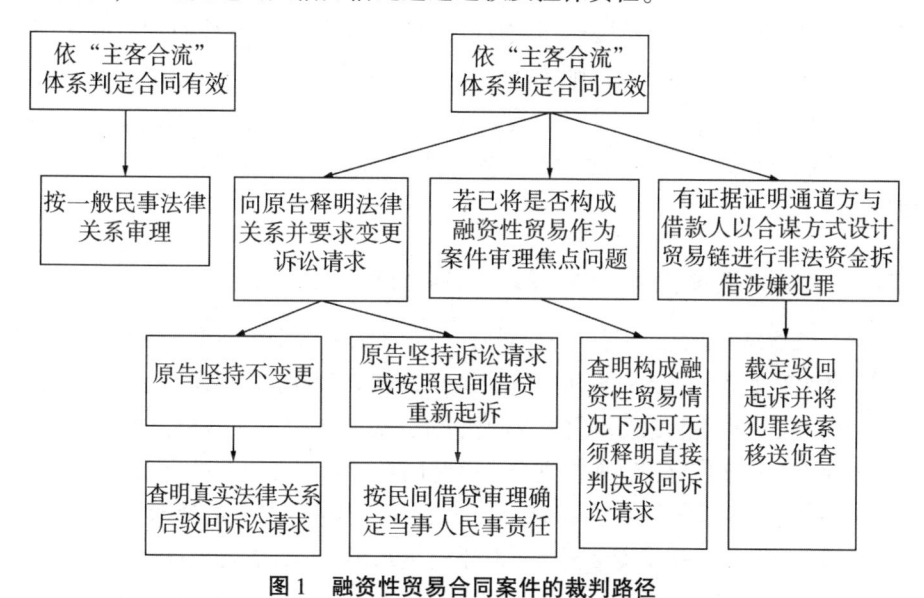

图 1 融资性贸易合同案件的裁判路径

（二）合同自始无效，判决驳回诉讼请求

对于在案证据显示已涉融资性贸易导致合同无效的情况，若原告坚持以买卖合同纠纷案件起诉，可向原告释明法律关系并要求变更诉讼请求。若原告坚持不变更，即在查明真实法律关系的情况下驳回其诉讼请求。如福州中院一审且福建高院二审维持的福建省经贸发展有限公司诉中石化森美（福建）石油有限公司、福建嘉诚石化实业有限公司等买卖合同纠纷案[28]，即属此类典型案件。当然，若法院已将是否构成融资性贸易作为案件审理焦点问题，则在查明构成融资性贸易情况下亦可无须释明直接判决驳回原告诉讼请求。现下，学界对融

---

28 参见福建省福州市中级人民法院（2019）闽 01 民初 661 号之一民事裁定书。

资性贸易合同无效后的处理方案有三。其一，用资方向出资方承担责任，中间方不承担责任。这种方案仅考虑融资性贸易链条的个别环节，违背了融资性贸易合同的实质，放纵了贸易环节中可能存在过错的贸易主体。其二，用资方向出资方承担主要责任，中间方向出资方承担过错责任或补充责任。此方案既因应了融资性贸易合同的发展规律，亦兼顾了各方当事人在贸易链条中的行为意义，是符合理论和现实发展需求的路径。其三，用资方和出资方的直接上游承担共同责任。理由是，中间方全程参与了融资性贸易行为，既是设计者，亦是参与者，还是获益者。此观点不甚合理，其忽视了通道参与人的主观意思表示。毫无疑问，方案二是最为公允之选择。此在福建高院一审且最高人民法院二审维持的福建省经贸发展有限公司诉中国石化销售有限公司福建石油分公司买卖合同纠纷案[29]中，法院即是如此裁判。该判决亦符合2019年修正的《最高人民法院关于民事诉讼法证据的若干规定》第53条关于当事人主张的法律关系性质或者民事行为效力与法院根据案件事实作出的认定不一致情况下该如何处理之规定。

（三）裁定驳回起诉，将犯罪线索移送侦查

融资性贸易的催生原因具有双向性，一方面大型国企参与融资性贸易可以在短期内做大企业营收规模，推高经营业绩，收取丰厚的融资利差；另一方面中小企业资信不足，很难从银行取得充足融资，需求缺口较大，而民间融资成本太高，中小企业因故往往借道国企取得资金，因此国企管理层在为中小企业提供融资性贸易的决策中，极有可能存在高利转贷或权力寻租滋生腐败的情形。如上所述，融资性贸易本质之一在于资金拆借，对于资金来源问题，若有证据体现存在通道方与借款人以合谋方式设计贸易链骗取出借资金的企业参与到贸易链中而出借资金，抑或是某企业被出借人、借款人及其他知情的通道企业合谋骗入贸易链成为通道一环造成损失，则已涉嫌合同诈骗或高利转贷犯罪，这就需要考虑刑民交叉法律问题的处理。诚然，对于合同诈骗或高利转贷所涉犯罪问题，实质上系另一法律关系，其虽可影响到隐藏的借贷行为及其从行为的效力认定，但并不影响民事案件的审理。在刑民交叉问题处理方面，在认定民事案件所涉相关法律事实与刑事案件所涉法律事实系同一事实或相关联事实的基础上，因民事案件关键事实认定及当事人责任承担分配，有赖于刑事侦查结论，且审理的案件可能仅涉及融资性贸易的一个环节，要求还原贸易的整体链条及资金走向等基本事实，当事人可能难以举证，故在案件处理方面上遵循先刑后民处理原则为妥，即裁定驳回起

29　参见最高人民法院（2018）最高法民终786号民事判决书。

诉，将犯罪线索移送公安及纪检监察机关查处。

（四）按照民间借贷审理，确定当事人民事责任

在当事人变更诉讼请求，或者按照民间借贷关系重新起诉后，则进一步审理查明融资性贸易隐藏的真实法律关系，查明资金流向等关键事实，在案件已涉融资性贸易且已初步举证情况下，对于融资性贸易案件的责任分配问题，可通过责令当事人申请追加当事人或依职权追加当事人，以利于查明案件事实并明确当事人的责任，此时应当对借款人、担保人及通道参与人的责任进行区分。就此，最高人民法院刘贵祥专委在全国法院民商事审判工作会议上讲话强调"在融资性买卖中，当事人仅就形式上的买卖合同提起诉讼的情况下，为方便查明事实、准确认定责任，人民法院可以依职权追加相关当事人参加诉讼。"[30] 若被告提出案件涉融资性贸易并提交初步证据，同时应申请追加实际借款人、担保人、其他通道参与方作为共同被告或第三人参与诉讼，确定还款义务人、担保人、通道参与方的责任。在各方对于融资性贸易均有充分认识的情况下，由借款人承担还本付息责任，担保人承担担保责任或担保无效情况下的过错赔偿责任，其他通道参与人根据获益比例及承担责任的相关约定承担补充赔偿责任，符合利益与责任相一致原则，也有利于平衡各方利益，此种思路已在近年司法实践[31]中得以践行。

结语

融资性贸易作为贸易链全球化和融资形式多元化的产物，其合同效力的判定既体现法律对客观经济行为的引导，也是对当事人主观意思自治的尊重。在立法供给不足、司法裁判标准各异、法律规范与行政监管性文件混同的情况下，融资性贸易合同效力的判定应坚持主客观相一致的原则，既遵循货物流、信息流、资金流"三流合一"的客观事实，又观照民事主体进行民事活动时的真实意思，树立穿透性思维，在审慎确定各方法律关系的基础上进行裁判。如此方能更好地实现理论体系与司法实践的有机统一，促进融资性贸易行为在法治轨道内有序开展。

---

[30] 刘贵祥：《关于人民法院民商事审判若干问题的思考》，载《中国应用法学》2019年第5期。

[31] 参见最高人民法院（2020）最高法民申1707号民事裁定书。

认罪认罚"检察主导"诉讼模式效果检验

——基于试点地区裁判大数据的实证分析

宿伟伟[*]

【内容提要】 2018年《刑事诉讼法》将经过两年制度改革试点的认罪认罚从宽制度确立为正式诉讼原则。试点过程中,检察机关为实现该制度高适用率和量刑建议高采纳率,通过主导程序控制和量刑协商,推动认罪认罚诉讼形成"检察主导"的诉讼模式。该模式虽契合我国刑事诉讼的现念和认罪认罚从宽改革的效率价值追求,但可能对我国刑事诉讼结构产生影响,或压缩辩护空间,或因程序从简和检察量刑建议效力约束,难以实现庭审实质化。通过对18个试点城市自试点以来该类诉讼运行情况检验,本文发现认罪认罚从宽制度改革总体上提高了审前提速和案件分流,也存在未能充分保障犯罪嫌疑人合法权益和影响裁判公正的情况。因此,检察机关应与其他诉讼主体强化沟通协调,共同推动认罪认罚从宽制度适用,这是未来制度改革完善的重要途径。

【关键词】 认罪认罚从宽 检察主导 速裁程序 效果

党的十八届四中全会提出"完善刑事诉讼中认罪认罚从宽制度"。2016年9月,第十二届全国人大常委会第二十二次会议通过《关于授权最高人民法院、最高人民检察院在部分地区开展刑事案件认罪认罚从宽制度试点工作的决定》,授权最高人民法院和最高人民检察院在全国18个城市(含4个直辖市),进行为期两年的认罪认罚从宽制度试点。2018年,试点结束后全国人大修改《刑事诉讼法》,认罪认罚从宽制度正式成为我国刑事诉讼法基本原则之一。2019年10月,最高人民法院、最高人民检察院、公安部、国安部和司法部("两高三

---

[*] 宿伟伟——武汉大学法学院博士研究生。主要研究领域:刑事诉讼法、刑事司法制度。

部")联合发布《关于适用认罪认罚从宽制度的指导意见》(以下简称《指导意见》),进一步规范认罪认罚从宽制度适用。截至目前,认罪认罚从宽制度已运行近七年,制度运行趋于稳定、制度效果逐渐体现,运行中遇到的问题也相继显现。在制度普遍适用的情况下,其依靠检察机关主导的方式着力推进的效果究竟能否达到在刑事司法领域实行"能动检察"的效果,能否实现认罪认罚从宽制度的立法预期,需要全面、客观和系统地检验评价。关于认罪认罚从宽制度实证研究成果不多,笔者在中国知网同时以"认罪认罚"和"实证"作为关键词搜索,截至2023年6月,在CSSCI期刊共有17篇关于认罪认罚相关问题实证研究的论文,内容包括认罪认罚案件上诉、认罪认罚与刑事和解衔接、在共同犯罪中适用认罪认罚、认罪认罚案件审判分流效果、认罪认罚被追诉人权利保障以及对故意伤害罪、危险驾驶罪等类案适用认罪认罚从宽制度情况进行分析,这些研究或仅聚焦试点阶段,或针对个别试点地区进行局部考察,又或者专注于某类罪名中认罪认罚从宽制度的适用效果[1]。可以说现有研究成果还未能对认罪认罚从宽制度自试点以来的运行情况提供较为全面的认识。

一、认罪认罚从宽制度的实现方式——"检察主导"

认罪认罚从宽制度建构了不同于传统诉讼模式的全新刑事诉讼职能关系和行权模式——"检察主导"模式[2]。认罪认罚从宽制度改革试点和最高人民检察院抓住国家司法体制改革机遇推动"能动检察"的理念都是党的十八大后司法机关参与国家治理、推动治理能力提升的重要尝试,最高人民检察院抓住了这一契机,希望在刑事诉讼中最大程度地推动认罪认罚从宽制度,主导认罪认罚案件诉讼程序,助力检察机关在刑事司法领域成为重要的治理主体。同时2018年修订的《刑事诉讼法》和2019年"两高三部"联合制定的《指导意见》通过对"认罚"内容的解释、检察机关在认罪认罚具结书签订程序中的主动权

---

[1] 参见宋善铭:《认罪认罚从宽制度典型样态运行的实证分析——以浙江省实践为例》,载《河北法学》2017年第10期;胡铭:《律师在认罪认罚从宽制度中的定位及其完善——以Z省H市为例的实证分析》,载《中国刑事法杂志》2018年第5期;吴雨豪:《认罪认罚"从宽"裁量模式实证研究——基于部分城市醉酒型危险驾驶罪的定量研究》,载《中外法学》2020年第5期;汤火军等:《认罪认罚案件审判程序分流效果实证研究——以C市基层法院3076件认罪认罚案件为分析样本》,载《山东大学学报(哲学社会科学版)》2021年第3期;揭萍等:《共同犯罪案件适用认罪认罚实证研究》,载《中国人民公安大学学报(社会科学版)》2021年第4期;王桂芳:《认罪认罚与公诉案件刑事和解衔接适用效果检视与提升路径——基于2136份故意伤害罪一审判决书的实证分析》,载《中国刑事法杂志》2022年第6期;汪海燕:《认罪认罚案件上诉问题实证研究——基于B市508件案例的分析》,载《中国应用法学》2023年第3期。

[2] 闫召华:《检察主导:认罪认罚从宽程序模式的构建》,载《现代法学》2020年第7期。

和检察量刑建议效力等规定，为检察机关在司法实践中主导认罪认罚诉讼模式预留了制度空间。认罪答辩是域外其他国家刑事诉讼选择的刑事案件分流标准，我国刑事诉讼法要求"认罪""认罚"同时适用，对"认罚"应结合退赃退赔、赔偿损失、赔礼道歉等因素来考量，因此负有认罪认罚从宽制度启动的主体必然要担负起"退赃退赔、赔偿损失、赔礼道歉"[3]的认定义务。2018年修订的《刑事诉讼法》第201条规定法院对认罪认罚案件量刑建议的处理原则是"一般应当采纳人民检察院指控的罪名和量刑建议"，进一步赋予检察机关主导认罪认罚案件诉讼程序的机会空间。

国家监察体制改革后检察机关不再享有职务犯罪侦查权，审判中心主义改革对检察机关在起诉中的举证能力提出更高要求，促使最高人民检察院重新审视宪法赋予检察机关的法律监督职能，"检察一体化"的组织优势有助于全国检察系统集中动员，以在各级检察机关之间传导压力，设定任务目标[4]以责任制考核等方式，积极推动全国检察机关将适用认罪认罚从宽制度作为政治任务，在制度入法的短时间内通过检察机关层层推进，迅速实现了刑事案件普遍适用认罪认罚从宽制度。在这一过程中，检察机关逐渐将审查起诉阶段认罪认罚制度的适用率和审判机关对检察机关认罪认罚案件量刑建议（尤其是确定刑量刑建议）采纳率、认罪认罚案件上诉率等指标作为认罪认罚从宽制度适用的衡量标准。比如，2020年10月15日，最高人民检察院向全国人大常委会汇报制度入法后运行情况时提到，2019年1月至今年（即2020年）8月，全国检察机关适用认罪认罚从宽制度办结案件人数占同期办结刑事犯罪总数的61.3%，量刑建议采纳率为87.7%，提出确定刑量刑建议率从27.3%上升至76%"。2020年以来最高人民检察院公布年度主要办案数据时，专门将认罪认罚从宽制度适用情况予以公布，并将衡量该情况的统计指标固定为占同期审查起诉率（即适用率）、提出确定刑量刑建议比例、量刑建议采纳率。[5]

从最高人民检察院制定的统计指标来看，可以说认罪认罚从宽制度确实得到充分适用，制度运行效果似乎达到改革预期和"能动检察"的实施目的。但是认罪认罚从宽制度适用率等指标与刑事诉讼控制犯罪、保障人权等治理目标

---

[3] 2019年最高人民法院 最高人民检察院 公安部 国家安全部 司法部《关于适用认罪认罚从宽制度的指导意见》第7条。

[4] 比如2019年8月，全国检察机关刑事检察工作会议上，最高人民检察院提出到年底认罪认罚从宽制度的当月适用率要提升到70%左右。详见：https：//www.spp.gov.cn/zdgz/201910/t20191024_435914.shtml，最后访问于2022年3月26日。

[5] 《2020年全国检察机关主要办案数据》，载最高人民检察院网站，https：//www.spp.gov.cn/xwfbh/wsfbt/202303/t20230307_606553.shtml#1，最后访问于2023年3月26日。

尚有距离。制度的形式适用标准是否能达到诉讼制度改革的实质要求是思考改革成效无法绕开的疑问。因此，要考察制度运行的宏观效果必须从其推动"能动（刑事）检察"和制度本身的公正与效率价值实现情况两个维度展开。

二、数据来源和统计分析

针对运行效果检验的研究方法属于实证研究范畴，我国法社会学研究中很多学者采用实证研究方法进行尝试，并取得不错效果，在刑事诉讼领域以左卫民教授为代表的学者，对员额制法官遴选机制、量刑建议的实践机制、刑事辩护率的地域差异及影响因素、刑事证人出庭作证、简易程序改革、侦查监督制度、取保候审功能等大量诉讼问题、程序问题采用实证分析的方式进行专门研究[6]。这些研究证明用实证研究方法研究刑事诉讼问题的可行性，并为后续研究积累了丰富的经验、打下了坚实的基础。实证研究主要包括定性和定量两种研究方法，近几年社会科学研究呈现将定性与定量方法相结合的研究趋势。因认罪认罚从宽制度入法时间不长，制度变迁不是一蹴而就，对一个国家的政治体制和政治文化的影响往往是潜移默化的，该制度作为刑事司法体制改革的一个内容，是否能够在短时间内影响法治建设全局性，暂时无法回答。因此，本文更注重对认罪认罚从宽制度适用效果的描述性分析。

研究数据主要基于司法实践中收集的办案数据和公开裁判文书，尤其是从各年度最高人民检察院工作报告、《中国法律年鉴》统计数据、中国裁判文书网发布的认罪认罚从宽案件裁判文书大样本中获取数据，部分数据源于法律数据统计平台"元典智库"，数据最后访问时间截至2022年3月。中国裁判文书网及类似的法律数据统计平台并不是一个"全样本"，公开的裁判文书仅占已结案裁判文书总量的一部分。2013年最高人民法院《关于人民法院在互联网公布裁判文书的规定》开启了我国裁判文书"上网"时代，2015年起中国裁判文书网公开的一审刑事判决书均超过该年度法院一审生效判决的64%。裁判文书公开样本涵盖公开审判全部罪名，包括全国各级法院判决，可以说是一个不存在选择性偏差与"全样本"较为接近的大样本库。因此使用上述数据进行研究即使

---

[6] 参见左卫民：《员额制法官遴选机制改革实证研究：以A省为样板》，载《中国法学》2020年第4期；《量刑建议的实践机制：实证研究与理论反思》，载《当代法学》2020年4月；《刑事辩护率：差异化及其经济因素分析》，载《法学研究》2019年第3期；《刑事证人出庭作证程序：实证研究与理论阐析》，载《中外法学》2005年第6期；《中国简易刑事程序改革的初步考察与反思——以S省S县法院为主要样板》，载《四川大学学报（哲学社会科学版）》2006年第4期；《侦查监督制度的考察与反思——一种基于实证的研究》，载《现代法学》2006年第6期；《侦查中的取保候审：基于实证的功能分析》，载《中外法学》2007年第3期等。

与最真实的刑事案件处理情况存在误差，但在大样本基础上统计出来的一般规律应符合司法实际。

在研究中，相对侧重14个省（市）的18个试点城市2017年至2021年间认罪认罚从宽制度适用情况的描述分析，样本覆盖认罪认罚从宽制度试点、入法等实践历程。借助这些数据试图较为全面地展示"检察主导"下认罪认罚从宽制度实际运行情况，在此基础上对该制度目标达成情况进行评价。在18个试点城市一审刑事案件公开裁判文书中筛选出适用认罪认罚从宽制度样本252021份，2017年起样本逐年上升。样本中试点地区2021年审查起诉阶段认罪认罚从宽制度适用率11个城市高于2021年度全国适用率85%以上，上海、重庆、西安、福州、厦门、济南和郑州7个城市略低于全国适用率。

试点城市适用该制度的主要案件类型与刑事案件发案量成正比，适用率最高的是危险驾驶罪、盗窃罪、诈骗罪、故意伤害罪和交通肇事罪，在上海、深圳、杭州、福州等经济发达地区开设赌场罪成为刑事发案率和认罪认罚适用率最高的五类犯罪之一。上述案件在审判程序简化适用出现分化：试点城市中发生的危险驾驶罪、盗窃罪、走私、贩卖、运输、制造毒品罪、故意伤害罪和交通肇事罪占据速裁程序适用前五位，占速裁案件总样本的81.09%，其中发案率最高的危险驾驶罪占44.77%。近年来发案率较高的诈骗罪由于犯罪事实通常较复杂，适用速裁程序较少，适用认罪认罚从宽制度的诈骗犯罪约三分之二适用简易程序审理。

三、"检察主导"模式下认罪认罚从宽制度运行的效果

（一）强化法律监督职能

有学者认为国家监察体制改革虽然使检察机关失去职务犯罪侦查权，但为检察机关强化监督提供了契机，检察机关在诉讼中发挥更为客观、公允的作用，则使得（认罪认罚案件的）量刑协商程序更具逻辑上的必然性。[7]客观上，党的十八届三中全会以来的司法改革关于检察体制改革的方向是强化法律监督，2021年中央专门印发《关于加强新时代检察机关法律监督工作的意见》，该意见要求检察机关要强化刑事立案、侦查活动和审判活动监督；从现实考量，检察机关为巩固主导认罪认罚从宽制度的合理性，其法律监督职能也应当得以强化。

---

[7] 李奋飞：《量刑协商的检察主导评析》，载《苏州大学学报（哲学社会科学版）》2020年第3期。

如何测量检察机关法律监督履职是问题的关键，本文选择检察机关对侦查机关的立案、侦查监督数据进行统计，检验其法律监督效能的变化。因为对侦查权的控制和制约是现代检察制度存在的基本根据之一[8]，更严格的立案监督和侦查行为监督有助于避免侦查机关为获取被追诉人认罪而采取威胁、诱供等非法取证行为，有助于避免刑事案件大量适用认罪认罚后，侦查机关为保证案件批捕率、起诉率，在部分轻微刑事犯罪中以行政处罚代替刑罚，有助于防止侦查机关轻易获取有罪供述后，放弃对事实真相的查明义务。

1. 立案监督。统计 2013—2020 年[9] 全国检察机关年度立案监督提出数量占公安机关年度立案数的比率，以监督立案和监督撤案的数量分别衡量，发现全国检察机关立案监督出现先降后升的趋势，在 2015 年两者降到最低，监督立案比率是 0.24%、监督撤案比率是 0.15%，伴随认罪认罚从宽制度普遍适用，两个指标较改革前出现微弱上升，到 2020 年监督立案和监督撤案比率均接近 0.5%，监督立案和监督撤案的变化趋势一致。再考察检察立案监督纠正率，即公安机关收到检察机关立案（撤案）监督后已立案（撤案）的比例，从整体趋势看认罪认罚从宽制度入法对侦查机关收到立案监督通知后纠正率没有显著影响，2021 年是改革后最高年度，纠正率约 87.6%，低于改革前 2015 年纠正率 88.87%。

2. 侦查活动监督。2018 年以来，全国检察机关纠正侦查活动违法行为的力度明显加大，2021 年提出纠正 7.5 万件远高于 2017 年 4.7 万件，同时侦查机关对监督采纳率出现明显上升，2020 年度、2021 年度监督采纳率都超过 90%，2021 年度甚至达到 97.5%，此前监督采纳率在 85% 徘徊。由于检察机关主导认罪认罚案件的目的是保证刑事案件在整个诉讼程序中流转，而不像立案监督在一定程度上决定了部分案件从开始被排除在诉讼程序以外，相比而言侦查机关更愿意采纳检察机关对侦查活动的监督意见。

3. 补充侦查。在认罪认罚从宽制度改革前，补充侦查在我国司法实践中具有特殊价值，是公安司法机关就案件过滤进行沟通协商的必经阶段，有研究对部分检察机关 2001—2005 年审查起诉的案件实证分析发现检察机关不予起诉的案件都是在二次补充侦查结束后作出的[10]。立法将补充侦查看作一种监督方式，是检察机关保证案件的处理符合法定标准、维护法律的遵守和实施的一种方式，

---

8 魏晓娜：《依法治国语境下检察机关的性质与职权》，载《中国法学》2018 年第 1 期。
9 因 2021 年《中国法律年鉴》统计口径出现变化，统计情况截至 2020 年。
10 左卫民等著：《中国刑事诉讼运行机制实证研究》，法律出版社 2007 年版，第 218—219 页。

有助于检察机关履行诉讼监督职能。[11]但是对"元典智库"法律文书数据库公开的检察机关起诉决定书和不起诉决定书统计分析,分别以审查起诉阶段检察机关提出补充侦查案件占审查起诉案件(包括不起诉决定书和起诉决定书)比例、不起诉案件中检察机关提出补充侦查案件的比例两个指标来衡量补充侦查适用,可发现认罪认罚从宽制度改革从根本上改变了补充侦查的法律地位和实践功能:认罪认罚从宽制度入法后,在审查起诉阶段对案件提出补充侦查的比例从 2015 年的 19.88% 已下降到 2021 年的 5.52%。不起诉案件补充侦查概率也同步下降,从改革前 2015 年约一半不起诉案件都要补充侦查到 2021 年仅有 11% 左右不起诉案件需要补充侦查。

　　检察机关适用补充侦查比例大幅下降,其中一个原因可能是被追诉人"认罪"态度会影响侦、检对事实和证据的审查,因审前阶段"认罪"令案件证据链条更容易实现形式完整,检察机关一旦能签订认罪认罚具结书,就不会再把时间和诉讼资源花费在补充侦查上。这种做法带来了新的问题,即如果补充侦查成为认罪认罚案件办理中较少适用的程序,将难以发挥监督作用,当检察机关作出不起诉决定时不再将补充侦查作为前置程序,也打破了公安与检察机关原有的沟通协商关系。

　　4. 审判监督。最高人民检察院评价认罪认罚从宽制度适用效果良好的一个重要指标是审判机关对检察机关提出量刑建议采纳率。高量刑建议采纳率可以体现法检两机关相互协作沟通,也可以体现法检两机关司法人员的法律知识储备、法律认知等逐渐趋同,我国法检两机关处在同一个刑事司法系统的社会结构中,在人员构成、人员职业化构成方面法检两机关共享同一标准,法官、检察官历来被看作法律共同体。强调法院对量刑建议采纳率进一步提高,是否会损害检察机关的审判监督功能?

　　检察机关在审判环节发挥监督作用主要表现是纠正审判活动违法和提起刑事抗诉。其中 2018 年认罪认罚从宽制度入法后检察机关纠正审判活动违法绝对数量未出现明显变化,认罪认罚从宽案件大多适用速裁程序和简易程序,审判程序相应简化,质证、举证程序在部分案件中被简省,审判活动的违法机会也变少了。法院对检察机关纠正审判活动违法建议的纠正率在 2019 年降到 89.1%,是近十年纠正率最低点,其他年度纠正率相对稳定。2015 年以来检察机关提起刑事抗诉案件绝对量逐年上升,最高年度 2020 年刑事抗诉案件也只有 8903 件,相比全国审判机关年刑事一审审结案件超过 110 万件,抗诉案件简直

11　卞建林、李艳玲:《论我国补充侦查制度的发展与完善》,载《法治现代化研究》2021 年第 1 期。

可以忽略不计。审判机关对刑事抗诉直接改判率至今未达到50%，认罪认罚制度追求息诉服判，无论是因上诉还是抗诉进入二审程序的比例均低于普通刑案，其改判率对刑事改判率难以产生影响。

法院采纳检察量刑建议以及检察机关为推动认罪认罚从宽适用，加强了法检审前沟通协调，无论是会签认罪认罚适用的实施办法还是法检适用"量刑意见"等司法解释采用相同的量刑标准对案件事实进行判断，法检更强调相互配合与支持，检察量刑建议与裁判结果趋同率加大，检察机关对裁判结果抗诉的概率会降低，通过抗诉程序履行监督的机会减少。毕竟检察机关只可能对不采纳或不完全采纳其量刑建议的判决提起抗诉，实践中有的地区甚至追求量刑建议采纳率接近100%，比如山东省检察机关2020年和2021年认罪认罚从宽适用率都在90%左右，量刑建议采纳率均达到99%[12]。

综合上述研究，认罪认罚从宽制度入法后，检察机关立案监督和审判监督职能没有受到认罪认罚从宽制度改革明显促进。改革有助于强化侦查监督，侦查活动监督数量和监督采纳率得到大幅提高，这说明检察机关对侦查质量重视程度提高。审查起诉阶段检察机关负责与犯罪嫌疑人签署认罪认罚具结书，通过对选取的裁判文书样本进行分析发现，侦查阶段作出"认罪"意思表示的犯罪嫌疑人更可能签署具结书，《指导意见》也明确认罪认罚案件审判阶段重点是审查认罪认罚自愿性、真实性，因此对侦查阶段证据质量（包含"认罪"供述）把关是检察监督的重要内容。

（二）提高诉讼效率

从全国年度办案情况看，2016年以来虽然我国刑事立案数逐年下降，2020年刑事立案数量已下降到478万起，远低于2016年立案642万起。但无论审查起诉还是刑事一审办理案件量和相对刑事立案的比例都明显增加，2020年检察机关审查起诉阶段办理案件占刑事立案的41.32%，2016年检察机关办理案件仅占刑事立案的24%。这说明在办案人员数量相对稳定情况下，认罪认罚从宽有助于侦查、起诉和审判三阶段处理个案的效率提高。

速裁程序显著提高了认罪认罚案件办理效率。《指导意见》第34条和第43条规定了速裁程序的办案期限和审理期限，审查起诉、开庭审理最长期限均为15天，明显压缩了刑事案件的诉讼期限。相关研究已证明速裁程序在认罪认罚案件的诉讼程序中对提高诉讼效率作用明显，比如李本森对12666份速裁案件

---

12 参考山东省检察院2020和2021年度工作报告统计数据，http：//www.sdjcy.gov.cn/html/sygk/gzbg/，最后访问于2022年6月26日。

裁判文书分析，发现18个试点城市速裁案件审判时长"大致控制在《速裁程序试点办法》所规定的期限范围内"，对审判阶段的诉讼效率有实质性提高[13]；王禄生对326万份裁判文书的统计结果显示，速裁程序在审判阶段停留的时间为7.5天，相较于简易程序独任审节约6.3天，速裁程序处断时间比简易程序独任审节约26.7天[14]，说明速裁程序对诉讼效率的优化具有全流程意义。

同时可以发现，制度改革后，同类案件中不认罪认罚案件诉讼效率反而下降。以"元典智库"数据库公开的2013年至2021年北京、上海、天津、重庆4个直辖市和青岛、杭州、厦门、福州、广州5个地级市共9个试点城市贪污贿赂犯罪一审判决共计4658件作为样本研究可知，2017年至2021年样本中32.06%的案件适用认罪认罚。贪污贿赂罪是改革试点以来适用认罪认罚比例最低的类案，2020年和2021年全国检察机关审查起诉贪污贿赂犯罪适用认罪认罚案件占该类案件总量的60%。本文比较2013—2016年和2017—2021年两个时段上述试点地区贪污贿赂犯罪案件办理情况，发现案件自执行逮捕到提起公诉和提起公诉至判决两类指标的平均时长都有所延长：其中执行逮捕到提起公诉平均时长在认罪认罚从宽制度试点后较试点前延长16.72天，提起公诉到判决平均时长在试点后较试点前延长21.41天。试点后贪污贿赂案件中犯罪嫌疑人或被告人认罪认罚案件在执行逮捕到提起公诉的平均时长是180.61天，在审前阶段停留时间比不认罪认罚节约55天；在审判阶段停留时间比不认罪认罚节约116天。试点后类案在两个诉讼阶段停留时间的延长主要用于办理未认罪认罚的案件。

（三）促进案件分流

2015年最高人民检察院制定的《关于深化检察改革的意见（2013—2017年工作规划）》和2014年最高人民法院出台的《人民法院第四个五年改革纲要（2014—2018）》把"完善刑事诉讼中的认罪认罚从宽制度……构建被告人认罪案件和不认罪案件的分流机制"作为改革的重要内容。我们理解为实现认罪案件和不认罪案件分流是认罪认罚从宽制度最初在司法实践中预设的首要任务。

1."速裁程序"和"简易程序"分流案件。从统计样本看，试点城市认罪认罚案件适用速裁程序的比例明显高于非试点地区。2017年至2021年间，18个试点城市认罪认罚案件适用速裁程序比例约43%。试点阶段，试点城市适用速

---

13 李本森：《刑事速裁程序试点实效检验——基于12666份速裁案件裁判文书的实证研究》，载《法学研究》2017年第5期。

14 王禄生：《内外定位冲突下刑事简易程序的实践困境及其再改革——基于判决书的大数据挖掘》，载《山东大学学报（哲学社会科学版）》2020年第3期。

裁程序审结的案件占比 68.5%，2020 年 10 月最高人民检察院统计认罪认罚从宽制度入法后，全国检察机关起诉到法院的认罪认罚案件适用速裁程序审理的占 27.6%[15]。同一时期中国裁判文书网公开判决中全国认罪认罚案件适用速裁程序约 33.87%。2019 年度全国法院一审审结认罪认罚案件中适用速裁程序的约 30.5%。2020 年度法院一审生效判决判处三年以下有期徒刑、拘役、管制及缓刑比例已接近 52%，刑事速裁程序整体适用率仍低于该比例。

审判机关对认罪认罚案件更倾向于适用简易程序，甚至提高了简易程序合议审的适用率。2019 年至 2021 年，公开裁判文书中有 61.8% 的认罪认罚案件适用简易程序，占适用简易程序刑事案件的 55.6%。2020 年度全国刑事一审审结认罪认罚案件适用简易程序占 45.9%。在适用简易程序审理中约 21% 的案件采取简易程序合议审，较非认罪认罚案件适用简易程序合议审高出 4 个百分点。

2. "认罪认罚不起诉"分流。根据 2014 年至 2021 年最高人民检察院公布的数据，2021 年 1 月至 9 月全国检察机关不起诉案件占审查起诉的 15.29%[16]，远高于 2014 年的 5.51%。认罪认罚从宽制度适用对不起诉案件分流效果确实存在正向影响，能够将部分微罪案件过滤出审判程序。但是，从法院一审判决仍存在一定数量不负刑事责任和免予刑事处罚案件看，认罪认罚不起诉制度还未发挥最理想作用。截至 2020 年，全国刑事一审判决中法院宣告无罪、不负刑事责任或免予刑事处罚案件仍有 0.86%。对照不起诉要件和免予刑事处罚判决理由，二者存在趋同性，说明这部分案件在司法实践中本可以通过不起诉提前分流出诉讼程序。甚至在适用非监禁刑的部分案件也符合酌定不起诉的法律要件，具备程序分流条件。

认罪认罚不起诉本质不是一种独立不起诉类型，理论上认罪认罚能够覆盖我国《刑事诉讼法》规定的全部不起诉类型，成为各种不起诉的选择性要件。在轻微犯罪中可与相对不起诉兼容，在未成年犯罪人认罪认罚后可能适用附条件不起诉，有重大立功的认罪认罚被追诉人具备适用法定不起诉条件，认罪认罚案件同样也存在因证据不足不起诉的可能。司法实践中检察机关以"认罪认罚后无争议+不需判处刑罚+轻微刑事案件"或"认罪认罚后无争议+免予刑

---

[15] 参考最高人民法院《关于在部分地区开展刑事案件认罪认罚从宽制度试点工作情况的中期报告》和《最高人民检察院关于人民检察院适用认罪认罚从宽制度情况的报告》两个文件。

[16] 2021 年 1 月至 9 月，全国检察机关共决定起诉 1273051 人，决定不起诉 229815 人。参见最高人民检察院：《最高检发布 1 月至 9 月全国检察机关主要办案数据》，载最高人民检察院官网，https://www.spp.gov.cn/spp/xwfbh/wsfbt/202110/t20211018_532387.shtml#1，最后访问于 2022 年 6 月 26 日。

事处罚+轻微刑事案件"[17]两种要件构成二选一适用相对不起诉。可以说认罪认罚已成为相对不起诉必备要件,反过来束缚相对不起诉的适用,以已公开不起诉决定书样本为例,2019年至2021年间不起诉案件中认罪认罚比例从32.15%上升到84.34%,其中约82.62%的相对不起诉案件犯罪嫌疑人认罪认罚,而证据不足不起诉案件中仅有14.44%的犯罪嫌疑人认罪认罚。[18]认罪认罚不起诉与相对不起诉绑定效果明显,相对不起诉仍是我国刑事案件不起诉分流主渠道。

(四)从宽效果适用

1. 强制措施适用从宽。"对犯罪嫌疑人、被告人采取非羁押性强制措施的情况是评价对认罪认罚从宽制度、宽严相济刑事政策贯彻情况的重要指标之一"[19]。从18个试点城市案件看,认罪认罚从宽制度实施后,试点地区适用刑事拘留、逮捕等强制措施适用率下降,取保候审、监视居住等非羁押性强制措施的适用率有所提高。试点地区适用取保候审、监视居住比例也明显低于全国平均适用率。尽管取保候审、监视居住对被追诉人人身权利限制较低,而一旦适用都会留下记录,对被追诉人的信用影响仍然存在,随着认罪认罚从宽理念在刑事司法中不断深化,对没有羁押必要性、社会危险性的犯罪嫌疑人在签署认罪认罚从宽具结书后,解除刑事强制措施有助于恢复其正常工作和生活,对被追诉人的激励作用更明显。

表1 试点地区与全国样本对比——关于刑事强制措施适用

年度	刑事拘留		逮捕		取保候审和监视居住	
	试点地区	全国	试点地区	全国	试点地区	全国
2019	63.11%	65.23%	40.82%	52.17%	40.72%	51.76%
2020	63.54%	53.94%	41.43%	46.14%	38.15%	57.71%
2021	51.96%	56%	35.86%	47.5%	45.26%	60.23%

2. 刑罚宽缓化,通常指认罪认罚从宽制度实体从宽情况和从宽幅度。我国2018年修订的《刑事诉讼法》和2019年《指导意见》均规定从宽处罚,但从宽幅度和适用规则交由各省市制定实施细则把握,截至目前在立法和司法解释

---

[17] 刘甜甜:《解构与重建:论酌定不起诉从宽的困境消解》,载《中国刑事法杂志》2020年第5期。

[18] 数据根据"元典智库"公开不起诉决定书进行统计,最后访问于2022年4月30日。

[19] 刘方权:《刑事速裁程序试点效果实证研究》,载《国家检察官学院学报》2018年第2期。

层面只有 2021 年最高人民法院和最高人民检察院联合印发的《关于常见犯罪的量刑指导意见（试行）》（以下简称《量刑指导意见》）规定"被告人认罪认罚的，综合考虑犯罪的性质、认罪认罚的阶段、程度、价值、悔罪表现等情况，可以减少基准刑的 30% 以下"。司法实践中，刑事案件判决的非监禁刑适用率、监禁刑时长、罚金适用情况能从不同侧面反映认罪认罚从宽制度对刑事案件审判结果的影响。在已有学术讨论中，有学者基于北京、上海等 6 个试点城市醉酒型危险驾驶罪的定量研究，对认罪认罚案件被告人在司法实践中受到多大幅度从宽进行探讨，尝试了解认罪认罚从宽制度对被告人在拘役刑、罚金额度、缓刑适用所施加的额外影响[20]。该研究发现对于认罪认罚从宽制度对认罪认罚案件确有从宽处遇，但是存在地区差异，从总样本看，拘役刑实际执行均值和罚金刑均值较不认罪认罚案件略低，缓刑比例略高，但是作为试点城市的杭州表现出认罪认罚案件的刑罚适用更加严厉。

按照案件类型分析可发现，绝大部分犯罪认罪认罚后均有从宽效果，即降低监禁刑刑期和提高缓刑适用，但对重罪的监禁刑刑期从宽幅度低于轻罪，单纯评价认罪认罚作为量刑情节的从宽幅度，各类案件均低于《量刑指导意见》的最高幅度 30%，轻罪案件从宽幅度最高达到 15.8%，重罪案件从宽幅度最高达到 11%。比如贪污贿赂犯罪，对中国裁判文书网公布北京、上海、天津、重庆、青岛、杭州、福州、厦门和广州等 9 个试点城市 2017 年以来贪污罪和贿赂罪案件样本（共 2147 件）分析，其中认罪认罚案件 689 件占 32.09%。总体上认罪认罚的案件在平均刑期、罚金刑均值和缓刑适用比例均出现从宽，但地区差异较大。其中重庆、广州的认罪认罚案件平均刑期高于不认罪认罚；北京的认罪认罚案件判处罚金数额高于不认罪认罚；北京、上海、福州、杭州四地认罪认罚案件适用缓刑比例低于不认罪认罚。

（五）保障当事人诉讼权

1. 保障被追诉人的诉讼权利。认罪认罚从宽制度的价值被认为应当追求"基于公正的效率"，应当是本着"简化程序而不简化权利的原则来降低司法活动的边际成本"[21]。在刑事诉讼中，被追诉人获得律师的有效辩护是保障刑事诉讼实现公正价值的必要程序，《指导意见》明确认罪认罚从宽制度适用中律师帮助应当达到"有效辩护"的标准。因此，本文主要对被追诉人诉讼权利中的

---

20 吴雨豪：《认罪认罚"从宽"裁量模式实证研究——基于部分城市醉酒型危险驾驶罪的定量研究》，载《中外法学》2020 年第 5 期。

21 李本森：《法律中的二八定理——基于被告人认罪案件审理的定量分析》，载《中国社会科学》2013 年第 3 期。

辩护权进行考察。

经检验发现，试点地区认罪认罚案件平均辩护率低于其他刑事案件。在适用速裁程序案件量最高的危险驾驶罪中，辩护率较低，为6%—7%。18个试点城市中，大部分地区认罪认罚案件的辩护率低于普通刑事案件辩护率，只有南京、福州、深圳等地认罪认罚案件的辩护率高于普通刑事案件辩护率。此前李本森研究发现"相对于普通程序，简化审案件中，认罪被追诉人获得律师辩护的概率下降了约40%，程序简化降低了辩护需求"，[22]该结论也能够解释本文的发现。案情越严重、适用审判程序越复杂，辩护律师介入的概率越高。

认罪认罚从宽制度提高了指定辩护率。由于认罪认罚具结书是在审查起诉阶段签署，在审判阶段案件事实、证据和被追诉人认罪态度任一要素发生变化，都可能影响认罪认罚成立，审判阶段认罪认罚被追诉人的辩护需求并没有随着认罪认罚而削弱。部分试点地区为了保障这一需求，在实践中扩大了法律援助的范围，通过指定辩护保障认罪认罚被追诉人在审判阶段的辩护权。比如，西安和郑州两地在有律师辩护的案件中，指定辩护达到41.62%，认罪认罚案件中的指定辩护甚至接近一半。但这种情况在经济发达地区并没有出现。

高指定辩护率主因是认罪认罚被追诉人在审判前和审判程序两个诉讼阶段为其提供法律帮助的主体不统一。立法为认罪认罚案件专门创设了值班律师制度，公安机关、检察院和法院都负有保障认罪认罚被追诉人获得值班律师帮助的义务。从制度运行看，该制度最被"诟病"的问题是值班律师在审前阶段异化为认罪认罚"见证人"。[23]在审判阶段存在"当庭阅卷""当庭会见"及出庭率低等问题，有研究对试点城市北京2017—2018年刑事一审认罪案件实证分析发现，值班律师当庭会见率100%，当庭阅卷率91.67%，出庭率为0，[24]尽管法律未设置障碍，但是值班律师几乎不发挥庭审辩护功能。值班律师与指定辩护人之间缺乏直接沟通、信息共享的制度途径，必然会影响辩护效果，特别是在认罪认罚态度反复的案件中。

2. 被害人的权利保障。《指导意见》规定"认罚"的考察重点应当结合退赃退赔、赔偿损失、赔礼道歉等因素来考量，办案机关应当听取被害人及其诉讼代理人等意见，应当积极促进当事人自愿达成和解、获得被害方谅解，未能退赃退赔、赔偿损失，未能与被害方达成调解或者和解协议的，从宽时应当予

---

[22] 李本森：《法律中的二八定理——基于被告人认罪案件审理的定量分析》，载《中国社会科学》2013年第3期。

[23] 闵春雷：《认罪认罚案件中的有效辩护》，载《当代法学》2017年第4期。

[24] 白宇：《审辩协同：认罪自愿性及真实性的有效保障》，载《辽宁大学学报（哲学社会科学版）》2019年第3期。

以酌减。从试点地区看，认罪认罚从宽制度有助于提高被害方谅解概率，2021年有被害人的刑事案件中，法院判决时取得被害方谅解的案件已达到36.3%。被害方谅解与认罪认罚从宽制度适用比例同步上升，同时刑事案件附带民事诉讼的案件比例随着认罪认罚从宽制度适用比例提升呈现出下降趋势，说明《指导意见》中关于认罪认罚案件获得被害方谅解的要求在司法实践中得到贯彻，认罪认罚案件将被告人与被害方的矛盾提前到审前程序中化解确有成效。

四、实践效果与制度预设间差异的原因

通过对试点城市认罪认罚从宽制度实践效果多层次检验，本文发现在检察机关主导认罪认罚从宽制度高适用率情况下，认罪认罚从宽制度改革在诉讼效率提高和促进案件分流方面取得明显成绩，但对强化法律监督、实体从宽效果和犯罪嫌疑人权利保障等方面尚未产生全局性、一致性影响，制度运行效果在不同案件类型、诉讼阶段、适用区域存在差异，可以说尚未达到该制度改革设定的全部目标。本文认为造成这种情况的主要原因是检察主导认罪认罚诉讼会对刑事诉讼结构中各诉讼主体产生影响：

一方面，认罪认罚"检察主导"诉讼模式会压缩辩方协商空间。该模式在实践中要遵循"公检法三机关配合制约"的诉讼原则，相互配合原则能够进一步强化诉讼中的职权性逻辑。比如在签署认罪认罚具结书阶段，程序性规定允许检察机关通过单方面听取意见、单方面决定是否开示证据，立法未赋予认罪认罚犯罪嫌疑人及其辩护人较普通刑事诉讼犯罪嫌疑人及其辩护人额外的诉讼权利及权利保障措施，甚至在认罪认罚诉讼中辩护人常因作无罪辩护易与犯罪嫌疑人的"认罪"态度冲突，而更倾向作罪轻辩护或仅作量刑辩护。

另一方面，审判机关仍需围绕"以审判为中心的诉讼制度改革"构建认罪认罚审判逻辑。从前述关于认罪认罚对刑罚轻缓化影响的实证检验看，审判机关在量刑裁决中通常将认罪认罚作为与自首等情节并列的量刑情节之一，认罪认罚作为独立情节难以对实体从宽产生决定性影响；检察机关是启动认罪认罚简化程序的主导者，但审判机关享有诉讼程序转化权，对样本统计发现18个试点城市自认罪认罚从宽制度试点以来，约2.7%的速裁案件在审判阶段转化适用简易程序或普通程序，转化理由包括附带民事（公益）诉讼、涉及多个犯罪人需并案审理、一人犯数罪案情复杂、认罪认罚不成立等事由，审判机关为实现对证据、事实实质化审查，将大部分案件适用简易程序（尤其是简易合议审）而非速裁程序；最高人民法院要求审判机关始终坚持"定罪量刑作为审判权的核心内容，具有专属性""无论量刑建议是幅度刑还是确定刑，无论是否根据人民法院要求调整量刑建议，人民法院都应当切实履行审判职责，依法作

出裁判"[25]。从本文收集的裁判文书样本看，各地审判机关在认罪认罚诉讼中除依法重点审查认罪认罚自愿真实性，仍坚持审查诉讼中存在的争议点。

结语

通过对试点地区认罪认罚从宽制度实践效果进行检验可知，检察机关为推动该制度普遍适用而主导该类诉讼，能够满足认罪认罚从宽制度改革对制度适用率的要求，也会对刑事诉讼结果中其他诉讼主体的作用发挥产生影响，与同步实现效率和公正价值的制度改革预期仍有差距。因此，检察机关在诉讼程序中应加强与其他诉讼主体之间的沟通协作，坚守刑事诉讼保障人权的目标，是我国认罪认罚从宽制度下一步改革完善的重要方向。

25　李勇：《加强人权司法保障 确保严格公正司法——持续深入推进以审判为中心的诉讼制度改革》，载《人民法院报》2021年9月2日，第5版。

案例分析

残疾继承人必留份的适用

——钱某甲与钱某乙等继承纠纷案

张 怡[*]

【裁判要旨】

残疾继承人在遗嘱生效时符合"缺乏劳动能力又没有生活来源"这一条件可以成为必留份权利人,遗嘱人没有为其保留必要的份额发生继承纠纷时,人民法院可直接从遗产总额中扣减一定的遗产交与残疾继承人,剩余部分再按遗嘱确定的分配原则处理。

残疾继承人的必要遗产份额可综合考量其实际生活需要、被继承财产的具体情况以及残疾人所在城市的基本生活水平等多种因素予以确定,以保障残疾人所取得的继承份额应高于其法定继承的平均份额。

【关键词】 继承纠纷 残疾人 必留份

【案件索引】

一审:广东省广州市海珠区人民法院(2017)粤 0105 民初 3436 号民事判决书(2018 年 4 月 20 日)

合议庭成员:周利平、钟信耀、林咏结

二审:广东省广州市中级人民法院(2018)粤 01 民终 14275 号民事判决书(2018 年 9 月 25 日)

合议庭成员:苗玉红、黄文劲、徐俏伶

---

[*] 张怡——广州市中级人民法院四级高级法官,广州法院首届审判业务专家,最高人民法院第 149 号指导性案例的承办人和编写人。

再审：广东省广州市中级人民法院（2020）粤01民再133号民事判决书（2020年12月3日）

合议庭成员：张怡、林娟、兰永军

【基本案情】

陈某某（2009年7月死亡）与钱某某（1997年2月死亡）是夫妻关系，共生育钱某甲、钱某乙、钱某丙、钱某丁四个子女。其中钱某甲在2002年10月29日被确定为三级残疾、低保户，离婚后居住在暂住房。

1998年5月，陈某某向丈夫钱某某生前所在的单位购买了广州市海珠区滨江西路某房屋，产权人为陈某某。该房屋是钱某某向单位承租的公房，房屋买卖合同的签订时间是在钱某某死亡之后，购买时陈某某享受了已去世丈夫钱某某的工龄优惠。钱某某死亡时没有办理遗产继承和分割。

2009年2月，陈某某立下代书遗嘱表示案涉房屋由钱某乙继承。钱某乙遂于2017年诉至法院，请求判令案涉房屋由其一人继承。

【裁判结果】

广东省广州市海珠区人民法院于2018年4月20日作出（2017）粤0105民初3436号民事判决：案涉房屋由钱某甲、钱某乙、钱某丙、钱某丁共同继承，继承后，钱某乙占该房屋7/10产权份额，钱某甲、钱某丙、钱某丁各占该房屋1/10产权份额。

钱某甲、钱某乙、钱某丙、钱某丁均不服一审判决，提出上诉。广东省广州市中级人民法院于2018年9月25日作出（2018）粤01民终14275号民事判决：一、变更广东省广州市海珠区人民法院（2017）粤0105民初3436号民事判决为：案涉房屋由钱某乙一人继承；二、钱某乙自本判决书发生法律效力之次日起十日内向钱某甲支付补偿款10万元；三、驳回钱某乙的其他诉讼请求。

钱某甲、钱某丙不服二审判决，提出再审，广东省高级人民法院指令广东省广州市中级人民法院再审。广东省广州市中级人民法院于2020年12月3日作出（2020）粤01民再133号民事判决：一、维持本院（2018）粤01民终14275号民事判决第二项；二、变更本院（2018）粤01民终14275号民事判决第一项为：案涉房屋由钱某甲、钱某乙、钱某丙、钱某丁共同继承，继承后，钱某乙占该房屋7/10产权份额，钱某甲、钱某丙、钱某丁各占该房屋1/10产权份额；三、驳回钱某乙的其他诉讼请求。

【裁判理由】

法院生效裁判认为：根据房改政策，案涉房屋应认定属于钱某某与陈某某夫妻共有，双方各占 1/2 产权份额，在钱某某死亡后，钱某某所有的 1/2 产权份额，应由其法定继承人陈某某、钱某甲、钱某乙、钱某丙、钱某丁共同继承，因此，案涉房屋陈某某有权处分的财产部分应为属于其个人所有 6/10 产权份额，陈某某在遗嘱中对于处分他人的财产部分无效。

对于遗嘱有效部分的实质要件审查。《继承法》第 19 条[1]规定："遗嘱应当为缺乏劳动能力又没有生活来源的继承人保留必要的遗产份额。"该条是对于遗嘱自由的限制规定，即遗嘱应当为缺乏劳动能力又没有生活来源的继承人保留必要遗产份额。必留份主体的适用条件为：一是必须是法定继承人；二是缺乏劳动能力又没有生活来源。所谓"缺乏劳动能力"是指继承人不具备或不完全具备独立劳动的能力，不能依靠自己的劳动取得必要收入以维持自己的生活。所谓"没有生活来源"则主要是指继承人没有固定的工资、没有稳定的经济收入、无法有效地从他人或社会处获取必要的生活资料。本案中，对于界定钱某甲是否属于必留份的适用主体时间应从遗嘱生效时间，即 2009 年 7 月进行审查，由于钱某甲在 2002 年 10 月 29 日被确定为三级残疾，且在 2009 年期间是通过低保收入维持个人最低物质生活水平，同时结合离婚判决中对于房屋以及子女抚养处理情况等多方面因素，应认定钱某甲符合上述法律规定必留份主体的条件，故陈某某在遗嘱中对于其有权处分的 6/10 产权份额应当为钱某甲保留必要的份额。依据《最高人民法院关于贯彻执行〈中华人民共和国继承法〉若干问题的意见》第 37 条[2] "遗嘱人未保留缺乏劳动能力又没有生活来源的继承人的遗产份额，遗产处理时，应当为该继承人留下必要的遗产，所剩余的部分，才可参照遗嘱确定的分配原则处理"之规定，在争议遗嘱没有依据法律规定为继承人钱某甲保留份额的情况下，本院综合考量被继承房屋的具体情况、钱某甲的实际生活需要以及广州市的基本生活水平等多种因素，酌情确定由遗嘱继承人钱某乙向钱某甲支付补偿价款 10 万元，作为遗嘱中遗产总额的扣减部分。对于属于陈某某的 6/10 产权份额应由钱某乙继承，故钱某乙占有案涉房屋 7/10 产权份额。

综上所述，遗嘱继承人钱某乙应向钱某甲支付补偿价款 10 万元，广州市海珠区滨江西路某房屋，由钱某甲、钱某乙、钱某丙、钱某丁共同继承，继承后，钱某乙占该房屋 7/10 产权份额，钱某甲、钱某丙、钱某丁各占该房屋 1/10 产权份额。

---

1 现对应《民法典》第 1141 条。
2 现对应《最高人民法院关于适用〈中华人民共和国民法典〉继承编的解释（一）》第 25 条。

【案例注解】

遗嘱自由原则既体现了继承法的私法本质，也是世界各国遗嘱立法的共性趋势，对遗嘱自由的限制应当以必要为限。但是，我国的必留份制度在立法上存在一定局限性：一是享有必留份主体的界定标准不明确；二是"保留必要的遗产份额"缺乏明确性，不易操作且标准较低。本案的处理填补了以下裁判原则：

一、确定了残疾继承人可以作为必留份的享有主体

我国《民法典》第1141条规定，"遗嘱应当为缺乏劳动能力又没有生活来源的继承人保留必要的遗产份额"，其目的主要是维护需要受扶养的家庭成员的利益。我国现行必留份制度主要包含以下内容：（1）必留份的享有主体必须在法定继承人范围以内。(2) 法定继承人必须同时具备缺乏劳动能力和没有生活来源两个因素才可以适用必留份制度。这里的"缺乏劳动能力"指的是该继承人不具备或不完全具备独立劳动的能力，不能依靠自身的劳动取得必要收入以维持自己的生活。这里的"没有生活来源"主要指的是该继承人没有固定的工资、没有稳定的经济收入，无法有效地从他人或社会处获取必要的生活资料。只有在该继承人既缺乏劳动能力，又没有生活来源的情况下，才符合为其保留必要遗产份额的条件。因为必留份制度的目的是保护没有劳动能力和生活来源的继承人的利益，维持其基本生活，而有劳动能力或者有生活来源的继承人有能力维持自己的生活，因而也就不在必留份制度的保护范围内。

本案中，从何时开始界定残疾继承人钱某甲存在既缺乏劳动能力又没有生活来源，是双方当事人争议的焦点之一，也是解决适用主体的首要问题。对此，《最高人民法院关于适用〈中华人民共和国民法典〉继承编的解释（一）》第25条第2款规定："继承人是否缺乏劳动能力又没有生活来源，应当按遗嘱生效时该继承人的具体情况确定。"遗嘱是死因行为，在一般情况下，一份有效的遗嘱在被继承人死亡时即可发生法律效力，被继承人死亡的时间点即为遗嘱生效的时间点。但如果被继承人在遗嘱中附上了条件或期限，并说明遗嘱在条件满足后或期限到达后才生效的，应按照遗嘱的内容确定遗嘱的生效时间点。因此，本案对于界定钱某甲是否属于必留份的适用主体时间应从遗嘱生效时间，即2009年7月进行审查，由于钱某甲在2002年10月29日被确定为三级残疾，且在2009年期间是通过低保收入维持个人最低物质生活水平，同时结合离婚判决中对于房屋以及子女抚养处理情况等多方面因素，应认定钱某甲符合上述法律规定必留份主体的条件。

二、明确了残疾继承人必留份额的确定标准

遗嘱自由是各国继承立法普遍遵守的一项重要原则，我国继承立法中也贯彻了这一原则。但是，和任何自由一样，遗嘱自由也不是绝对的，它也受到一定的限制。遗嘱应当为缺乏劳动能力又没有生活来源的残疾继承人保留必要的遗产份额，如果没有为其保留必要的份额，在继承时人民法院可以直接从遗产总额扣减一定的遗产交与残疾继承人，剩余的部分才能按照遗嘱中确定的遗产分配规则进行分配。

本案中，如何确定残疾继承人钱某甲应享有的遗产份额，是双方当事人争议的焦点之二，也是解决本案遗产处理的核心问题。由于我国的立法并未就应保留多少份额进行明确规定，因此，在法律没有明确规定的情况下，这种必要的遗产份额，在我国继承立法中没有一个固定不变的标准，应当根据继承主体的实际情况来确定。一方面它取决于缺乏劳动能力而又无生活来源的法定继承人的实际需要，即维持其生活条件的需要；另一方面，又取决于被继承人所遗留财产的数额。"必要的遗产份额"是指能够满足其基本生活需要，维持当地群众一般生活水平的遗产份额，并不一定与应继份额相等。既可以少于法定继承人的应继份额，也可以等于或大于应继份额。一般来说，这种必要的遗产份额相当于法定继承中应继份额的缺乏劳动能力而又无生活来源的残疾继承人的利益，再审法院在综合考量了残疾继承人已经通过法定继承取得了案涉房屋1/10的产权份额，结合残疾继承人实际的经济生活需要、被继承房屋分割的具体情况以及维持残疾人最低物质生活水平和经济条件等因素，确定了以货币补偿的方式在遗产总量中予以扣减，交与残疾人用于日常生活所需，以保障残疾人所取得的继承份额高于法定继承的平均份额。

【结语】

残疾人是社会特殊困难群体，需要全社会格外关心、加倍爱护。该案的裁判规则既充分尊重了遗嘱人的财产处分权，又保障了有困难的残疾继承人的扶养需求，还有助于弘扬人人自食其力的社会风气。由于继承制度的特殊性，法律规定的继承规则有的已经成为社会传统，对于生效案例所释放的裁判规则要充分考虑与现有继承规则的协调、实践需求、社会接受度等因素。

【相关法条】

《中华人民共和国民法典》第1141条；

《最高人民法院关于适用〈中华人民共和国民法典〉继承编的解释（一）》第25条第2款。

撤销缓刑案件审理模式的反思与重构

——苏某某不予撤销缓刑案

王少安　余友斌[*]

【裁判要旨】

缓刑犯社区矫正本质上属于刑罚执行，即非监禁刑罚执行。社区矫正机构以缓刑犯违反相关规定为由作出的警告，实质不是行使行政权而是行使刑罚执行权，人民法院应当对该警告是否成立进行实质审查。针对非漏罪、非新罪的撤销缓刑案件，人民法院应严格审查是否符合"情节严重"标准。基于此，撤销缓刑案件审理模式应朝着诉讼结构方向改革，以开庭审理为原则，引导参与主体进行庭审辩论，确保庭审实质化，保障缓刑犯权利，实现司法治理与基层治理协同发展。

【关键词】　撤销缓刑　情节严重　庭审实质化　法庭辩论　基层治理

【案件索引】

广东省广州市荔湾区人民法院（2022）粤0103刑更4号刑事裁定书（2022年4月27日）

合议庭成员：陈枫、赵丹、余友斌

【基本案情】

2021年9月18日罪犯苏某某因在2021年8月至9月期间多次未能按规定通过"穗智矫"小程序报告个人位置信息，经两次训诫仍不改正且未按规定参加

---

[*] 王少安——吉林大学法学院博士研究生，主要研究领域：法学理论；余友斌——广州市荔湾区人民法院三级法官，主要研究领域：诉讼法学。

2021年9月10日的教育学习活动，被社区矫正机构给予第一次警告；2022年3月2日，社区矫正机构针对罪犯苏某某使用电子定位装置期间存在脱卸电子手环的情形，给予第二次警告；受到社区矫正机构两次警告后，罪犯苏某某又在2022年3月15日拆卸电子手环。

罪犯苏某某于2022年2月25日晚上拆卸手环放在家里充电，次日下午到社区矫正机构参加公益活动时被工作人员发现没有按规定佩戴电子手环；2022年3月16日，社区矫正机构工作人员发现罪犯苏某某有拆卸电子手环行为要求其到司法所报告电子手环使用情况，罪犯苏某某汇报称，其于2022年3月15日晚上因电子手环太紧找一钟表店调松手环一格。前述缓刑考验期内，罪犯苏某某没有离开广州市。

【裁判结果】

广东省广州市荔湾区人民法院（2022）粤0103刑更4号刑事裁定书：不予撤销本院（2020）粤0103刑初1162号刑事判决中对罪犯苏某某的宣告缓刑二年的执行部分。

【裁判理由】

生效法院认为：执行机关广东省广州市某区司法局在罪犯苏某某接受社区矫正期间，作出第一次警告后，于2022年2月25日至2022年2月26日脱卸电子手环，依据《社区矫正法实施办法》第35条第6项规定，作出第二次警告，但第二次警告适用依据"其他违反监督管理规定"缺乏具体援引，属于适用依据不明确，且罪犯苏某某该次行为与《社区矫正法实施办法》第35条项下其他应给予警告的情形不具有相当性，对广东省广州市某区司法局第二次作出的警告，不予以支持。因此，罪犯苏某某的行为不符合《社区矫正法实施办法》第46条第1款第4项规定的情形，广东省广州市某区司法局提出对罪犯苏某某撤销缓刑建议，不予准许。

【案例注解】

本案争议的焦点是社区矫正机构提出的申请撤销缓刑建议，特别是社区矫正机构对缓刑犯作出的"警告"，人民法院能否进行实质审查。案件审理过程中，一种观点认为，人民法院应当对社区矫正机构提交的申请撤销缓刑建议所涉材料进行全面审理，包括审理社区矫正机构作出的警告依据是否正确、程序是否合法；另一种观点认为，人民法院应当对社区矫正机构提交的申请撤销缓刑建议所涉材料进行形式审查，既然缓刑犯受到社区矫正机构二次警告且仍不改正，人民法院无须进一步审查两次警告是否成立。上述两种截然对立的交锋观点，反映出司法实践中对于如何认识缓刑犯社区矫正性质、如何审查社区矫正机构作出的"警告"、如何把握"情节严重"标准、如何审理撤销缓刑案件存在分歧。本文主要围绕上述分歧进行剖析，以期更新理念、改进工作。

一、缓刑犯社区矫正的性质界定

针对缓刑犯社区矫正是否属于刑罚执行问题，从不同角度出发，可能存在不同理解。例如，从刑罚是否需要执行角度，"缓刑考验期满，原判的刑罚不再执行"属于原判宣告归于无效，不再执行一定程度上意味着没有执行，可以说缓刑犯社区矫正不是刑罚执行；从缓刑由人民法院宣告、社区矫正机构负责执行角度，可以说缓刑既是量刑制度，又是刑罚执行制度；从缓刑与死缓比较而言，缓刑与死缓均不是独立刑种，而是刑罚执行方法或暂缓执行制度；从缓刑制度在刑法体系中所处位置来说，缓刑处于累犯、自首、立功、数罪并罚之后，减刑、假释之前，可以说缓刑兼具刑罚裁量与执行的双重性质。因此，立足司法实践，有必要从缓刑犯社区矫正的法律基础、具体特征、预防目的三个维度厘清缓刑犯社区矫正性质。

（一）缓刑犯社区矫正具备刑罚执行的法律基础

一是从整体性认知社区矫正对象。根据《社区矫正法》第2条规定，社区矫正对象是被判处管制、宣告缓刑、假释、暂予监外执行的罪犯。缓刑犯作为社区矫正对象的一种类型，要对四种社区矫正对象进行整体性认知，如缓刑犯社区矫正不属于刑罚执行，那么社区矫正便不能被称为完整意义上的刑罚执行。同时，根据《刑事诉讼法》第269条规定，缓刑犯社区矫正由社区矫正机构依法负责执行；从结构体系而言，从该条所处第四编执行，与第三编审判相对应，社区矫正理所当然属于刑罚执行。

二是从教育帮扶内容理解社区矫正。刑罚执行通常表现为通过限制或剥夺罪犯某种权益，以达到一般预防和特殊预防效果。社区矫正主要是对社区矫正对象进行监督管理、教育帮扶等，如缓刑犯应当：服从监督规定；报告活动情况；遵守会客规定；离开所居住的市、县或迁居应报经批准。社区矫正机构也是化解社会尖锐矛盾的特殊战场之一，也应让缓刑犯看到希望、重拾信心、回归正途、融入社会，确保向社会输送"合格公民"。同时，社区矫正作为一项非监禁刑罚执行方式，缓刑犯社区矫正的内容是附条件不执行原判刑罚，这只是不执行原裁判确定的刑罚，而不是不执行刑罚，包括让缓刑犯参加作为改造措施的公益活动，以此实现缓刑犯在阳光下改造，把社区矫正塑造为有效的基层治理方式。

三是从诠释学角度解读法律规范。所谓诠释学是一门"文本理解""自我理解"和"自我塑造"的学问[1]。文本理解在于揭示文本原意或作者原意；自我理解则在真实、客观诠释文本基础上达到自身理解；自我塑造将在自我理解意义上实现有价值取向的自我教化。撤销缓刑案件的法律依据是《刑法》第77条的规定，法官对于法律规范的运用，不仅需要从法律规范文本进行诠释，而且要结合法律规范所处法律体系位置和案件事实情况进行诠释，进而实现法律规范可适用于案件事实，该过程展现了文本理解到自我理解再到自我塑造的诠释思维。如缓刑犯顺利通过缓刑考验期，即此处的"原判的刑罚就不再执行"不是原判刑罚无效或者消灭，而是非监禁刑罚执行，同样实现了刑罚执行效果，故应特别慎重撤销缓刑。

（二）缓刑犯社区矫正呈现刑罚执行的具体特征

一是缓刑犯社区矫正的执行主体是司法行政机关。根据《刑法》第76条、《刑事诉讼法》第269条规定，对宣告缓刑的犯罪分子，在缓刑考验期限内，依法实行社区矫正，由社区矫正机构负责执行。结合《社区矫正法》第9条规定，县级以上地方人民政府根据需要设置的社区矫正机构负责社区矫正工作的具体实施。缓刑犯社区矫正的执行主体是县级以上社区矫正机构，而县级以上社区矫正机构亦是司法行政机关，其刑罚执行的主体本质上是县级司法行政机关。

二是缓刑犯社区矫正的执行依据是生效刑事裁判。根据《刑法》第73条、《刑事诉讼法》第259条规定，缓刑考验期限从判决确定之日起计算、判决和裁定在发生法律效力后执行。可知，刑罚执行依据是生效刑事裁判。因此，缓刑犯社区矫正具备刑罚执行的依据条件、时间要求，不应当将缓刑犯社区矫正排除在刑罚执行制度外。这是因为，无论是死刑、有期徒刑，还是拘役、管制，其执行依据均是生效刑事裁判，这与缓刑犯社区矫正依据一致。

（三）缓刑犯社区矫正具有刑罚执行的预防目的

一是缓刑犯社区矫正反映出刑罚执行的特殊预防目的。缓刑犯社区矫正的直接目的在于教育矫正非监禁罪犯，践行了"惩罚与帮助并重"的刑罚执行理念，社区矫正机构作为基层治理的参与者，特别是对非监禁罪犯的教育矫正发挥着重要作用，需要充分调动社会资源，促使缓刑犯的心理、行为得到矫正，可以在一定程度上阻止个人做出违反社会准则的越轨行为，加强缓刑犯与社会的有效联系。缓刑犯在执行社区矫正的同时也保留了被执行原判刑罚的可能性，若再犯新罪、发现漏罪或者严重违反缓刑监督管理规定等情况，情节严重，均可导致缓刑被撤销而执行原判刑罚。依据理性经济人原理，缓刑犯必然努力避

---

[1] 潘德荣：《文本理解、自我理解与自我塑造》，载《中国社会科学》2014年第7期。

免出现因犯新罪、违反监管等情形而被收监，从而达到特殊预防。

二是缓刑犯社区矫正反映出刑罚执行的一般预防目的。缓刑犯社区矫正虽然更多体现特殊预防目的，但是也包含一般预防目的。如我国《刑法》第75条明确规定，缓刑犯在缓刑考验期内应当履行的义务；结合《社区矫正法》第42条规定，社区矫正机构应该组织缓刑犯积极参加社会治理公益活动，培养缓刑犯社会责任感，修复社会关系，帮助缓刑犯更好地融入社会，这便实现了缓刑犯社区矫正的一般预防目的。

综上所述，缓刑犯社区矫正不仅是刑罚执行制度，而且是非监禁刑罚执行制度。厘清缓刑犯社区矫正制度规则，可以准确把握社区矫正性质、明确社区矫正内容、加强社区矫正治理、帮助缓刑犯回归社会。回到本案，社区矫正机构申请对缓刑犯苏某某撤销缓刑，正是缓刑犯社区矫正过程中遇到的问题，经过上述分析，明确了本案属于变更刑罚执行方式，人民法院应当进行实质审理。

二、社区矫正机构作出"警告"的属性分析

本案审理遇到的一个重要问题是人民法院能否对社区矫正机构作出的"警告"进行实质化审理，是否侵犯了社区矫正机构作为刑罚执行机关所享有的刑罚执行权。这里需要注意的是，作出"警告"的主体是广东省广州市某区司法局，即名义上属于行政机关，实则为刑罚执行机关，其行使的职权不是行政权而是刑罚执行权。这是因为，广东省广州市某区司法局不仅是行政机关，而且是司法行政机关，更是缓刑犯社区矫正的刑罚执行机关（社区矫正机构）。这里，有必要对常见"警告"种类、属性进行澄清，明晰人民法院面对撤销缓刑案件开庭审理时，如何审查社区矫正机构作出的"警告"。

一是作为一种行政处罚的警告。根据《行政处罚法》第9条规定，警告是一种行政处罚，即申诫罚，行政机关对行政违法行为人的谴责、告诫，对行为人违法行为进行否定评价，使被处罚人认识其行为违法性、社会危害性，纠正违法行为并不再继续违法。此处的警告，既可适用于公民个人，也可以适用于法人和组织，救济路径是提起行政复议、行政诉讼。

二是作为一种政务处分的警告。根据《公职人员政务处分法》第7条、第8条和第45条规定，警告是一种政务处分，期间为六个月，属于监察机关对违法的公职人员给予政务处分的一种类型，救济路径是申请复审、复核。

三是作为一种纪律处分的警告。根据《中国共产党纪律处分条例》第8条、第10条和第42条规定，警告是一种党员的纪律处分，其后果是党员受到警告处分一年内，不得在党内提升职务和向党外组织推荐担任高于其原任职务的党外职务，救济路径是提出申诉。

四是作为一种社区矫正对象惩戒措施的警告。根据《社区矫正法》第28条

规定，社区矫正机构对违反法律法规或者监督管理规定的社区矫正对象，应当视情节依法给予警告。《社区矫正法实施办法》（以下简称《实施办法》）第35条对执行地县级社区矫正机构应当给予社区矫正对象警告的情形进行列举规定，但是，经查询，《实施办法》没有赋予缓刑犯针对社区矫正机构作出的"警告"进行救济的路径方式。从法律监督属性而言，检察机关应该对社区矫正机构针对缓刑犯作出的"警告"进行复核，应赋予缓刑犯以复核权，但复核期间不停止警告的效力。

本案中，缓刑犯苏某某符合"受到执行机关二次警告，仍不改正的"形式要件，依照《最高人民法院关于适用〈中华人民共和国刑事诉讼法〉的解释》第543条规定，人民法院收到社区矫正机构的撤销缓刑建议书后，经审查，确认罪犯在缓刑考验期限内具有"受到执行机关二次警告，仍不改正的"情形，应当作出撤销缓刑裁定；但是，若人民法院对社区矫正机构提出的申请撤销缓刑建议只是进行形式审查，显然不符合缓刑犯社区矫正作为刑罚执行性质，亦杜绝了缓刑犯救济方式，违背了有权利必有救济的法理。是故，人民法院必须对社区矫正机构提出的撤销缓刑建议书进行实质审查，审查社区矫正机构作出的警告能否成立。从缓刑犯苏某某受到第二次警告来看，社区矫正机构没有明确载明其违反监督管理规定的具体条文，对其使用电子设备告知书亦没有告知违反后的法律后果、救济路径，对于依据"其他违反监督管理规定"亦缺乏具体援引，存在适用依据不明确，且缓刑犯苏某某该次行为与《实施办法》第35条第1项至第5项应给予警告情形不具有相当性。

三、撤销缓刑案件"情节严重"的审查标准

根据《刑法》第72条第1款规定，缓刑适用条件是：犯罪情节较轻、有悔罪表现、没有再犯罪的危险、宣告缓刑对所居住社区没有重大不良影响。由此可知，缓刑制度的立法本意是，对于符合前述规定的罪犯有可能改过自新，不再违法，对社会不再有危害，有利于减少重新犯罪的可能，使其更好地重新融入社会。同时，根据《刑法》第77条规定，撤销缓刑应符合以下条件：一是绝对撤销缓刑，即在缓刑考验期限内犯新罪或者发现判决宣告以前还有其他罪没有判决；二是相对撤销缓刑，即在缓刑考验期限内违反相关规定或者禁止令，情节严重。基于上述分析，不论是新罪、漏罪，还是违反相关规定且情节严重，显然都表现为该罪犯主观上没有真正悔改，客观上仍然对社会有危害，不能相信其能够自主地纠正自身行为偏差，缓刑理由已不复存在，有必要执行原判刑罚，予以惩戒。

针对上述相对撤销缓刑情形，即违反规定或者禁止令属于客观标准要件，情节严重属于主观裁量要件。司法实践中，单纯民事违法，虽违反规定，但其

危害性不明显,并不会直接影响整个社会秩序,不能作为撤销缓刑的理由。如有人民法院以因缓刑犯未履行民事判决确定的义务被司法拘留十五日,不符合《刑法》第77条第2款、《实施办法》第46条的规定,裁定不予撤销缓刑[2]。笔者认为,可以从以下两点考量"情节严重"的审查标准:

一是遵循罪责刑相适应原则。根据《刑法》第5条规定,刑罚轻重应当与犯罪分子所犯罪行和承担的刑事责任相适应,变更刑罚执行方式是直接改变原案裁判结果,将非监禁刑罚变更为监禁刑罚。针对这种情形,必须严格遵循罪责刑相适应原则,才能确保该原则落到实处,严格审查缓刑犯违法严重性、社会危害性是否足以达到适用监禁刑罚执行标准,不可任意扩大适用范围。结合客观事实和主观认知,准确认定是否属于"情节严重"应予撤销缓刑情形。另外,缓刑犯在缓刑考验期间需要遵守的相关规定亦是数量繁多,以及何时正式开始计算缓刑考验期间,这些都需要社区矫正机构提前进行充分告知,以便认定缓刑犯是否存在主观故意。

二是坚持政治效果、法律效果和社会效果有机统一。缓刑制度体现了人民法院与群众路线相结合的司法治理路线,即缓刑由人民法院宣告、执行由社区矫正机构负责,以实现社区矫正[3]的"三个效果"。同时,变更刑罚执行制度是为了体现国家法律和司法裁判的权威,惩戒和震慑违法犯罪,保证缓刑犯刑罚执行工作有序推进,充分保障缓刑犯合法权益,综合考虑缓刑犯人身危险性、违法行为严重程度、已投入执行成本和社会效果等因素,体现了宽严相济的刑事政策。行为人若并非具有较大人身危险性,并非不羁押不足以预防再犯罪情形,一般不宜对其撤销缓刑。若撤销缓刑后行为人将要承担较重刑罚,社会秩序将受到较大影响,人民法院应当更加审慎地作出判断,发挥好非监禁刑罚教育矫治功能,化解缓刑的社会疏离,提升缓刑犯自我身份认同[4],让罪犯有机会改过、有出路自新,可以最大限度地减少社会对立面,提升犯罪治理效能。

四、撤销缓刑案件审理模式的重构方式

(一) 撤销缓刑案件的现行审理模式

当缓刑罪犯出现撤销缓刑行为时,人民法院需对其原判缓刑执行方式作出撤销,收监执行其原判刑罚。即人民法院审查建议撤销缓刑案件的法律依据主要是《最高人民法院关于适用〈中华人民共和国刑事诉讼法〉的解释》第543条规定,但该条文仅对建议主体、实体要件、办理期限、审理主体等作出规定,

---

2 案情详见湖北省随州市曾都区人民法院(2022)鄂1303刑更3号刑事裁定书。
3 张明楷著:《刑法学》(上),法律出版社2021年版,第789页。
4 杨彩云:《歧视知觉对社区矫正对象社会疏离的影响机制研究——基于身份认同整合和社会支持的中介效应》,载《浙江工商大学学报》2022年第3期。

并未对审理方式、建议主体与审理主体是否属于同一县域、人民陪审员是否应当参审、裁定项如何表述、裁定结果如何救济等作出详细规定，这便导致司法实践中出现不同审理模式，影响司法权威。

表1 撤销缓刑案件常见审理模式比较

案号	审理方式	审判组织	是否异地	核心裁定项
（2022）浙0683刑更1号	书面	两名审判员一名人民陪审员	异地（跨省）	对罪犯不予撤销缓刑
（2022）皖1302刑更9号	听证	两名审判员一名人民陪审员	本地	驳回执行机关提出撤销缓刑的建议
（2022）陕0928刑更1号	书面	三名审判员	本地	撤销缓刑；收监执行
（2022）鲁1526刑更2号	书面	三名审判员	异地（跨县）	维持缓刑
（2022）津0113刑更2号	书面	三名审判员	异地（跨省）	撤销缓刑；收监执行
（2020）新2201刑更2号	开庭	两名审判员一名人民陪审员	本地	对罪犯不予撤销缓刑
（2020）冀0828刑更1号	书面	两名审判员一名人民陪审员	本地	本案终止审理

通过上表七宗撤销缓刑案件[5]比较，可以发现：撤销缓刑案件以书面审理为主，兼顾组织听证或者开庭审理；合议庭成员既有三名审判员组成的，也有两名审判员一名人民陪审员组成的；无论是否存在异地，主要以原宣告缓刑案件的人民法院进行审理是否撤销缓刑；针对不予撤销缓刑情形，存在对罪犯不予撤销缓刑、驳回执行机关提出撤销缓刑的建议、维持缓刑、本案终止审理四种不同表述方式；针对撤销缓刑情形，裁定表述为撤销缓刑、收监执行。而且，上述裁定均是送达后即发生法律效力，显然剥夺了缓刑犯救济权，即上诉权或者复议权。

---

5 案情详见浙江省嵊州市人民法院（2022）浙0683刑更1号刑事裁定书、安徽省宿州市埇桥区人民法院（2022）皖1302刑更9号刑事裁定书、陕西省旬阳市人民法院（2022）陕0928刑更1号刑事裁定书、山东省高唐县人民法院（2022）鲁1526刑更2号刑事裁定书、天津市北辰区人民法院（2022）津0113刑更2号刑事裁定书、新疆维吾尔自治区哈密市伊州区人民法院（2020）新2201刑更2号刑事裁定书、河北省围场满族蒙古族自治县人民法院（2020）冀0828刑更1号刑事裁定书。

本案审理模式主要为：由三名审判员组成合议庭，委托一名审判员（经办人）对罪犯苏某某进行庭讯调查，听取缓刑犯申辩意见，同时征求执行地、本院所在地检察机关意见，合议庭对执行机关提出的撤销缓刑书面建议进行深入讨论，了解罪犯苏某某被两次警告的事实、依据、程序，决定是否进行撤销缓刑。

限于现有规定，撤销缓刑案件审理模式的主要缺陷是：对立面设置缺失，法官集控诉、审判为一体，合议庭成员缺乏亲历性；执行地与审理地不一致，法官难以全面了解缓刑犯社区矫正期间表现以及实地核实证人证言，不利于判断是否应该撤销缓刑；裁定缺乏救济方式。

（二）撤销缓刑案件审理模式的改革方向

撤销缓刑案件审理模式改革，必须坚持党的领导，在确保国家司法权有效运行前提下，充分保障缓刑犯诉讼权利、实体权利，实现司法治理与基层治理效能最大化。

一是明确撤销缓刑案件启动程序。社区矫正机构作为缓刑犯刑罚执行机关是提请撤销缓刑的当然主体，但是为了实现庭审实质化，应将由社区矫正机构向原审人民法院或者执行地人民法院提出撤销缓刑的方式改革为社区矫正机构向执行地检察机关提请撤销缓刑建议，再由该检察机关向执行地（本地区）人民法院提交撤销缓刑建议书。

二是设置开庭审理对立面角色。程序参与者如果缺乏立场上的对立和竞争，选择只意味着对一种方案的选择时，就有悖正当程序的本性，程序的设置就毫无意义[6]。这反映在撤销缓刑案件审理中的消极后果就是现有模式，即"法官—缓刑犯"二元化庭审结构或者书面审理，即法官不见缓刑犯、缓刑犯不见法官，让法官助理（书记员）向缓刑犯进行问话即可，这显然不符合刑事诉讼主体构造要求。于此，有必要对相关诉讼主体进行分析：缓刑犯，是撤销缓刑案件中利益直接受损者，若确实因漏罪、新罪或者严重违反规定，被撤销缓刑后执行监禁刑，也无怨无悔；若缓刑考验期间表现虽有过错但不足以撤销缓刑，一旦获得程序、实体不公平，必然会产生抗拒心理，不利于教育改造。社区矫正机构，作为缓刑犯的日常监管单位，人民法院对于严重违反规定的缓刑犯予以撤销缓刑，可以减少监管压力、维护矫治秩序，有利于对缓刑犯起到警示作用，强化对特殊群体进行矫正治理。检察机关，代表国家行使法律监督职能，监督社区矫正机构是否依法履职，但因前述检察机关、社区矫正机构同为国家职能部门，均是缓刑制度的适用主体，立场又具有统一性；参考公诉案件审判程序、

---

[6] 张文显著：《法理学》，高等教育出版社1999年版，第138页。

强制医疗程序中对立面设计方式,应由检察机关与缓刑犯及其代理人进行对抗,社区矫正机构作为证人进行出庭,人民法院居中作出裁定。

三是重塑撤销缓刑案件审理程序。第一,确定撤销缓刑案件管辖法院,应以执行地法院为原则,这是因为执行地法院对本地区情况更为熟悉,也便于提高司法效率;如缓刑犯存在新罪、漏罪,则由受理法院一并撤销缓刑。第二,明确合议庭组成人员,为确保撤销缓刑案件审理的公平公正,人民法院审理撤销缓刑案件时,需另行确定合议庭组成人员,且应当由一名人民陪审员参审,实现合议庭成员的专业性、群众性。第三,以开庭审理为原则、以书面审理为例外,撤销缓刑在于剥夺罪犯所享受的缓刑待遇,撤销缓刑与罪犯直接相关,开庭庭审过程中,人民法院可对检察机关、社区矫正机构提出的撤销缓刑的事实、证据进行调查,听取缓刑犯的陈述和辩解;若缓刑犯不认同检察机关提出的撤销缓刑主张,则可以针对相关的事实和证据同检察机关、社区矫正机构相互质询,进行充分辩论[7],具体流程可以参考刑事诉讼普通一审案件审理模式:告知权利义务、检察机关陈述撤销缓刑意见、缓刑犯进行答辩、举证质证、辩论、缓刑犯最后陈述,以此形成人民法院居中裁判,依法作出裁定。如果事实清楚、证据充分、缓刑犯没有异议,合议庭可以进行书面审理,但是谈话过程必不可少,必须告知缓刑犯相关权利义务,听取辩解意见、律师意见、检察机关及社区矫正机构意见,缓刑犯最后陈述,可依法作出裁定。

四是保障缓刑犯诉讼权利。撤销缓刑案件涉及缓刑犯法定权益,根据刑事诉讼法原则,缓刑犯亦享有辩护权,可以自行辩护或委托辩护人辩护,也可以申请法律援助,确保缓刑犯敢于充分表达意见。从制度衔接角度,在尊重"撤销缓刑的裁定一经作出立即生效"基础上,应赋予缓刑犯以复议权,即缓刑犯、检察机关自收到裁定书一定期限内向上一级人民法院申请复议;复议期间不停止执行裁定。从人权保障角度,赋予缓刑犯以上诉权[8],可以督促人民法院在撤销缓刑案件审理过程中避免出现"同案不同撤",若缓刑犯经过一定期限后不上诉、检察机关不抗诉,则该裁判生效;若缓刑犯在一定期限内上诉或者检察机关抗诉,则由上一级法院作出裁判后生效。

五是改革文书表达方式。现有撤销缓刑案件,无论是否撤销均是以裁定书方式作出,针对撤销缓刑应以判决书方式作出,具体表达方式可为"撤销罪犯某某缓刑,对罪犯某某收监执行",并可上诉;针对不予撤销缓刑应继续以裁定书方式作出,具体表达方式可为"驳回检察机关提出的撤销缓刑建议",且作出

---

7 申君贵、罗红兵:《论缓刑撤销程序的构建》,载《求索》2008年第3期。
8 蒋志如:《缓刑撤销程序化构建的初步思考》,载《前沿》2014年1月总第351、352期。

后立即生效,并可复议,原因在于当出现不适合继续缓刑新情况时,检察机关可以继续提出撤销缓刑建议。采用上述两种具体表达方式,主要是考虑到作出适用缓刑的原人民法院很多情况下不再审理对应的撤销缓刑案件,但应尊重裁判的既判力。

六是有效发挥协同治理功能。缓刑犯社区矫正工作,实现了犯罪改造现代化,用最小的改造成本取得最优的改造效果,在聚焦缓刑犯"软发展"需求前提下激发其主体性并与公检法司等多个部门展开协同治理[9],确保"治理长效",推进平安中国建设。针对人民法院应该如何审理撤销缓刑案件,要紧紧依靠党委政法委领导,充分发挥中国特色社会主义司法制度的优越性,才能取得党和人民满意的效果,坚持以审判为中心,寻找到一条符合司法公正与效率相统一、惩罚犯罪与保障人权相统一的审理模式。

【相关法条】

《中华人民共和国刑法》第 5 条、第 72 条第 1 款、第 73 条、第 75 条、第 76 条、第 77 条;

《中华人民共和国刑事诉讼法》第 259 条、第 269 条;

《最高人民法院关于适用〈中华人民共和国刑事诉讼法〉的解释》第 543 条;

《中华人民共和国社区矫正法》第 2 条、第 9 条、第 28 条、第 42 条;

《中华人民共和国社区矫正法实施办法》第 35 条、第 46 条。

---

[9] 梁盼、张昱:《从"维控有力"到"治理长效":社区矫正效能标准的转向》,载《华东理工大学学报(社会科学版)》2022 年第 2 期。

域名混淆行为中"有一定影响"的认定标准
——广州某传媒有限公司诉康某等不正当竞争纠纷案

吴博雅　胡剑敏[*]

【裁判要旨】

域名具有"有一定影响"是认定案涉行为是否构成域名混淆行为的前提要件。在判断案涉域名是否"有一定影响"时，应结合域名的特有属性和应用场景，从域名客观使用情况、推广实效转化情况及域名所指向的商品与服务知名度等方面进行综合判断。

【关键词】　域名　混淆行为　不正当竞争　有一定影响

【案件索引】

广州互联网法院（2020）粤0192民初47018号民事判决书（2022年1月18日）
独任审判员：胡剑敏

【基本案情】

广州某传媒有限公司（以下简称某公司）是一家网络游戏运营公司，先后研发、参与运营了《无双战将》等游戏作品。其于2015年6月注册取得域名OO.com.cn，于2018年10月取得工信部ICP域名备案，并于同年注册了"某客服"微信公众号（OOkefu）用于客服咨询。某公司发现以康某个人微信注册的"kk公司"微信公众号，使用了与某公司微信公众号相同的头像，并在公众号中宣传"kk公司兑换码"等内容，由此点击跳转至"某某某"应用软件的宣传

---

[*] 吴博雅——广州互联网法院法官助理；胡剑敏——广州互联网法院法官。

页面及下载链接。公众号页面显示，"某某某"是由kk有限责任公司（以下简称kk公司）推出的一款针对手游玩家的即时充值打折工具，而微信公众号引流的交易收款主体为ww有限公司（以下简称ww公司）。

某公司认为，"OO.com.cn"是其长期使用并在业内具有较高知名度的域名。案涉公众号名称使用了域名的主要部分"OO"字样，并在公众号内推广同类的网络游戏服务，足以使相关公众对游戏来源产生混淆，误认为其与某公司存在经营上的关联性，具有攀附某公司商誉、混淆市场的故意。遂诉至法院，主张康某、ww公司及kk公司注册、运营"kk公司"公众号的行为，违反了《反不正当竞争法》第6条第3项的规定，构成不正当竞争行为，请求判令康某、ww公司以及kk公司立即停止不正当竞争行为，并赔偿其经济损失100万元。

康某辩称，"kk公司"微信公众号并非其本人注册，不清楚全案事实。

被告ww公司、kk公司共同辩称，ww公司和kk公司均非案涉"kk公司"微信公众号的注册主体、使用主体，两者均未实施本案的侵权行为。"kk公司"微信公众号内容单一，属于无运营状态，诉讼时已下线，其关注度、粉丝量无法查验。"某某某APP"为手游盒子运营产品类型、种类、规模远超某公司，不具有攀附其商誉的故意。某公司所提交的证据不足以证明其域名具有影响力。

法院经查明，案涉域名"OO.com.cn"所指向的网站主页仅由两部分构成：上半部分为游戏的宣传图片，轮流呈现《无双战将》和《凡人诛仙记》的宣传图片；下半部分为某公司名称、客服电话、联系地址。此外，某公司主张其拥有含有"OO"域名主体部分的22个子域名，但其指向的同为两个网页：《桃源仙境》游戏下载网页，开发者为案外人；《侠影仙踪》游戏宣传和下载网面，说明显示开发者为某公司，但全部的内容和推文基本均发表于2018年3月和4月。某公司微信公众号"某客服"内并无具体内容，仅有"人工客服"和"自助查询"两个功能选项，无相关的游戏下载内容。

【裁判结果】

广州互联网法院于2022年1月18日作出（2020）粤0192民初47018号民事判决书，驳回原告广州某传媒有限公司的全部诉讼请求。宣判后，双方当事人未提出上诉，判决已发生法律效力。

【裁判理由】

法院生效判决认为，根据《反不正当竞争法》第6条第3项规定，经营者不得擅自使用他人有一定影响的域名主体部分、网站名称、网页等，引人误认为是他人商品或者与他人存在特定联系。即我国《反不正当竞争法》仅保护已经具有一定实际影响的能够识别商品或服务来源的商业标识。故认定被诉行为是否构成不正当竞争，关键在于审查案涉域名是否具有一定影响。对此，法院分析如下：

第一，案涉域名持续使用时间较短。根据《互联网信息服务管理办法》第4条规定，未取得许可或者未履行备案手续的，不得从事互联网信息服务。案涉域名虽注册于2015年，但2018年才取得工信部ICP域名备案。故案涉域名实际使用时间距案涉行为公证取证时间不足2年。

第二，某公司宣传、推广持续时间较短，渠道较为单一，且无证据证明其推广的实际转化、变现效果。从时间上看，截至公证取证之时，某公司对外宣传、推广时间仅两年左右。从推广内容上看，某公司虽提交了其与百度、搜狗、360三个搜索引擎平台的推广协议，但其所约定的推广内容多为某公司开发、运营的游戏产品，而非域名本身。从案涉域名及其子域名对应的网页上看，页面元素单一，内容简单，更新频率低。除此之外某公司并无其他宣传效果的相关证据。

第三，某公司未举证证明域名所对应的商品与服务已在相关公众中具有一定影响力。域名的价值与影响力主要取决于其对应的商品、服务以及商业主体或品牌。某公司未提交任何关于其所开发、运营游戏产品的下载量、用户数量、评分、行业榜单排行情况、荣誉奖项、行业市场占有率、运营授权合作情况以及获得的媒体曝光率等相应的证据，无法证明某公司及其提供的游戏产品为相关公众所知悉。

综上，法院认定某公司的诉讼请求理据不足，不予支持。

【案例注解】

随着数字经济的高速发展，域名在经济领域的价值权重不断增加，逐渐成为企业在互联网上的专属名片，在拓展业务、扩大声誉、吸引消费者等方面发挥着类似于商标的重要作用。域名特有的"技术+标识"双重属性赋予了其无限商机，但同时也使其陷入此起彼伏的纠纷之中。如何看待域名作为商业标识的法律性质及其《反不正当竞争法》的保护？如何理解"有一定影响"在域名混淆行为认定中的要件地位？如何把握"有一定影响"在个案中的认定标准以便为市场主体提供公平、合理、可预期的营商环境？均需要司法实践予以积极有效的回应。

一、域名作为商业标识的特有属性

根据我国《互联网域名管理办法》规定，域名指互联网络上识别和定位计算机的层次结构式的字符标识，与该计算机的互联网协议（IP）地址相对应。可以说，域名本质上是为用户提供一个看得见、记得住的"IP 地址"，由此在社会属性和物理属性之间建立沟通轨道。[1] 但随着电子商务的飞速发展，域名商业化进程加快。域名除本身具有网络信息传输的技术性功能外，其与商标、商号间相互渗透的标识属性日益显现。

（一）域名的技术属性

域名作为一项技术型事物，其设计初衷是通过字母、数字或文字的表达方式，为用户提供一个符号化的、有规律的 IP 地址对应名，从而发挥出识别和指向主体计算机位置的作用。从信息技术角度出发，域名作为一种字符的设计和构思组合，相较于商品名称、企业字号等其他商业标识具有如下特征：

1. 排他性。域名的技术创造机制决定了域名是绝对唯一的，两个相同的域名无法并存，且一个域名只能标识一个网站服务者。同时，根据全球域名系统"先申请、先注册"原则，一个域名只能被注册一次，一旦域名被注册，将被永久地固定在相应网站上，除非注销或转移。相比之下，其他的商业名称或标识大多仅具有相对排他性。以商标为例，只要商品所涉及的种类不同，同样的标识即有共存的可能性。

2. 全球性。网络覆盖的全球性决定了域名具有显著的全球性。即有别于传统知识产权客体的地域性，一个域名在某一国注册后便可在全球范围内访问和使用，不受国界和地域限制。与此同时，其他国家也无法再注册相同域名。这也使得在域名专有权的争夺上，不同国家、不同企业之间的利益冲突和博弈更为突出。

3. 稀缺性。域名的稀缺性包括两个方面：一是数量上的稀缺性。当前域名系统使用的是 32 位制代码，可供使用的域名总数仅为 43 亿。且注册域名时往往优先选择".com"".net"后缀的顶级域名，加剧了域名的稀缺状况。二是质量上的稀缺性。如前述，域名的产生是为了便于识别和记忆，若域名字符过于复杂将直接削弱域名的实用价值和交易价值。以数字域名为例，单个数字的域名只能有 10 个、双数字域名最多仅有 100 个。位数每相差一位，其价值也会随之相差一个量级。[2] 可供选择的域名与域名注册需求之间的不可协调性，使稀缺的域名资源陷入此起彼伏的争夺纠纷中。

---

[1] 谢晓尧著：《在经验与制度之间：不正当竞争司法案例类型化研究》，法律出版社 2010 年版，第 191 页。

[2] 宫鑫、王培陛著：《域名投资的秘密》，电子工业出版社 2016 年版，第 21 页。

(二) 域名的标识属性

在《反不正当竞争法》第6条视角下，域名与商标、企业名称等一样，同属于识别性商业标识，发挥着引导、标示企业或企业所提供的产品或服务来源的功能。具体来说，域名的标识属性主要体现在以下三个方面：

1. 是公众分辨网站运营者的"网络商标"。在长期的市场竞争中，域名发挥出了不亚于商标的区别性功能，成为网站、网站运营者的一种鉴别符号，是公众识别和区分不同网站运营者及其所提供商品或服务来源最直接、最有效的手段。公众一方面通过对域名的印象建立起对网站运营者的了解，另一方面，将对网站本身或网站运营者的信任和喜爱，通过对域名的记忆、传播和认可表现出来。而这种标识作用的发挥，需要建立在域名经过长期使用、推广的基础上。对于公众完全陌生的域名来说，其标识、鉴别作用难以在消费者身上得到有效发挥。

2. 是公众对网站运营者所提供商品或服务的"评价介质"。不同于传统线下面对面的交易方式，在网络社会中，与公众直接接触的是域名所投射的网站，而非其背后的网站运营者。因此，域名成为公众对网站及其运营者提供商品或服务质量的反馈中介。公众通过主动的网站访问、消费体验或被动的广告推介，形成对各个不同域名的网站内容和质量的好坏认知，并由此确定其对相应网站运营者及其所提供商品或服务的主观评价。公众可基于这种潜移默化的联结和引导，决定是否访问特定域名网站、是否选择特定的商品或服务。

3. 是网站运营者在互联网上的"商业人格"。域名作为网站在网络空间的绝对地址，是网站运营者独一无二的"网络招牌"。域名"评价介质"的功能定位，更使网站运营者的网络商誉集中凝聚了在特定域名上。每当提起一个特定域名，用户会马上联想到一个特定的网络人格形象，从而直接关联到该网站运营者的现实影响力和经济效益。在新的经济环境下，域名不仅代表了企业在网络上独有的位置，也是企业的产品、服务范围、形象、商誉等的综合体现，其所具有的商业意义已远远大于其技术意义，而成为企业在新的科学技术条件下参与市场竞争的重要手段，是企业无形资产的一部分。

二、"有一定影响"在域名混淆认定中的核心地位

鉴于域名独特的构成内容和标识意义，《反不正当竞争法》在第6条关于市场混淆行为的条款中，赋予了域名等互联网标识以独立保护地位。但需要注意的是，为有效优化资源配置、维护市场竞争秩序，《反不正当竞争法》第6条明确将"有一定影响"作为认定域名混淆行为的前提要件，而将不具备一定影响力的域名标识排除在外，以防止不适当的商业标识垄断。

(一) "有一定影响"是判定市场混淆行为的前提要件

2017年《反不正当竞争法》第6条将原法律规定的"知名商品"中的"知

名"修改为"有一定影响",并将之作为判断是否构成市场混淆行为的基本要件。即该条款的关键在于禁止混淆行为,而经营者要达到"搭便车""傍名牌"的目的,所选择的被混淆对象一般应是相关领域有一定影响的标识。其制度逻辑在于:域名等商业标识一旦获得足够的知名度,企业所倾注的劳动创造越多,资产价值和竞争优势越高,对他人的避让行为要求越严格,他人"搭便车"的可能性越大。

因此,具有一定的市场知名度和公众知晓度是《反不正当竞争法》保护域名等商业标识的前提要件。如果标识在相关领域没有一定影响,则既不可能造成混淆,也不会影响竞争秩序,从而不具有《反不正当竞争法》调整的意义。[3]

(二)"有一定影响"是确定域名权利边界的重要因素

权利的保护必须建立在正当性证明基础上,这种正当性的证明既表现为权利道德合理性的内在证成,也表现为权利主张外部认知的确证上。[4]以商标、专利等法定知识产权为例,其权利的类型、范围和期限等可以通过显性化的证书得以确定地表达,在纠纷发生时无须再度证明,即可推断出权利本身。但相比之下,我国目前对域名注册采取形式审查或不审查原则,遵循先申请先注册原则,实时结算、实时注册。这就意味着域名注册管理机构的行政核准程式并不能如商标、专利一样产生专有前的法律效果,域名的财产权益也并不因为其产生而当然存在。

因此,域名作为商业标识保护时,需要诉诸"有一定影响"这一表征来体现受保护法益的客观存在,以确定域名权益保护的可预期性、稳定性和可观察性。基于此,《反不正当竞争法》借助"有一定影响"这一标准来划定域名权利的"四至":域名越不知名,受保护的权利越有限,预留的公共空间越大;相反,域名的影响力越大,排他性越强,受保护的范围和程度也就越强。

(三)"有一定影响"是调整域名权利冲突的参考标准

域名不具有传统意义上的地域性,这就决定了在其权利争夺上,不同国家、不同企业之间的利益冲突更为突出。实践中,涉域名权利冲突主要集中表现为域名与商业标识的冲突、域名与域名的冲突、域名与其他受法律保护的权利或利益之间的冲突。案涉权利冲突属第一类,即原告主张被告擅自使用原告域名主要部分作为自己微信公众号的商业标识,以搭原告域名所积累的良好商业声誉之便车,从而通过截获流量、分食市场而获得生存空间。在该类纠纷中,被

---

[3] 王瑞贺主编:《中华人民共和国反不正当竞争法释义》,法律出版社2018年版,第34页。

[4] 谢晓尧著:《在经验与制度之间:不正当竞争司法案例类型化研究》,法律出版社2010年版,第157页。

告往往以原告域名不具有影响力，被告行为不具有攀附商誉的可能为抗辩。

因此，在认定涉域名与其他商业标识权利冲突时，仍需回归《反不正当竞争法》第6条的制度初衷，以平衡各利益主体间的权利。即对域名这一商业标识的保护目的，是在域名已经具备一定影响力的情况下，避免他人的混淆或淡化，若请求保护的域名知名度越小，则允许他人作相容性使用的空间越大，他人使用相同或相近似商业标识引起市场混淆的可能性也就越低。

三、域名混淆行为中"有一定影响"的认定标准

《反不正当竞争法》虽对"有一定影响"作出了制度规范，但并未对其本身进行具体定义或标准细化，由此引发了法律理解与适用上的争议：有观点认为，"有一定影响"的要件与"知名"无实质性区别[5]；有观点则认为，从"知名"到"有一定影响"是一个从高标准到低标准的更替[6]；还有观点认为，该"有一定影响"的标准应相当于《商标法》第13条中"为相关公众所熟知"的程度[7]。

对此，2022年3月颁布的《最高人民法院关于适用〈中华人民共和国反不正当竞争法〉若干问题的解释》第4条对"有一定影响"的认定作出了要素指引："人民法院认定反不正当竞争法第六条规定的标识是否具有一定的市场知名度，应当综合考虑中国境内相关公众的知悉程度，商品销售的时间、区域、数额和对象，宣传的持续时间、程度和地域范围，标识受保护的情况等因素。"但域名有不受地域限制、虚拟化、无实物载体等特性，使其在影响力定性上仍旧无法与上述要素一一映射。因此，本案基于上述司法解释的要素指引，充分结合域名的特有属性和应用场景，从域名客观使用情况、推广实效转化情况及域名所对应的商品与服务知名度等核心维度进行解析，总结梳理域名混淆行为中"有一定影响"的认定标准，以为司法实践提供参考。

（一）被混淆域名的独特性程度

一种商业标识的独特性较强，其所产生的"影响力"也就越强，相关主体对这种独特性的知悉程度也随之强化。就域名而言，其本质上是一串符号化的、有规律或无规律的字符，其独特性的判断标准主要有二：一是是否易于引起注意并加以记忆。过于简单的域名不易引起注意，过于复杂的域名则不便记忆。二是是否具有特有性。即该域名是否能够与特定网站和网站运营者的人格身份联系起来，每当提起一个特定域名，相关用户是否会立刻联想、识别和确定某

---

5 孔祥俊：《论新修订〈反不正当竞争法〉的时代精神》，载《东方法学》2018年第1期。
6 肖顺武：《混淆行为法律规制中"一定影响"的认定》，载《法学评论》2018年第5期。
7 黄璞琳：《新〈反不正当竞争法〉与〈商标法〉在仿冒混淆方面的衔接问题浅析》，载《中国工商报》2017年11月7日，第007版。

一特定的网络服务者及其提供的服务。如是，则可肯定其在相关公众中可能具有"一定影响"。例如"jd.com""360.com""baidu.com"等域名，具有相当高的辨识度，而反观本案所涉域名"OO.com.cn"，其字符长度虽然适中，字符结构与原告公司名称"某"也具有一定的关联度，但暂未达到使相关公众一眼即能识别辨认的程度。

（二）被混淆域名的客观使用情况

经营者使用域名的客观情况是使该域名标识具备识别功能，从而产生受《反不正当竞争法》保护权益的事实基础。在该方面可考虑因素主要包括：一是域名的注册时间、持续使用时长。显然，注册时间越早、持续使用时间越长的域名，其积累用户群体从而获得晓誉度的可能性越高，更可能具有"一定影响"，而注册时间较短或未经持续使用的域名一般很难认为其可能具有"一定影响"。二是域名所指向网站的内容的丰富程度、更新频率、收录量及点击量等。域名所指向的网站内容越丰富、更新频率越高，其被不特定用户检索、关注的概率也就越高，由此产生的影响范围及效果也越大。反之，则只是海量数字网络中无人问津的"僵尸网页"。以本案为例，案涉域名注册时间较短，所指向的网站页面元素单一，内容简单，更新频率低，甚至无任何服务功能，相关公众难以通过原告企业名称、游戏主题等关键词检索获知网站信息，或通过该网站直接实现预期的服务，可知其对域名的使用并未转化为实际的识别力或影响力。

（三）被混淆域名的对外推广情况

随着流量经济和平台经济的快速发展，各网络运营者纷纷通过竞价排名、合作推广等方式，提升自身域名曝光率和影响力，以实现流量聚合及流量变现，如本案原告为证明域名推广情况提交了其与百度、搜狗、360等搜索引擎平台的推广协议。在此背景下，域名持有者对域名投入的推广资源越多，则相关大众对其表征产生印象的可能性就越大，该域名所具备的"一定影响"辐射范围也越大。但"流量为王"的前提是要形成有效的转化，具备黏性的有效推广才构成影响力变现的基础。因此，在具案考量时，既要关注域名主体针对域名的推广行为的投入、持续时间、方式和途径等，也要关注推广的实际转化及变现效果。本案中，原告虽确实与各大搜索引擎平台签订了推广协议，但其实际推广内容是原告运营的游戏产品而非域名本身，且并无证据体现经过该推广行为案涉域名或游戏产品的热度、点击量、媒体曝光度、营收率有所提升，故其推广所转化的影响力有限。

（四）被混淆域名所指向的商品或服务的知名度

域名作为公众分辨网站运营者的"网络商标"，其知名度与其所指向的商品或服务的知名度是相辅相成的。某一网络服务经营者的"一定影响"力越大，其所运营的域名被其他经营主体明知或者应知的可能性越大，他人从事域名混淆行为的可能性也就越大。而在商品或服务知名度的判断上，即可逐一对照《最高人民法院关于适用〈中华人民共和国反不正当竞争法〉若干问题的解释》第4条之规定，从商品销售的时间、区域、数额和对象等方面展开剖析。如该商品在市场上销售时间的长短；商品在市场上的销售量是否足以让相关大众对该商品产生印象；该商品的好评度、美誉度等。以本案为例，案涉域名所指向的商品为原告所开发运营的网络游戏，但原告既无证据证明域名本身的客观影响力，又无任何关于游戏产品的下载量、用户数量、评分、行业榜单排行情况、荣誉奖项等涉游戏产品知名度的佐证证据，法院无从认定案涉域名的知名度。

基于前述裁量因素，本案最终认定案涉域名不具有"一定影响"，不具有构成市场混淆行为的前提要件。由此，通过个案具化域名混淆行为中"有一定影响"的考量标准，一方面给市场主体如何举证证明其所持有域名的影响力与知名度提供一定参考，另一方面也对明确涉域名竞争行为边界、稳定法律保护预期、规范数字经济竞争秩序具有积极作用。

【相关法条】

《中华人民共和国反不正当竞争法》第6条；

《最高人民法院关于适用〈中华人民共和国反不正当竞争法〉若干问题的解释》第4条。

仲裁条款书面方式的认定

——陈某与湖北某某矿产品交易中心有限公司等金融衍生品种交易纠纷案

刘 靖[*]

【裁判要旨】

仲裁协议虽为当事人一方与案外人签订，但协议约定了涉案当事人双方均接受仲裁条款，而当事人另一方为该协议提供了合同文本及签约平台，且明确表示接受仲裁条款，则当事人一方要求确认仲裁条款无效，人民法院不予支持。

双方当事人以电话录音方式订立的仲裁条款可以认定为以其他书面方式订立的仲裁条款，一方当事人因此主张仲裁条款无效，人民法院不予支持。

【关键词】 仲裁 金融衍生品种交易 仲裁条款 书面方式 无效

【案件索引】

一审：广东省广州市花都区人民法院（2020）粤0114民初15147号（2020年12月1日）

审判庭成员：刘靖

二审：广东省广州市中级人民法院（2021）粤01民终9639号（2021年4月27日）

审判庭成员：张一扬

【基本案情】

2016年10月19日，陈某在湖北某某矿产品交易中心有限公司开办的网上

---

[*] 刘靖——广州市花都区人民法院民二庭庭长、四级高级法官。

平台开户并进行金融衍生品种交易，中国某某银行为其交易入金的银行。陈某与合同相对人（案外人）在湖北某某矿产品交易中心有限公司的网站平台上签订《交易商入市协议书》约定："乙方（陈某）在此不可撤销地同意，如乙方与矿产所/或甲方、资金托管机构（包括银行和第三方支付机构）等其他相关方之间发生合同纠纷和其他财产权益纠纷的，乙方同意将该等纠纷提交黄石仲裁委员会，按照申请仲裁时该会现行的仲裁规则进行仲裁……"协议签订后湖北某某矿产品交易中心有限公司致电陈某确认了上述仲裁条款，并在中国某某银行为陈某进行签约激活账户，陈某通过湖北某某矿产品交易中心有限公司提供的交易软件进行交易，湖北某某矿产品交易中心有限公司指导陈某操作软件的交易系统、入金和出金。从 2016 年 10 月 19 日至 2017 年 5 月 4 日，陈某出入金相抵共计损失 548641.26 元。

湖北某某矿产品交易中心有限公司主张从主管角度分析，本案纠纷解决存在合法有效的仲裁条款，陈某向法院起诉违反了仲裁条款的约定，法院对本案无主管权。

【裁判结果】

广州市花都区人民法院于 2020 年 12 月 1 日作出（2020）粤 0114 民初 15147 号民事判决，判决驳回原告的全部诉讼请求。一审判决作出后，双方当事人均未上诉，本案判决已生效。广州市花都区人民法院于 2020 年 12 月 1 日作出（2020）粤 0114 民初 15147 号民事裁定，裁定驳回原告陈某的起诉。后陈某不服一审判决，提出上诉。二审法院广州市中级人民法院，作出如下裁定：驳回上诉，维持原裁定。

【裁判理由】

法院生效裁判认为：本案的法律争议之核心在于仲裁协议对本案双方当事人是否均有效，其特定的仲裁条款签订形式是否合法。陈某在湖北某某矿产品交易中心有限公司开办的网上平台参与商品交易，并达成的《交易商入市协议书》，约定："乙方（陈某）在此不可撤销地同意，如乙方与矿产所/或甲方（湖北某某矿产品交易中心有限公司）、资金托管机构（包括银行和第三方支付机构）等其他相关方之间发生合同纠纷和其他财产权益纠纷的，乙方同意将该等纠纷提交黄石仲裁委员会，按照申请仲裁时该会现行的仲裁规则进行仲裁……"虽然湖北某某矿产品交易中心有限公司并非协议的甲乙双方，但其作为协议书文本的提供方，该协议的签署又是在其公司网站平台上进行，且协议书中对于协议双方之间，以及客户与湖北某某矿产品交易中心有限公司之间发生纠纷的解决方式均作了明确约定，湖北某某矿产品交易中心有限公司亦同意受此约定的约束；另外，湖北某某矿产品交易中心有限公司也通过电话回访形式向原告再次确认了争议解决条款，故上述仲裁条款对本案当事人陈某、湖北某某矿产品交易中心有限公司有效，双方均应受上述仲裁条款的约束。现湖北某某矿产品交易中心有限公司提出本案纠纷的解决存在合法有效的仲裁条款，陈某向法院起诉违反了仲裁条款的约定，请求依法驳回原告的起诉，法院予以支持。

【案例注解】

本案是我国仲裁条款书面方式的认定与国际接轨的首例典型案例。仲裁协议必须是书面的，这是我国仲裁法律制度的一项基本规定。《仲裁法》第16条第1款明确规定："仲裁协议包括合同中订立的仲裁条款和以其他书面方式在纠纷发生前或者纠纷发生后达成的请求仲裁的协议。"然而，仲裁法并未规定什么是书面形式。我国《民法典》第469条第2款规定："书面形式是合同书、信件、电报、电传、传真等可以有形地表现所载内容的形式。"根据上述法律规定和司法实践，对于仲裁协议书面形式问题，我国一直坚持仲裁协议必须采纳书面形式的原则，但具体如何认定仲裁协议的书面形式存在差异。联合国国际贸易法委员会（简称贸法会）于2006年通过的《示范法》修订条款第7条"仲裁协议的定义和形式"，极大地扩大了对仲裁协议书面形式的理解，甚至取消了对仲裁协议必须采纳书面形式的限制。这次修订主要体现在《示范法》规定的仲裁协议书面形式要求，是指仲裁协议的内容以任何形式记录下来，并不要求仲裁协议必须通过书面形式来达成；而我国的仲裁立法和实践则要求仲裁协议通过书面形式订立。这反映出国内国际对此基本理念存在的巨大差异。例如，本案的仲裁协议根据《示范法》是书面的，而根据国内法律则可能不能满足书面形式的要求。

随着我国营商环境不断与国际接轨，《示范法》对于仲裁协议书面形式的界定将会对我国法院和仲裁机构判定仲裁协议的书面形式越来越有借鉴意义。本案中，被告湖北某某矿产品交易中心有限公司通过电话回访形式向原告确认了争议解决条款，并进行了电话录音。根据《示范法》对于仲裁协议书面形式的外延界定，上述仲裁条款有电话记录证实，应当被认定为书面形式，因此，上述仲裁条款对本案当事人陈某、湖北某某矿产品交易中心有限公司均有效，双方均应受上述仲裁条款的约束。

此外，本案仲裁条款签订的特殊性在于未在合同中签字盖章的主体是否受仲裁条款管辖。

第一种观点认为,《仲裁法》第 26 条规定,当事人达成仲裁协议,一方向人民法院起诉未声明有仲裁协议,人民法院受理后,另一方在首次开庭前提交仲裁协议的,人民法院应当驳回起诉,但仲裁协议无效的除外;另一方在首次开庭前未对人民法院受理该案提出异议的,视为放弃仲裁协议,人民法院应当继续审理。但是,本案中湖北某某矿产品交易中心有限公司并未与陈某达成仲裁协议,甚至并未单独与陈某协商仲裁条款。因此,《仲裁法》第 26 条规定适用的前提即仲裁协议不成立,法院应当受理该案。

第二种观点认为,湖北某某矿产品交易中心有限公司虽未书面签订仲裁条款,但其作为涉案协议书文本的提供方,该协议的签署又是在湖北某某矿产品交易中心有限公司的网站平台上进行,且协议书中对于协议双方之间,以及客户与被告湖北某某矿产品交易中心有限公司之间发生纠纷的解决方式均作了明确约定,湖北某某矿产交易中心有限公司亦同意受此约定的约束。综上,湖北某某矿产品交易中心有限公司与陈某已达成了仲裁条款,双方均应受上述仲裁条款的约束。现陈某向法院起诉违反了仲裁条款的约定,依法应当驳回原告的起诉。

一、二审法院均支持第二种观点。首先,正如之前论述我国现在适用的是国际通行的仲裁协议书面形式适当放宽的解释,即双方达成仲裁条款不拘于双方签订的书面仲裁协议,可以宽泛地理解为以有形地表现所载内容的形式即可。本案中,双方在湖北某某矿产品交易中心有限公司网站平台上的他方协议就属于有形地表现所载内容的形式。其次,陈某与湖北某某矿产品交易中心有限公司双方均先后做出了同意仲裁的意思表示,且这一共同意思表示均有有形证据证实。最后,结合前两点,涉案合同实际已履行,那么合同成立的效力也可以延伸至其中的仲裁条款。因此,陈某要求确认仲裁协议无效,不应支持。

综上,虽然该裁定驳回了陈某的诉讼请求,却为各类矛盾纠纷打通了仲裁非诉程序的法律保护路径,在力促仲裁条款书面形式认定与国际化接轨的同时,也为我国多元化解矛盾纠纷提供了有益的探索与支持。

【相关法条】

《中华人民共和国仲裁法》第 16 条、第 26 条。

相约自杀情境下帮助自杀行为的定性量刑问题

刘 侃[*]

【裁判要旨】

近年来,以网络为联络工具相约自杀的事件屡见不鲜,自杀者往往通过网络社交工具传播消极观念和自杀手法,这种行为通过网络相约自杀,将个人情绪和行为传播感染给更多的人,产生从众效应,其社会危害性更大。而相约自杀案件由于实践中有多种具体表现形式,从刑法角度应分别作不同评价,因此处理起来比较复杂。特别是相约自杀情境下帮助自杀行为既符合相约自杀的表现形式,又有帮助自杀的特点,因此在实践中如何定性一直存在争议。

本案是一起典型的相约帮助自杀案件,法官通过对事实的厘清和法律关系的界定,认为被告人的直接性帮助行为在符合相关要件情况下应当认定为故意杀人行为,为同类型案件的准确定性提供了借鉴。同时,本案在审判过程中,坚持弘扬法治、平等、和谐、友善的社会主义核心价值观,充分发挥刑事司法保护功能,以弘扬社会主义核心价值观为指引,在惩罚犯罪和塑造平等、和谐、友善的人际关系时有着积极的司法现实意义,对同类案件的量刑也具有较强的参考价值和典型意义。

【关键词】 相约自杀 帮助自杀 从重处罚 社会主义核心价值观

---

[*] 刘侃——广州市白云区人民法院刑庭一级法官。

【案件索引】

一审：广东省广州市白云区人民法院（2020）粤0111刑初1991号（2020年10月19日）

审判庭成员：刘侃、徐炜、柯兰凤

二审：广东省广州市中级人民法院（2021）粤01刑终205号（2021年3月10日）

审判庭成员：何春竹、易建明、黄坚

【基本案情】

被告人姚某祺与被害人李某某（男，殁年24岁）在案发前素不相识，两人因生活、心理压力等产生厌世的情绪，意图自杀。2020年4月2日，姚某祺与李某某通过百度贴吧结识并相约在本市白云区六片山水库自杀。4月3日，李某某按照事先约定，打车从东莞前往广州市白云区与姚某祺见面会合。4月4日中午，二人共同在五金店购买绳子并前往六片山，但此时姚某祺已放弃自杀的念头，而李某某仍决心自杀。4月4日20时许，在李某某的请求下，姚某祺帮助李某某用绳子捆绑身体及石头后离去，旋即，李某某跳湖自杀。在明知李某某自杀后，姚某祺未采取任何求助和救援措施，也未告知其他人。4月8日，姚某祺应聘广州市卡某莲化妆品有限公司工作。4月10日，公安民警在广州市卡某莲化妆品有限公司宿舍将姚某祺抓获归案。经鉴定，李某某可排除机械性损伤死亡，符合溺水死亡。

【裁判结果】

广东省广州市白云区人民法院于2020年10月19日作出（2020）粤0111刑初1991号刑事判决：一、被告人姚某祺犯故意杀人罪，判处有期徒刑七年。二、缴获的作案工具蓝色小米手机一部（以扣押清单为准），予以没收。

宣判后，姚某祺提出上诉。2021年3月10日，广东省广州市中级人民法院作出（2021）粤01刑终205号刑事裁定书，驳回上诉，维持原判。

【裁判理由】

一审法院认为：关于本案的定性。第一，姚某祺实施了刑法所规制的非法剥夺他人生命的具体行为。姚某祺与李某某多次讨论采用何种自杀方式以及主动提出自杀的时间、地点，正是姚某祺的聊天内容加强了李某某共同自杀的意图和决心并最终使李某某付诸行动，对李某某的死亡结果具有较大的原因力；同时，姚某祺邀约李某某前来其所在的城市自杀，与李某某共同准备自杀工具，在李某某试图自杀时帮助捆绑手脚，上述行为为李某某自杀提供了条件、实施了帮助。第二，姚某祺由于其先行实施的导致李某某产生死亡风险的行为，在其本人产生放弃自杀意图时负有阻止李某某死亡结果发生的作为义务，只有履行好义务才能免受刑法苛责。虽然庭审时姚某祺及其辩护人称其在案发过程中曾有阻止李某某自杀的行为，但因该意见缺乏证据支持，且没有影响李某某最终死亡结果的发生，更何况从姚某祺发现李某某跳湖自杀后未采取任何报警和救援措施、回家后也未告知其他人等客观行为综合来看，不能认定姚某祺对李某某有积极救助的行为。第三，姚某祺的行为具有社会危害性。我国宪法、法律明确尊重和保障人权，生命权作为公民个体至高无上的基本人权，任何个体不得自由处分与让渡。在我国刑法的视角下，生命是最为重要的法益，应给予最为严密的保护，被害人没有将其生命权交由他人处分的权限，被害人的承诺不能成为杀人犯罪的违法阻却事由。本案中，李某某的死亡结果虽系自杀所致，也没有证据证实姚某祺在行为过程中对李某某有强制、教唆或者诱骗行为，但姚某祺所侵害的生命权已经超出被害人承诺可处分的范围，不能以此排除其行为的违法性，应依法给予惩处。被告人姚某祺无视生命权利及国家法律，帮助他人自杀，造成一人死亡，其行为与被害人的死亡结果之间存在因果关系，已构成故意杀人罪，但属情节较轻，依法应对其在"三年以上十年以下有期徒刑"的量刑幅度内予以处罚。姚某祺犯罪后如实供述自己的罪行，可以从轻处罚。姚某祺明知其先行实施的行为会导致被害人李某某产生死亡风险，但在李某某自杀后未采取任何积极补救措施，本院酌情从重处罚。辩护人提出姚某祺系初犯、身体状况、家庭情况等辩护意见，本院在量刑时将予以考量。扣押在案的被告人姚某祺的手机系其邀约被害人相约自杀时使用的通信联络工具，依法视为作案工具应予没收。

二审法院认为：对于上诉人姚某祺及指定辩护人所提意见，本院认为，过失致人死亡罪指因过失致人死亡的行为，其中"过失"指行为人对其行为结果抱有过失的心理状态，包括疏忽大意的过失和过于自信的过失。过于自信的过失致人死亡，是行为人已经预见到自己的行为可能发生他人死亡的结果，但凭借一定的自认为能够避免他人死亡的结果发生的因素，轻信他人死亡的结果不会发生，以致致人死亡的结果最终发生了。故意杀人罪指故意非法剥夺他人生命的行为，行为人故意内容是剥夺他人生命，希望或放任他人死亡结果的发生。其中间接故意杀人指行为人明知自己的行为可能发生他人死亡的结果，但对这种结果的发生采取听之任之、有意放任的态度,从而导致他人死亡的行为。本案中:(1)现场勘验笔录、照片及司法鉴定意见证实,死者李某某身上的石头、绳子捆绑情况与姚某祺供述基本一致,死者腰背部及双手腕见散在小片状挫擦伤,背部肌肉见散在小片状出血,符合钝性外力作用所致,损伤轻微,属非致命伤,可排除机械性损伤死亡;尸体检验符合溺水死亡,结合解剖未发现其他致命性损伤及病理性改变,硅藻检验结果显示李某某肺、肝、肾检出物与现场水样硅藻一致,可推断李某某符合溺水死亡。(2)姚某祺曾与李某某多次讨论自杀方式,主动提出自杀时间、地点,随后邀约李某某到广州市白云区会合并共同购买、准备绳子、石头等自杀工具,李某某在姚某祺帮助下捆绑手脚后跳水,在明知李某某不可能自救的情况下,姚某祺没有报警或自行施救,而是直接离开,放任李某某死亡结果的发生。综上,现有证据可以证实,死者李某某确有自杀的想法和行为,姚某祺虽未强制、教唆、诱骗李某某自杀,但姚某祺参与并协助李某某实施自杀,并放任死亡结果的发生,原审法院认定姚某祺的行为构成故意杀人罪,并根据姚某祺的犯罪事实、性质、情节、认罪、悔罪态度和对社会的危害程度,在法定量刑幅度内予以处罚,量刑并无不当。姚某祺及指定辩护人所提意见不成立,本院不予采纳。

【案例注解】

相约自杀,是指二人或二人以上相互约定自愿共同自杀的行为。我国1979年《刑法》和1997年修订后的《刑法》均未对相约自杀行为予以明确规定。相约自杀不同于共同犯罪,它并不符合我国《刑法》中共同犯罪的本质。理论界对相约自杀问题的研究主要集中在对故意杀人罪相关问题的讨论中。相约自杀既涉及自杀行为的特征,又涉及区别于其他自杀行为的特殊性质:(1)从主体方面来看,相约自杀的主体是两个或两个以上年满14周岁且智力、精神均正常的自然人。(2)从主观方面来看,相约自杀的行为人各方必须有自杀的故意。(3)在实施相约自杀行为之前,必须经过参与者各方谋议。根据相约自杀行为人各方在共同实施自杀行为时所起的作用,可以将相约自杀行为分为以下两类:其一,不单纯的相约自杀。即行为人一方在实施自杀行为的过程中,具有欺骗、帮助、教唆另一方行为人等情形的相约自杀行为。其二,单纯的相约自杀。即行为人双方约定共同自杀,一方对他方的自杀行为并未使用欺骗、帮助、教唆的手段,而是双方基于共同自杀的故意和共谋共同实施的自杀行为。本案所涉及的帮助式相约自杀属于不单纯的相约自杀。

一、关于是否构成故意杀人罪的问题

帮助式相约自杀,即行为人一方在实施共同自杀行为的过程中为对方提供

帮助，促使对方自杀成功的相约自杀。这里的帮助既包括物质上的帮助，也包括精神上的帮助。从行为主体的数量上来看，符合相约自杀主体数量上的要求。从行为人实施自杀行为的方式来看，能成功地实施自杀行为主要是利用了另一方行为人提供的帮助。如若没有此帮助行为，行为人无法独自完成自杀行为。从行为人主观目的来看，行为人各方也存在自杀的故意和共同的谋划。因此作为相约自杀行为的一种特殊表现形式，帮助式相约自杀是否构成故意杀人罪存在一定的争议。

第一种观点认为，在相约自杀情境下，一方为自杀提供条件，另一方利用此条件自杀身亡，而提供条件者自杀未能成功的，从性质上讲是一种帮助自杀的行为，可依照帮助自杀的原则处理。对于他人已有自杀意图，行为人给予其物质上的帮助，使他人得以实现自杀的行为，对自杀者的死亡结果发生具有较大的原因力，原则上应构成故意杀人罪，但由于自杀与否是自杀者本人的意思决定，可对帮助者从轻或减轻处罚。另外，基于行为人双方意志和行为的紧密关系，未实施自杀行为或未完成自杀行为的行为人因为其帮助行为具有救助另一方行为人的义务，如未完成该义务则构成不作为犯罪。

第二种观点认为，将帮助自杀行为径直认定为故意杀人罪中所规定的正犯行为，会盲目扩大正犯行为的范围，模糊正犯行为的标准。以本案为例，在正常情况下，故意杀人行为是指行为人或者欺骗或者强制将被害人捆绑后推入水库中。上述行为都不需要被害人的参与，行为人的行为可以直接导致被害人死亡。而在帮助自杀情境中，存在"行为人帮助捆绑+被害人自愿跳湖"两个环节，这两个环节共同促成了被害人死亡结果的发生。如将"行为人帮助捆绑"行为的效力直接等同于杀人行为，而没有对"被害人自愿跳湖"环节作出评价，若以此标准判定，所有给予物质上帮助的行为都具有较大原因力，那么故意杀人罪正犯的范围必将无限扩大。被害人作为具有完全刑事责任能力的成年人，在没有被强迫、欺骗的情况下作出了自愿放弃生命的决定，被告人的帮助行为原因力较小，与被害人死亡结果之间不具有刑法上的因果关系，因此，不构成故意杀人罪。

笔者赞同第一种观点。首先，所谓被害人承诺，是指法益主体对他人以特定方式侵害自己可以支配的法益的行为所表示的允许。被害人承诺的行为之所以能够被正当化，主要在于因承诺而实现的自主权这种利益优越于被行为所侵害的利益。但对于经被害人承诺的杀人行为，由于该行为所侵害的利益上升到被害人的生命权，而生命权普遍被认为是高于一切其他价值的，所以，经被害人承诺而实施的杀人行为也往往具有可罚性。[1] 同意杀人行为在很多国家都作为犯罪处理，如《日本刑法》规定同意杀人罪的刑罚为"6个月以上7年以下惩役或者监禁"，《意大利刑法》规定："经他人同意，造成该人死亡的，处以6年至15年有期徒刑。"因此，刑法对得被害人承诺而加以杀害行为，并不认为系因有被害人的承诺而属合法行为，而是仍属犯罪行为。那么为被害人自杀提供帮助的行为，能否适用被害人承诺？如果说直接杀死被害人的行为直接剥夺了人的生命权利，那么为被害人自杀提供帮助的行为则间接剥夺了人的生命权利，虽然相比前者的可责难性要小，但从本质上来说，两者都是对被害人死亡的加害行为，都具有可罚性。其次，如果没有行为人的帮助，自杀事件本可避免，即行为人的帮助行为导致了被害人的死亡，其行为具有严重的社会危害性。最后，从行为人的人身危险性来看，行为人实施的帮助他人自杀的行为，体现了其对他人生命的极端漠视，主观恶性也是显而易见的。

二、关于本案的定性问题

关于本案被告人姚某祺是否构成故意杀人罪，应当从以下几个方面评析：

1. 直接性帮助行为本身的危险性大小。刑事责任的功能不只是报应，更在于预防，当某种直接性帮助行为对刑法保护的法益具有较大的危险性时，则需要加强预防，将其作为认定因果关系存在与否的因素。帮助自杀行为可以分为单纯帮助自杀行为与复杂帮助自杀行为，单纯帮助自杀行为中的"帮助"在性质上更接近于预备行为，因为为自杀者提供毒药、枪械等自杀工具或者提供自杀场所等"帮助性行为"与侵害自杀者生命这一法益尚存一定距离，不具有现实危险性和对法益侵害的紧迫性。而复杂的帮助自杀行为如直接开枪射杀被害人，此类行为由于包含实行行为则具有正犯性质。本案中，姚某祺邀约被害人李某某前来其所在的城市自杀，与李某某共同准备自杀工具，将李某某带至自杀地点所在的水库旁，在李某某试图自杀时帮助其捆绑手脚，其为李某某自杀提供条件、实施帮助的行为已经对被害人的生命权形成紧迫的威胁，本身的危险性较大。

2. 直接性帮助行为间接造成结果行为的原因力大小。在多种因素共同促成危害结果发生的场合，每一个因素都需要被考虑，其越具有危险性，发挥的作用越大，越有可能被视为原因。然而，多种因素之间其实是此消彼长的关系，在危害结果保持不变的情况下，一种因素发挥的作用越小，其他因素发挥的作

---

[1] 对于同意杀人行为入罪化的根据，日本学者前田雅英认为，同意杀人之所以不适用"得到承诺的行为不违法"的法律格言，仍应承担刑事责任，在于生命不是由个人任意处理的法益。德国学者罗克辛认为，在自然人生命的个人法益中所作的同意是完全无效的。在自己的死亡中所作的同意，并不能取消这种构成行为的刑事可罚性，而是最多能得到减轻。我国台湾地区学者林山田认为，生命、身体等法益虽然是自身专属的个人法益，但同时亦涉及社会的公共利益，故亦不得舍弃。

用就越大。因此，除了考察直接性帮助行为的原因力，还必须衡量诸如被害人行为、心理[2]等其他因素的作用。本案中，姚某祺与被害人李某某多次讨论采用何种自杀方式以及姚某祺主动提出自杀的时间、地点，正是姚某祺的聊天内容加强了李某某共同自杀的意图和决心并最终促使李某某付诸行动，李某某也多次在网络聊天中明确其需要他人陪同才能产生自杀的勇气，因此，姚某祺的帮助行为对李某某的死亡结果具有较大的原因力。

3. 直接性帮助行为是否构成先行行为引起的义务。所谓先行行为所引起的义务，是指行为人因自己的行为导致发生具有一定危害结果的危险，而负有的采取积极行动防止危害结果发生的义务。先行行为能否成为不作为的义务来源，关键在于其所产生的结果是否超出了合理范围而增加了行为之外的危险因而要求行为人对其加以防止。一般认为，引起作为义务的先行行为并不限于违法、有责行为，也不限于作为。就相约自杀的行为人而言，其自己实施的自杀行为本身并不构成犯罪。但是相约自杀各方基于同时结伴自杀的共同意愿形成一个特殊的团体。在这个团体中，行为人双方是"亲密的伙伴"、希望共赴黄泉的"亲密战友"。在实施自杀行为的过程中，预谋、帮助实施自杀这种先行行为坚定、加强了参与者共同自杀的意图和决心，并使其付诸实施。此种先行行为把每一个参与者的生命均置于将被毁灭的危险境地。因此在相约自杀行为开始实施后，如果某个参与者自杀未成或决意不实施自杀行为，他就负有因自己先行的相约自杀行为救助其他参与相约自杀而可能死亡者之生命的作为义务。特别是在有能力救助濒死一方却未实施救助行为因而导致行为人另一方死亡的情况下，未实施自杀行为的行为人应当构成不作为犯罪，对其应当以故意杀人罪定罪处罚。本案中，姚某祺由于其先行实施的导致李某某产生死亡风险的行为，在其本人产生放弃自杀意图时负有阻止李某某死亡结果发生的作为义务，只有履行好义务才能免受刑法苛责。虽然庭审时姚某祺及其辩护人称其在案发过程中曾有阻止李某某自杀的行为，但因该意见缺乏证据支持，且没有影响李某某最终死亡的结果发生，更何况从姚某祺发现李某某跳湖自杀后未采取任何报警和救援措施、回家后也未告知其他人等客观行为综合来看，不能认定姚某祺对李某某有积极救助的行为。

综上，被害人李某某确有自杀的想法和行为，姚某祺虽未强制、教唆、诱骗李某某自杀，但姚某祺参与并协助李某某实施自杀，并放任死亡结果的发生，

---

[2] 其他人在研究自杀案件的因果关系时，均未考虑自杀者的心理因素在自杀案件中所起的作用，这是很遗憾的。可以说不考虑自杀者的心理因素，就很难准确把握自杀案件的因果关系。在自杀案件中，引起自杀行为的原因是他人的行为，引起自杀行为的条件是自杀者脆弱悲观的心理因素。参见侯国云著：《刑法因果新论》，中国人民公安大学出版社2012年版，第216－217页。

其主观上明知自己的行为可能发生他人死亡的结果,但对这种结果的发生采取听之任之、有意放任的态度,从而导致他人死亡的行为。姚某祺的行为应构成故意杀人罪。

三、关于本案的量刑问题

我国宪法、法律明确规定尊重和保障人权,生命权作为公民个体至高无上的基本人权,任何个体不得自由处分与让渡。在我国刑法的视角下,生命是最为重要的法益,应给予最为严密的保护,被害人没有将其生命权交由他人处分的权限,被害人的承诺也不能成为杀人犯罪的违法阻却事由。相约自杀从根本上违背社会的善良风俗,助长漠视生命价值的消极人生观念,应予反对和禁止。

近年来,以网络为联络工具相约自杀的事件屡见不鲜,自杀者往往通过网络社交工具传播消极观念和自杀手法,这种行为通过网络相约自杀,将个人情绪和行为传播感染给更多的人,产生从众效应,其社会危害性更大。因此,人民法院在相约自杀案件的审判过程中,要坚持弘扬法治、平等、和谐、友善的社会主义核心价值观,充分发挥刑事司法保护功能,以弘扬社会主义核心价值观为指引,实现惩罚犯罪和塑造平等、和谐、友善的人际关系。

在此类案件的量刑方面,要综合相约自杀发生的起因、被告人的参与程度、事发后是否采取补救手段、造成的危害后果等因素来分析。本案中,被告人姚某祺的行为属于帮助相约自杀,构成故意杀人罪,由于被害人本身存在自杀意图,且姚某祺的行为均贯彻了被害人本人的意志,因此属于情节较轻,依法应对其在"三年以上十年以下有期徒刑"的量刑幅度内予以处罚。但是姚某祺作为一名成年男子,有一定社会阅历,不仅没有珍惜宝贵生命、形成努力向上的人生观,还与此前素不相识的被害人李某某通过网络聊天相约以"投湖"的方式自杀,自杀时间、地点均由姚某祺选定,自杀工具也由其与李某某共同购买,并且在姚某祺自己已放弃自杀念头的情况下,仍帮助李某某完成了自杀行为,可见其在本案相约自杀的参与程度很高,对李某某坚定自杀想法、完成自杀行为有着重要的推动和帮助作用,且考虑到姚某祺在李某某自杀后未采取任何积极补救措施,甚至隐瞒情况未告知其他人。结合全案的性质、情节、危害后果、社会影响,应当对被告人姚某祺的行为从重处罚,以达到对全社会的警示、引导作用,实现社会效果和法律效果的统一。故本院在"三年以上十年以下"的中位数以上即有期徒刑七年对其量刑。

【相关法条】

《中华人民共和国刑法》第232条。

法谈法议

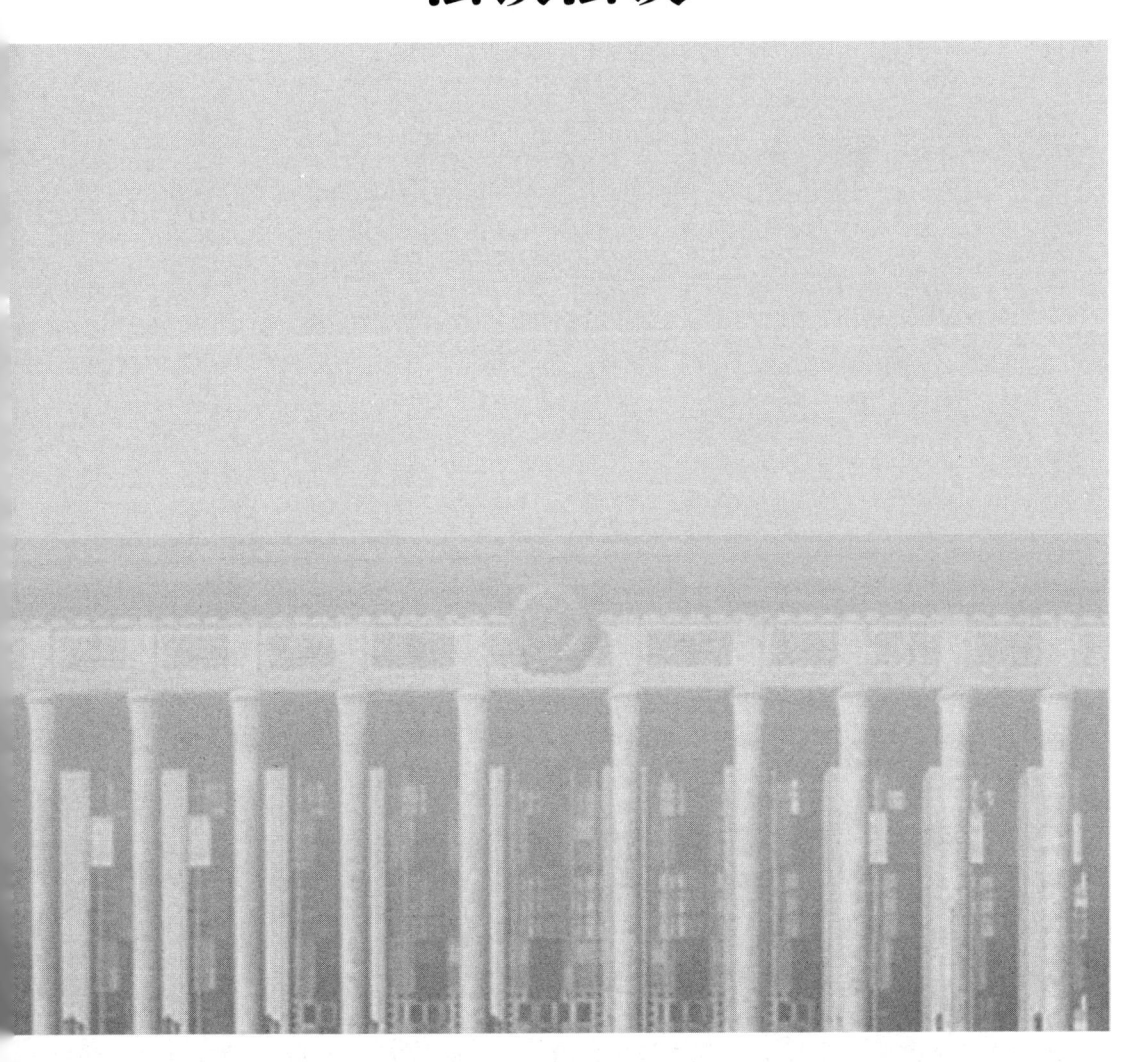

法官绩效考核制度的实践困境及优化对策

邹郁卓[*]

一、问题的提出

法治的兴起和进步意味着国家治理技术的转型和提升，其中，法官管理成为各国司法行政的基础建构性工作，法官管理的水平直接影响到一国司法制度和诉讼制度的实效。随着我国司法体制综合配套改革的不断推进，中央和最高人民法院对法官管理问题进行了顶层设计，建立健全了一系列制度规范和实施机制。法官管理是体系性的、全方位的，绩效管理则是法官管理机制中的重要环节和内容，法官绩效考核制度已成为我国深化司法体制综合配套改革无法回避的法律挑战，其既关切到司法改革的顶层设计与举措的合理配置，也关系到司法评估中如何兼顾案件质量评估和法官责任制度的双重标准。

在上述背景下，通过优化或调整现有激励法官的措施，应当是一种可期待的改革。基于此，本文通过对法官绩效考核制度的通盘考察，追问现实中已经推进完成的改革举措之实效，探究法官绩效考核制度所隐含的实践困难。更加重要的是，回归我国的司法场域，审慎检视当下法官绩效考核因应"智慧司法"的制度余量，致力于在结构层面提供反思制度的新视角，进而提出优化方案。

---

[*] 邹郁卓——广东财经大学法学院讲师，硕士生导师，主要研究领域：诉讼法学、司法制度。本文系国家社科基金重大项目"社会主义核心价值观融入智慧社会法治建设的理论模型与实践进路"（项目编号：20VHJ009）、2003年度广东省哲学社会科学规划共建项目"数字治理视域下审判管理改革与回应：基于广东实践的研究"的阶段性成果。

二、我国法官绩效考核之实践困境

所谓法官绩效考核,是指通过一套客观且可量化的指标系统,对考评对象(法官)和绩效水平进行综合判定和衡量。绩效考评制度的旨趣在于为考评组织提供有关考评对象的各类客观信息和数据,以便为决策和奖惩提供依据,最终达成改进组织整体绩效之目标。[1] 综观既有的相关研究,法官绩效考核的概念框架实际吸收了两类构形相近但性质迥异的评价体系,一类是司法管理,其包括案件流程管理、审判质量管理、司法绩效评估等;另一类是司法审判,如审判权运行机制、司法责任制、员额制等。其中,司法管理又服务于审判及其与审判相关的司法活动,并在特定的历史背景下呈现出不同的面向。

我国对法官绩效考核制度的改革缘起于《人民法院第二个五年改革纲要(2004—2008)》,意在通过设计考评项目、考评方法和考评程序,统一考评标准和流程,并建立科学的审判质量和效率评估系统。初创伊始,匮乏的制度经验以及落后的技术设备使法官绩效考核制度充斥着"粗放性"和"原始性"。[2] 以"一案一工作量"的方式测量法官的工作量,虽能较为准确地描述法官所付出的实际劳动,但却较难解决指标设置的刚性与数据统计的主观性,且不能清晰地描述考核指标与司法实践的复杂性之间的相关度并最终造成评判体系的偏差。在数字时代下的法官绩效考核体系已暴露出部分缺陷,具体体现为以下四个方面:

(一)审判监督与审判管理边界模糊

在司法场域,管理不仅被视为一种沟通手段,还被作为权力关系的一种工具或媒介。在庭审及审判日常行政管理中,法院通常借助审判管理或审判监督来管理和重构案件,并借此区隔绩效。但实际上,包含审判监督和审判管理在内的司法管理实效并未获得实质提升,审判监督和管理在制度占比和机制协调上的拉锯以及多种司法责任的交叉,[3] 导致利益关切引发的内在张力更为激烈。此外,由于审判监督与审判管理边界的模糊性,绩效考核结果亦无法对法官形

---

[1] 艾佳慧:《大国转型中的法官管理:信息、激励与制度变迁》,北京大学出版社2023年版,第101页。

[2] "粗放性"体现为考核关注面单一且缺乏科学的计量方式,虽注重考核案件工作量,却不加区分地以"一案等于一单位工作量"的方式进行工作量计算。"原始性"则反映在考核数据多来源于法官的主动填写和报告。参见艾佳慧:《中国法院绩效考评制度研究——"同构性"和"双轨制"的逻辑及其问题》,载《法制与社会发展》2008年第5期。

[3] 方乐:《法官责任制度的功能期待会落空吗》,载《法制与社会发展》2020年第3期。

成有效的应答式反馈。在以流程、节点为要素的司法审判机制面前,法官被附加了更多的事务性工作,如为满足信息化、系统化管理需要,需将案件审理和执行的各项工作录入管理系统。[4]且法官作为接受考绩的对象,在考绩制度中处于客体地位,这意味着无论考绩是否合理、科学,法官皆需尽量满足制度组织者设定的目标。这样既约束了法官的司法能动性和创造性,也加剧了法官对考绩制度的排斥,进而导致审判监督与审判管理的目标及边界更趋模糊。

(二) 法官行动策略异化

目前我国法院体系内共存两套考评体系:一套是依照公务人员体系"德能勤绩廉"的五项全能考核;另一套是从各法院案件流程管理系统后台进行数据抓取、清洗和收录的审判数据出发,结合权重赋值,对法官个体工作量进行数字评价。可见,法官绩效考核已在相当程度上契得"现代化"管理之精髓,适用了"数目字管理"。[5]案件的数量、质量、效率、效果等都以数字方式予以反映,单项数据可显示法官工作某方面之不足,综合相加得出数据则从整体上反映法官的工作努力度或与岗位的契合度。这种"数目字管理"将法官的业绩可视化,便于操作管理,自然受到制度管理者的欢迎。然而,这种考绩方式也存在弊端。一则,在数字司法背景下,智慧法院、区块链、法院案件流程管理系统、司法台账的建立,确保了案件信息、司法数据的自动生成、提取,这在一定程度上缓解了数据造假。但其风险也并存,如从混沌的司法实践中提炼出决策数据,可能过滤了原始信息中大量复杂内容,因其数据过度清洗反而容易出现偏差。二则,由于考核结果往往牵涉职位晋升、薪金报酬、评优评先,法官群体也随之造就了自利性的应对之"策"[6]。在如此考核导向与策略意识互动之下,法官绩效考核制度的目的很难不被异化。[7]面对考绩的压力,法官倾向于选择满足容易达成的指标,这些策略行为容易诱发法官非正式的应对行为,在一定程度上削弱了法官的审判角色,从居中裁判者转变成绩效私利的追求者。

(三) 考核结果反馈效应递减

数字化考绩方式径直指向法官的工作成果并使得每个法官的业绩更具有可

---

[4] 胡昌明:《建设"智慧法院"配套司法体制改革的实践与展望》,载《中国应用法学》2019年第1期。

[5] 艾佳慧:《现代程序制度的建构与"失灵"(1978—2012)——基于法官管理制度及理念的考察》,载《法治现代化研究》2022年第6期。

[6] 李拥军:《司法的普遍原理与中国经验》,北京大学出版社2019年版,第126页。

[7] 张建:《论法官绩效考评制度改革及其实践效果》,载《法学》2019年第11期。

观测性，但这种结果导向的考绩方式只能间接反映出法官的工作努力度，而对于法官的司法能力是否提升、法官是否保持廉洁或者法官裁判尺度是否统一等综合性、统筹性问题则未能给予回应。[8]并进而带来两大难题，一是考核结果的正向激励作用不明显，当下四档考评等级的设置客观上将80%的法官集中在第二档次，奖励性绩效奖金总量上的有限导致奖金档差较小，且法官等级按期晋升缺乏有效的鼓励条件，择优选升覆盖面又相对狭窄；[9]二是法官综合能力素质的诸多方面并不能以量化的数字形式呈现，一旦对法官的司法能力、道德水平、廉洁度等方面进行评估时，上述量化考绩方式就会陷入"无用"的困境。

可见，绩效考核制度所反映的实然水平与其应承担的应然功能存在较大鸿沟，无论如何设置定量指标、排序指标体系都无法将其完整展现。对考绩结果形式上的运用和倒推，只会让考绩制度停留在利用绩效奖惩来约束法官以实现特定司法绩效目标的功利性阶段，无法有效发挥制度内在的激励作用。

三、我国法官绩效考核之问题反思及制度余量

现阶段法官绩效考核制度中，最受人瞩目的无疑是将通行于企业管理的绩效考核制度嵌入审判管理中，囊括了法院人员管理分类、案件分配、院庭长监督等制度内容的审判管理制度，其中的法官绩效考核制度被赋予了特定的制度使命，即运用"奖优罚劣""奖勤罚懒"的模式来激励法官注重案件的质效，以期在整体上提升司法公正与效率。[10]法官绩效考核制度的改革性标志是对权重系数的运用，而权重之本义源于数学领域，系指针对某一指标在整体评价中的相对重要程度。案件权重引入法官绩效测评工作中的优势在于，借助测量法官工作

---

[8] 高欧、郭松：《审判权与审判管理权、审判监督权的关系重塑》，载《交大法学》2022年第1期。

[9] 刘庆伟、王伟：《改革后法官等级趋于集中问题反思——完善我国法官等级晋升之实然性与应然性思考》，载《山东法官培训学院学报》2021年第5期。

[10] 法院关于绩效考核的指标设定，主要源于最高人民法院2008年公布的《关于开展案件质量评估工作的指导意见（试行）》，随后案件质量评估制度在全国各级法院试行。2011年最高人民法院修订下发了《关于开展案件质量评估工作的指导意见》，对已经试运行3年的人民法院案件质量评估指标体系进行调整完善，从发布之日起在全国各级人民法院正式施行。依该指导意见，设置审判公正、审判效率与审判效果3个二级指标，在各二级指标体系下，又分设一审陪审率、一审上诉改判率，法院年人均结案数、长期未结案件数、当庭裁判率，上诉率、申诉率、调撤率、服判息诉率、自动履行率等三十余个三级指标。同时支持各法院结合本区域司法实践对考核指标进行增删、调适，如广州互联网法院融合互联网纠纷特征，增加在线庭审率、在线立案率以及电子送达适用率等作为评估指标。

负荷的这一客观工具，估算和比较不同类型案件的实际工作负荷。[11]

目前，已有的法官绩效考核的经验性探索包括上海市高级人民法院（以下简称上海高院）的案件权重系数考评[12]、南京市中级人民法院（以下简称南京中院）的审判工作量评估软件[13]、北京市第二中级人民法院（以下简称北京二中院）的司法工作量核定系统[14]、广州市中级人民法院（以下简称广州中院）的诉讼案件工作量评估系统权重系数软件等。如上海高院借鉴"案件权值"计算法，根据案件的难易程度、适用程序以及影响工作量的其他因素（如庭审时间、笔录字数、审理天数、法律文书字数），区分案件类型对涉案的特殊因素分别设置一般权重系数、固定权重系数以及浮动权重系数。[15] 与上海高院的权重赋值方法有较大不同的是北京二中院的"统一度量衡"方法，该方法提出四百余项办案要点，将办案要点与标杆案件进行比对并对办案要点权重系数进行赋值，最后通过所涉办案要点进行相叠加并测算具体工作量。[16] 而广州中院则结合本地法院的实际情况，对案件类型、审理流程、案件应然节点与或然节点进行调研、采集各业务庭案件耗费时间等基础数据，调整案件权重指标，并进行相关数据测算，建立案件权重系数模型。

从改革试点的情况来看，法院多从定量的角度来分析影响案件质效和流程管理的各项因子，并采加权平均法设置各指标区间参考值，进而设计出符合本院实际情况的基本工作量、案件权重、固定系数、浮动系数等一系列指标。这种以案件个数为计算单位的工作量测量方法，在审判管理和组织运作上，受到越发严峻的挑战。[17] 同时也存在着以案件性质确定案件重要度、以案件多寡评判法官业绩能力等问题。事实上，试点法院内部对考核指标的设定也颇有争议，

---

[11] 屈向东：《以案定编：通过审判工作量配置法官员额——基于案件权值模型的分析研究》，载《全国法院第二十六届学术讨论会论文集》，人民法院出版社2015年版，第328页。

[12] 上海市第一中级人民法院课题组：《审判绩效考核与管理问题研究》，载《中国应用法学》2019年第3期。

[13] 江苏省南京市中级人民法院课题组：《司法体制综合配套改革视野下法官业绩考核评价制度重构》，载《法律适用》2018年第7期。

[14] 北京市第二中级人民法院课题组：《司法改革背景下法官绩效考评机制研究》，载《中国应用法学》2018年第3期。

[15] 上海市第一中级人民法院课题组：《审判绩效考核与管理问题研究》，载《中国应用法学》2019年第3期。

[16] 通过将404项办案要点需花费的工作时间逐一与标杆案件比对，与基础工作量"1"换算后分别赋予权重系数，核算出办案要点工作量。参见南京市中级人民法院课题组：《法官业绩考核评价制度研究》，载《中国应用法学》2018年第1期。

[17] 程金华：《法院案件工作量测算的"中国方案"——司法大数据时代的探索方向》，载《法律适用》2020年第3期。

一方面指标设置存在测量误差和偏差,导致有效性和可靠性问题频现。另一方面,在试点法院试行权重系数则是一个更为复杂的问题,就工作评价而言,权重比例实则涵摄评价对象总体一致、大体趋同的基础性要求。然而不同地区在案件类型上存在较大差距,且各地法院的审判人员力量、审判任务等也难划一。因此,法官绩效的考核较难脱离个性化、差异化的定制。可见,在固定案由的范围内,无论怎样确定指标权重,总会有捉襟见肘、此消彼长之感,如某类案件权重多了,相应的其他类案件权重指标就会下降。若这些问题不加以重视,一旦出现权重与案件流程节点混杂考量的情况,就会导致案件质量的评价标准模糊不清、指标数据合法性遭受质疑。[18]

固然,法院系统的上述改革在制度构建层面进行了有益探索,着力区分法院运行的司法逻辑与行政逻辑、改造法院内部组织结构以及引导地方法院理性化竞争等方面并积累了丰富的制度资源和制度余量。[19]但问题在于,我国现有法律体系的制度余量是否充足,能否应对当下数字时代对法官绩效管理的特定逻辑内涵、决策管理和执行等各项需求。就目前而言,最高人民法院在《人民法院第五个五年改革纲要(2019—2023)》中明确指出,应当研究制定科学合理、简便易行的审判绩效考核办法,并进一步规范督查检查考核工作,清理取消不合理、不必要的考评指标。[20]同时,最高人民法院在《关于深化司法责任制综合配套改革的实施意见》等司法责任制综合配套改革相关的规范性文件中,也要求应当健全绩效考核制度并提出相应的完善措施。2019年10月施行的《法官法》对该议题已表达了足够多的诚意。尤其值得注意的是,我国于2020年公布的《国民经济和社会发展第十四个五年规划和2035年远景目标纲要》鲜明地提出:"应当深化司法体制综合配套改革,完善审判制度、检察制度、刑罚执行制度、律师制度,全面落实司法责任制,加强对司法活动监督,深化执行体制改革,促进司法公正。"最高人民法院于2021年10月印发的《关于加强和完善法官考核工作的指导意见》(法〔2021〕255号),在总结地方法院经验做法的基础上,提出构建"固定系数+浮动系数"的办案工作量权重系数体系,为各

---

[18] 王成财:《中国法官员额制问题研究》,吉林大学2019年博士学位论文,第92页。

[19] 郭松:《审判管理进一步改革的制度资源与制度推进——基于既往实践与运行场域的分析》,载《法制与社会发展》2016年第6期。

[20] 2019年2月27日,最高人民法院发布《人民法院第五个五年改革纲要(2019—2023)》提出,"全面推进人民法院队伍革命化、正规化、专业化、职业化建设,遵循干部成长规律,完善法官培养、选任和培训机制,强化干警政治训练、知识更新、能力培训、实践锻炼,努力提升队伍政治素质、职业素养、司法能力和专业水平,确保各类人员职能分工明晰、职业保障到位,构建中国特色社会主义法院人员分类管理和职业保障制度体系"。

地法院结合实际情况制定案件权重系数提供了有效的指引。[21] 由此可见，无论是制度建构层面还是立法层面，国家和最高人民法院已经给予该议题较具分量的关注，并形成了初具规模的制度余量。故此，对法官绩效管理制度探讨还需在既有的改革举措所获实效基础上，继续深入探究法官绩效考核机制方案可能的优化方案。

四、我国法官绩效考核制度之优化对策

在加快推进"审判理念、审判机制、审判体系、审判管理现代化"的背景下，拟定法官绩效考核机制优化方案的过程中，应充分观照制度细密性与完备性并进行优化方案研究，重新核定考核指标及权重指数并在试点法院进行场景化运用，一方面借助司法大数据着力提升指标设置的精准度、指标指向的覆盖面和指标之间的逻辑性，以实现考核的确认功能；另一方面通过引入双轨评议机制作为考核辅助手段，畅通异议渠道并规范申诉处理程序，利用司法的政治力学，保持对法官行为趋向的持续激励并建立非物质性激励扩容机制，以实现考核的筛选功能和奖惩功能。

（一）构建合理的法官绩效考核指标体系

最高人民法院指出，"科学的、符合司法内在规律的考核指标，是各级法院、广大法官做深做实能动司法的重要抓手"，[22] 构建绩效考核指标体系，绝非一项利益无涉的事情，其牵涉法院数目字管理，建议首先从制度设计上着手，确定具有刚性约束效果、可操作性强的量化指标，在满足审判工作需要的同时努力达到符合各地实际的"最大公约数"。

1. 调适审判公正之二级指标项下的"二审改判发回重审率"及"再审改判发回重审率"三级指标。上述二指标均反映法官关于案件的审判质量情况，但

---

[21] 《关于加强和完善法官考核工作的指导意见》围绕办案数量、质量、效率、效果设置考核指标。办案数量以结案数为基础，考虑案件权重、团队配置综合评价；办案质量以案件发、改为基础，通过案件质量评查对法官审查证据、认定事实、适用法律等能力进行重点评价；办案效率以审限内结案率为基础，突出对案件审理时长、长期未结案的考核；办案效果突出政治效果、法律效果和社会效果的考核。同时最高人民法院发布《法官考核中案件权重系数设置样式参考表》，也拟定了民事案件法官考核中案件权重系数设置样式参考表。参见最高人民法院：《关于加强和完善法官考核工作的指导意见》，https：//www.court.gov.cn/index.html，最后访问于2023年8月7日。

[22] 张军：《做深做实新时代能动司法：以审判工作现代化服务保障中国式现代化》，https：//www.court.gov.cn/zixun/xiangqing/396042.html，最后访问于2023年8月7日。

并非所有被改判或被发回重审案件都可归责于一审或原审法官。[23] 因此，需对二指标中的案件计数方式进行调整，即以"错误"作为二指标之后缀。换言之，仅当发回重审或改判的原因是裁判出现实体错误、程序问题，且法官对错误裁判存在过错时，方计入相应的发回改判率。值得注意的是上述二指标在计算时，所采用的计数基础并不相同，其中"二审改判发回重审率"以一审裁判结案数为计数基础，即包括考核周期内已生效和未生效的一审裁判；而"再审改判发回重审率"则以生效裁判案件数为计数基础，仅指考核周期内已生效裁判。

$$二审改判发回重审率^{(错误)} = \frac{二审改判或发回重审案件数}{一审裁判结案数}$$

$$再审改判发回重审率^{(错误)} = \frac{再审改判或发回重审案件数}{生效裁判案件数}$$

2. 细化审判效率之二级指标项下的"法定审限内结案率"和"长期未结案数"三级指标。实践中，延长审限结案虽符合法律规定，但延长审限情况之差异性极大且难获统一标准。故应对"法定审限内结案率"指标作限缩解释，即将该指标限缩为法定正常审限。而另一指标"长期未结案件数"中的"长期"一词亦需明确定义，鉴于该指标重点关注案件是否存在超过法定审限仍未完结的情况，对此可根据案件审理程序类型分别划定长期未结的标准，予以基础分的扣分处理。

3. 调整审判效果之二级指标项下的"调撤率""服判息诉率"和"再审审查率"3 个三级指标的权重。上述指标皆属法官不可控因素之考核指标，如当事人是否愿意调解并接受调解方法、是否主动撤销诉讼、是否提起上诉以及是否申请再审与当事人诉讼权利之行使和主观意愿息息相关。如果把当事人诉讼权利行使行为纳入指标体系，会带来法官为追求数据完美，借用司法技术规避风险的隐忧。[24] 故此，应适当降低指标所占的权重，并根据审判运行态势调适计分标准值。

4. 剔除法院内部行政化事务的"超附加"设定，如"庭审直播率""在线立案率""电子送达适用率""电子卷宗随案生成率"等，这些指标大多属于法院之日常行政管理，且多取决于当地法院信息化建设水平，与法官司法裁判权

---

[23] 《中华人民共和国民事诉讼法》第 177 条规定了二审案件发回重审或改判的情形，《关于适用〈中华人民共和国民事诉讼法〉审判监督程序若干问题的解释》第 27 条、《关于适用〈中华人民共和国民事诉讼法〉的解释》第 405 条规定了再审案件改判或发回重审的情形，《关于完善人民法院司法责任制的若干意见》第 28 条规定了再审案件改判而不属于错案的情形。结合上述规定，只有当发回重审或改判是由于裁判实体或程序出现错误且该错误可归责于法官时，该案件方属错案。

[24] 张建：《指标最优：法官行动异化的逻辑与反思——以 J 市基层人民法院的司法实践为例》，载《北方法学》2015 年第 5 期。

行使并无太多关联。[25]此外，一切与司法无关的指标如"扶贫""参与城市建设"等应全部剔除，避免考核指标体系沦为法官的行为中轴。同时还需持续跟踪测算案件指标权重，对审判事务依核心与非核心之标准进行分类，从案件指标权重系数着手，紧跟法官工作量，动态调整并关注指标覆盖面、逻辑性、客观性等多重因素，重新核定考核指标及权重指数并在试点法院进行场景化运用。

（二）建立双轨评议机制作为考核辅助手段

分数制和比例制是目前我国法官绩效管理的主要方式，具有直观性、可量化的特征，如前所述，法官综合司法素质等诸多方面并不能以客观的、可量化的形式呈现。故此，我国可尝试建立双轨评议机制，作为考核辅助手段的定性评价，打通绩效考核的结果导向与过程导向之间的价值壁垒。一方面，由各级法院政治部为牵头部门，采取同侪互评的方式，邀请同事对法官庭审进行观察并给出评价性意见，或对法官道德水平和廉洁度进行评议、打分，并就需要改进或值得借鉴之处展开充分探讨与交流。通过畅通内部评议渠道，弱化法官单纯作为考核客体的被动地位，强化对法官身份的自我认同，在既定政策框架下建立面向法官个体的回应式绩效管理措施。另一方面，赋予外部中立机构评议的资格，如可吸收社会公众与法律职业群体参与到绩效考核体系内，实现考核主体的增量。[26]再如针对"审判效果"二级指标下设的"公众满意度"，可进一步将其分解为庭审指挥能力、裁判文书写作能力等子项目。对前者可由中立第三方通过随机旁听或观看庭审录像的方式进行评议；对于后者，可由法官、律师、法学教授等专业人士组成小组，通过文书抽查，对文书的事实认定、适法说理等问题进行评议。[27]同时，还应警惕当事人作为考核主体时其结果的可靠性。毕竟绝大多数当事人都会以自己的胜败作为评价的主要因素，这既不正义也不科学。因此，对法官绩效考核应当区分不同考核目的进行类型化探讨，以此确定不同的考核主体、考核指标和考核方法。例如，对每年例行常规年度考核中，既不需要当事人和律师作为考核主体，也不需要为其另设考核指标。但在评优评先考核中，可将当事人、律师的好评作为参酌指标之一。此外，还可将案涉当事人及其代理律师的投诉、举报且查证属实的事实纳入考评法官的负面指标，以对法官的努力度、廉洁度和司法能力予以警示。

---

[25] 张建：《论法官绩效考评制度改革及其实践效果》，载《法学》2019年第11期。
[26] 吴洪淇：《司法量化评估的建构逻辑与理论反思》，载《探索与争鸣》2021年第8期。
[27] 江苏省南京市中级人民法院课题组：《司法体制综合配套改革视野下法官业绩考核评价制度重构》，载《法律适用》2018年第7期。

（三）畅通异议渠道并规范申诉处理程序

考核结果与被考核者利益休戚相关，若缺乏畅通的申诉渠道或反馈途径，可能导致绩效考核制度成为裹挟法官的公共管理工具。通常异议程序适用于法官职位晋升或留任选举等场景，鉴于考核结果与法官的职位留任或晋升密切相关，通过赋予法官异议申诉等权利，强化法官职业的任职保障，确保法官的晋升或留任不受有偏差错误之结果影响，同时也可实现促进法官职业成长、优化执法办案和资源配置之目标。为畅通结果反馈机制，需进一步细化《法官法》第四十三条法官对考核结果的异议、复核处理程序，明定异议内容的范围、异议的受理主体、提出异议时间及相关程序的衔接。从"法官个体"出发，尊重司法逻辑、审判逻辑和司法运作基本规律，提升法官的参与感，形成以法官为本位的绩效考核框架，推动法院内部治理的升级。

（四）校正激励的内生动力并实现全面奖惩功能

将考绩结果直接运用于绩效奖惩是绩效考核内涵的制度逻辑，即用货币奖励引导法官完成相应的司法管理目标任务。然而，若考绩结果仅与绩效奖惩绑定，意味着该制度仅仅具有表面意义上的激励功效。实际上，除包含工资福利、住房等货币收入外，法官的福利追求还有另外三个重要项目，分别为个人职级晋升、非货币性收入（与职权相关的尊严、办公场所条件等）和悠闲指标（工作负担等）。而上述福利追求都构成对法官激励机制的深层期待。一方面，应当打通晋升渠道与空间。面对庞杂的法官管理，需要一种机制来建构和控制内部秩序，使职级分层和晋升成为手段之一。[28] 盖因职级晋升直接与各种物质、非物质利益相关，其既有直接货币收入差异的属性，又兼具非货币意义上的尊严和认同属性。然而，法官的任职空间和晋升渠道相对较窄，法官系单独序列只设有十三级，但根据中共中央办公厅印发《公务员职务与职级并行规定》的要求，行政职务序列可以达到二十余级。故此，应当进一步打通法官晋升渠道与空间，构建"能进能出""能上能下"的法官成长阶梯和晋升体系，充分利用司法的政治力学，通过职级晋升，保持对法官行为趋向的持续激励，依赖差等、差序制造并鼓励竞争，并保证法官有足够的激励能够自我规制。另一方面，可尝试建立非物质性激励扩容机制。受制于我国司法制度及司法文化，法官个人在司法活动中缺少鲜明的辨识度，

---

[28] 刘忠：《中国法院改革的内部治理转向——基于法官辞职原因的再评析》，载《法商研究》2019年第6期。

亦缺乏将个人荣誉向集体荣誉延展扩容的措施。故此，可通过声誉、口碑等自我约束、自我规训机制，培育法官群体的组织忠诚度，进而建立非物质性激励扩容机制。这种非物质性激励机制所包含的声誉、口碑、影响力等多种精神元素，应系法官个人所需要的精神期许，而且这种非货币性特质也能够保证其与传统物质激励不同的供给优势，可以在很大程度上摆脱过多的外部规训，成为一种意识自觉，并以其特有的内在动力特质促使法官积极追求司法公正、遵守道德理性、重塑司法共同信任。[29]

结语

随着数据、算法和算力三大要素的全面突破，[30] 全球正大步迈入数据时代。数字时代下科技赋能司法审判体系的结果，带来中国法治的数据量呈指数化提升态势，"中国裁判文书网"目前所拥有的裁判文书已超过 7600 万份，"北大法宝"所拥有的裁判文书也已超 7300 万份，全国法院系统以每年产出 3000 多万起的案件为增量。[31] 考虑到司法数据的共通性、智慧法院建设的规模性和法院后台数据交互的规律性，审判管理活动中生成的大量司法数据已成为法官绩效考核之新载体，借助司法大数据多维度刻画法官工作量，实现对当下庞大数据的有效利用，[32] 进一步提升考核指标指向的精准度，推动新兴信息技术与法院工作的深度融合，构筑数据真实性和稳定性保障平台，甚至逐步统摄法官绩效考核的合理性论证。一则在司法数字化背景下，由智慧系统对数据进行录入、提取、清洗、计算、分析，可减少甚至避免人工填写数据需求，足以确保数据之真实性。[33] 二则可借助司法数据平台实现对案件的动态评估，科学测算法官工作量，灵活调整法官助理、书记员等审判辅助人员配给，尽最大可能平衡审判工作量。通过数字平台，精细调节审判动态，实现审判工作各环节的智能化监督和规束，释放司法大数据时代的最大红利。

如今，司法改革已经步入第五个五年纲要时期，并走向通达的要津。法官绩效考核制度作为司法改革下一步"全面落实司法责任制"的重要抓手，在强化审判管理、优化司法质量等方面有着显著的进展，但也凸显了诸如结

29　吴元元：《基于声誉机制的法官激励制度构造》，载《法学》2018 年第 12 期。

30　李成：《人工智能歧视的法律治理》，载《中国法学》2021 年第 2 期。

31　蔡星月：《算法正义：一种经由算法的法治》，载《北方法学》2021 年第 2 期。

32　郑智航、曹永海：《大数据在司法质量评估中的运用》，载《吉林大学社会科学学报》2023 年第 2 期。

33　程金华：《人工、智能与法院大转型》，载《上海交通大学学报（哲学社会科学版）》2019 年 6 期。

构紧张、定量偏差、效应递减等弊端。可以肯定的是，法官绩效考核的制度优化和技术革新耦合了司法改革的规律，唯有厘清制度中的运行逻辑，将制度之目的从提升司法质效扩充为注重司法质效的同时关注法官综合能力提升，才能充分发挥制度应有的作用功效，保持评估体系的流动性、自省性和开放性，并把制度从管理法官迈向服务法官，进而契合审判管理大变革的整体方向。

《家庭教育促进法》的立法依据刍议

马洪伦[*]

2022年1月1日,《家庭教育促进法》正式施行。与其他教育法律不同,其第1条未明确规定"根据宪法和教育法,制定本法",这导致论证环节存在的立法依据之争仍将持续。2008年以来,全国人大代表陆续提出制定家庭教育法的法律议案,[1] 教育学界也普遍赞成家庭教育立法,认为法治是克服家庭教育难题的治本之策,[2] 有助于完善中国特色社会主义法律体系。[3] 除功能论之外,教育学者还从规范基础、[4] 家庭教育的公益性及其社会影响、[5] 域内域外立法经验[6] 等角度建构家庭教育立法的正当性基础。但是法学界基于家庭教育的私权属性、[7] 宪法对家庭的制度性保障[8] 等理由反对家庭教育立法。本文从宪法依据、现实依据、规范依据等方面系统论述了《家庭教育促进法》的立法依据,不仅挖掘了《家庭教育促进法》的正当性根基,也可为社会领域其他立法工作提供理论

---

[*] 马洪伦——山东曲阜师范大学法学院副教授,主要研究领域:宪法学。本文系国家社会科学基金青年项目"全国人大常委会法律解释制度的功能研究"(项目编号:18CFX013)的阶段性研究成果。

[1] 历届全国人大收到的制定家庭教育法的法律案数量统计:十一届全国人大2件(2008年1件、2010年1件)、十二届全国人大10件(2013年1件、2014年3件、2016年3件、2017年3件)、十三届全国人大15件(2018年3件、2019年7件、2020年5件)。

[2] 参见肖文娥:《家庭教育必须立法》,载《河北师范大学学报》1993年第1期。

[3] 参见周文娟:《关于家庭教育立法基本问题的思考》,载《中国德育》2019年第22期。

[4] 参见徐建、姚建龙:《家庭教育立法的思考》,载《当代青年研究》2004年第5期。

[5] 参见吴静:《家庭教育立法研究:价值、梗阻及完善思路》,载《重庆理工大学学报(社会科学版)》2020年第11期。

[6] 参见刘兰兰:《日本家庭教育立法及其对我国的启示》,载《教育评论》2015年第1期。

[7] 胡敏洁:《"受国家保护的家庭"释析》,载《浙江学刊》2020年第5期。

[8] 王锴:《婚姻、家庭的宪法保障——以我国宪法第49条为中心》,载《法学评论》2013年第2期。

指引。

一、宪法依据：家庭的国家保护义务

虽然《宪法》未明确规范家庭教育，但是第49条规定的"家庭的国家保护义务"是《家庭教育促进法》间接但充分的宪法规范基础。作为一个方针条款，根据德国公法学中的宪法委托理论，《宪法》第49条产生约束包括立法机关在内的国家权力的宪法效力，《家庭教育促进法》是全国人大常委会履行家庭的国家保护义务的方式之一。

（一）"家庭的国家保护义务"的体系解释

《宪法》第49条分别规定了母亲、儿童、父母、老人、妇女等宪法主体的权利与义务，体现了宪法对上述主体的特别保护，聚焦于国家对家庭的保护。[9] 一方面婚姻是家庭的基础，另一方面母亲、儿童、父母、老人、妇女等都是家庭成员，他们之间的关系构成了家庭的核心。因此家庭的国家保护义务是《宪法》第49条的基础性规范，其他规范在不同层面上体现了宪法对家庭生活的价值预设，因此家庭的国家保护义务的价值基础是"秩序维护"。就家庭内部关系而言，家庭成员之间应当和谐相处并尊重社会公德，未成年子女受到照顾、老人得到赡养、母亲妇女获得尊重。就家庭的外部关系而言，家庭应承担起社会功能，主要表现为促进或者服务于有关的国家目标，《宪法》第49条第2款规定的夫妻双方有实行计划生育的义务正是家庭应服务于国家目标的规范表现。宪法通过保护家庭意图维护的价值并非一成不变，随着社会的变迁，不管是以和谐为价值目标的家庭内部秩序还是服务于国家目标的家庭外部制度都可能产生变化。有鉴于此，立宪者仅在宪法文本中对国家保护家庭的义务作原则性规定，而委托其他机关根据社会现实予以贯彻。因此，父母教育未成年子女的义务包含在国家对家庭的保护义务中，间接产生出约束包括立法权在内的国家权力的宪法效力。

（二）"家庭的国家保护义务"的立法者拘束力

家庭的国家保护义务是一项具有拘束力的方针条款。当家庭的国家保护义务与一项国家不直接参与的法律关系相结合时，立法者往往负有选择性立法义

9　《中华人民共和国宪法》第49条规定："婚姻、家庭、母亲和儿童受国家的保护。夫妻双方有实行计划生育的义务。父母有抚养教育未成年子女的义务，成年子女有赡养扶助父母的义务。禁止破坏婚姻自由，禁止虐待老人、妇女和儿童。"

务。就父母教育未成年子女的义务而言，这是父母与未成年子女之间的法律关系，国家并不直接参与其中，宪法规定此项义务是对于立宪之时以及未来国家行为的任务与方向预设的一种具有指向性的价值判断。如果家庭教育能够在社会自治、伦理约束下基本达到宪法关于家庭的价值预设，促进或者服务于国家关于教育事业的目标，家庭教育便属于公民的自由，国家权力无须介入。当家庭教育有损国家的、社会的、集体的利益和其他公民的合法的自由和权利时，立法者即有权介入家庭教育领域。因此，立法者拥有选择性立法权力，主要基于如下两个方面作出立法时机是否成熟的决定：第一，分析家庭教育立法的社会基础，判断家庭教育是否在整体上无法促进国家教育目标。第二，家庭教育规范体系化建构要求。家庭教育规范具有多元性，立法应当与政策、地方性法规等形成科学的家庭教育规范体系。为了实现国家保护家庭的目标，包括立法机关在内的所有国家机关都有义务运用自己的权力保护对包括家庭教育在内的家庭及其关系作出规范。缺乏政策、地方性法规等配套性规范，《家庭教育促进法》自身难以实现国家保护家庭的宪法目标；《家庭教育促进法》缺席，家庭教育政策、地方性法规中的经验无法提炼、分歧无法解决，家庭教育规范体系也不健全。总之，在宪法依据仅能提供选择性立法义务而非强制性立法义务的前提下，还需要从现实依据和规范依据等方面梳理《家庭教育促进法》的立法时机是否成熟。

二、现实依据：教育治理体系现代化中的家庭教育

宪法依据是《家庭教育促进法》的正当性根基，支持家庭教育立法的学者、人大代表等主要从家庭教育缺失引发消极社会影响、侵害未成年人合法权益等角度进行必要性论证。[10] 在社会治理现代化的背景下，家庭教育在教育治理体系中地位的转变要求家庭教育在育人方面发挥更加重要的作用，然而家庭教育功能错位产生了知识教育功能渐强、品德教育功能式微的现象，国家依法规制家庭教育领域的时机已经成熟。

（一）家庭教育在教育治理体系中的地位转变及其影响

在教育治理体系现代化背景下，家庭教育经历了从配合性地位到主体性地位的转变，在社会法治国理念及其制度框架内，国家是教育事业发展的主要责任主体，家庭、社会等其他组织或者个人往往处于配合性地位，我国的家庭教

---

10 张良才：《中国家庭教育的传统、现实与对策》，载《中国教育学刊》2006年第6期。

育甚至存在着被视为学校教育"延伸"和"附属"的边缘化现象。[11]党的十八大以来，尤其是全国教育大会之后，家庭在教育治理体系中的地位逐渐发生变化。习近平总书记在全国教育大会上指出，办好教育事业，家庭、学校、政府、社会都有责任。一方面，家庭、学校、政府、社会都是家庭教育的责任主体，需要建立起协同配合机制，共同办好教育事业；另一方面，根据教育责任主体的性质不同，在不同的教育领域，家庭、学校、政府除了协同配合之外还需要分别承担主体性责任。比如政府除了承担教育管理职责之外还需要为学校教育、家庭教育提供支持。家庭是人生的第一所学校、父母是孩子的第一任老师，在社会主义核心价值观教育、品德教育、劳动教育等方面，家庭是更主要的责任主体。与品德教育作为家庭教育的固有功能相比，劳动教育是在教育治理体系现代化背景下家庭教育的新功能。习近平总书记在全国教育大会上指出，要努力构建德智体美劳全面培养的教育体系，形成更高水平的人才培养体系。[12]全国人大常委会修改《教育法》，将劳动教育纳入教育方针。家庭、学校、政府等家庭教育主体在分工负责基础之上的协同工作机制能够推动教育治理中公共利益的最大化，实现教育治理现代化中的善治。

（二）家庭教育的功能错位及其影响

家庭是社会的基本要素，是价值而非知识的代际传送载体。家庭教育本应在教育治理体系现代化中发挥主体性作用，然而家庭教育强调知识教育而忽略品德教育的功能错位引发了校园欺凌、未成年人犯罪等社会性问题，违背了青少年发展规律，甚至影响到国民教育体系，触及了社会公共利益，突破了宪法自由的边界，国家可据此介入家庭教育领域。

习近平总书记在会见第一届全国文明家庭代表时指出，家庭教育涉及很多方面，但最重要的是品德教育，是如何做人的教育。[13]改革开放以来，家庭教育的功能逐渐从以品德教育为主转向以知识教育为主。尽管父母受教育程度与家庭教育人力资本的投入有一定的影响，[14]但总体来看，家长用于提升未成年

---

[11] 孙艺格、曲建武：《我国家庭教育政策的演变、特征及展望》，载《教育科学》2020年第3期。

[12] 《习近平出席全国教育大会并发表重要讲话》，载中国政府网，https://www.gov.cn/xinwen/2018-09/10/content_5320835.htm，最后访问于2023年8月15日。

[13] 《习近平：在会见第一届全国文明家庭代表时的讲话》，载共产党员网，https://news.12371.cn/2016/12/15/ARTI1481810971564960.shtml?t=632085133344531250，最后访问于2023年8月15日。

[14] 祁翔：《父母受教育程度与子女人力资本投资——来自中国农村家庭的调查研究》，载《教育学术月刊》2013年第9期。

人知识素养的人力资本和经济成本逐步提高。究其原因，社会性因素是关键所在。在低不平等和低教育回报率的国家，父母往往更宽容，在高不平等和高教育回报率的国家，父母可能会更专断。[15]改革开放以来，随着市场经济改革的深入，教育收益率稳步上升，教育或人力资本取代了计划经济时期的论资排辈规则，成为目前调节收入分配的一个重要机制。[16]在上述背景下，中国家庭普遍加大对教育的人力资本和经济成本投入，力求让孩子赢在起跑线上，校外培训行业的蓬勃发展即是家庭为教育买单的实证。

家庭在未成年子女知识素养教育方面的投资问题属于家庭的自由，国家一般不应介入，但是根据《宪法》第51条，公民在行使权利和自由的时候，不得损害国家的、社会的、集体的利益和其他公民的合法的自由和权利。家庭教育从以品德教育为主逐渐转为以知识教育为主，也引发了许多社会问题。第一，为了解决中小学生课后负担过重问题，教育行政部门等有关国家机关出台各种疏导性政策，但问题始终不能得到系统解决。第二，未成年人的品德教育弱化问题。家长是孩子的第一任老师，随着家长对孩子知识教育的过分强调和对品德教育的相对忽视，未成年人整体的道德观念呈现出危机状态，近年来引发社会广泛关注的未成年人尤其是低龄未成年人犯罪问题明确体现出该群体的整体道德观念弱化。

总之，家庭教育在教育治理体系中主体性地位的确立发展了《宪法》第49条规定的"家庭的国家保护义务"对家庭教育的价值预设，但是当前实践中的家庭教育无法担负起促进培养德智体美劳全面发展的社会主义建设者和接班人的教育目标的主体性责任，《家庭教育促进法》有助于家庭实现其主体性地位并督促其履行主体性义务。

三、规范依据：教育规范的体系化、法典化

虽然国家权力介入家庭教育具备宪法依据和社会基础，但是长期以来，中央和地方主要通过政策方式推动家庭教育工作，在《关于指导推进家庭教育的五年规划（2011—2015年）》提出有条件的地方可先行制定家庭教育地方性法规之后，地方人大陆续开始制定家庭教育促进条例，有关法律也对家庭教育做出了程度不一的规范。家庭教育政策、家庭教育地方性法规、有关法律开创了

---

[15] ［美］马塞厄斯·德普克、法布里奇奥·齐利博蒂：《爱、金钱和孩子》，吴娴、鲁敏儿译，格致出版社、上海人民出版社2019年版，第16—19页。

[16] 李春玲：《文化水平如何影响人们的经济收入——对目前教育的经济收益率的考查》，载《社会学研究》2003年第3期。

许多有效机制,但是基于政策稳定性、社会治理法治化、地方性法规适用范围有限性、分散式立法的局限等因素,家庭教育立法采用了单行立法而非分散式立法的方式,一方面总结了政策、地方性法规、法律的有益经验,另一方面发挥了资源整合功能,为家庭教育提供了整体性规范。

(一)家庭教育政策法治化

改革开放以来,我国已经逐步建立起同社会发展水平相适应的家庭教育政策体系,在全面推进依法治国的历史背景下,按照社会治理法治化的基本要求,家庭教育政策法治化成为必然趋势。第一,家庭教育政策法治化是社会治理法治化的基本要求和具体展现。纵观中国共产党治国理政的实践经验,其基本方式经历了从政策主导向法治主导的转变。家庭教育是中国当代社会治理的重要内容,教育政策法治化是全面推进依法治国与社会治理法治化的题中应有之义。第二,家庭教育政策法治化有助于弥补政策稳定性之不足,实现法治的稳定性与政策的灵活性有机结合,科学配置家庭教育规范体系。需要指出的是,家庭教育政策法治化并非要求所有的家庭教育政策都转变为法律,仅要求其核心内容之法治化。第三,家庭教育政策法治化有助于弥补政策强制力之不足。家庭教育政策和家庭教育立法都需要处理家庭与政府之间的协调机制,家庭是家庭教育的主要责任主体,政府只发挥辅助性、帮助性作用。但是,与政策不同,强制力是法律的特征。必要的时候,政府可以介入家庭教育,要求未成年子女的法定监护人履行法律义务,这有利于家庭教育理想目标之实现。

(二)整合家庭教育地方立法经验

从地方性法规到国家立法,《家庭教育促进法》总结了地方立法经验,解决了地方立法争议,规定地方立法机关无权规定的法律责任、无力建设的全国性家庭教育网络服务平台,完善了家庭教育的规范体系。

第一,整合地方立法经验。家庭教育地方性法规总结了地方在推动家庭教育工作中取得的有益经验与制度创新,[17]《家庭教育促进法》提炼、推广了地方立法经验。比如,《家庭教育促进法》第25条提出省级以上人民政府应当组织有关部门统筹建设家庭教育信息化共享服务平台,这是对福建、浙江等省份经验的立法推广。全国妇联、教育部等有关部门可在此基础之上协调省级资源共享,推动形成全国范围内的家庭教育网络服务平台。

---

17 梅文娟、董善满:《从地方到国家:家庭教育立法之思考》,载《青少年犯罪问题》2020年第2期。

第二，解决地方立法争议。家庭教育地方立法在立法体例、概念、制度实施等方面表现出差异性，《家庭教育促进法》有效解决了类似争端。与立法体例、基本概念、法律责任等比较而言，地方立法在家庭教育协作机制方面的不同，有可能会导致家庭教育工作的性质发生变化。在家庭实施、学校指导、社会参与等功能定位上，地方立法存在较大共识，争论主要体现在政府的角色定位上。设立专章明确政府的家庭教育职责是地方性法规的普遍做法，规定政府的辅助性功能是主要方案；安徽省、贵州省等赋予政府主导家庭教育工作的职责；《重庆市家庭教育促进条例》并未设立专章明确规定政府的职责。《家庭教育促进法》第4条明确规定未成年人的父母或者其他监护人负责实施家庭教育，国家和社会为家庭教育提供指导、支持和服务，确立了家庭主导、国家和社会支持的机制，解决了地方立法中的争议，实现了家庭、政府、学校、社会等主体在家庭教育工作机制中的职责定位。

（三）从分散式立法到单行立法：教育法典编纂的客观需要

《未成年人保护法》《预防未成年人犯罪法》等涉及未成年人权利保护的法律已对家庭教育（保护）做出了规范并不断完善，《家庭教育促进法》推动了教育法体系化、法典化进程。教育法体系化意指根据一定的标准对现行法律法规中涉及教育内容的原则和规则进行分类归纳，使之成为一个结构完整、层次分明、统一协调的规范体系，法典化是教育法体系发展的最高目标。[18] 家庭教育立法是完善教育法体系化、编纂教育法典的客观需要。在教育法律内容方面，教育法体系化不仅要依据宪法规范的明确规定也要考量其隐含性价值判断。根据上文所述，《宪法》第49条规定的家庭的国家保护义务蕴含着家庭教育立法之授权，第19条既明确授权国家举办各种学校，也鼓励集体经济组织、国家企业事业组织和其他社会力量依照法律规定举办各种教育事业。[19] 因此，教育法体系化至少应包含国家主办的教育、民办教育和家庭教育领域的相关法律。

18　任海涛：《论教育法体系化是法典化的前提基础》，载《湖南师范大学教育科学学报》2020年第6期。

19　《中华人民共和国宪法》第19条规定，国家发展社会主义的教育事业，提高全国人民的科学文化水平。国家举办各种学校，普及初等义务教育，发展中等教育、职业教育和高等教育，并且发展学前教育。国家发展各种教育设施，扫除文盲，对工人、农民、国家工作人员和其他劳动者进行政治、文化、科学、技术、业务的教育，鼓励自学成才。国家鼓励集体经济组织、国家企业事业组织和其他社会力量依照法律规定举办各种教育事业。国家推广全国通用的普通话。

结语

尽管《家庭教育促进法》没有明确规定"根据宪法和教育法，制定本法"，但仍具有充分的宪法依据、现实依据、规范依据和政治依据。《宪法》第49条规定的"家庭的国家保护义务"是制定《家庭教育促进法》间接但充分的宪法依据，立法者负有判断立法时机是否成熟以及选择立法形式的职责，当具备社会基础时，立法者应采用适当形式积极介入家庭教育领域。家庭教育过分强调知识教育功能并相对忽视品德教育功能导致未成年人心理健康、违法犯罪等社会问题，这是立法者介入家庭教育领域的必要性条件。教育法律的体系化、法典化要求全国人大常委会通过单行立法而非地方性法规、分散式立法等方式规范家庭教育，现实依据和规范依据构成了《家庭教育促进法》的社会基础。中国共产党基于家庭教育立法的社会治理功能以及家庭品德教育功能弱化的考量，通过协商民主制度汇聚社会共识，认为家庭教育立法的时机已经成熟，提出加快家庭教育立法的要求，为家庭教育立法注入了政治推动力与中国式民主因素，与全国人大常委会主导立法工作体现出的代议民主共同构成了《家庭教育促进法》的民主合法性基础。

著作权共有制度的检视与完善

王雪姗[*]

合作作品已经成为文化市场中一种常见的作品形态，但我国现行著作权法对著作权共有制度的规定在司法实践中亟须检视与完善。著作权本身的特殊性及我国社会对著作权法律规定的依赖性决定了著作权共有制度必须与物权共有制度相区别。据此，应明确著作权共有制度的立法理念：著作权共有制度应区别于物权共有制度；应坚持维护各方利益平衡的立法原则；应注重发挥裁判规则对于大众行为的引导作用。本文对著作权共有制度的具体规则提出完善建议：增设异议时效条款，将正当理由裁决前置，明确规定共有人一方提出异议但未经协商行使共有著作权的民事法律行为无效，并增设非合作作品著作权共有适用合作作品著作权共有的条款，从而确保著作权共有制度能够真正地回应社会需求。著作权共有是指两个或者两个以上的民事主体对同一作品的著作权的共同享有。[1] 其产生方式有两种，一种是基于合作创作产生的，一般称为合作作品的共有；另一种是基于继承、转让等继受取得的方式产生的，一般称为非合作作品共有。[2] 网络技术的发展加剧了文化市场的竞争，借助其他作者的力量共同创作作品成为作者在文化市场中突出重围的重要方式。我国著作权法虽秉持作品的传播和利用应符合利益平衡原则这一立法理念，但其对著作权共有制度的规定并未完全实现著作权法所应具备的基本功能——作为行为规范的可行性、可预见性和作为裁判规范的明确性，由此引发了司法实践中的争议。而2020年修正的《著作权法》也未对司法实践中的争议予以回应，仅移植和吸收了《著

---

[*] 王雪姗——华东政法大学知识产权学院博士研究生，主要研究方向：知识产权法。
[1] 冯晓青：《著作权共有的若干问题之我见》，载《政法论丛》1997年第1期。
[2] 欧阳福生：《共有著作权行使规则之检讨与完善》，载《电子知识产权》2021年第6期。

作权法实施条例》第9条关于著作权共有制度的规定，导致著作权共有制度的立法滞后于司法实践，无法满足社会对著作权共有制度的需求，亟须检视与完善。

一、著作权共有制度之检视

（一）理论基础不明确导致著作权共有制度受制于物权法

知识产权与物权同为私权使得知识产权法与民法的关系变得十分密切。就其二者的关系，目前理论界存在两种观点：一种观点认为知识产权属于私权，应当纳入民法典，且将知识产权纳入民法典有利于消除现行知识产权法中的一些逻辑问题，补充一些缺失的机制，并避免相似规则的重复、分散和遗漏，是利大于弊的[3]；另一种观点认为有体物和无体物是两种不同的客体，对其二者的规则设计应当不同，因此不应将知识产权纳入民法典，必须对其进行单独立法。[4]而在司法实践中，当著作权法存在漏洞时，一些法官会援引民法关于物权共有的规定去解决著作权共有纠纷。比如在吴思欧案[5]中，江苏省高级人民法院就援引了民法关于所有权共有的规定；在亚拓士软件有限公司与娱美德有限公司等侵害计算机软件著作权纠纷案（以下简称亚拓士案）[6]中，最高人民法院就援引了物权法关于善意取得制度的规定。

应当明确的是，法官在司法实践中援引物权法的规定来解决著作权共有纠纷，是其在著作权共有制度尚不完善的情况下，不得不做出的选择，并不意味着物权共有制度对于著作权共有纠纷的解决具有适配性。实际上，司法实践中的这一做法掩盖了私权体系下各类财产权类型不适合被"提取公因式"的客观

---

[3] 王迁：《将知识产权纳入民法典的思考》，载《知识产权》2015年第10期。

[4] 熊琦：《知识产权法与民法的体系定位》，载《武汉大学学报（哲学社会科学版）》2019年第2期。

[5] 参见江苏省高级人民法院（2009）苏民三终字第0101号。主要案情是：上海书画出版社出版的《吴湖帆书画集》收录了吴湖帆创作的书画作品，吴思欧作为吴湖帆的继承人之一，认为出版社未经吴湖帆先生合法继承人及著作权人授权，非法出版《吴湖帆书画集》，侵犯了各继承人的合法权益。出版社辩称，其与吴湖帆的继承人吴元京、吴述欧签订了版权授权合同，《吴湖帆书画集》属于获得许可的合法出版物。江苏省高级人民法院在二审中援引了《最高人民法院关于贯彻执行〈中华人民共和国民法通则〉若干问题的意见（试行）》第89条的规定，即共同共有人对共有财产享有共同的权利，承担共同的义务。在共同共有关系存续期间，部分共有人擅自处分共有财产的，一般认定无效。但第三人善意、有偿取得该项财产的，应当维护第三人的合法权益；对其他共有人的损失，由擅自处分共有财产的人赔偿。

[6] 参见最高人民法院（2020）最高知民终396号。

事实。比如，在吴思欧案中，法官援引物权法关于"共有财产权利的行使，应由权利人协商一致"的规定来解决关于著作权共有的纠纷，虽充分尊重了著作权共有人对其作品的自由支配意志，但也可能会因此造成作品的难以传播和利用；在亚拓士案中，法院援引物权的善意取得制度解决作品的无权处分问题，并判决娱美德公司将其新增合作主体授权获得的收益分配给亚拓士公司，但作品不同于有体物，作者无法通过占有而排除他人的侵害，且该收益并不能弥补亚拓士公司作为著作权人对作品的自由支配意志受到的损害。综上，虽然法院在司法实践中通过援引物权共有制度的规定实现了对部分著作权共有纠纷解决的"有法可依"，但值得关注的是，该种处理方式也体现出了物权共有制度对于解决著作权共有纠纷的不适配性。

回顾财产权制度的变革历史可以发现，现代私法体系下的财产权制度，无论是概念还是规则都基本借鉴不动产所有权制度。[7] 但鉴于历史原因，在不动产所有权体系构建之时，知识产权客体的特殊性并未得到体现，作品作为著作权的客体其本质属性与作为物权客体的有体物有很大的不同，其具有易受侵害性，且其涉及公共利益，这就使得著作权人更依赖于法律保护。同时，若适用物权法的规定，不但不利于对著作权人利益的保护，还可能导致作品的公共价值无法实现。因此，现行著作权共有制度理论基础的不明确使得法院在著作权共有问题的解决上囿于物权法关于共有制度的规定，造成著作权共有制度不能实现本身所应具备的功能，无法回应著作权人及社会公众对著作权共有制度的需求。

（二）引发了"协商"是否为单独行使著作权的必经程序的司法争议

《著作权法实施条例》第9条为了保证作品价值的发挥，在规定了合作作品的著作权"由各合作作者共同享有，通过协商一致行使"后又规定"不能协商一致，又无正当理由的，任何一方不得阻止他方行使除转让以外的其他权利，但是所得收益应当合理分配给所有合作作者"。但该条规定在司法实践中引发了关于"协商"是否为单独行使著作权的必经程序的争议，出现了裁判不一的情况。在吴思欧案[8]、王泽力与化学工业出版社等著作权权属及侵权纠纷案、[9] 兰万玲与孙德民等著作权权属及侵权纠纷案[10] 中，法院认为"协商"为必经程序。

---

7 Thomas C. Grey, The Disintegration of Property, Ethics, Economics and the Law of Property edited by J. Roland Pennock and John W. Chapman, New York：New York University Press, 1980, p.71.

8 参见江苏省高级人民法院（2009）苏民三终字第0101号。

9 参见北京市东城区人民法院（2014）东民初字第00146号。

10 参见北京市东城区人民法院（2013）东民初字第00538号。

但在齐良芷案[11]、黑龙江省德坤瑶医药研究院、刘爱芳等与高至刚、民族出版社等侵害著作权纠纷案[12]、北京优朋普乐科技有限公司与暨南大学侵害作品信息网络传播权纠纷案[13]中，法院采取"非必经程序说"立场，认为是否协商并非必经程序。

（三）仅将"正当理由"作为裁判规则架空了单独行使共有著作权的前提要件——"协商"

作品容易受到侵害，且一旦受到侵害，损失难以计算和弥补。未经协商就将共有著作权许可给他人使用，容易给反对实施该许可的共有人一方造成难以弥补的损失。从现行《著作权法》第14条的文义来看，该条并未对未经协商单独行使著作权的行为规定否定性法律评价，且该条将"无正当理由"作为"不能协商不一致"时单独行使共有著作权的合法根据。据此，对于希望单独行使共有著作权的一方来说，其完全可以不经协商，擅自行使合作作品的著作权，若其他共有人反对其行使，也只能在其已经实施单独行使行为后再请求司法救济。这种规范方式虽提高了共有著作权的行使效率，使得公众能够较快地获得作品，但却架空了单独行使共有著作权的前提要件——"协商"，损害了反对行使共有著作权的共有人一方对合作作品的支配权。

（四）非合作作品的著作权共有制度的阙如不利于发挥法律的行为指引功能

非合作作品著作权共有是指基于继承、转让等对著作财产权产生的共有，其为一种常见的著作权共有，司法实践中也出现过基于非合作作品著作权共有产生的纠纷，比如，美术作品漫画人物"乐叔"与"虾仔"作为非合作作品，就发生过两起关于著作权共有的纠纷[14]，还有齐良芷案[15]等。但是无论是《著作权法》还是《著作权法实施条例》的几次修改，均未对非合作作品的著作权共有予以规定。弥补法律漏洞的方法有立法、修法、类推适用，相较于通过立

11　参见南京市中级人民法院（2011）宁知民终字第16号。
12　参见广西壮族自治区高级人民法院（2013）桂民三终字第65号。
13　参见广州知识产权法院（2015）粤知法著民终字第467号。
14　参见广州市越秀区人民法院（2006）越法民四知初字第19号及（2017）粤0104民初9883号。
15　参见南京市中级人民法院（2011）宁知民终字第16号。法院的裁判理由为："一方面齐白石继承人众多且分散在全国各地，全部共有人就权利许可问题进行协商不具有现实可能性；另一方面齐白石作为享誉世界的艺术大师，其作品如果由于未取得所有继承人同意而无法在保护期内出版，则不仅不符合原告方自身的利益，也不符合著作权法促进文化传承和发展的精神。"

法或修法方式消除法律漏洞，法官在司法权限范围内填补法律漏洞能够使当事人获得最为快捷的救济。[16] 因此，司法作为权利救济的最后一道防线，在面对非合作作品著作权共有制度阙如这一法律漏洞时，法官就会选择类推适用《著作权法实施条例》第9条关于合作作品著作权共有的规定或民法关于物权共有的规定。但由于我国著作权法是在全球化的政治经济背景下被迫产生的，并非在社会认同的推动下产生的，所以我国大众对作品私权属性的尊重十分依赖法律的引领，加之"法不禁止即许可"的私法理念，著作权法的规定不能仅限于裁判规则，还应当包含行为规则，这样才能更好地发挥法律的行为指引功能，因此，非合作作品的著作权共有制度阙如虽在司法实践中能够通过类推适用这一法律漏洞的补充方法予以解决，但这种解决方式可能会产生上述援引物权法带来的不适配性，也可能会因为类推适用《著作权法实施条例》关于合作作品的规定而无法实现对社会大众行为的有效指引，既不利于著作权法的权威，又不利于保护著作权人的利益。

二、著作权共有制度之完善

各国著作权法关于共有制度的规定形态各异，均有其理论背景和历史渊源，我国著作权法有其独特的发展历程，要对我国著作权共有制度予以完善，首先要明确符合我国实际的著作权共有制度的立法理念，然后在该理念的指导下对著作权共有制度的具体规则予以完善。

（一）明确著作权共有制度的立法理念

1. 明确著作权共有制度应区别于物权共有制度的立法理念

正如上文所述，现代私法财产制度的构建大多借鉴自不动产所有权制度，著作权共有制度的构建也难免落入不动产所有权制度的框架之中。而不动产所有权制度框架与著作权共有制度并不适配，难以满足社会对著作权共有制度的特殊需求。就权利的构成范式而言，所有权为权能综合体，而著作权为权利集合体，作品不具有占有属性，且著作权为排他权，因此，著作权共有实际上无法适用物权共有制度中关于占有、使用的规定。就权利的行使而言，由于作品不同于有体物能通过占有排他，因此，不仅著作权人容易受到侵害，第三人在著作权的交易中也会面临较大的风险，因此，法律对共有著作权的权利行使规则的规定相较于所有权共有制度应更注重对著作权人及交易安全的保护。综上，

---

[16] 曹磊：《法律漏洞填补：理论探源与功能定位》，载《济南大学学报（社会科学版）》2020年第3期。

著作权共有制度无法类推适用所有权共有制度的框架,对其进行设计必须综合考虑其客体的特殊性及社会的需求,明确其与物权共有制度相区别的立法理念。

2. 坚持实现各方利益平衡的立法原则

就著作权制度的萌芽来看,其是资本、技术发展到一定阶段的产物,根据已有的历史研究文献,具有商业价值的无形财产上存在所有权首先是作为"商业习惯"被予以认可的[17]。而著作权法的诞生,是商品经济发展,国际贸易逐步兴盛,国家为取得竞争优势、发挥法律的社会控制功能的结果。由此可见,著作权法是商人与政府为追求经济利益而合谋的结果。且作品价值的实现具有交易依赖性(无论是对公共的价值还是对权利人的价值均需要通过传播,即交易的方式来实现)。因此,在著作权共有制度的设计中,应当坚持实现各方利益平衡的立法理念,注重对著作权人、社会公众以及交易第三人利益的兼顾。

3. 注重发挥裁判规则对大众行为的引导作用

作品的无形性使得其边界及使用方式不像有体物那般简单直接,因此,就规则设计而言,著作权制度的设计不能像有体物那般采取"以物设权"的方式,其设计必须更为精细。同时,由于我国著作权法的诞生与西方国家不同,并非"资产阶级革命为其提供了政治条件,技术和资本为其提供了决定性的生产力因素,充分的市场为其提供了经济基础"[18]的结果,而是在全球化的政治经济背景下被迫产生的结果,因此,我国大众对著作权的行使十分依赖法律规则中行为规则的引领。法律规则分为行为规则和裁判规则,行为规则具有指导行为的作用,并包含法律对该行为的评价;裁判规则往往仅包含着法律对某一行为的评价。虽现行著作权法对共有著作权的行使规定了行为规则,但正如上文所述,该行为规则缺少法律评价,加之我国大众不具有对著作权私权属性的天然认同感,因此,该行为规则被架空的可能性很大。所以对著作权共有制度的完善应当注重发挥裁判规则对大众行为的引导作用。

(二)完善著作权共有制度的具体规则

在明确了著作权共有制度的立法理念之后,应当在具体规则的完善中对该立法理念予以贯彻,以确保立法理念的实现。

1. 以发挥作品价值为目的设置异议时效条款

现行《著作权法》第14条吸收了《著作权法实施条例》第9条对不可分割

---

[17] Pamela O. Long, Invention, Authorship, "Intellectual Property," and the Origin of Patents: Notes toward a Conceptual History, Technology and Culture, Vol. 32, No. 4, (Oct. 1991).

[18] 刘春田:《中国著作权法三十年》,载《知识产权》2021年第3期。

合作作品的著作权权利行使规则的规定，有学者将该条中"不能协商一致，又无正当理由的，任何一方不得阻止他方行使除转让、许可他人专有使用、出质以外的其他权利，但是所得收益应当合理分配给所有合作作者"的规定归纳为单独行使合作作品著作权的条件：（1）各合作作者未就权利行使达成一致意见；（2）其他共有人无正当理由阻止一方权利人行使著作权；（3）单独行使的权利是除转让、出质、专有许可以外的其他权利。[19] 从字面上看，该条法律规定是十分清晰的，但条件（1）在司法实践中引发了"协商"是否为单独行使共有著作权的必经程序的争议，针对该问题，有研究者提出，"要求各共有人就权利行使进行协商，在协商不一致情况下才可单独行使权利，这一前提条件不具有现实可能性"，并据此建议以"通知"替代协商。[20] 笔者认为，该建议虽然考虑了著作权共有人单独行使权利的便利性，但忽略了具有正当理由的反对行使共有著作权的共有人一方的利益。因为按照该建议，只要单独行使共有著作权的一方履行了通知义务，其便能够以普通许可的方式授权他人实施共有的著作权，而另一方著作权共有人并不能及时阻止该侵权行为的发生，只能在其实施普通许可之后再基于"正当理由"请求法院予以救济，但由于著作权的易受侵害性和损失难以弥补性，该种救济并不能弥补具有正当理由的反对行使共有著作权的共有人一方所遭受的损失。

笔者建议采取"通知＋异议期"的模式，由希望实施普通许可的一方共有人向另一方共有人书面告知其希望实施普通许可的想法，然后异议期启动，若异议期已过，另一方共有人并未提出异议，便视为其同意，那么希望实施普通许可的共有人一方便可以实施普通许可；若另一方共有人在异议期内提出了异议，那么双方应当就异议进行协商，若协商不成，再进入法律规定的下一程序（该程序将在下文中予以说明）。"异议期"的设置在提供给另一方共有人思考的时间的同时，也能够防止另一方共有人无故拖延，阻碍普通许可的实施，既保证了作品价值的发挥又能够实现对各方著作权共有人利益的保护。

2. 将"正当理由"裁决前置以实现多方利益平衡

就目前的司法实践来看，反对实施普通许可的著作权共有人一方，基于正当理由反对另一方的普通许可行为的，其往往是在另一方著作权共有人已经实施了普通许可之后才向法院寻求救济，请求法院对其反对理由的正当性予以裁决。这一现象有其不合理的地方：

一方面，其不符合著作权作为一种私权的法理。虽对物权本质上的认识推

---

[19] 欧阳福生：《共有著作权行使规则之检讨与完善》，载《电子知识产权》2021年第6期。
[20] 欧阳福生：《共有著作权行使规则之检讨与完善》，载《电子知识产权》2021年第6期。

动着支配权的发展，但是随着18、19世纪之交的私权体系化运动和康德的"意志"概念中对权利的意思式解释，支配权慢慢地跳出了物权的樊笼，成为一种独立的权利类型，就著作权而言，其作为一种支配权实际上是作者对作品生产经营性实施的控制权。[21]那么基于对权利人的支配意志自由的尊重，著作权共有人一方对作品实施普通许可，也应当与其他著作权共有人进行协商，其他著作权共有人享有基于正当理由阻止其实施普通许可的权利，而不是只能在权利被侵犯之后才能请求救济。

另一方面，其也不符合法律为反对实施著作权普通许可的共有人一方提供"正当理由"抗辩以维护其合法权益的立法目的。有研究者提出《著作权法》第14条的立法目的在于"保障合作作者的共有人能够自由地行使权利，实现作品最大化的利用，促进文化传播与繁荣"，[22]但笔者认为，各方共有人的权利行使自由会受到限制是著作权共有制度的固有缺陷，这是著作权共有的本质所决定的。因此，《著作权法》第14条的立法目的并非在于对合作作者权利行使自由的保障，而在于防止因著作权共有人一方的意志而影响到大众对于该合作作品的可及性，也正是基于此，相较于转让、出质、专有许可的必须严守对著作权共有人双方支配意志的尊重，法律为保障大众对作品的可及性，仅设置了反对实施普通许可的"正当理由"抗辩，倘若该条款仅能作为侵权行为发生后的权利救济手段，而不能作为侵权行为发生前消除危险的抗辩，那该条规定是违背利益平衡原则的。况且，正如前文所述，著作权价值的发挥十分依赖交易，且其一旦受到侵害，损失是难以救济的。另外，若著作权共有人一方实施普通许可的正当性不稳固，也会影响交易的安全，给不知情的第三方造成损害。

联系前文，笔者建议，在法律中明确规定，若另一方当事人提出了异议，那么双方应当就异议进行协商，协商不成的，双方均可于法定期限内请求法院对该异议予以裁决，若法定期限内未请求法院予以裁决，视为协商一致。此种规定通过将法院对正当理由的裁决前置，既实现了对各方著作权共有人的支配意志自由的保护，又能有效地防止侵权行为的发生、维护著作权交易的安全。将提出异议但未请求法院裁决的情形明确规定为"视为协商一致"，既尊重了"法律不保护沉睡的狮子"的精神，又能够保证交易的安全和高效。意大利、法国也存在类似规定，《意大利著作权法》第10条规定了"一个或多个合作作者无正当理由拒绝发表、修改或者以新形式使用作品的，司法机关可以许可被指定者按照指定的条件发表、修改或者使用作品"。《法国知识

---

[21] 王宏军：《论作为支配权和排他权的知识产权》，载《学术论坛》2007年第5期。

[22] 欧阳福生：《共有著作权行使规则之检讨与完善》，载《电子知识产权》2021年第6期。

产权法典》L113-3条规定，合作作品为合作作者共同财产。合作作者应协商行使其权利。协商不成的，由民事法院判决执行。相较于意大利和法国，我国大众对著作权的规范行使更依赖法律的引导，所以将"正当理由"裁决前置也是符合我国实际的。

3. 明确规定共有人一方提出异议但共有著作权的行使仍未经协商的，该民事法律行为无效

未经协商一致，而对共有物实施民事法律行为的，按照我国《民法典》的规定，该民事法律行为效力待定，若权利人予以追认，那么该民事法律行为有效；若权利人不予以追认，那么该民事法律行为自始无效，但著作权法并不适宜采纳该规定。正如上文所述，我国大众对著作权私权属性的认同感并非自发产生的而是由法律这一社会控制手段培养的，所以法律应当注重对违反基本观念、基本原则的行为的否定性评价，只有这样才能充分发挥法律对我国大众行为的引领作用。

同时，著作权法也不宜采纳《民法典》物权编为保护善意第三人的利益规定的善意取得制度。原因有二，其一是作品为无体物，并不能依占有而给第三人造成"占有人"即为著作权人的错觉，况且著作权规定了作品登记制度，第三人有足够的动机和条件去查明著作权的归属。其二是若在共有人一方提出异议但另一方共有人仍未经协商就行使共有著作权的情况下，适用善意取得制度，虽保护了第三人的利益，但著作权人对于其作品的支配权并未得到保护，且该损失是难以弥补的。

综上，笔者建议将该种情况下的民事法律行为规定为无效，这样既能充分发挥裁判规则对于大众行为的引领作用，又能保护著作权人的利益，同时，第三人的损失也能够通过向行使共有著作权的一方追偿得到弥补。

4. 明确规定非合作作品的著作权共有适用合作作品著作权共有的规定

正如前文所述，基于转让、继承等产生的非合作作品的著作权共有在司法实践中也较为常见，因此，立足我国国情，发挥法律规则的指引作用，也不可忽视非合作作品的著作权共有制度的立法规范。虽然合作作品的著作权共有的产生方式与非合作作品的著作权共有产生方式不同，前者是基于共同的创造行为而产生的，后者是基于转让或者继承而产生的，但是合作作者与非合作作者均为著作权共有人，两者的著作权共有最易产生争议的地方都在于对著作财产权的经营性使用，两者的立法目的也具有一致性。因此，为了发挥法律对于大众行为的指引作用，也为执简驭繁，保持法条的简明化，可以在法律中明确规定："非合作作品的著作权共有适用合作作品著作权共有的规定"。

结语

一国法律制度的规定应当符合该国的社会实际,在合作作品已经成为文化市场中一种常见的作品形态下,我国现行著作权法对著作权共有制度的规定相较于司法实践呈现出了滞后性,且物权共有制度对于著作权共有纠纷的解决不具有适配性。期望对现行著作权共有制度的检视,能引起学界对著作权共有制度的关注,为著作权共有制度的发展与完善提供更多有价值的建议。

图书在版编目（CIP）数据

法治论坛. 第68辑 / 广州市法学会编. —北京：中国法制出版社，2023.10
ISBN 978 – 7 – 5216 – 3897 – 4

Ⅰ. ①法… Ⅱ. ①广… Ⅲ. ①法学 – 丛刊 Ⅳ. ①D90 – 55

中国国家版本馆 CIP 数据核字（2023）第 177093 号

责任编辑：王佩琳　　　　　　　　　　　　　　封面设计：周黎明

法治论坛·第 68 辑
FAZHI LUNTAN · DI – 68 JI

编者/广州市法学会
经销/新华书店
印刷/三河市紫恒印装有限公司
开本/710 毫米×1000 毫米　16 开　　　　印张/ 23.5　字数/ 416 千字
版次/2023 年 10 月第 1 版　　　　　　　　2023 年 10 月第 1 次印刷

中国法制出版社出版
书号 ISBN 978 – 7 – 5216 – 3897 – 4　　　　　　定价：88.00 元

北京市西城区西便门西里甲 16 号西便门办公区
邮政编码：100053　　　　　　　　　　　　传真：010 – 63141600
网址：http : //www.zgfzs.com　　　　　　编辑部电话：010 – 63141805
市场营销部电话：010 – 63141612　　　　　印务部电话：010 – 63141606

（如有印装质量问题，请与本社印务部联系。）

编辑部版权声明

本出版物2007年始已许可中国学术期刊（光盘版）电子杂志社在中国知网及其系列数据库产品中，以数字化方式复制、汇编、发行、信息网络传播本出版物全文。该社著作权使用费与本出版物稿酬一并支付。作者向本出版物提交文章发表的行为即视为同意编辑部上述声明。

《法治论坛》编辑部
2023年10月

《法治论坛》稿件要求和格式规范

一、稿件要求

1. **本出版物坚持正确的政治导向，秉承实用为先、学术为导的办刊理念，坚持学术为实践服务，具有原创性、前沿性、创新性、实用性、独特性的突出风格，文章要求未在公开发行的刊物发表。一经刊用，将向作者支付稿费。**

2. 以学术质量过硬为刊用标准，**恪守法律专业规范**，来稿须侧重应用型、问题导向型研究，以法律实践中的热点难点问题为切入点进行理论探讨，具有较高的决策参考价值。

3. 文章要求观点鲜明、逻辑缜密、论据充分、格式规范。字数不超过15000字。图表须为可在word文档中编辑的格式。

4. 质量过硬的前提下优先选用独署文章。署名作者最多两位，超过3位一律不采用。

5. 所有来稿请在正文末尾附上作者简介（包括法律职称、研究领域）、手机号码、通讯地址、邮政编码、电子邮箱，以便编辑及时联系作者退改稿件。

6. 投稿请用电子邮件方式，邮件主题：单位＋作者姓名（例如北京大学法学院＋张三）。

7. 提倡文责自负，反对抄袭剽窃。本出版物已获中国知网授权使用"学术不端文献检测系统"，查重率超过30%一律不予刊用。

二、格式规范

1. 正文要有内容提要和关键词。内容提要言简意赅，字数200字以内。无需附英文摘要、关键词。

2. 注解采用脚注形式，并用横线与正文隔开；序号左顶格，以数字1、2、3……标示，全文连续编排。引用的专著、杂志的文章和网络文章均用书名号。例：

范愉著：《纠纷解决的理论与实践》，清华大学出版社2007年版，第565页。

姜大伟：《离婚冷静期：由经验到逻辑——〈民法典〉第1077条评析》，载《华侨大学学报（哲学社会科学版）》2020年第4期。

引用期刊文章不需注明页码。援引自学位论文集的文章用书名号，学位论文集无需书名号，要有具体页码。引用学位论文集应当标明作者毕业的学术单位、年份和学位层级，例如：李小明：《准政府组织的行政法定位及其权利规制》，吉林大学2016年博士学位论文，第139页。

3. 文章正文法条使用阿拉伯数字表述，脚注法条同。

例：参见《中华人民共和国民法典》第1207条。

4. 不使用参考文献。如有参考文献，可转化为脚注。

5. 有纸质产品的情况下，不建议引用网站内容。如引用网站内容，请标明网站名字和频道、网址、最后访问时间。例：王利明：《标准合同的若干问题》，载中国民商法律网民事法学频道，http：//www.civillaw.com.cn/weizhang/default.asp？id=22250，最后访问于2022年1月26日。

6. 引用报纸要注明版面。例：胡云腾：《聚焦〈刑法修正案（十一）〉草案》，载《法制日报》2020年7月22日，第9版。

《法治论坛》2017年1月起入选南京大学CSSCI集刊目录，文章同时被中国知网（www.cnki.net）署名转载，如不同意转载，请在投稿时作出声明。

编辑部地址：广州市越秀区小北路113号8楼广州市法学会。邮编：510046

投稿方式：微信小程序搜索"广州市法学会"，进入后点击"我的"，选择"微信登陆"。进入主页点击《法治论坛》—我的文章—我要投稿。审核进度将以短信告知。

特别提醒：本出版物不收版面费及其他任何费用。任何个人或机构向作者索要版面费或其他费用的行为均为诈骗。